세금 폭탄,

부자 감세,

서민 증세

세금 폭탄,
부자 감세,
서민 증세

조세 담론의 정치학

1판1쇄 | 2019년 9월 30일

지은이 | 강국진

펴낸이 | 정민용
편집장 | 안중철
책임편집 | 윤상훈
편집 | 강소영, 이진실, 최미정

펴낸곳 | 후마니타스(주)
등록 | 2002년 2월 19일 제300-2003-108호
주소 | 서울 마포구 신촌로14안길 17, 2층 (04057)
전화 | 편집_02.739.9929/9930 영업_02.722.9960 팩스_0505.333.9960

블로그 | humabook.blog.me
트위터, 페이스북, 인스타그램 | @humanitasbook
이메일 | humanitasbooks@gmail.com

인쇄 | 천일문화사_031.955.8083 제본 | 일진제책사_031.908.1407

값 18,000원

ISBN 978-89-6437-334-7 93300

이 도서의 국립중앙도서관 출판시도서목록(CIP)은 e-CIP홈페이지(http://www.nl.go.kr/ecip)와
국가자료공동목록시스템(http://www.nl.go.kr/kolisnet)에서 이용하실 수 있습니다.
(CIP제어번호: CIP2019036990)

조세 담론의 정치학

증세 정부 대통령 감세
복지 국민 **세금 폭탄,** 세수
정책 확대 노무현 종합
부동산세 집값 부동산 징벌
투자 규제 **부자 감세,** 이명박
박근혜 소득세 경기 활성화
외국 투자 소비 진작 양극화
낙수 효과 중산층 일자리
비정규직 **서민 증세** 재정
건전성 적자 건설 경기 조세
저항 종합토지세 공시지가
보유세 분리과세 아파트

강국진 지음

후마니타스

일러두기

1. 단행본·정기간행물에는 겹낫표(『 』)를, 논문·기사·기고문·보고서 등에는 홑낫표(「 」)를, 법령, 사이트, 영화 및 방송 프로그램에는 가랑이표(〈 〉)를 사용했다.
2. 참고문헌은 '논문 및 단행본', '사설 및 기사', '기고문'으로 구분해 실었고, 본문에서 기고문을 인용할 때는 '기고자/매체명 발행년월일' 형태로 표기했다.

서론

오직 세금을 고르게 하고 인민을 편안히 하여

국가의 근본을 굳건히 하고자 할 따름이다.

— 잠곡(潛谷) 김육(金堉)

1

　세금을 징수하는 세무 공무원이라면 보통 사람들보다 세금을 좀 더 친근하게 느낄 것 같지만 꼭 그렇지도 않다. 한 세무 공무원과 이야기 나눈 적이 있는데 이분조차 자기가 낸 세금을 "뜯겼다"고 표현했다. 세금 내기 좋아하는 국민을 둔 나라는 어디에도 없겠지만, 세금을 비유하는 낱말이 '피'와 '폭탄'일 만큼 한국 사람들이 세금에 보이는 거부감은 유별나다. 어쩌면 당연한 귀결이 아닐까 싶기도 하다. 조세에 대한 불만은 과도한 부담뿐만 아니라 어떤 면에서는 불공평이 더 중요한 원인으로 작용한다는 점을 감안한다면 한국은 조세 저항이 일어날 토대가 아주 잘 갖춰졌다고 평가할 수 있다.[1] 한국 근현대사는 세금에 대한 나쁜 추억이 켜켜이 쌓인 역사였다. 역사 시험에 꼭 등장하는 것이 조선 말기 '삼정의 문란'이었다. 갑오농민전쟁도 시발점은 세금 문제였다.

　대한민국 국민이라면 "금준미주 천인혈"로 시작하는 시 한 토막을 기억할 것이다. 「춘향가」에서 암행어사가 된 이몽룡이 읊조린 이 시는 우리 머릿속에 깊이 각인돼 있다. 그뿐인가. 식민 지배, 전쟁, 군사독재와 외환 위기, 세월호 참사로 이어진 200여 년 동안 경험해 온 '국가의 부재' 속에서 국민들은 생존 원리로서 각자도생을 집단적으로 학습해야 했다(김미경 2018, 11). 세금이라면 오로지 수탈과 억압의 다른 이름일 뿐이라는 경험만 공유했을 뿐이다.[2] 게다가 금융자산과 부동산에는 막대한 세제상 특혜를 부여하는 한편 역진성이 강한 부가가치세를 시행해 조세 형평성에 대한 불만을 높였다. 조세 저항과 소득 환급 요구는 임금 투쟁 성격을 띠었고, 불공평한 조세 부담은 결국 복지 재원 확충까지 지속적으로 제약했다(김도균 2013a, 135~137). 이를 바로잡을 복지 서비스와 공공 부조 등 국가 복지 제도는 미미했고, '산업 역군'이요 '조국 근대화'만 내세워졌을 뿐이다. 외환 위기 이후에는 그나마 유지되던 '선 성장, 후 분배' 신화마저 무너졌다(한승수 1982; 이계식 1989; 윤영진·강병구·김은경·윤종훈·최병호 2006; 김도균 2013a, 126~127; 양재진·민효상 2013, 48~94).

'혈세'血稅는 한국에서 세금이 갖는 역사적 맥락을 잘 보여 주는 말이 아닐까 싶다. 오래된 고사성어 같지만 메이지유신 당시 일본에서 유래한 용어이다. 원래 뜻도 지금 우리가 생각하는 것과는 다르다. 혈세는 '전쟁에서 피를 흘리는' 병역 의무를 뜻했다. 조선총독부 정무총감이 "조선인들은 혈세를 내지 않는다"고 말한 적이 있는데, 이는 조선 사람들은 징집 대상이 아니라는 말이었다. 흥미롭게도 이미 1920년대부터 '민중의 고혈을 빼는 세금'이라는 용례가 신문에 나타난다. '세금 폭탄'은 또 어떤가. 정치인 중에선 한나라당(현 자유한국당) 대표 시절 박근혜가 최초로 사용해 널리 알려진 '세금 폭탄'은 조세에 대한 거부감을 제대로 건드렸고, 조세에 대한 적대감을 고취시켰다. '세금 폭탄'은 조세 문제가 사회 갈등의 최전선이 되었음을 알리는 신호탄이었다.

세금이 '피'와 '폭탄'으로 매도된다고 해서 세금 문제를 외면할 수는 없다. 세월호 참사에서 우리는 제구실을 못 하는 국가, 즉 국가의 부재가 얼마나 참담한 결과로 이어지는지 뼈저리게 체험했다. 제구실하는 국가란 어떤 국가일까. 멀리서 찾을 것도 없다. 헌법을 뒤져 보면 답이 금방 나온다. 헌법에는 인권 증진(제10조), 고용 증진과 적정임금 보장(제32조 1항), 사회복지와 재해 예방 및 재난 시 보호(제34조), 환경보전과 쾌적한 주거 보장(제35조), 소득분배 유지와 경제민주화(제119조 2항) 등 국가의 의무로 가득하다. 헌법에 명시된 다양한 공적 활동을 수행하려면 재정 능력을 확보해야 하며, 이를 위해 국가는 모든 구성원에게 "법률이 정하는 바에 의하여 납세의 의무를 진다"(제38조)고 요구한다. 그런 측면에서 본다면 조세제도는 국가가 주권을 유지하는 데 필수적인 국방·치안뿐만 아니라 사람으로서 누구나 누려야 할 보편적 인권인 시민적·정치적 권리(자유권)와 경제적·사회적·문화적 권리(사회권)를 보장할 수단이라는 의미를 띤다. 다만 역대 정부가 '국민들이 세금 내기를 싫어한다'거나 '증세에는 국민적 합의가 필요하다'는 비겁한 변명 뒤에 숨어서 '국가의 역할'을 외면했을 뿐이다(Chang 2003; 김미경 2018).

2

조세[3]란 국가 혹은 지방자치단체가 그 재력을 취득하기 위하여 반대급부 없이, 일반 국민으로부터 강제적으로 부과 징수하는 과징금을 말하며 ① 자원의 최적 배분, ② 소득재분배, ③ 경제의 안정 성장 등을 주요 기능으로 한다(최명호 2007). 헌법재판소는 1990년 9월 3일 판결문(89헌가95결정문)에서 조세에 대해 일반적으로 국가 또는 지방자치단체가 재정 수요를 충족하거나 경제적·사회적 특수 정책을 실현하는 데 필요한 일반 재정을 충족하고자 국민 또는 주민에게 반대급부 없이 강제로 부과 징수하는 금전적 부담이라고 밝힌 바 있다(김웅희 2011, 227).[4]

현대 사회에서 이제 조세는 국가 재정 수요를 충당하기 위한 수단이라는 소극적이고 고전적인 목표에 머물지 않는다. 오히려 '국민 생활의 균등한 향상'을 위해 국가가 적극적인 정책 수단으로서 조세를 부과하는 '조세의 유도적·형성적 기능'이 일반적인 경향이다. 이는 헌법재판소가 1994년 7월 투기 억제와 주택 가격 안정이라는 정책 목표를 위한 조세제도가 합헌이라고 판단한 데서도 잘 드러난다(92헌바49결정문).[5]

이런 논의에 기초해 살펴볼 때, 조세제도는 현대 민주주의 국가를 유지·발전시키는 데 필수적이라고 할 수 있으며, 그런 의미에서 어떤 조세정책을 선택할지는 그 국가의 성격 자체를 이해하고 공통점과 차이점을 구분하는 나침반 구실을 한다고 평가할 수 있다(윤영진·강병구·김은경·윤종훈·최병호 2006; 강병구 외 2007; 강원택 엮음 2007; 남찬섭 2008; 정세은 2010; 고경환·윤영진·강병구·김은경·김태은 2012; 김도균 2013a; 양재진·민효상 2013; Steinmo 1993).[6] 또한 재정 구조가 사회구조와 경제구조를 규정하고 반대로 재정 구조는 사회구조를 반영한다고 파악하면서 조세 재정 현상을 사회구조와의 유기적 관련 속에서 연구할 것을 주장하는 재정사회학 관점에서 볼 때 조세는 사회 구성원의 재산권을 침해하는 동시에 사회적 권리의 토대가 되므로 어느 정도 사회계약의 성격을 갖는다(우명동 1999, 43~44; 김도균 2018). 이미 100여 년 전에 막스 베버는 통치 조직에 재정을 공급하는 상이한 조세 수취 방식이 존재하고 각 방식이 특정 유형의 자본주의를 조장하거나 억제한다고 밝혔으며(박형중·최사현 2013, 16~20), 조지프 슘페터는 조세가 현대 국가 탄생을 가능하게 하고 형성을 촉진하는 핵심 요인이라면서, 조세정책 연구야말로 한 사회의 정치적 삶을 이해하는 가장 좋은 출발점이라고 주장한 바 있다(Schumpeter 1954, 김도균 2013a, 9에서 재인용: 이필우 1992, 4~5). 근대국가를 '조세 국가'로 인식했던 슘페터의 관점을 계승한 재정사회학에 따르면 조세는 곧 그 국가이다. 그 나라의 조세를 연구하는 것은 그 나라 자체를 연구하는 것이다(김미경 2018, 15~16, 31).

이처럼 중요한 위치를 차지함에도 조세 문제는 현대 국가에서 집권이라는 정치적 목표와 민주주의 원칙 사이에서 갈등하는 대표적인 사례가 된 지 오래다(강원택 2007, 70). 흔히 거론하듯이, 대다수 국민들은 더 많은 복지 혜택을 원하지만 더 많은 세금은 좋아하지 않는다(박명호·김봉근·김정권 2008). 1997년 외환 위기 직후 정부가 발표한 금융 소득 종합과세 폐지 방침은 과세 대상자가 3만 명에 불과했음에도 폐지 찬성 여론이 60퍼센트가량 나왔다. 감세 혜택과 무관한 이들조차 '세금을 깎아 준다'는 소식에 우호적으로 반응하는 집단 심리를 잘 보여 주는 사례이다(복지국가 SOCIETY 정책위원회 2007, 351). 여론조사 업체 리얼미터가 2011년 1월 25일 발표한 여론조사를 보면 무상 복지에 찬성한다는 응답자는 50.3퍼센트로 과반수를 넘은 반면, '증세를 하더라도 무상 복지를 추진해야 한다'는 응답은 31.3퍼센트에 불과했다. 무상 복지 반대가 34.5퍼센트였고 '세금을 늘리면서까지 무상 복지를 할 필요는 없다'는 응답이 51.6퍼센트였던 것과 대칭되는 여론 지형인 셈이다(리얼미터 2011/01/25). 그런 이유로 조세 문제에 관한 한 국민들은 자기 모순적인 태도를, 정치인들은 모호한 태도를 취하는 경향이 있다(이현우 2007, 15: 이진안·최승혁·허태균 2013, 15: 최종호·최영준 2014: 여유진·김영순 2015, 355~356). 정부와 납세자 사이에선 끊임없이 긴장과 갈등이 발생한다(이준구 2011,

387~388).

특히 선거를 눈앞에 둔 시점에 조세 문제는 더욱 예민한 주제가 된다. 1959년부터 2004년까지 미국 대통령 선거를 살펴보면 1980년을 빼고는 언제나 대선이 있는 해에는 조세 비율이 낮았으며, 이는 경제협력개발기구OECD 국가들을 대상으로 분석한 결과와도 일치했다(이현우 2007. 28). 영국 역시 1951년부터 2001년까지 세금과 집권당 지지율 관계를 경험적으로 분석한 결과 세율 인상은 집권당 인기에 악영향을 미치고 선거에서 패배할 가능성을 높인다(강원택 2007. 52). 한국도 예외가 아니다. 가령 근로소득세 면세점免稅點 수준은 1960년 이후 거의 언제나 1인당 국민소득보다 높은 수준을 유지했는데, 이는 5·16 쿠데타와 유신 등 정치적으로 민감한 시기에는 최소 생계 보장 수단으로, 1987년 6월 항쟁 이후에는 분배 갈등 해소를 명분으로 정부가 근로소득세 경감 조치를 활용했기 때문이다(김도균 2013c, 64~65).

3

한국 사회는 갈수록 첨예해지는 '조세 문제의 정치화' 현상을 경험하고 있다. 복잡성이 증가해 가는 현대사회에서 국가는 더 견실한 재정 건전성과 동시에 더 많은 사회 안전망까지 요구받는다. 이는 우리가 어떤 국가를 원하느냐는 근원적인 문제까지 연관돼 있기에 사회적 합의와 국가 전략적 차원의 고민이 필요하지만, 복지 지출과 안전 등 공적 지출 확대에 대한 사회적 요구는 높아지는 반면 국가의 과세 행위에 대한 신뢰는 오히려 악화되는 실정이다. 노무현 정부가 도입한 종합부동산세는 이른바 '세금 폭탄' 논쟁으로 이어졌고, 이명박 정부가 추진한 감세 정책 역시 임기 내내 '부자 감세'라는 비판에 직면했다. '증세 없는 복지'를 내세운 박근혜 정부에선 오히려 증세 논쟁이 더 격화됐다.

'촛불 혁명' 속에 등장한 문재인 정부는 취임 초기부터 '공평 과세'를 천명했다. 취임 첫해인 2017년 소득세·법인세 최고 세율 인상에 이어 2018년에는 종합부동산세를 비롯한 보유세 개혁, 근로소득세 면세자 축소, 주택 임대 소득 과세 적정화 등 다양한 세제 개편 문제가 정책 의제로 떠올랐다. 소득세·법인세 최고 세율 인상에선 여당인 더불어민주당이 오히려 더 적극적이었다. 2017년 12월 27일 정부가 발표한 '2018년도 경제정책 방향'은 집권 2년차인 2018년 정부가 세제 개혁에 더 적극적으로 나서겠다는 점을 분명히 했다. '공평 과세 및 세입 기반 확충에 역점을 두는 세제 개편 추진, 주택 임대 소득에 대한 과세를 적정화하고 다주택자 등에 대한 보유세 개편 방안 검토'라는 표현이 눈에 띈다. 정부가 경제정책 방향에서 공평 과세라는 이름으로 증세 방향을 명확히 한 것은 이례적이었다. 하지만 거기까지였다. 정부·여당은 '세금 폭탄' 트라우마를 너무 의식한 듯 증세 문제에 지나치게 몸을 사렸다. 집권 초기 증세에 우호적일 수 있었던 여론 지형은 이내 사그라들고 있다.

2010년 지방선거를 기점으로 2012년 총선과 대선, 2017년 대선을 거치면서 복지 정책 강화는 광범위한 국민적 동의를 획득했다. 하지만 복지 재원을 마련하는 데 반드시 필요한 증세 문제에 대해서는 여전히 뚜렷한 공감대가 형성돼 있다고 보기는 어렵다.

대체로 '핀셋 증세'라는 이름을 내건 '선별 증세'로 수렴되고 있지만 복지 강화라는 목표를 감당하기엔 턱없이 부족하다는 것은 분명하다. 그 반면 '보편 증세'에 대한 지지 여론은 높다고 할 수 없다는 것이 문재인 정부 앞에 놓인 딜레마다. 오히려 1970년대 부가가치세 도입과 10여 년 전 종합부동산세 시행에서 경험한 광범위한 조세 저항이 지금도 트라우마로 남아 정책 논의를 제약하는 실정이다. 일례로 대다수 국민들은 '유리 지갑'인 임금노동자에 비해 자영업자가 세금을 더 적게 낸다고 생각한다.[7] 그러나 좀 더 근본적인 문제는 다른 선진국에 비해 자영업자든 임금노동자든 모두가 소득세 자체를 적게 낸다는 점이다. 복지국가와 단순히 복지를 제공하는 국가 사이에 존재하는 가장 명징한 차이는 총조세 수준이다. 국가와 사회 구성원 사이에, 복지국가를 유지하기 위한 비용인 국가 재정을 사회 구성원들이 부담한다는 합의가 존재하는지 여부가 결정적이라는 점에서, 복지 지출은 선호하되 복지국가 비용의 사회화를 선호하지는 않는 괴리를 극복하지 못하는 한 "이것이 나라냐"라는 절규에서 벗어나기란 쉽지 않아 보인다(김미경 2018, 25~27).

한국 조세 체제의 두드러진 특징인 낮은 조세 수준(오연천 1992: 신해룡 2005: 이준구 2011: 이영 2014)과 광범위한 조세 납부 예외자, 역진적 구조, 조세 거부감은 어떤 역사적·제도적 경로를 통해 형성된 것일까? 이 과정에서 조세 담론은 조세제도 변화에 어떤 영향을 미쳤는가? 노무현 정부가 도입한 종합부동산세를 둘러싼 '세금 폭탄', 이명박 정부가 추진한 감세 정책이 초래한 '부자 감세', 박근혜 정부가 시도한 연말정산 개혁이 초래한 '서민 증세' 논란을 복기해 보면 조세정책이란 단순히 객관적 합리성이나 경제적 효율성의 영역이라기보다는 오히려 복잡다단한 정치적 영역이라는 것에 주목하게 된다. 정책 과정을 합리적 의사 결정이라는 측면에서만 검토하거나 정책 효과를 통계적으로 분석해 설명하고 예측하려고만 하는 접근법으로는 조세정책 과정에서 발생하는 갈등 구조를 제대로 이해하는 데 한계가 있기 때문이다.

이 책은 갈수록 격화되는 조세정책을 둘러싼 갈등을 해소할 정책적 실마리를 조세 담론 연구에서 찾을 수 있다는 고민에서 출발한다. 조세 담론은 조세제도라는 맥락에서 확산하거나 쇠퇴하며, 또한 그렇게 형성되고 변화하는 조세 담론이 조세제도 변화를 촉진하거나 제약한다. 따라서 조세 담론의 구조를 파악하는 것은 한국 사회에서 조세제도를 둘러싼 정책적 논쟁의 구도를 제대로 이해하고 해석하는 바탕이 된다. 이 책은 조세정책이 '어떻게 존재하는가'보다는 '누가 말하는가'와 '어떻게 말하는가'라는 권력 작용에 주목한다. 물론 담론 속에 존재하는 조세에 대한 특정한 이미지는 실제 조세제도를 그대로 반영하지 않는다. 하지만 정책 자체가 선험적으로 존재하는 객관성의 영역에 있는 것이 아님을 감안한다면, 조세를 둘러싸고 형성 및 변형되는 조세 담론, 그리고 특정한 프레임, 프레임의 갈등과 대립이라는 담론 정치에 주목함으로써 조세정책에 대한 이해의 폭을 넓힐 수 있다(정성호 2001, 42; 김수진 2009, 31; 허창수 2009, 138; 김동원 2009, 2; 이문수 2010, 940; 은재호 2011, 3; 권향원·박찬용·공동성 2015, 461~491; Fox and Miller 2001, 675).

이는 곧 특정한 정책에 대한 담론은 역사적 맥락에 존재하고, 권력관계를 반영하며, 이데올로기 작용을 하는 사회적 행위의 한 형태로서 사회와 문화를 재구성한다는 점을 전제로 한다(van Dijk 2009). 정부와 정당, 언론 등은 담론 정치의 주요 행위자로서 담론 연합을 형성해 정책 결정, 의제 설정, 의식 주조라는 세 가지 차원 에서 헤게모니를 확보하기 위한 담론 투쟁을 수행한다(이승민 2003, 46~93; 황규성·강병익 2014, 114). 이 책은 그중에서도 언론이 헤게모니 경 쟁에 참여하는 담론 전략과 담론 정치가 작동하는 방식에 초점을 맞춘다.

이 책은 언론, 그중에서도 주로 여덟 개 종합 일간지(『경향신문』, 『국민일보』, 『동아일보』, 『서울신문』, 『조선일보』, 『중앙일보』, 『한겨레』, 『한 국일보』)에 실린 사설을 프리즘 삼아 조세정책을 살핀다는 점에서 조세제도의 역사적 맥락을 다룬 다른 연구들과 구별된다.[8] 현대 민주주의 정치체제 아래 국가정책은 언론에서 벌어지는 토론과 논쟁을 거친다. 언론은 조세제도 형성과 변화 과정에서 '촉매제' 가 되기도 하고 '거부점'이 되기도 한다. 노무현 정부부터 박근혜 정부까지 조세를 둘러싼 갈등은 공통적으로 언론이 특정한 프레 임으로 구체적인 정책을 진단하고 처방을 내림으로써 정책을 제 약하는 양상을 보였다. 이에 대해 언론의 사회적 기능에 대한 많 은 비판이 제기되는데, 동시에 이는 언론 보도가 구체적인 조세정 책에 미치는 영향이 적지 않음을 보여 주는 사례이기도 하다.[9]

현대 민주주의 정치체제에서 국가정책은 언론이라는 공론장에 서 벌어지는 토론과 논쟁을 거친다. 언론이 조세정책을 어떻게 '재현'[10]하며 더 나아가 어떻게 '재구성'하는지, 어떤 프레임으로 접근하는지, 어떤 담론 전략을 구사하는지에 주목하는 것은 구체 적인 현실 정책을 연구할 때 매우 중요한 영역이다(Entman 2004). 정책이 선험적으로 존재하는 객관성의 영역에 있는 것이 아님을 감안한다면, 정치적 맥락에서 형성되고 변형되는 조세 담론, 그리고 특정한 프레임, 프레임의 갈등과 대립이라는 담론 정치에 주목함으로써 조세정책에 대한 이해의 폭을 넓히는 데 학문적·실천적으로 이바지하기를 기대한다(정성호 2001, 42; 허창수 2009, 138; 김동원 2009, 2; 이문수 2010, 940; 은재호 2011, 3; 권향원·박찬용·공동성 2015; Fox and Miller 2001, 675).

4

이 책은 다음과 같은 순서로 구성된다. 먼저 1장에선 한국 조세제도의 역사적 맥락을 개괄한다. 2장에선 본격적인 분석에 앞서 의미 연결망 분석을 통해 한국 조세 담론의 전반적인 양상을 확인한다. 3장부터 5장은 각각 노무현·이명박·박근혜 정부를 대표하는 조세 담론을 차례로 다룬다. 3장에선 종합부동산세 도입을 계기로 등장한 '세금 폭탄', 4장에선 이명박 정부가 추진한 감세 정책을 둘러싸고 벌어진 '부자 감세', 5장에선 박근혜 정부가 천명한 '증세 없는 복지'를 두고 격화된 '서민 증세'가 대상이다. 6장에선 한국 조세 담론에서 매우 특징적인 위치를 차지하는 '재정 건전성' 담론을 통해 한국 조세 담론의 자기모순과 한계를 살핀다. 이 연구의 방법론적 기초가 됐던 담론 분석에 대한 이론적 논의는 보론으로 실었다.

이 책은 필자의 박사 학위논문인 「조세담론의 구조와 변동에
관한 연구」를 바탕으로 한다. 논점을 명확히 하기 위해 많은 부분
을 다듬었다. 특히 5장은 『언론정보학보』에 게재했던 논문을 대
폭 수정·보완했다. 천성이 우둔하고 게으른 필자의 논문을 마무
리하고 또 책까지 낼 수 있도록 이끌어 준 분들께 고마운 마음을
전하고자 한다. 논문 지도를 해주신 배수호 교수는 학자로서 가져
야 할 자세를 말이 아니라 행동과 열정으로 일깨워 주셨다. 함량
미달인 논문 초고를 말 그대로 마른 땅에서 우물을 파는 심정으로
환골탈태하게 해준 은혜를 잊지 못할 것이다. 은재호 박사는 학위
논문이 길을 잃고 헤맬 때마다 격려와 자극으로 연구의 깊이를 더
할 수 있도록 이끌었다. 김성해 교수는 대학원 시절 연구 방법론
을 고민하던 필자를 담론 분석으로 인도했고 세상을 보는 시야를
넓혀 줬다. 김미경 교수는 조세 담론을 더 깊이 고민하고 더 넓게
살펴볼 수 있도록 눈을 틔워 줬다. 학위논문을 책으로 내라고 북
돋아 주고 직접 출판사와 연결시켜 주기까지 한 조효제 교수가 아
니었다면 책을 낼 엄두를 못 냈을 것이다. 학문적 나침반이 되어
주시는 박한식 교수, 박경서 교수, 송두율 교수, 윤영진 교수, 김
충식 교수, 강병구 교수, 장덕진 교수, 이석우 교수에게도 존경의
인사를 드린다. 아울러 양가 부모님, 아내와 아들을 얘기하지 않
을 수 없다. 양가 부모님은 가르치고 키워 주셨고 가정을 꾸려 정
착할 수 있도록 물심양면 뒷받침해 주셨다. 아내와 아들은 세상
그 무엇과도 바꿀 수 없는 행복의 원천이자 일용할 양식을 주는

든든한 안식처, 그리고 더할 나위 없는 친구들이다. 이들이 없었다면 이 책은 결코 세상에 나올 수 없었을 것이다. 아내와 아들에게 사랑한다는 말을 전한다.

1

한국
조세제도의
특징

생각을 조심하라. 말이 된다.
말을 조심하라. 행동이 된다.
행동을 조심하라. 습관이 된다.
습관을 조심하라. 성격이 된다.
성격을 조심하라. 운명이 된다.
우리는 생각하는 대로 된다.

— 영국 격언

1. 한국 조세제도의 역사적 배경

세금 인상 문제는 갈수록 중요한 정치 쟁점이 되고 있다. 문재인 정부가 집권 첫해인 2017년 내놓은 소득세와 법인세 최고 세율 인상안은 거센 논쟁 끝에 국회 문턱을 어렵게 넘었다. 정권 초기이고 '선별 증세'에 대한 지지 여론이 높음에도 그 정도였다. 종합부동산세를 비롯한 부동산 보유세 문제를 둘러싼 논란도 거셌다. 세금 문제는 이제 단순히 전문가의 영역이 아니라 국민적인 논쟁 사안이다. 진보와 보수를 가르는 기준선의 자리 역시 남북관계에서 감세·증세 문제로 넘어간 지 오래다. 세금을 기준으로 해서 노무현 정부는 '세금 폭탄', 이명박 정부는 '부자 감세', 박근혜 정부는 '증세 없는 복지'로 시대구분이 가능할 정도다. 증세를 하면 나라가 망하기라도 할 듯 호들갑을 떠는 이들을 찾아보기도 어렵지 않다.

> 세금 안 내고 국가가 발전할 수는 없는 것입니다. 세금 없이 국가를 튼튼하게 할 수 없는 것이고, 세금 안 내고 우리가 경제 건설을 할 수도 없는 것이고, 고속도로를 건설할 수도 없는 것이며, 여러분들 자녀들에 대한 의무 교육도 할 수 없는 것입니다.

이 발언을 대통령 연설문에서 인용했다고 하면 많은 이들이 노무현을 떠올릴 것이다. 김대중과 박정희 두 명 중 한 명이라고 하면 십중팔구 김대중이라고 대답할 것이다. 하지만 이 발언은 박정희가 1971년 대통령 선거 당시 수원 유세장에서 한 공식 연설 중 일부이다. 그것도 당시 야당 후보였던 김대중이 내놓은 감세 공약을 비판하면서 나온 발언이다. 한국 사회에서 증세와 감세를 둘러싼 논쟁의 역사는 1960년대까지 거슬러 올라간다. 특히 대통령이 직접 제시하는 의제만 놓고 보면 문재인 정부 초기는 4차 증세 국면이라고 할 수 있다. 노무현 정부 이전에도 박정희·노태우가 제각기 다른 이유에서 증세 문제를 거론했고 일부는 정책으로 이어졌다. 역대 대통령이 증세를 거론한 배경과 목적, 의제 설정 방식을 살펴보면 문재인 정부 증세 정책의 성패를 가늠할 수 있다.

한국에서 세금의 역사[1]를 살펴볼 때 가장 얄궂은 사실은 증세 정책에 가장 직설적으로 거부감을 드러낸 대통령은 박근혜였지만 대한민국 정부 수립 이래 처음으로 증세 정책을 정력적으로 추진한 대통령은 박정희였다는 점이다. 국세청을 처음 설립한 것은 물론, 종합소득세와 부가가치세 등 오늘날 한국 조세제도의 뼈대를 갖춘 것이 박정희 정부였다. 그런 면에서 보면 이때를 현대적 조세제도가 형성되기 시작한 시기로 볼 수 있다(김정진 2005, 297).

1960년대 초반까지도 한국 정부는 소득세나 법인세 등 근대적인 조세제도조차 갖추지 못한 채 전체 예산의 절반가량을 미국 원조 물자를 팔아 마련한 대충자금에 의존하는 형편이었다(양재진·민효상 2013, 69). 본격적인 산업화를 시작하면서 정부는 부족한 과세 기반과 낮은 저축률, 그에 따른 심각한 자본 부족 문제를 해결해야 했다. 산업화 자원을 동원하기 위해 세수 증대에 몰두했고 조세행정 현대화도 추구했다. 박정희 정부는 원조와 차관 등 해외 저축, 조세제도 정비를 통한 과세 기반 확대, 민간 저축 촉진 등 할 수 있는 모든 수단을 동원했다. 1966년 국세청 신설과 급격한 조세부담률 인상 및 정부 재정 규모 확대는 이 시기 조세제도에서 특기할 만하다. 국세청 설립 자체가 세수를 확보하기 위해서였다 (원윤희 2008). 첫 국세청장 이낙선은 세입 700억 원 달성을 독려한다 며 자동차 번호판에 '700'이라고 써놓고 다녔다.

박정희의 공식 연설문을 살펴보면 특히 1966년부터 1967년 사이에 경제개발을 위한 세입 확대를 여러 차례 강조했음을 알 수 있다.[2] 1966년 3월 30일 전국지방장관회의에선 "세수 증대는 모 든 국가공무원의 기본 과제"라거나 "모든 공무원은 세무 공무원" 이라는 표현까지 사용하며 "나는 앞으로 국세는 물론이요, 특히 지방세, 지방재정수입 확대를 위한 각급 지방장관들의 업적을 관 심 깊게 주시할 것입니다"라고 강조했다. 그해 8월 5일에는 전국 세무공무원대회를 열고 강한 어조로 세입 확대 노력을 강조했다.

납세야말로 국민 된 자의 제1차적 책임이며 영예인 동시에, 긍지 로 생각하는 새로운 전통의 확립이 그 어느 때보다도 아쉬운 것입 니다. 최근 우리 국민들의 납세에 대한 인식이 새로워지고, 납세의 무를 성실히 이행하고 있는 청신한 기풍이 조성되고 있음은 국가 발전을 위해 참으로 다행한 일이라 아니할 수 없습니다. 그러나 우 리 주위에는 아직도 납세 의식에 투철하지 못한 사람이 적지 않으 며, 그 결과 국고 수입이 되어야 할 많은 세금이 혹은 버려져 있거 나, 혹은 숨겨져 있습니다. 따라서 여러분은 과세의 공정, 징수의 정확, 사찰의 강화로 '버려진 세금', '숨겨진 세금'은 빠짐없이 거 두어들임으로써 일반 서민 부담의 가중 없이 연간 목표 700억 원 선을 돌파하는 데 혼신의 노력을 경주해야 하겠습니다(1966년 8월

5일 전국세무공무원대회 유시).

당시 세입 확대 노력은 곳곳에서 조세 저항에 부딪치고 있었
다. 박정희도 그 사실을 잘 인식하고 있었다. 여러 차례 그 문제를
언급하며 국민들을 설득하려 했다. 1966년 8월 5일 전국세무공
무원대회에선 "지난날의 정체된 세정 질서에 혁명적 변화를 일으
키려는 여러분의 노력에 예측하지 못한 애로가 뒤따르고, 여러 가
지 잡음이 있을 수 있다는 것을 나는 잘 알고 있습니다"라고 하면
서 곧바로 "이를테면 세금 부담이 갑자기 늘어났다는 항간의 세
론을 들 수 있습니다"라고 지적했다. 1967년 3월 11일 제1회 세
금의날 및 국세청 개청 제1주년 기념식에선 "세금에 대한 올바른
인식과 계몽이 시급"하다고 강조했고, 1970년 3월 3일 제4회 세
금의날에는 "정부가 하는 일이 어떠한 것이며, 이로 인해 국민이
얻을 수 있는 혜택이 무엇이며, 이를 위해서 국민들이 해야 할 일
은 무엇인가에 대해 참된 이해와 협조가 있도록 성심성의껏 일깨
워 줌으로써, 모든 납세자가 스스로 우러나오는 사명감에서 더 내
고 덜 내는 일이 없이 자기 힘에 알맞은 공평하고 적정한 세금을
납부할 수 있도록 조세 정의에 입각한 합리적 세정 구현에 힘써야
하겠습니다"라고 강조하기도 했다. 박정희는 1971년 대통령 선
거 유세에서는 야당 후보 김대중이 내세운 감세 공약을 거듭 비판
했다.

내가 알기엔 여러분들 중에 제일 귀찮고 싫어하는 것이 세금 같아
요. 세금 내라고 세무 공무원이 갑작스럽게 들어온 것을 보기만 해

도 밥맛이 떨어질 정도로 싫어하는 여러분들에게, 야당 사람들이 와서 덮어놓고 세금을 안 받겠다, 세금을 깎아 주겠다고 하는데, 물론 나도 여러분들한테 그렇게 듣기 좋은 소리 하려면 할 수 있습니다. 잠깐 속이기 위해서 거짓말할 수는 있어요. 그러나, 나는 그렇게 하지는 않습니다. 그동안 여러분들께서 세금 내기에 여러 가지로 괴롭고 고통스러웠고 부담이 많았을 테지만, 참고 세금을 내 주셨기 때문에, 오늘날 우리의 국방이 이만큼 튼튼해졌고, 우리의 경제가 이만큼 건설됐고, 우리나라의 지위가 국제적으로 그만큼 높아졌습니다. 세금 안 내고 국가가 발전할 수는 없는 것입니다. 세금 없이 국가를 튼튼하게 할 수 없는 것이고, 세금 안 내고 우리가 경제 건설을 할 수도 없는 것이고, 고속도로를 건설할 수도 없는 것이며, 여러분들 자녀들에 대한 의무 교육도 할 수 없는 것입니다(1971년 4월 20일 수원 유세 연설문).

1970년대부터 한국 사회는 증세가 아닌 저축 동원과 간접세 중심 조세제도라는 역사적 경로를 본격적으로 형성하기 시작했다 (양재진·민효상 2013, 72). 정부가 1971년 내놓은 보고서 「장기세제방향」은 공평 과세 원칙을 강화하기 위해 직접세 부문에서는 종합소득세로 전환하고 간접세 부문에서는 부가가치세를 도입할 것을 제안했다. 특히 부가가치세 도입 논의는 부가가치세가 세수를 안정적으로 확보하는 동시에 조세 저항은 적다는 특성을 염두에 둔 것이었다(최기호·정재현·최보람 2012; 홍범교 2012; 김도균 2013a). 뒤이은 1971년 세제 개편에서는 증세에서 감세로 조세정책 기조가 바뀌었다. 법인세와 소득세를 중심으로 집중적인 감세가 이뤄졌고 소득세 면세점과 조세 감면도 빈번하게 인상되거나 확대됐다. 이에 따른 세수 부족은 맥주와 청주 등에 대한 주세酒稅와 사치품에 대한 물품세의 대폭 인상으로 이어졌다. 이런 과정을 거쳐 간접세 비중이 압도적으로 늘어나는 간접세 중심 조세제도, 즉 역진적 조세 구조가 형성됐다(권순미 2014, 305~306; 김미경 2010, 203; 양재진·민효상 2013, 72). 이에 대해 김명숙(1994, 10)은 "1971년 세제 개편을 전환점으로 해서 조세 정책의 기조가 경제개발에 필요한 재정 지원 조달을 위한 증세 정책에서 민간 부문의 자본축적 지원을 위한 감세 정책으로 전환되었다"고 평가했다.

1972년 10월 국가비상사태를 선포하고 성립시킨 유신 체제는 매우 폭압적이었지만 또한 대단히 취약했다. 1973년 오일쇼크에 따른 경제 위기감이 팽배해지고 갈수록 여론이 악화되는 가운데 박정희 정부는 세입을 확대해 경제개발에 필요한 재원을 마련하는 방식을 포기하고 감세 정책을 통해 민간 부문의 자본축적을 지원하는 방향으로 조세정책의 초점을 바꿨다. 1974년 1월 14일 긴급조치 3호는 중요한 변곡점이었다. '대통령 뒷담화하면 가만두지 않겠다'는 다른 긴급조치와 달리 긴급조치 3호는 소득세 면세 기준을 월 1만 8000원에서 5만 원 이하로 대폭 상향 조정했다(나성린 1997). 1971년에 근로소득세 기초공제액을 기존 1만 원에서 1만 3000원으로, 1973년에는 다시 1만 8000원으로 인상했음을 감안하면 "경제위기 상황에서 취해진 매우 이례적이고 변칙적이며 임기응변적인 대응"(김도균 2013a, 73)이었다.[3] 단번에 소득세 납세자의 85퍼센트가 소득세를 내지 않게 됐다. 이 조치는 세수 결함을 보전하고자 고급 양주, 승용차, 귀금속 등 사치성 소비에 대한 소비세를 대폭 인상한 것과 겹쳐 소비 과세 중심 조세 구조라는 경로를 강화했다. 그렇게 박정희 정부는 '복지 없는 증세'에서 '복지 없는 감세'로 돌아섰다. 이 분야를 깊이 연구한 학자들의 평가도 크게 다르지 않다. 윤홍식(인하대학교 사회복지학과 교수)은 필자와의 인터뷰에서 긴급조치 3호를 "간접세 중심 조세 구조가 형성되는 결정적 장면이었다"고 분석했다. 김도균(경기연구원 연구위원)은 "박정희 정부는 '복지 없는 증세'를 추구했지만 국가에 대한 신뢰를 형성하는 데 실패하면서 조세 수준 확대도 한계에 부딪치고 갈등만 증폭되는 악순환에 빠졌다"고 지적했다(『서울신문』 2017/11/04).

긴급조치 3호 발표 직후 열린 연두 기자회견에서 박정희는 그 전과는 다른 맥락에서 조세정책을 규정했다. 그는 긴급조치 3호를 설명하면서 저소득층에는 감세, 고소득층에는 소비 절약, 그리고 정부에는 긴축예산편성 등 각각 세 가지를 강조했다. 저소득층에는 "저소득층에 속하는 국민들로부터 국가가 받는 세금을 될수 있는 대로 경감해 준다든지 하여 저소득층에 속하는 국민들의 부담을 덜어 줄 것"이라고 밝혔고, 고소득층에는 "고소득층에 속하는 국민들이 좀 더 앞장을 서서 소비를 절약해 달라"면서 사치성 물품 등에 대한 소비 과세 강화를 천명했다. 이어 "소비 절약에는 정부가 앞장을 서야 되겠다"고 밝혔다. 흥미롭게도 박정희가 공식 석상에서 '소비 절약'을 언급한 것은 1969년 1월 10일기자회견이 처음이었다. "내자의 동원을 위해서는 정부는 계속저축 증대와 세수 증대를 도모할 것"(1967년 대통령 연두교서)이라거나 "세금 문제에 대해서는 여러 가지 말썽이 많이 있을 줄 압니다만, 우리가 경제 건설을 빨리 서둘기 위해서는 역시 국민 여러분들이 좀 어려운 점이 있더라도 참고 협력해 주셔야 되겠다"(1968 년 1월 15일 대통령 기자회견)는 것과 비교해 보면 그 차이가 분명해 진다. 박정희는 이후에도 1976년과 1977년 연두 기자회견에서 저소득층을 위한 감세 정책을 강조했다.

긴급조치 3호를 계기로 소득세 감면은 국민적 쟁점이 됐다. 정 책 결정 과정에서 철저히 소외돼 있던 야당도 국회 공간을 활용해 소득공제 확대를 요구함으로써 야당으로서 존재감을 강조하는 정 치적 전략을 택했다. 이제 소득공제 규모를 둘러싼 공방은 연례행 사가 됐다. 1975년 당시 야당이던 신민당 의원들은 소득공제 규 모를 10만 원으로 인상하고 교육비 공제와 의료비 공제를 신설하 는 〈소득세법〉 개정안을 발의했다. 이 개정안은 정부와 협의를 거 쳐 근로소득세 면세점이 7만 원으로 인상됐다. 1976년 정부는 부 가가치세 도입에 따른 소득세 부담 완화 차원에서 소득공제 수준 을 다시 8만 원으로 인상하는 조치를 취했지만 신민당 수정안을 놓고 논의 끝에 실제 개정안에서는 9만 원 인상으로 결론 내렸다 (김도균 2013a, 77~79).

정치적 정당성이 취약한 박정희 정부는 국민 불만을 무마하려 감세 정책을 확대하는 한편, 일정 수준 이상으로 조세수입을 확보 해야 했다. 이처럼 상호 충돌하는 정책 목표는 1976년 부가가치 세 도입 결정 및 이듬해 시행으로 이어졌다. 아시아에서는 처음으 로 시행한 부가가치세는 그 자체만 놓고 보면 엄청난 증세 정책이 었다. 당연히 조세 저항이 심했고 여론도 상당히 악화되었다. 하 지만 정작 조세부담률은 1972년 12.3퍼센트, 1974년 13퍼센트, 1977년 16퍼센트, 1978년 16.4퍼센트, 1981년 16.6퍼센트로 큰 변화가 없었다(국회예산정책처 2016c, 6). 각종 공제 인상과 비과세소득 범위 확대 등 직접세를 줄이는 정책과 함께 시행했기 때문이었다. 이 시기가 기록적인 고도성장기였음을 감안하면 얼핏 모순돼 보이는 이런 현상이 발생한 것은 1970년대 이후 한국 정부가 간접세를 전반적인 세수 증대를 위한 정책 수단으로 활용하지 않았으며, 복지 확대와도 관련이 없었다는 것을 보여 준다(권순미 2014; 김미경 2018).[4] 아울러 신자유주의적 국가 운영이 영향력을 확대해 가는 징후 중 하나로도 이해할 수 있다(지주형 2012; 김도균 2013a; Shin and Chang 2003). 한마디로 부가가치세는 '감세를 위한 증세'였다.

1970년대 정부 조세정책은 분배 갈등을 악화시켰다. 특히 별다른 소득재분배 장치도 없는 상태에서 1977년 시행된 부가가치세는 조세 부담에서 누진성을 약화한 반면, 근로자 소득공제 대폭 확대와 저축 우대 조치는 중간층과 고소득층에 혜택이 집중됐다. 1970년, 1976년, 1978년, 1980년을 기점으로 소득 10분위별 조세부담률 변화를 분석한 연구에 따르면 저소득층 조세부담률은 급증하는 반면, 중간 소득층과 고소득층은 지속적으로 하락했다. 소득 1분위는 총조세 부담이 13퍼센트에서 28퍼센트로 늘었다. 반면에 소득 6분위에서 소득 9분위는 1978년과 1980년에 조세 부담 수준이 가장 낮은 계층이었다. 심지어 최고 소득층인 소득 10분위는 조세 부담이 지속적으로 하락하다가 1978년과 1980년에는 소득 1분위보다도 조세 부담 수준이 더 줄었다(한승수 1982, 87; 김도균 2013a, 112). 또한 근로소득자와 자영업자 간 세 부담 격차도 꾸준히 확대됐다(현진권·나성린 1996).

1970년대 박정희 정부가 열어 놓은 '감세 국가'는 오랫동안 한국 조세정책의 근간이 됐다. 국내총생산GDP 규모와 공공 부문 재정 규모 추이를 비교해 보면 1980년대 이후 GDP 증가에 비해 공공 부문 증가세가 현저히 둔화되는 양상이 나타난다. 이는 긴축재정과 재정 건전성 지향 강화, 그리고 증세 회피와 조세 지출 확대에 따른 필연적인 귀결이었다. GDP 대비 정부 규모는 1990년대가 되어서야 1970년대 수준을 회복했다(김미경 2018, 91). 집권 기간에 조세 재정 정책에 대한 별다른 언급을 하지 않았던 전두환이 '1983년도 예산안 국회 제출에 즈음한 시정연설'에서 밝힌 대목은 감세 정책의 경로 의존성을 보인다는 점에서 주목할 필요가 있다. 전두환은 "대폭 인하"와 "획기적으로 인하"라는 표현을 두 번이나 써서 법인세·소득세 감세를 강조했다. 감세에 따른 세수 부족은 국채를 발행해, 즉 정부 부채를 늘려 해결하겠다고 밝혔다. 아울러 그는 강력한 긴축예산 의지를 내비치면서 "만성적으로 팽창되어 온 예산 구조를 영점 기준에 의하여 재점검"하겠다고 강조했다. 대규모 감세와 긴축 기조로 특징지을 수 있는 이 연설은, 뒤에서 언급하겠지만, 이명박이 제시한 조세 재정 정책 방향과 여러모로 비교할 만한 대목이 많다. 특히 박정희가 1970년대 내세운 조세 재정 정책 방향이 전두환 시기에 이르러 한층 확산됐다는 점을 확인할 수 있다.

먼저 우리 경제가 당면하고 있는 가장 긴요한 과제라 할 수 있는 경기회복을 촉진하기 위하여 소득세와 법인세의 세율을 획기적으로 인하하여 내수를 진작시키고 기업 투자를 활성화하도록 하였습니다. 이와 같은 감세 조치의 결과가 공공투자 사업의 대폭적인 삭감으로 나타날 때에는 소기의 경기회복을 달성하기 어려운 점을 감안하여 정부는 국채를 발행하여 경기와 직결되는 정부투자 사업을 계속 공사 중심으로 추진토록 하였습니다(1982년 10월 4일).

1980년대 후반 이후로는 소득 불균형을 해소하기 위해 조세 형평성을 높여야 한다는 국민적 요구가 높아지면서 이 문제가 정책으로 구현되기 시작했다. 민주화 열기와 여소·야대, 부동산 거품 등에 대응하기 위해 노태우 정부는 부동산 세제를 중심으로 여러 차례 증세를 언급했다. 노태우 정부가 도입한 토지 공개념에 기초한 토지 초과 이득세와 종합 토지세, 김영삼 정부가 시행한 금융실명제와 금융 소득 종합과세는 모두 자본이득을 통한 부의 집중과 소득 불균형을 바로잡으려는 시도였다(윤영진·강병구·김은경·윤종훈·최병호 2006, 17~18). 특이한 점은 노태우가 임기 초반에 했던 발언이 얼핏 노무현의 발언과 구별하기 힘들 만큼 그 정책 기조가 유사하다는 것이다. "부동산 투기는 철저히 막도록 모든 정책을 동원하고 제도를 보강할 것입니다. 투기 행위는 끝까지 추적하여 부당한 소득은 세금으로 거두어들일 것입니다"라거나 "부동산이나 금융 자산을 보유한 부유한 계층이 보다 많은 세금을 내도록 법과 제도를 고쳐 나갈 것입니다. 그렇게 해서 마련된 재원은 불균형과 격차 해소를 하는 데 집중적으로 쓰여질 것입니다"라는 발언은 노무현이 임기 중에 발언한 내용이라 해도 믿을 법하지만, 사실 전자는 '1989년 예산안 제출에 즈음한 국정연설'(1988년 10월 4일), 후자는 '매일경제신문 창간23돌 기념 특별회견'(1989년 3월 24일) 중 일부다. 노태우는 이 밖에도 상속세와 종합 토지세, 재산 과세,

법인세 등에 대한 의지를 여러 차례 피력했다.

상속세의 과세 체제를 현실화하고 재산 과세를 강화할 것이며 기업에 대한 과세를 형평에 맞게 바로잡을 것입니다. 이를 통해 조세의 소득재분배 기능을 강화하는 한편 복지 향상을 위한 정부의 역할을 늘리기 위한 재정수입을 확보해 나갈 계획입니다(1989년 6월 9일 『한국일보』 창간 35돌 기념 특별 회견).

공식 연설 기록만 놓고 본다면 노태우는 임기 내내 조세 형평성과 불로소득 환수를 강조했다. 이는 "동서양의 역사에서 땅이 소수에게 편중되면 사회의 불안과 변혁을 불러왔습니다. 우리나라에서도 그러했습니다"(1989년 8월 28일 라디오 주례방송)라고 발언한 데서 보듯 당시 부동산 문제를 둘러싼 민심 이반이 정권 안정을 위협할 수 있다는 위기의식, 1987년 6월 항쟁이라는 강력한 저항을 겪은 경험, 여소·야대 국회 등이 결합한 정치 상황 때문이었다고 볼 수 있다. 게다가 당시는 3저 호황으로 고도성장을 구가하던 시기였다. 객관적 정세와 국민들의 요구가 맞물리면서 노태우 정부는 복지 확대, 임금 인상, 대규모 주택 건설 등 다분히 '내수 진작을 통한 성장과 소비의 선순환'을 고민했다고 할 수 있다. 바로 그런 점에서 "노태우 정부 전반기는 문재인 정부가 내세운 소득 주도 성장과 유사한 측면이 있다"(윤홍식 인하대 사회복지학과 교수)고 평가할 만하다.

물론 한계도 뚜렷했다. 무엇보다 근로소득세에서는 여전히 감세 지향이 이어졌다는 점에서 '제한적인 증세'였다. 게다가 야당과 민심 모두 감세를 요구했다. 민주화라는 거대한 물결이 세금 축소, 그리고 국가의 역할 축소와 만났다. 노태우 정부는 1988년 "소득재분배 차원에서 세제 개편을 하라는 노태우 대통령 특별지시"에 따라 세제 개편안을 내놓았다. 근로소득세 면세점을 5인 가족 기준 월 22만 8000원(연 274만 원)에서 월 33만 3000원(연 400만 원)으로 상향 조정했고, 소득세율도 최저 6퍼센트, 최고 55퍼센트에서 최저 5퍼센트, 최고 50퍼센트로 낮추고 세율 단계도 16단계에서 8단계로 축소했다. 국회는 진통 끝에 근로소득세 면세점을 여야 합의에 따라 연 460만 원으로 합의했다.

조세 부담 완화를 요구하는 목소리는 1989년에 더 격렬해졌다. 경제계와 언론에서 매우 적극적으로 근로소득세 초과 징수분 환급 문제를 거론했다. 야 3당은 독자적으로 〈소득세법〉과 〈부가가치세법〉 개정안, 근로소득세 감면 임시 조치법을 제출했다. 결국 논란 끝에 1988년 폐지했던 근로소득 세액공제 제도를 다시 도입해 근로소득세의 20퍼센트 세액공제를 하고 월 급여 100만 원 이하 생산직 노동자의 시간외근무수당을 비과세하기로 했다. 이를 통해 경감되거나 환급되는 근로소득세는 1조 원가량이었다 (한국조세연구원 1997c: 김도균 2013a, 136~137). 이에 따라 근로소득세 납세 인원은 1976년만 해도 전체 납세의무자의 27.6퍼센트에 불과했지만 1980년대 들어 면세점이 조정되지 않았기 때문에 꾸준히 증가해 1988년에는 50.9퍼센트까지 늘었다. 하지만 1988년과 1990년 세법 개정을 거치면서 납세 인원은 1989년 43.7퍼센트, 1990년 46퍼센트, 1991년 43.1퍼센트로 다시 감소했다(윤세익 1995, 66).[5]

제한적이나마 조세 수준 확대를 도모하던 정책 방향은 3당 합당 이후 '전통적'인 정책 지향으로 회귀했다. 노태우 정부에 뒤이은 김영삼 정부도 정부 예산 감축과 재정 건전성, 규제 완화 등 '작은 정부' 기조를 유지했다. 그나마 임기 초반에는 금융실명제와 불로소득 환수를 언급하기도 했지만 임기 후반으로 가면서 예산 절감과 정부 인력 감축, 공기업 민영화, 기업 활동 지원 등으로 무게중심이 옮아간다. 특이하게도 김영삼은 고통 분담과 근검절약 등에 초점을 맞추는, 일견 전근대적인 조세 인식을 보여 주는데 이에 대해서는 좀 더 심층적인 연구가 필요하다.

우리 경제의 어려움을 극복하기 위해 모두 고통을 분담해 주십시오. 정부가 앞장서겠습니다. 청와대 예산을 먼저 줄이겠습니다. 청와대에서 열리는 각종 행사는 물론, 청와대의 식탁까지도 낭비 요소를 철저히 없애도록 하겠습니다. 정부의 재정지출도 최대한 억제하겠습니다. 경상비 지출은 작년 수준 밑으로 줄이겠습니다. 작고 생산적인 정부가 되겠습니다. 금년에는 공무원의 봉급을 올리지 않겠습니다. 정원도 늘리지 않겠습니다(1993년 3월 19일 신경제 관련 특별 담화문).

제한적으로나마 자본과 부동산에 대한 과세를 강화해 소득재분배를 도모하려 한 조세정책은 외환 위기를 기점으로 급격하게 퇴조했다. 1999년 변호사, 공인회계사, 세무사, 관세사 등 전문직에 대한 부가가치세 면세 폐지나, 2000년 부가가치세의 과세특례제도 폐지처럼 형평성을 강화하고 세제를 합리화하는 등 일부 성과도 있었지만 전반적으로는 시장 기능 강화와 구조 조정을 위한 세제 지원에 맞춘 다양한 조세 특례 조항 도입과 소득세와 법인세 등 직접세 인하가 기조였다(윤영진·강병구·김은경·윤종훈·최병호 2006, 18). 정부는 외환 위기 이후 1999년 '중산층 및 서민생활 안정대책'을 통해 광범위한 소득세 감면 조치를 발표한다. 그 전까지 연소득 500만 원 이하는 전액, 500만 원 초과 급여는 30퍼센트, 연간 900만 원 한도에서 공제하던 근로소득공제를 변경해, 연소득 500만~1500만 원은 공제율 40퍼센트, 1500만~3000만 원은 공제율 10퍼센트, 공제 한도는 연간 1200만 원으로 높였다. 특별 공제 항목도 의료비 공제 한도는 연간 100만 원에서 200만 원으로, 교육비 공제 한도는 연간 70만 원에서 100만 원으로 인상했다. 소득세 감면 조치에 따른 조세 감면 규모는 1999년에 근로소득세액 5조 원의 약 28퍼센트나 되는 1조 4000억 원에 이르렀다. 2001년에도 종합소득세율을 모든 과세 구간에서 일률 10퍼센트 인하하고, 경로자와 장애인에 대한 추가 인적공제를 1인당 50만 원에서 100만 원으로 인상했으며 의료비·보험료·교육비 특별 공제를 확대했다(김도균 2013a, 176~177).

김대중·노무현 정부 10년은 분배 문제 해결에 적잖은 노력을 기울였음에도 박정희 정부 이래 이어진 '긴축의 경로 의존성'을 극복하고 전면적인 조세 개혁을 수행하기엔 의지와 전략 모두 부족했다. 이 시기 조세제도 변화에 대해서는 소득세와 법인세 감세에서 보듯 대부분의 기간에 걸쳐 증세 노력을 기울이지도 않았고, 종합부동산세를 둘러싼 갈등에서 보듯 (부분적으로 시도한) 증세를 위한 정치적 투쟁에서 승리한 적도 거의 없었다는 지적을 받는다(구인회 2011, 236~240; 김도균 2013a, 174). 이에 대해서는 김대중·노무현 정부에서 조세 수준이 상당히 큰 폭으로 늘었다는 점에서 세수 확보 노력을 높이 평가하는 반론도 존재한다(양재진 2015, 202~206).

다만 노무현은 조세 문제에 대한 가장 구체적이고 일관된 소신을 상당히 직설적으로 여러 차례 제시한 유일한 대통령이었다. 뒤에서 좀 더 자세히 살펴보겠지만, 노무현의 증세 소신은 종합부동산세 시행과 맞물려 격렬한 정치적 논쟁을 촉발하는 배경이 되었다. 다른 대통령들이 임기 초반에는 공평 과세와 재분배 등을 몇 차례 강조하다가도 후반으로 가면 조세 감면이나 예산 절감을 강조하는 것과 달리 그는 정반대 행보를 보였다. 2003년에는 "기업 투자를 가로막고 있는 규제를 과감히 고쳐 나가고, 금융·세제 면에서도 적극 뒷받침해 나갈 것"(2003년 6월 30일 참여정부 경제비전 국제회의 기조연설)이라거나 "재분배로 일차적 분배를 시정할 수 있는 것은 상당히 한계가 있습니다. 세금 거두는 데도 한계가 있고, 주는 데도 한계가 있습니다"(2004년 9월 5일 MBC〈시사매거진 2580〉특별 대담)라고 했던 노무현은 2005년부터 매우 다른 의제를 제시했다. 이는 노무현 정부가 복지 의제와 저출산·양극화에 집중한 것이 집권 후반기부터였다는 지적과 일맥상통한다(김현태 2009). 특히 일자리와 사회 안전망 등을 위해서는 탈세 방지와 예산 절약만으로는 한계가 있다며 세원 확대 필요성을 지적한 2006년 1월 18일 신년 연설에 주목할 만하다.

또 앞에서 말씀드린 일자리 대책, 사회 안전망 구축, 그리고 미래 대책을 제대로 해가기 위해서는 많은 재원이 필요합니다. 2030년 까지 장기 재정계획을 세워 보면 아무리 재정의 효율성을 높이고 지출 구조를 바꾸더라도 재원이 절대적으로 부족합니다. 미래를 위해서 해결하지 않을 수 없는 일이라면, 어디선가 이 재원을 조달하지 않으면 안 됩니다. 그럼에도 오히려 감세를 주장하는 사람들이 있습니다. 여론조사를 해보아도 세금을 올리자는 사람은 없습니다. 아껴 쓰고, 다른 예산을 깎아서 쓰라고 합니다. 정부는 이미 톱다운top down 예산을 도입해서 예산 절약과 구조 조정을 강력히 추진하고 있습니다. 그리고 탈세를 막기 위해 거래의 투명성을 높여 가고 있습니다. 그러나 이러한 정책으로는 한계가 있습니다. 근본적인 해결책을 찾지 않으면 안 됩니다. 그동안 참여정부의 정책이 분배 위주라는 여러 가지 주장들이 있었고, 심지어 '좌파 정부'라는 말까지 나왔습니다. 그러나 우리나라의 재정 규모는 GDP 대비 27.3퍼센트입니다. 미국 36퍼센트, 일본 37퍼센트, 영국 44퍼센트, 스웨덴 57퍼센트인 데 비하면 턱없이 작은 규모라고 할 것입니다. 복지 예산의 비율은 더 적습니다. 앞의 나라들이 중앙정부 재정의 절반 이상을 복지에 쓰고 있는데, 우리는 4분의 1밖에 되지 않습니다. 정부 정책에 의한 소득 격차 개선 효과도 아주 낮습니다. 어떤 기준으로 보더라도 좌파 정부 논란은 결코 사리에 맞지 않는 주장입니다(대통령 비서실 2006a, 584).

노무현은 이후에도 1월 25일 신년 기자회견,[6] 2월 26일 「취임 3주년을 맞아 국민 여러분께 드리는 편지」,[7] 3월 23일 '국민과의 인터넷 대화'[8] 등 기회가 있을 때마다 조세제도 변화와 세원 확대를 위한 국민적 토론과 합의가 필요하다고 강조했다. 그러나 노무현이 제시한 의제는 오해받거나 왜곡된 형태로 비판의 대상이 됐을 뿐 공론장에서 제대로 토론되지 못했다는 한계가 뚜렷했다. 노무현도 그 점을 잘 인식했고 아쉬워했다. 하지만 의제를 제기하고 풀어 가는 '담론 전략' 자체의 한계를 고려한다면 어느 정도는 필연적인 결말이었다고 평가할 수도 있다.

이명박은 임기 전반기와 중반기에 핵심 의제가 확연히 달라졌다. 그리고 후반기에는 세금에 대한 언급 자체가 사라졌다. 이명박은 대통령 취임사(2008년 2월 25일)에서 "세금도 낮춰야 합니다. 그래야 투자와 소비가 살아납니다"라거나 "우리 역사상 최대 규모로 세금을 줄여 국민 부담을 덜고 투자 촉진을 유도하여 경제가 살아날 수 있도록 최선을 다하고 있습니다"(2008년 9월 3일 당원들에게 보내는 추석 편지)라고 하는 등 2008~09년에는 강력한 감세 주장을 이어갔다.

감세는 포퓰리즘이 아닙니다. 포퓰리즘이면 하지 말아야죠. 장기적으로 투자를 유발하고 투자를 통해서 경제를 활성화시키고 일자리를 만든다는 감세는 세계적인 추세입니다. 모든 선진국이 지금 감세 경쟁을 하고 있다시피 하기 때문에 이건 포퓰리즘이 아니고, 또 한편으로 우리나라가 그간에 세금이 너무 많이 올랐습니다. 세금이 많이 올랐기 때문에 작년에는 무려 14조가 더 걷혔습니다, 국민 세금이. 사실은 세금도 올랐는데 세금을 낮춰 주는 것이 맞다고 생각합니다. 세금을 낮추면 세수가 당장 걱정되지 않느냐고 하는데 저는 세율은 낮춰 주고 세금을 조금 덜 내든지, 내고 있지 않은 사람들의 세원을 포착해서 더 거두고, 그다음에 예산을 10퍼센트만 절감하면 우리 국민에게 1년에 11조 정도는 감세를 해도 충분히 만회할 수 있다고 생각합니다. 이것은 장기적 경제 효과만 있는 게 아니고 단기적 효과도 있습니다(2008년 9월 9일 KBS 특집 〈대통령과의 대화〉).

이명박은 2010년 10월 4일 제49차 라디오·인터넷 연설에서 "복지 예산의 비중이 늘면서 재정 건전성을 걱정하는 분들도 있습니다"라고 언급한 것을 비롯해 2010년과 2011년에는 재정 건전성을 강조했다. 이명박은 2011년 1월 3일 신년 연설에서 보편 복지는 곧 부자 복지이며 이는 재정 위기를 초래한다고 주장했다. 그해 8·15 경축사에서도 "재정 위기는 다른 위기와 달리 해결할 마땅한 수단이 없기 때문에 가장 위험한 위기로 재정 건전성을 유지해야 어떠한 위기도 대응할 수 있다"면서 "정치권의 경쟁적인 복지 포퓰리즘이 국가 부도 사태를 낳은 국가들의 전철을 밟아선 안 된다"고 말했다. 이명박은 서울시 무상 급식 투표일 이틀 전인 2011년 8월 22일 라디오 연설에선 "급변하는 세계경제 흐름 속에서 재정 건전성을 지키지 못한다면 구멍 난 배로 망망대해를 항해하는 것과 같다고 본다"면서 "선심성 복지로 국가 부도의 위기에 이른 남유럽 국가들의 사례는 우리에게 큰 교훈을 주고 있다"고 말했다. 그 반면 무상 급식 투표가 무산된 지 2개월 뒤인 10월 3일 라디오 연설에서는 "(한국의) 재정 건전성은 세계에서 가장 양호한 수준"이라면서 "지나친 위기감은 바람직하지 않다. …… 우리 스스로 자신감을 가질 필요가 있다"고 말했다.

박근혜는 증세 언급이 많았는데 이는 증세해야 한다는 차원이 아니라 증세에 반대한다거나 '증세 없는 복지'를 언급했기 때문이다. 박근혜는 기회 있을 때마다 증세에 강한 거부감을 드러냈지만, 정작 박근혜 정부는 소득세 최고 세율 인상과 담뱃값 인상, 금융 소득 종합과세 강화 등 다양한 증세 정책을 폈다. 박근혜 정부는 조세정책에 관한 한 대통령제 국가에서 정부·여당의 실제 행동과 대통령의 공식 발언이 따로 움직인 흔치 않은 사례였다. "지금 증세 애기가 나오고 있는데 공약 사항 이행 시에 필요한 재원 마련을 위해 국민 세금을 거둘 것부터 생각하지 말아 주시기 바란다"(2013년 2월 27일 수석·비서관 회의)거나 "해야 될 일을 안 하고 빚을 줄이는 노력을 외면하면서 국민한테 세금을 걷으려고 하는 것은 너무나 염치가 없는 일입니다"(2015년 5월 12일 대통령 주재 국무회의)라고 말한 것이 대표적이다. '증세 없는 복지'에 대해서도 박근혜는 "최근 정부가 증세 없는 복지에 집착하는 것이 아니냐 하는 지적이 있는데 정부가 국민에 대해서 가져야 될 기본자세는 국민들에게 조금이라도 부담을 적게 해드리면서도 국민 행복을 위해서 최선의 노력을 다하는 것입니다"(2013년 8월 20일 대통령 주재 수석·비서관 회의)라고 말했다.

2013년 8월 8일 정부가 발표한 세제 개편안을 두고 세금 폭탄 논란이 생기고 중산층의 반발 여론으로 국정 수행 긍정 평가가 추락했을 때 박근혜가 한 발언은 박근혜가 조세정책을 어떻게 인식하는지 잘 보여 준다. 당시 박근혜는 8월 12일 청와대 수석·비서관 회의에서 "서민과 중산층의 가벼운 지갑을 다시 얇게 하는 것은 정부가 추진하는 서민을 위한 경제정책 방향과 어긋나는 것"이라며 원점에서 재검토할 것을 지시했다.[9]

최근에 복지를 위한 증세를 이야기하는 목소리가 많은데 저는 먼저 이런 기본부터 바로잡아서 탈세를 뿌리 뽑고 낭비되는 누수액을 줄여야 한다고 생각합니다. 그리고 경제를 활성화시키기 위해 모두가 함께 노력해 나가야 한다고 봅니다(2013년 8월 19일 제1회 을지국무회의 및 제36회 국무회의).

증세는 마지막에 국민의 동의를 얻어서 공감대를 형성해서 해야지, 정치권이나 정부나 자기 할 일은 안 하고 국민 세금만 바라보고, 이런 자세는 안 된다고 생각해요(2013년 11월 25일 대통령 주재 수석·비서관 회의).

그리고 국민한테 세금을 걷겠다 이런 얘기를 생각하기 전에 먼저 정치권에서 또 우리 모두가 해야 될 도리를 국민 앞에 먼저 해야 한다고 생각합니다. 이런 걸, 빚을 줄이기 위해서 최대한 노력하고 그리고 또 어려운 일이 있을 때는 국민들도 이해할 수가 있겠죠. 그러나 해야 될 일을 안 하고 빚을 줄이는 노력을 외면하면서 국민한테 세금을 걷으려고 하는 것은 너무나 염치가 없는 일입니다(2015년 5월 12일 대통령 주재 국무회의).

여러 가지 사례를 통해 살펴볼 때, 박근혜는 증세에 상당한 거부감을 갖고 있으며 감세를 선호하는 특징을 보인다. 아울러 "먼저 최대한 낭비를 줄이고 지하경제를 양성화하는 등의 노력을 중심으로 가능한 안을 마련해 주시기 바란다"는 발언에서 보듯 세출 조정과 긴축에 무게중심을 두고 있다는 점에서 김영삼과 유사한 특징을 보여 준다고도 할 수 있다. 또한 이런 일련의 발언은 박근혜 정부에서 실제로는 여러 가지 의미 있는 증세 정책 결정을 했다는 것과 비교하면 일견 의아한 양상이기도 하다. 뒤에서도 살펴보겠지만 '조세 정치'라는 측면에서도 매우 흥미로운 연구 질문을 제기한다.

2. '저부담 조세 국가' 또는 '감세 국가'의 제도적 맥락

한국 조세제도에서 가장 눈에 띄는 특징은 국가 규모와 경제력에 비해 조세 수준이 매우 낮다는 점이다. 조세 수준이란 국가가 얼마나 많은 세금을 징수하느냐, 즉 조세 부담에 관한 문제로서 납세자의 재원 부담 수준을 보여 주는 척도이자, 공공과 민간 부문 간 자원 배분의 방향과 정부 규모 등을 보여 주는 가장 중요한 지표이다(오연천 1992, 27). 일반적으로 조세 수준을 평가하는 대표적인 지표는 조세부담률과 국민 부담률이다. 조세부담률은 국세와 지방세를 합한 조세수입이 경상 GDP에서 차지하는 비중, 국민 부담률은 조세수입과 사회보장기여금이 경상 GDP에서 차지하는 비중을 가리킨다.

조세 수준과 관련한 대다수 연구는 조세 수준이 경제성장이나 물가, 실업 등 경제지표에 어떤 영향을 미치는지, 거시 지표 개선을 위한 적절한 조세 수준은 어느 정도인지 등에 관심을 보인다. 조세 수준이 낮은 국가는 복지 지출 수준도 낮다는 다양한 연구 결과에서 보듯 조세 수준은 정부가 공공 정책에 대해 어떤 선호를 갖고 있으며 어떤 정치 이념을 띠고 있는지를 보여 주는 잣대가 될 수 있다(김미경 2010, 201~203). 조세 수준과 직접세·간접세 비중에 따라 영국 유형(높은 조세 수준과 높은 직접세 비중), 스웨덴 유형(높은 조세 수준과 상대적으로 낮은 직접세 비중), 미국 유형(낮은 조세 수준과 상대적으로 높은 직접세 비중), 스위스 유형(낮은 조세 수준과 낮은 직접세 비중) 등으로 분류하기도 한다. 또한 조세 수준과 공적 지출이라는 지표를 조합해 네 가지 유형의 조세 국가 유형을 나눌 수도 있다.

조세 수준을 결정하는 요인에 대해서는 다양한 가설이 존재한다. 먼저 국가의 조세 징수 능력, 국가 규모, 정치적 정당성과 대표성 등 정치 발전 수준과 조세 수준이 비례한다고 보는 관점이 있다(Bates and Lien 1985; Cheibub 1998; Lieberman 2001). 이런 논리에서 보면 낮은 조세 수준은 저발전과 후진성의 산물이라는 결론에 이를 수밖에 없다. 하지만 이런 해석은 미국과 스위스 같은 선진국은 왜 상대적으로 조세 수준이 낮은지 설명하지 못한다는 비판을 받는다. 안종석·최준욱(2013)은 소득수준뿐만 아니라 경제 개방, 자영업자 비중 등의 변수도 국가 간 국민 부담률 차이를 제대로 설명할 수 없다고 지적했다.

또 다른 관점에선 조세가 갖는 두 가지 중요한 정치경제적 기능인 재분배 기능과 성장 촉진 기능에 주목해 조세 수준이 한 국가의 정치적·경제적 선택의 산물이라고 간주한다. 이와 관련해 주목할 연구는 가토 준코加藤淳子와 슈테펜 강호프Steffen Ganghof를 들 수 있다. 가토(Kato 2003)는 북유럽에서 역진적 조세가 국가의 조세 징수 능력을 증대했으며, 이는 곧 복지국가 유지를 위한 재원으로 기능했다며 '조세 구조가 조세 수준을 결정한다'고 분석했다. 이에 대해 강호프(Ganghof 2006, 360)는 가토의 견해에 의문을 제기하면서 '높은 복지 지출 수준이 높은 조세 수준을 요구한다'는 명제를 내세웠다. 강호프가 보기에 유럽 복지국가들은 역진적 조세에 대한 의존이 높아서 복지국가가 될 수 있었던 것이 아니다. 오히려 국가가 구현하려 했던 높은 복지 지출 수준을 위해 조세 수준을 높여야 했고, 필연적으로 역진적 조세에 강하게 의존하는 조세 구조가 불가피했다는 것이다. 인과관계에 대해서는 상반된 견해를 드러냈지만 가토와 강호프 모두 역진적 조세와 복지국가의 공존 가능성에서는 의견이 일치했다. 이 논의들을 따른다면 직접세냐 간접세냐, 역진적 조세냐 누진적 조세냐의 문제는 그 자체로는 핵심이 아닌 셈이다(은민수 2012a, 128).

조세 수준과 관련해 가장 첨예한 이론적 쟁점 가운데 하나는 조세 수준을 낮추는 이른바 '감세' 정책이 얼마나 정책 효과가 있는지, 반대로 '증세' 정책의 정책 효과는 어떤지이다. 특히 감세 주장과 관련해선 세계화로 인해 각국이 조세 부담을 경쟁적으로 낮추는 조세 경쟁에 참여하게 된다는 이론을 둘러싼 논쟁도 있다. 조세 경쟁 이론은 세계화 때문에 자본의 조세 부담이 감소하고, 그 결과 조세 부담이 노동 부문으로 이전되리라는 예측을 바탕으로 하지만 이에 대해서는 경험적으로 입증되지 않는다는 비판도 있다. 1980년대 이후 OECD 회원국의 법인세율은 안정적이고 개인소득세율의 급격한 증가 추세도 없기 때문이다(Swank and Steinmo 2002, 644).

감세가 기업 투자를 유발하는지에 대해서는 특히 법인세나 조세 지출 등을 중심으로 한 연구를 주목할 필요가 있다. 많은 연구에서 감세가 기업 투자라는 정책 효과로 이어진다는 결론을 내렸다. 가령 김진수·박형수·안종석(2003)은 법인세율 인하에 따른 경제적 효과 분석에서 한국의 법인세 부담이 주변국보다 상당히 높은 편이라면서 단기적으로는 재정 부담이 상당하지만 중장기적으로는 기업 투자와 경제성장률을 높이는 효과가 있다고 주장했다. 오원선·유성용·김진환(2003)은 1994년 이후 우리나라의 법인세율 인하가 기업의 투자에 미친 영향을 분석한 결과 법인세율과 기업의 자본투자는 반비례한다고 밝혔다. 이태정·권순창·김형국(2006)은 조세 혜택과 기업의 투자가 (정)비례한다며 조세 혜택 규모가 클수록 기업 투자가 늘어난다고 결론 내렸다. 반면에 최정호(1997)는 연구·개발비 투자 지출 금액은 과거년도 연구·개발비 투자 지출 금액과 미래 성장 기회 수준의 영향을 받는다고 지적했다. 특히 조세 지출 가운데 가장 큰 비중을 차지하는 임시 투자 세액공제와 기업 투자 사이에 별다른 연관관계가 나타나지 않는다는 점에 착안한 박종국·이계원·홍영은(2009)은 조세 혜택이 기업 투자를 증대하기보다는 기업이 애초 계획한 투자가 조세 혜택을 수반한다고 유추하는 것이 타당하다면서 감세 정책이 기업 투자를 이끈다고 보기 힘들다는 결론을 내렸다. 특히 이들은 기존 연구들에 대해 기업 투자가 조세 부담을 완화하는 효과를 통제하지 않았다는 방법론상 문제점을 지적하기도 했다.

조세 수준과 소득 불평등에 대해서는 일관되게 반비례 관계에 있다는 주장과 그렇지 않다는 주장이 존재한다. 먼저 미국 정치사회학자 찰스 틸리Charles Tilly는 국가유형을 발전 단계에 따라 원형국가(정복 국가 또는 약탈 국가), 발전 국가, 민주국가, 복지국가 등

네 가지로 분류해 설명하면서 현존하는 모든 복지국가는 민주국가 단계를 거쳤고 민주국가를 건너뛰고 복지국가로 진입한 사례는 없었다고 강조했다(정원오 2010, 16~22). 그에 따르면 한국은 발전국가 단계를 거쳐 민주국가로 이행한 뒤 자본가계급과 노동자계급이 복지국가라는 틀 속에서 각자 이익을 위해 타협하는 단계로 발전한다. 이에 대해, 높은 소득 불평등은 낮은 조세 수준(감세)을 이끌어 내고 이는 재분배 축소를 통해 불평등을 증대하며 또다시 조세 수준 감소로 이어진다는 반론이 제기된다. 이 주장에서 눈여겨볼 대목은 어떤 사회가 소득 불평등도 높고 공동체로서 연대 의식도 낮을 때 개인들은 국가가 주도하는 재분배 정책이 아니라 자기 세금을 최소화하는 감세를 지배적인 선호로 선택하게 되며, 이는 다시 국가의 재분배 기능을 약화하고 불평등을 심화하는 악순환으로 이어진다는 것이다(김미경 2008, 208~209).

한국은 국민 부담률이 26.3퍼센트(2016년 기준)로 OECD 평균(34.3퍼센트)과 큰 차이를 보인다. 한국의 조세 부담 수준은 소득수준과 상관없이 전반적으로 낮은 수준에 그친다는 점 또한 중요한 특징이다. 이는 2015년 기준으로 가구 유형별 평균 유효 세율을 비교한 〈표 1-1〉에서 잘 드러난다. 사회보험료 역시 OECD 평균은 9.2퍼센트이지만 한국은 5.7퍼센트에 그친다(양재진·민효상 2013, 59).

한국의 조세제도에서 특징적인 현상인 낮은 조세 수준은 최근 나타난 것이 아니라 이미 경제개발 시기부터 형성된 구조적인 현상이다. 이는 국가의 조세 징수 능력이 떨어져서 불가피하게 생긴 현상이 아니라 오히려 공적 사회보장 지출을 최대한 억제하고 조세 수준 확대도 의도적으로 회피했기 때문이다. 급격한 경제성장

표 1-1 | 가구 유형별 2015년 평균 유효 세율

	무자녀 1인 가구			2자녀 1인 가구	2자녀 외벌이 가구	2자녀 맞벌이 가구		무자녀 맞벌이 가구
	평균 소득 67%	평균 소득 100%	평균 소득 167%	평균 소득 67%	평균 소득 100%	평균 소득 100~33%	평균 소득 100~67%	평균 소득 100~33%
독일	14.2	19.2	27.7	-2.8	1.0	6.6	11.0	14.1
미국	15.2	18.0	23.5	-3.8	6.1	9.9	12.3	15.2
스웨덴	15.1	17.7	30.9	15.1	17.7	15.4	16.7	15.4
일본	6.1	7.7	12.4	6.1	6.3	6.8	7.1	6.8
한국	1.8	5.4	10.1	0.0	2.9	2.6	2.8	4.1
OECD	11.4	15.8	21.8	6.0	10.4	10.7	12.5	12.5

자료: 국회예산정책처(2016b, 50).

에도 불구하고 근로소득세 면세점이 1인당 국민소득 상승세보다 높은 수준을 유지하는 추세가 이어져 왔고, 그중에서도 면세점 대폭 인상 시기가 5·16 쿠데타 직후인 1960년대 초반과 유신 체제 성립 이후인 1970년대, 1987년 민주화 이후처럼 정치적으로 민감하고 주목할 만한 사회정책 도입과 겹친다는 사실에서 잘 드러난다(김도균 2013c, 64~65).

경제발전 수준이 유사한 다른 개발도상국과 비교해도 조세 징수 규모가 작았다. 1950년대는 물론 1960년대 중반까지도 조세부담률은 일부 예외를 제외하면 10퍼센트를 밑돌았고, 1950년대와 1960년대 연도별 조세부담률 평균도 각각 9.26퍼센트, 10.03퍼센트에 불과했다. 이는 당시 개발도상국과 비교해 보더라도 상당히 낮은 수준에 그쳤다(〈표 1-2〉 참조). 1977년 부가가치세 도입은 외국 사례를 적용한다면 조세 수준을 획기적으로 높이는 계기가 되었겠지만, 한국에서는 각종 공제가 인상되고 비과세소득 범위

표 1-2 | 개발도상국과 한국의 조세 징수 노력 비교 (단위 : GDP 대비 %)

	한국			조사 대상 국가 실적치 평균	조사 대상 국가 수	한국 순위
	실적치(A)	추정치(B)	징세 노력 지수(A/B)			
1953~56년	5.7	-	-	11.3	27	26
1962~64년	9.0	12.3	0.732	-	52	50
1966~68년	11.8	12.7	0.927	13.6	49	25
1969~71년	15.4	13.0	1.181	15.1	47	21
1972~76년	13.6	15.9	0.858	16.1	47	29

주 : 조사 대상 국가는 모두 각 기간의 개발도상국이다.
자료 : 남찬섭(2008, 38)에서 재인용.

가 확대됨에 따라 큰 영향을 미치지 못했다. 1970년대 조세부담률 평균은 14.84퍼센트였으며 1980년대에는 16.37퍼센트에 그쳤다(안종석 2012, 22). 1인당 국민소득 1만 달러를 기록한 연도를 기준으로 볼 때 미국이 1978년 GDP 대비 재정 규모가 32.1퍼센트였고 영국이 1987년에 43.6퍼센트였지만 한국은 1만 4000달러를 기록한 2004년에도 28퍼센트에 불과했다(강병구 외 2007, 23).

두 번째 특징은 개인소득세 비중이 너무 작고, 누진성도 강하지 않다는 점이다(이영 2014, 8).[10] 한국은 〈소득세법〉상 누진도는 다른 OECD 국가들과 비슷하지만 최고 한계 세율을 적용받는 고소득 계층이 상대적으로 적어 결과적으로 소득세를 통한 전체 소득 불균형 완화 효과는 매우 제한적이다(윤영진·강병구·김은경·윤종훈·최병호 2006, 26). 소득세를 통한 재정수입은 1972년에 GDP 대비 1.5퍼센트였고 이후 증가했지만 1990년 3.9퍼센트가 된 이후 계속 3퍼센트를 넘지 못하다가 2007년과 2008년 4.4퍼센트와 4퍼센트를 기록했지만 2009년과 2010년에 3.6퍼센트로 하락한 뒤 2014년에는 4퍼센트에 그쳤다. OECD 평균(2013년 기준)인 8.8퍼센트와 두 배 이상 차이가 난다(국회예산정책처 2016c, 75).

전체 조세수입 중 소득세가 차지하는 비중도 1990년 20퍼센트로 정점을 기록한 뒤 꾸준히 후퇴해 2003년에는 12.6퍼센트까지 줄었다. 그 뒤 다시 늘어 2007년 16.7퍼센트가 됐지만, 2009년 14.1퍼센트까지 줄었다가 다시 증가해 2013년 15.3퍼센트, 2014년 16.3퍼센트를 기록하고 있다. 여전히 OECD 평균(2013년 기준) 24.8퍼센트와는 편차가 매우 크다(국회예산정책처 2016c, 76). 이는 소득세 명목 세율은 OECD 평균 수준인 반면에 다양한 소득공제 등으로 말미암아 실효세율이 떨어지기 때문이다(양재진·민효상 2013, 61~64). 평균 유효 세율 추이를 무자녀 1인 평균 소득가구를 기준으로 살펴보면 한국은 2003년 2.4퍼센트에서 2007년 4.6퍼센트까지 증가했다가 2009년 4.1퍼센트로 감소한 뒤 2010년 4.5퍼센트, 2012년 4.9퍼센트로 늘었다. 2015년에는 5.4퍼센트까지 상승했다. 하지만 OECD 평균을 보면 2003년 15.4퍼센트, 2007년 15.5퍼센트, 2009년 14.7퍼센트, 2010년 14.5퍼센트, 2012년 15.4퍼센트, 2015년 15.8퍼센트로 한국과 세 배 넘게 차이가 난다.

그렇다면 어떤 구조적 요인이 한국을 '저부담 조세 국가' 또는 '감세 국가'로 고착시킨 것일까? 이는 최근 한국 조세제도 연구에서 가장 활발히 논의되는 주제 중 하나다. 이 연구들에 따르면 유럽과 달리 직접세를 통한 소득재분배를 해야 할 정치적 필요성이 크지 않았고 오히려 약한 정치적 정당성을 의식하며 국민의 불만을 달래기 위해 노동자와 중산층의 조세 부담 완화에 적극 나선 점, 경제적으로는 오일쇼크 이후 원자재 가격 인상 등 공급 측면의 충격이 경제에 미치는 파급효과에 대응하고자 가계와 기업의 세 부담을 낮추는 방향으로 움직였다는 것 등을 꼽을 수 있다(한국조세연구원 1997a, 338; 김미경 2008; 2010; 2018; 남찬섭 2008; 김인춘 2011; 김현주 2012; 양재진·정의룡 2012; 윤홍식 2012; 김도균 2013a; 2013c). 한국 정치를 지배한 보수적 당파성도 복지가 아니라 개발에 주력하는 수단으로서 지속적인 감세 정책을 추구했다(은민수 2012b, 208; 권순미 2014, 303). 발전 국가라는 제도적 특성의 결과물이라는 점도 많이 언급된다. 정부 수립 이후 오랫동안 강한 국가 자율성을 바탕으로 경제발전을 최우선 순위에 두다 보니 복지는 가족 구성원에게 맡기는 전략을 취했고, 이에 따라 사회보험은 미성숙했고 공적 사회 지출은 낮았으며, 그 반대급부로 조세 부담을 낮게 유지하는 제도적 특징을 갖게 됐다(윤홍식 2011; 양재진·민효상 2013; 최종호·최영준 2014).

양재진·민효상(2013, 75~78)은 저소득세 구조를 산업화 시기 한국이 택한 수출 지향 발전 전략이라는 맥락에서 설명한다. 산업화와 경제성장을 위해서는 가격경쟁력이 필요했고, 이를 위해 저임금과 장시간 노동, 노동비용 상승 억제 정책을 펼쳤다. 이런 상황에서 근로자 가처분 소득을 줄이는 소득세 인상은 임금 인상 요구로 이어진다는 점에서, 낮은 소득세와 낮은 조세 부담은 수출 지향 산업화와 깊은 '제도적 상보성'을 갖는 조세 체제라고 볼 수 있다. 부가가치세 등 간접세 의존도가 높아진 것도 경제개발 전략에 부합했음을 고려해야 한다. 다시 말해, 수출로 벌어들인 외화를 지키려면 소비를 줄이는 게 유리했다. 특히 해외 수입품은 사치성 품목에 고율의 세금을 부과하는 특별소비세(개별소비세) 등을 통해 적극적으로 소비를 억제하는 정책을 폈다는 것이다.

여러 가지 제도적 요인으로 말미암아 국가의 조세 능력이 취약했던 것과 함께 국민들이 조세에 느끼는 불신과 불만이 상당했다는 점도 영향을 미쳤다. 그 바탕에는 공적 이전 지출이 거의 전무한 데다 역진적인 조세제도에 대한 불만이 자리 잡고 있었고, 조세 저항과 소득 환급 요구가 임금 투쟁 성격을 띠었으며, 불공평한 조세 부담 양상이 결국 복지 재원 확충까지도 지속적으로 제약했다는 점이 있었다(김도균 2013a, 135~137).[11] 이와 함께 조세 불신이 조선 말기인 19세기에 발생한 재정 위기,[12] 극심한 부정부패와 폭력적이고 자의적인 조세 징수까지 거슬러 올라가는 역사적 경험에 뿌리를 두고 있다는 점도 고려해야 한다. 국가 재정 위기를 지방재정에 전가하고 지방재정 위기는 기층 민중에게 떠넘기는 양상은 결국 1862년 진주 농민 항쟁[13]이나 1894년 갑오농민전쟁,[14] 1901년 제주도 '이재수의 난'[15] 등의 대규모 저항을 초래했다(김태웅 2012; 김정인 2015). 1909~10년 지방세 반대 투쟁[16]도 일제강점기의 조세 수탈에 대한 저항을 예고했다.

박정희 정부 시기에 '조세 불신'은 더 확고해졌다. 박정희 정부는 국민들을 설득하려 애쓰는 대신, 국민들을 동원 대상으로만 간주했다. 빈부 격차와 부정부패, 권위주의는 국가에 대한 신뢰를 스스로 갉아먹었다. '국가에 대한 신뢰'를 잃자 세금은 착취의 대명사가 되었다. 1977년 부가가치세를 시행할 당시 상황도 주목할 만한 사례다. 남대문시장과 동대문 평화시장 상인들이 부가가치세 시행에 맞서 문을 닫는 철시 사태가 벌어졌으며 세운상가에선 대낮에 세무서 직원이 피습·살해당하는 사건이 발생하기도 했다. 특히 1979년 부마 민주 항쟁이 발생한 뒤 계엄령이 선포된 부산

현지를 방문한 중앙정보부장 김재규는 뒷날 재판정에서 "주로 그 사람들의 구호를 보니까, 체제에 대한 반대, 조세에 대한 저항, 정부에 대한 불신 이런 것이 작용해서……"라고 밝혔다. 신군부가 정권을 장악한 뒤 사태 조사를 한 결과 부가가치세가 근본 원인이었다는 결론을 내렸다는 얘기도 회자된다(김도균 2013a, 113). 자연스럽게 조세 저항은 민주화 운동과도 결합했다. 1974년 4월 3일 전국민주청년학생총연맹(민청학련)이 발표한 결의문에서 두 번째 요구 사항은 바로 "서민의 세금을 대폭 감면하고 국민경제의 밑받침인 근로대중의 최저 생활을 보장하라"였다(강준만 2002, 130). 물론 복잡다단한 역사적 맥락을 무시한 채 '부가가치세 때문에 유신 정권이 무너졌다'는 식으로 손쉽게 결론을 내리는 태도는 그리 엄밀하지 않다. 그럼에도 필자가 주목하는 것은 사실 여부와 별개로, 당대에 그리고 시간이 흐를수록 부가가치세를 유신 정권 붕괴와 연결시키는 담론이 광범위하게 자리 잡았으며, 여야를 막론하고 정치권에서 상식처럼 통용됐다는 점이다.

조세에 대한 국민들의 불만과 불신에 더해 정책 결정 집단도 조세 능력을 확대하는 데 적극적으로 나서지 않았다. 대체로 세수 증대에 적극적인 노력을 기울였던 1960년대에서 '저부담 조세 국가' 체계로 전환하기 시작한 1970년대 사이에는 조세정책 담론에 중요한 변화가 있었다. 1960년대 말 이후 미국 유학을 경험한 경제 관료들이 자리를 잡기 시작하고 학계에선 서강학파가 영향력을 확대하면서 신고전주의 경향에 입각한 '시장' 중심적 담론이 경제정책에 뿌리내리기 시작했다. 이런 경향은 조세정책에서도 감세를 통한 소비 확대와 투자 증대라는 감세 담론이 영향력을 확대하는 것으로 나타났다. 전반적인 감세 기조와 부가가치세 도입은 그런 제도적 담론 변화의 연장선상에 존재했다(김경환 2000, 264; 박태균 2002, 105; 이형구·전승훈 2003, 269~270; 유철규 2004, 55~56; 지주형 2012; 김현주 2012, 48~49; 권순미 2014, 297~298; Shin and Chang 2003). 증세와 복지가 선순환 구조를 만들면서 국가와 공동체에 대한 신뢰를 높이는 정부의 노력은 거의 경험하지 못했고, 그마저도 조직적인 저항과 정치력 부족으로 실패하는 경험만 반복되면서 증세와 조세 저항의 악순환이 되풀이되는 셈이다(권순미 2014, 306).

3. 조세 구조

조세 구조의 형평성

조세 구조는 "상이한 조세의 제도적 형태들(소득세·소비세·법인세 등)을 단순하게 배합한 형태를 넘어 이들 개별 조세 혹은 조세 간 내적 구조(특히 소득세)를 포괄하는 개념"이다(김성욱 2012, 252; Ganghof 2006). 다시 말해, 어떤 집단에게 어떻게 조세 납부 부담을 지우느냐, 또는 누가 얼마나 더 많은 세금을 납부하느냐 하는 분배 측면의 조세 부담 문제라고 할 수 있다(김미경 2009, 204).

일반적으로 조세 형평성은 담세 능력이 같다면 같은 세금을 부담해야 한다는 수평적 형평성, 담세 능력이 많은 사람은 적은 사람보다 더 높은 세금을 부담해야 한다는 수직적 형평성으로 평가한다. 18세기에 활동한 애덤 스미스Adam Smith는 물론이고 아돌프

바그너Adolf Wagner나 리처드 머스그레이브Richard A. Musgrave 모두 형평성, 공정 원칙, 공평한 부담 등을 거론한 데서 알 수 있듯이 평등성은 바람직한 조세가 갖출 핵심 요건으로 평가받는다(스미스 2007, 1017~1019; 우명동 2007, 156~162). 조세 형평성을 판단할 때 일반적으로 쓰는 기준은 직접세와 간접세 비중을 비교하거나 세금 부과 이전 지니계수와 이후 지니계수, 세전과 세후 빈곤율을 비교하는 것이다. 조세 구조에서 역진성은 역진적 조세가 차지하는 비중으로 측정할 수 있다. 역진적 조세는 '수직적 형평성'을 근거로 삼기 때문에 소득 규모에 따라 세율에 차등을 두지 않고 단일 세율을 적용한다면 역진적 조세로 분류할 수 있다. 대표적인 역진적 조세로는 부가가치세와 주세·담배소비세 등 소비세, 사회보장기여금을 꼽을 수 있다.

그동안 국내 조세 개혁 방안 논의는 조세 구조를 소비 과세 중심에서 소득 과세 중심으로 바꿔야 한다는 주장이 많았으며, 조세의 소득재분배 기능을 강조하며 '직접세 중심주의는 곧 선진국 형태'로 간주하기도 했다(오연천 1992, 32; 신해룡 2005, 374). 특히 양극화 해소와 복지 정책 강화를 주장하는 정책을 강조할수록 조세 역진성을 부정적으로 평가하는 경향이 강했다. 이런 견해는, 소득 과세는 누진적 성격이 강해 소득재분배 효과가 크지만, 소비 과세는 역진적 성격이 강하므로 전체적인 조세 구조를 소비 과세 위주로 구성하면 사회적 불평등도 함께 늘어난다는 인식, 그리고 한국 조세 구조에서 부가가치세 비중이 높았다는 역사적 배경을 반영한다(김태성·손병돈 2004; OECD 2007, 33; 고경환 2009; 김성욱 2011, 197). 하지만 최근 여러 연구는 조세 역진성에 대한 기존 논의와는 다른 결과를 도출해 왔다(오연천 1992; 김미경 2006, 35; 김성욱 2011; 이준구 2011; 은민수 2012a; 2012b; Steinmo 1993; Wilensky 2002; Kato 2003; Kemmering 2005; Ganghof 2006). 여기에는 양극화가 더 심한 미국과 영국이 오히려 직접세 중심이고 강력한 복지국가를 유지하는 북유럽 국가들이 간접세 중심 조세 구조라는, 얼핏 역설적으로 보이는 현실이 자리 잡고 있다. 북유럽 복지국가들의 부가가치세율을 보면 아이슬란드는 25.5퍼센트, 스웨덴과 덴마크, 노르웨이는 25퍼센트, 핀란드는 24퍼센트를 차지한다. 그 반면 그 대척점에 있는 미국은 부가가치세를 도입하지 않은 유일한 OECD 회원국이다(홍성훈·성명재 2013, 39~41).

더구나 OECD에서 빈곤과 불평등 수준이 가장 높다고 평가받는 미국이 조세 귀착, 즉 누가 세금 부담을 실제로 지는가 하는 측면에선 상당한 누진성을 유지하고 있다는 연구(Piketty and Saez 2007), 그리고 대처 총리가 정권을 잡은 영국의 조세제도가 스웨덴사회민주노동당이 장기 집권한 스웨덴보다 더 누진적이었다는 연구(Lindert 2004, 280) 등을 고려하면 직접세 인상으로만 치우친 증세 논의는 재고할 여지가 있다(이준구 2011, 445). 이에 대해서는 재분배 정책을 세입을 통하느냐, 세출을 통하느냐 하는 우선순위에 따른 차이가 조세제도 성격에 영향을 미친다는 분석도 있다. 이를 따른다면 북유럽 복지국가는 누진적 소득세를 통한 소득재분배보다는 세출을 통한 재분배 정책에 주안점을 두었으며, 이를 위해 보편적으로 높은 조세 수준을 유지하려다 보니 결국 역진적 조세 구조와 보편적 복지 지출로 이어졌다. 그 반면 미국이나 영국 등에선 세출을 통한 재분배보다 세입 측면에서 누진성을 강조했고 상대적으로 누진적인 조세 구조와 잔여주의 복지 지출로 귀결됐다(김미경

2010).

　일부 연구자는 유럽 복지국가들이 역진적 조세 의존도가 높은
것은 조세 수준이 높기 때문이며, 더 근본적으로는 역진적 조세를
통해서라도 국가의 재정 확대 능력을 증대하고자 했기 때문이라
고 주장한다(Ganghof 2006, 366). 사회적 평등에 더 많은 가치를 부여
하는 사회에서는 공공 사회 지출에 쓰일 재원을 마련해야 한다는
정책 목표 때문에 전반적으로 조세 수준이 높고, 시장적 효율성을
더 중시하는 사회에서는 투자 의욕과 기업 활동 등을 들어 조세
수준을 낮게 유지하려 한다는 것이다. 국가와 개별 시민의 정치적
교환을 중시하는 사회에서는 개인의 소득과 이윤에 징수하는 직
접세 중심 조세 구조를 가지며, 이와 달리 복지 수준을 강화하려
는 국가가 조직된 노동과 자본의 타협을 제도화하는 사회에서는
전체 조세에서 차지하는 간접세 비중이 상대적으로 높다(김미경 2009,
205~206).

　이 관점을 취하는 학자들은 '복지 지출 요구가 조세 부담을 높
인다'는 명제에 대해 복지국가 규모를 결정하는 것은 정치적 의사
결정 구조를 통해 어떤 조세정책을 선택하느냐에 따라 좌우된다
고 반박한다(Steinmo 1993, 193~209). 이런 기준에서 보면 직접세냐 간
접세냐 하는 이분법적 논의보다는 조세 수준과 재정 배분의 우선
순위에 대한 사회적 토론과 합의가 더 중요하며, 이는 곧 정책적
선호를 사회적 평등으로 할지, 경제성장과 효율성에 둘지의 문제
와 연관된다(윤홍식 2011).

복지 지출 수준과 구조

복지 지출 수준과 구조도 조세제도를 이해하는 데 빼놓을 수 없는 중요한 지표이다. 한국의 GDP 대비 복지 분야 재원 배분 실태는 OECD와 비교했을 때 매우 낮은 수준이다. 2013년도 사회보장 및 건강 분야 재원 배분 규모는 OECD 평균이 35.8퍼센트와 15.1퍼센트인 데 비해 한국은 각각 18.4퍼센트와 12.1퍼센트에 불과하다.[17] 특히 2011년도를 기준으로 각 부문별 복지 분야 재원 배분을 살펴보더라도 노령 부문은 2.1퍼센트, 실업 부문은 0.9퍼센트로 OECD 평균 7.4퍼센트, 2.2퍼센트와 각각 세 배 이상 차이가 난다. 근로 무능력자 부문은 0.5퍼센트와 2.2퍼센트로 네 배 이상 격차가 벌어지고, 가족 부문 역시 0.9퍼센트로 OECD 평균 2.2퍼센트와 두 배 이상 차이가 난다(〈표 1-3〉 참조).

국가 간 복지 지출 공급 형태 차이에 주목한 김성욱(2012)은 국가가 어떤 사회적 공급 지출 형태를 취하는지에 따라 조세 구조가 상이하게 나타난다고 밝혔다(〈표 1-4〉 참조). 그에 따르면 '빈곤 완화 및 건강보험 중심형'(영국·미국 등 자유주의 복지국가)은 조세 수준은 낮은 반면 자본에 상대적으로 불리한 조세 구조이며, '소득 대체 중심형'(프랑스·독일 등 유럽 대륙형 조합주의 국가)은 사회보장기여금 때문에 조세 수준은 높지만 역진성이 상당하고, '정부 서비스 중심형'(스웨덴·핀란드 등 사민주의 복지국가)은 조세 규모와 수직적 형평성은 높지만 자본에는 상대적으로 유리한 조세 구조를 보인다. 그는 한국이 '빈곤 완화 및 건강보험 중심형'에 속한다고 봤다. 이어 통념과 달리 자본에 불리한 조세 구조는 "저복지에 따른 국가

표 1-3 | 주요국 복지 분야 재원 배분 국제 비교(2011년 기준; 단위 : GDP 대비 %)

	노령	유족	근로 무능력자	보건	가족	적극적 노동시장	실업	주택	기타
덴마크	8.4	0.0	4.7	6.7	4.0	2.2	2.2	0.7	1.0
독일	8.6	2.0	2.0	8.0	2.2	0.8	1.2	0.6	0.2
벨기에	8.3	2.0	2.8	8.0	2.9	0.9	3.6	0.2	0.7
스웨덴	9.4	0.4	4.3	6.7	3.6	1.2	0.4	0.4	0.7
스페인	8.9	2.3	2.6	6.8	1.4	0.9	3.5	0.2	0.2
영국	6.1	0.1	2.5	7.7	4.0	0.4	0.4	1.5	0.2
일본	10.4	1.4	1.0	7.7	1.4	0.2	0.3	0.1	0.5
프랑스	12.5	1.7	1.7	8.6	2.9	0.9	1.6	0.8	0.6
핀란드	10.6	0.9	4.0	5.7	3.2	1.0	1.7	0.5	0.8
한국	2.1	0.3	0.5	4.0	0.9	0.3	0.3	0.0	0.6
OECD 평균	7.4	1.0	2.2	6.2	2.2	0.5	1.0	0.4	0.5

자료 : OECD 통계(국회예산정책처 재정 통계, http://stat.nabo.go.kr/fn02-27.jsp).

의 불가피한 선택일 수 있다"면서 "수준이 낮고 선별적인 복지 공급 형태가 배타적인 상태에서 국민들에게 높은 조세 부담을 요구할 수는 없을 뿐만 아니라, 자본(기업)에 대한 체계적인 차별은 저복지에 따른 대중적 불만에 대한 정치적 대응일 수 있다"고 지적했다(김성욱 2012, 277).

국가의 공적 권력에 대한 거부감이 강하고 시장과 효율성을 추구하는 담론이 강하게 내면화돼 있는 현실은 한국이 낮은 조세 수준을 유지하는 것과 동전의 양면이다. 이에 대해서는 한국의 사회 정책이 공공 사회 지출 확대나 복지국가가 아니라 '자산 기반 생활 보장 체계'를 위주로 했다는 연구를 주목할 필요가 있다(김도균 2013b, 21). 자산 기반 생활 보장 체계에서는 낮은 조세 부담이 자산 보유와 사적 이전을 원활하게 하고, 가계 자산이 공공복지를 대체

표 1-4 | 복지 유형 간 조세 구조 비교

		빈곤 완화형	소득 대체형	정부 서비스형
조세 규모	국민 부담률	저	중	고
	조세부담률	저	저	고
수직적 형평성	조세 탄력성	중	저	고
	소득세율 격차	고	저	고
수평적 형평성	직-간접세 대비	중	저	고
	노동-자본비	고	중	저
부담 주체 간 형평	개인-법인비	고	고	저

자료 : 김성욱(2012, 276).

하는 생활 보장 수단으로 기능한다. '중산층 신화'를 상징하는 '아파트', '저축'으로 상징되는 재산권과 가계 자산에 대한 집착은 사회적 권리와 사회정책에 대한 관심을 압도하기 때문에 공적 복지가 성장하는 데 걸림돌로 작용한다. 다시 말해, 자산 기반 생활 보장 체계는 복지 확대나 이를 위한 증세 등 사회적 연대와 계급 타협이 아니라 일관된 감세 지향으로 이어진다(김도균 2013a, 5).

조세 지출

조세 지출이란 국가가 특정한 정책 목표를 달성하기 위해 과세 대상, 세율 등 세법상 일반 원칙에서 벗어나는 특례 규정을 통해 납세자의 세 부담을 경감하는 것을 말한다. 각종 비과세, 저율 과세, 세액 감면, 소득공제, 세액공제, 준비금 등 간접적인 수단을 통한다는 점에서 보조금과 같은 직접적인 예산 지출과 다르다(국회예산정책처 2014, 45). OECD에서는 사회 지출에 부과되는 세금을 제외하고 조세 지출을 합산한 순 사회 지출을 집계한다.

조세 지출은 행정 비용이 적게 들고 행정절차가 단순하며, 수혜자에게 예측 가능한 안정적인 지원을 줄 수 있다는 점이 장점으로 꼽히는 반면, 규모나 대상이 불분명하고 정책 효과가 크지 않으며 조세 유인이 불공평성을 확대하고 특정한 정책 목표를 달성하기에는 비효율적이라는 단점이 지적된다(박기백·정재호 2003, 21~22). 조세 지출에 부정적인 견해를 보이는 학자들은 조세 지출 남용이 일부 집단에 특혜를 집중시키고 자원 배분을 왜곡한다는 점에서 형평성과 효율성에 모두 문제가 있다는 점, 특정 이익집단의 기득권을 강화하는 점 등을 지적한다(오연천 1992, 35~36; 곽태원 2006; 이준구 2011, 568~581). 최근 연구에서도 한계 세율에 따라 결정하는 제도적 특성 때문에 고소득층에 혜택이 집중되는 소득공제를 폐지할 경우 소득재분배 효과가 상대적으로 개선된다거나(김우철 2014), 지방세 비과세·감면이 지역 경제에 미치는 효과가 크지 않다는 점을 지적한다(정성호 2014). 조세 지출이 갖는 역진적 성격은 〈표 1-5〉에서도 확인할 수 있다.

윤홍식(2012, 211~213)에 따르면 조세 지출 규모와 총조세 규모는 반비례 관계에 있으며, 특히 큰 복지국가는 작은 조세 지출 규모를, 작은 복지국가는 큰 조세 지출 규모를 유지하는 경향이 있다. 가령 2007년도 기준으로 GDP 대비 순 사회 지출이 높았던 복지국가 상위 5개국은 프랑스, 벨기에, 독일, 스웨덴, 미국이다. GDP 대비 사회 지출로 보면 OECD 27개국 가운데 23위에 불과했던 미국이 상위 5위로 올라온다. GDP 대비 조세 지출 규모가 큰 국가는 미국, 캐나다, 영국, 한국, 일본 등인 반면에 덴마크, 핀란드,

표 1-5 | 개인소득 및 법인소득 조세 감면 현황 (2011년 기준; 단위 : %)

소득 10분위	개인소득(과세 미달자 제외)			법인소득(흑자 기업)		
	소득 비중	소득공제액		소득 비중	공제 감면액	
		금액(조 원)	비중		금액(10억 원)	비중
상위 1% 이내	10.6	5.4	2.2	73.87	7,344.0	78.70
상위 10% 이내	34.3	48.7	19.7	89.02	8,716.7	93.38
상위 20% 이내	16.7	43.1	17.4	4.34	312.8	3.35
상위 30% 이내	12.6	36.5	14.7	2.37	120.0	1.29
상위 40% 이내	9.9	30.1	12.1	1.64	116.0	1.24
상위 50% 이내	7.9	24.6	9.9	0.89	25.4	0.27
상위 60% 이내	6.3	20.4	8.2	0.55	12.1	0.13
상위 70% 이내	4.9	17.2	7.0	0.33	8.2	0.09
상위 80% 이내	3.7	13.9	5.6	0.20	2.2	0.02
상위 90% 이내	2.7	9.9	4.0	0.60	128.7	0.19
상위 100% 이내	1.0	3.5	1.4	0.07	0.2	0.00
전체	100.0	247.9	100.0	100.00	9,331.5	100.00

주 : 개인소득은 2011년 귀속 종합소득세 신고자와 근로소득 연말정산 신고자의 소득에서 중복을 제거한 통합 소득이며, 근로소득의 총급여와 종합소득의 종합소득 금액을 합산했다. 통합 소득에는 비과세소득과 과세 미달자의 소득이 포함되지 않는다. 개인소득공제는 통합 소득과 과세표준의 차액으로 산출했다. 법인소득의 10분위 분포는 각 사업연도 소득 기준이다.
자료 : 홍종학 의원실 보도 자료(2012).

스웨덴, 오스트리아, 노르웨이 등은 조세 지출 규모가 가장 적다.[18] 이와 관련해 크리스토퍼 하워드(Howard 1997)는 미국의 경우 사회복지 목적의 세금 공제와 조세 지출 규모를 포괄했을 때 연방 정부의 사회보장 지출 규모를 공식적인 사회 지출 규모의 150퍼센트로 추산한다. 다시 말해, 조세 지출은 국가가 고소득층에 지급하는 '보이지 않는 급여'인 셈이다(Steinmo 1993).

북유럽 복지국가들은 세계화 압력에 따른 대규모 감세 정책을 시행하는 한편으로 법인과 고소득층에 제공하던 조세 지출을 대폭 삭감하거나 폐지하는 조치를 통해 균형을 맞추려 노력했다. 가령 스웨덴은 1981년 중앙당, 자유당, 사민당이 여야 합의를 통해 한계 세율을 20퍼센트포인트 인하하는 동시에 이자 지출에 대한 세금 감면 비율을 최대 50퍼센트로 제한했다. 그 반면 미국은 1981년 75퍼센트였던 한계 세율이 1990년대 중반에는 45퍼센트로 낮아질 만큼 강력한 감세 정책을 시행하면서도 조세 지출은 사실상 확대하는 정책을 폈다(Steinmo 1993; Ganghof 2006). 특히 일부 국가에서는 대중의 반발을 피하면서도 복지 지출을 위한 과세 능력 자체를 약화한다는 점을 이용해 감세와 함께 조세 지출을 효과적인 복지국가 축소 전략으로 사용하기도 했다(윤홍식 2012, 212~213).

4. 나가며

한국 조세제도의 역사적·제도적 맥락을 살펴보면 한국 사회는 정부 수립 이래 전반적으로 감세 지향이었음이 분명해진다. 산업화를 위한 재원 마련에 부심했던 1960년대 박정희 정부, 1987년 6월 항쟁 이후 민주화 열기와 여소·야대 상황에서 집권한 노태우 정부 전반기, 대통령이 나서서 증세 문제를 공론화하려 한 노무현 정부 후반기가 예외였을 뿐이다. 박정희 정부 전반기는 정권의 정당성이 부족한 가운데 세입 확대가 한계에 부딪혔고 노태우 정부 전반기는 여소·야대와 민주화 열기라는 흐름에 반응한 측면이 있다. 유일하게 적극적으로 주도적으로 증세와 세입 확대를 의제로 삼았던 것은 노무현이었다. 공평 과세와 조세 형평성, 세입 확대가 강조점이었던 이 기간을 제외하면 박정희 정부 후반기와 노태우 정부 후반기 김영삼·이명박·박근혜 정부는 감세와 세출 통제에 초점을 맞췄다. 이는 전·현직 대통령으로 상징되는 집권 세력이 일부 기간을 제외하고는 꾸준히 감세와 세출 통제를 조세정책의 주요 방향으로 설정했음을 시사한다.

박정희 정부가 1970년대 조세정책 기조를 감세로 설정한 뒤 역대 대통령들은 대부분 기회가 있을 때마다 '세금 인하'를 천명했다. 가령 전두환은 1982년 10월 4일 시정연설에서 법인세·소득세 감세와 긴축예산을 강조했다. 감세에 따른 세수 부족은 국채를 발행함으로써, 다시 말해 정부 부채를 늘려 해결하겠다고 밝혔다. 25년 뒤 이명박이 시정연설에서 "감세는 경기 진작의 일환으로 필요합니다. 세계는 지금 '낮은 세율이 국가 경쟁력'이라는 인식으로 세율 인하 경쟁을 펼치고 있습니다"(2008년 10월 27일)라고 언급한 것과 비교하면 한사람의 말이 아닌가 싶을 정도다.

임기 초반과 후반 조세정책의 큰 그림이 달라진다는 것도 특징이다. 박정희는 1960년대와 1970년대 완전히 정반대 양상을 보였다. 김영삼은 임기 초반에는 금융실명제와 불로소득 환수를 언급하기도 했지만 임기 후반으로 가면서 예산 절감과 정부 인력 감축, 공기업 민영화, 기업 활동 지원 등으로 무게중심이 옮아갔다. 이명박 역시 전반기엔 감세와 규제 완화를 강조하지만 '부자 감세' 논란을 의식한 듯 후반기엔 감세 언급이 사라진 대신 재정 건전성을 강조했다. 2011년 1월 3일 신년 연설에서 보편 복지는 곧 부자 복지이며 이는 재정 위기를 초래한다고 주장한 데서 보듯 재정 건전성 강조는 복지 확대 요구를 반대하는 차원도 있었다.

문재인 정부가 2017년에 강조한 '지출 구조 조정'이 역대 대통령들이 틈날 때마다 강조한 수사였다는 것도 생각해 볼 대목이다. 이미 박정희는 1974년 1월 연두 기자회견에서 "소비 절약에는 정부가 앞장을 서야 되겠다. 그래서 정부는 이번에 세출 예산서에 약 500억 원을 절감하여 이것을 유보하기로 하고 우리 전 국민들이 소비 절약을 하고 자원을 절약해 나가자"고 밝힌 바 있다. 전두환도 "만성적으로 팽창되어 온 예산 구조를 영점 기준에 의하여 재점검"(1982년 10월 4일)하겠다고 한 바 있다. 고통 분담과 근검절약의 대표 주자는 단연 김영삼이었고, 이명박 역시 "저는 정부 출범부터 10퍼센트 예산 절약을 목표로 정부 조직도 줄이고, 씀씀이도 더 효율적으로 하기 위해 노력하고 있습니다"(2010년 제11차 라디오 연설)라고 했다. 박근혜는 2013년 2월 27일 대통령 주재 수석·비서관 회의에서 "국민 세금을 거둘 것부터 생각하지 말아 주시기 바란다. 먼저 최대한 낭비를 줄이고 지하경제를 양성화하는 등의 노력을 중심으로 가능한 안을 마련해 주시기 바란다"고 한 바 있다. 정창수(나라살림연구소장)는 필자와의 전화 인터뷰에서 "50여 년에 걸친 '허리띠 졸라매기'는 돈 쓸 곳은 많은데 세금 인상은 회피하려는 가운데 나온 면피성 성격이 강하다"면서 "조세정책은 정신 개혁 운동을 하는 것이 아니다"라고 꼬집었다. 그런 점에서 노무현의 발언은 의미심장하다. "여론조사를 해봐도 세금을 올리자는 사람은 없습니다. 아껴 쓰고, 다른 예산을 깎아서 쓰라고 합니다. …… 그러나 이러한 정책으로는 한계가 있습니다. 근본적인 해결책을 찾지 않으면 안 됩니다"(2006년 1월 18일 신년 연설).

조세정책의 목적과 핵심 과세 대상의 관점에서 비교해 보면 어떤 양상이 드러날까.[19] 이승만 정부는 한국전쟁으로 말미암아 발생한 비용을 충당하기 위해 세금과 애국심을 연결시켰다. 핵심적인 과세 대상은 농민, 세목으로는 토지 현물세에 집중했다. 본격적인 산업화 이전인 데다 그나마 있던 산업 시설도 전쟁을 겪으며 파괴된 상황에선 불가피한 측면이 있었다. 박정희 정부는 산업화를 위한 내자 동원 차원에서 세수 증대 문제를 접근했기 때문에 조세 행정의 현대화가 중요한 과제였다. 부가가치세는 과세 대상을 국민 전체로 확대했다는 점에서 박정희 정부가 세수 기반의 확장을 시도했다고 볼 수 있다. 하지만 동시에 저소득층의 세 부담 감면도 추진했다. 따라서 박정희 정부는 세수 기반 확장과 직접세 세수 기반 축소를 동시에 추구했다고 평가할 수 있다. 그 이후로는 세율 인하가 조세정책의 핵심 수단이 됐다. 특히 전두환 정부는 소득세와 법인세 인하를 강조했다는 점에서 "바닥으로의 경주"라는 신자유주의적 감세 정책을 한국에서도 본격적으로 시작한 셈이다. 노태우 정부는 조세 정의와 부동산 투기 등을 자주 언급했다. 이는 점차 한국 사회가 불로소득과 불평등이 중요한 사회 모순이 되는 시대에 접어들었음을 시사한다. 외환 위기 이후 양극화가 가속화되면서 노무현 정부는 양극화 해소와 증세를 추진했지만 큰 성과를 거뒀다고 보기는 힘들다. 뒤이은 이명박 정부는 전임 정부의 성과마저도 무너뜨렸고 한국 사회는 본격적으로 증세와 감세를 둘러싼 담론 투쟁의 장으로 진입했다. '조세 문제의 정치화'가 격화되면서 보수 진영도 '부자 감세' 공격으로 상당한 타격을 받았다. 이에 대한 보수 진영의 대응은 박근혜 정부가 증세를 회피하면서도 세입을 증대할 다양한 방식을 시도한 데서 보듯 세금 문제의 탈정치화로 나타났다.

어쨌든 박근혜조차 대선 당시 '증세 없는 복지'를 천명했을 만큼 이제 복지 강화는 거스를 수 없게 됐다. 그리고 박근혜 정부조차 실제로는 각종 증세 정책(금융 소득 종합과세 인상, 소득세 최고 세율 인상, 연말정산 개혁 등)을 시행한 데서 보듯 증세가 불가피하다는 사실 또한 명확하다. 2017년 대선을 통해 확인된 '정의로운 국가', '나라다운 나라', '더불어 잘사는 나라' 등은 하나같이 더 많은 '국가의 역할'을 필요로 한다. 그러려면 더 많은 예산이 필요하다. 우리가 더 많은 세금을 내지 않으면 나라다운 나라를 실현할 수 없다. 모두가 세금을 더 내고 부자들은 훨씬 더 많은 세금을 내야 한다. 그리고 이건희에게는 기초 연금을, 이건희 손자에게는 무상 급식 혜택을 억지로라도 줘야 한다. 앞서 언급했듯이, 한국은 부가가치세율이 10퍼센트인 반면 복지국가로 꼽히는 북유럽 국가들은 25퍼센트(노르웨이, 덴마크, 스웨덴)와 24퍼센트(핀란드)이다. (모든 국민에게서) 부가가치세를 더 걷어서라도 더 많은 재원을 마련해 그 돈으로 (모든 국민을 위한) 복지에 쓴다. 인권 선진국일수록 세금을 더 많이 내고 인권 후진국일수록 세금을 더 적게 내는 이유를 생각해 볼 때가 아닐까 싶다.

2

의미 연결망
분석을
통해 본
조세 담론

적이 원하는 곳에서 싸우지 않는다.

적이 원하는 시간에 싸우지 않는다.

적이 예상하는 방식으로 싸우지 않는다.

— 보응우옌잡

각 정부별로 본격적인 논의를 하기에 앞서, 조세 문제를 다룬 사설을 바탕으로 전반적인 의미 연결망 분석을 했다.[1] 의미 연결망 분석이란 구성 요소의 관계, 즉 연결망을 분석함으로써 사회나 조직이 어떻게 연결돼 있고 어떤 방식으로 움직이는지 알아내는 방법론인 사회 연결망 분석의 일종이다(박성희 2009, 231: 김유정·최준호·이성준 2010, 120). 컴퓨터와 인터넷 등 정보·통신 기술이 발달하면서 방대하고 복잡한 사회현상이나 조직을 분석할 수 있게 되면서 더욱 주목받고 있는 사회 연결망 분석은 정책 연구는 물론 역사학·사회학·정치학·언론학 등 인문사회과학 전반에서 활용 범위가 넓어지고 있는 방법론이다.[2] 정책 네트워크 모형에서는 언론도 정책 행위자 가운데 하나로 정책 네트워크에 참여한다고 간주한다는 점에서 언론 보도에 대한 의미 연결망 분석은 정책 네트워크에 대한 연구 가치가 있다(김유정·최준호·이성준 2010, 116~119).

의미 연결망 분석은 기존 연결망 분석 기법을 언어적 표현, 즉 텍스트에 적용한 것으로 이해할 수 있다. 언어 표현은 노드node가 되고, 표현들 사이의 관계는 링크link가 된다(윤수재·김지수 2011, 145). 사회 연결망 분석에서 사람과 조직, 또는 국가 간 연결망을 주로 본다면, 의미 연결망 분석에서는 언어가 동시에 발생하는 공출현 빈도와 단어들 사이의 거리를 측정함으로써 언어 상호 간 연결 구조와 의미론적 해석을 시도한다(박성희 2009, 231~232: 이창길 2010, 170). 의미 연결망 분석은 먼저 텍스트를 해체한 뒤 조합하는 과정을 통해 텍스트 속에 감춰진 문맥을 파악하는 데 유용하고, 둘째, 언어 구조를 공간적으로 표시해 텍스트의 주요 개념들 간 관계를 시각적으로 표현할 수 있고, 셋째, 텍스트 연결망 속에서 중심성이 높은 개념을 찾아낼 수 있으며, 넷째, 질적 방법과 양적 방법을 동시에 적용할 수 있다(박치성·정지원 2013, 80~81). 정책 연구에서 의미 연결망 분석은 특히 다양한 정책 이해관계자들의 인지 지도(언어로 구성된 텍스트)의 구조를 분석해 효과적으로 공유된 의미를 찾아낸다는 의미가 있다. 정책이 기본적으로 언어로 구성되며, 언어는 정책 이해 관계자들이 갖는 아이디어, 또는 담론 상호 간 투쟁과 경쟁을 통해 결정되기 때문이다(박치성·정지원 2013, 75).

수집한 사설 자료 517건을 대상으로 한 형태소 기반 분석 결과 299개 지표를 확인했다. 빈도가 가장 높은 단어는 '증세'(709회), '정부'(387회), '감세'(296회), '세금'(248회), '복지'(218회), '국민'(176회), '부자'(152회), '세금 폭탄'(125회), '세수'(105회), '정책'(103회), '확대'(101회), '필요'(94회) 등이었다. 단순히 빈도가 높다고 해서 연결망의 중심에 있는 것은 아니다. 연결 수준을 기준으로 핵심 지표를 확인하기 위해 먼저 연결 중심성Degree Centrality, 그다음에는 내향 근접 중심성Input Closeness Centrality에 따라 핵심 지표를 추출했다. 아울러 매개 중심성을 연결 중심성으로 나눈 값인 PBS Potential Boundary Spanner를 통해 어떤 키워드가 전체 연결망에서 핵심 위치를 차지하는지 확인할 수 있다. PBS 지표는 빈도에 따른 과잉 대표 문제를 완화할 수 있다. 이를 종합적인 담론 지도로 표현한 것이 〈그림 2-1〉이다.

의미 연결망 분석을 통해 조세 담론에서 핵심 키워드로 '세금 폭탄', '감세', '증세'를 추출할 수 있었다. 먼저 '세금 폭탄'은 '집값', '부동산'과 연관되며 '규제'와 '징벌', '투자 의욕' 등이 핵심적인 의미를 구성한다. '감세'는 '부자'에서 시작해 '철회'로 이어

그림 2-1 | '조세' 의미 연결망

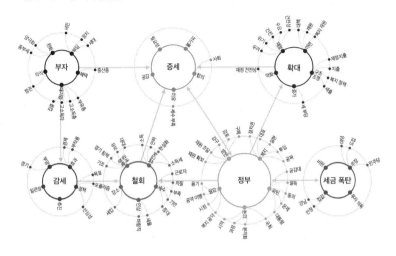

진다. '증세'는 ('부자 감세') '철회'와 ('복지'와 '재정 건전성') '확대'의 귀결점으로서 위치를 차지한다. 이를 종합적으로 고려하면 '정부가 세금 폭탄을 통해 국민을 징벌한다', '부자를 위한 감세를 철회해야 한다', '감세를 철회하고 부자 증세를 해야 한다', '정부가 복지와 재정 건전성을 확대하기 위해 증세를 해야 한다', '불가피한 증세 필요성에 대한 합의와 공감이 필요하다'는 등의 맥락이 드러난다.

먼저 '세금 폭탄'을 다룬 사설에서 주요 의미 연결망을 분석한 결과를 살펴보면 노무현 정부 시기의 전반적인 조세 관련 논의가 '세금 폭탄'으로 수렴됐다는 점이 명백하게 나타난다. 아울러 '세금 폭탄'을 중심으로 한 의미 연결망에서 '대통령'이 매우 중요한 축으로 등장한다는 것은 '세금 폭탄' 담론이 제기하는 책임론이

그림 2-2 | '세금 폭탄' 의미 연결망

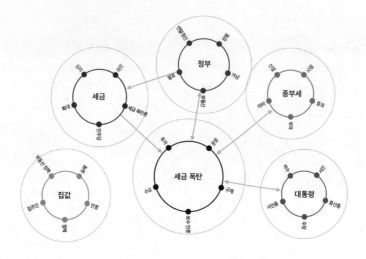

대통령을 향했다는 점을 시사한다. '종부세'(종합부동산세), '집값', '부동산' 같은 단어가 '세금 폭탄' 의미 연결망에서 높은 빈도를 차지했다는 것은 종부세가 '세금 폭탄' 논쟁을 촉발한 계기가 됐다는 사실에 비춰 보면 충분히 예상할 만한 양상이다. 오히려 필자의 눈길을 끄는 것은 '징벌'과 '투자', '규제'이다. '징벌'은 '종부세'와 '세금 폭탄'을 연결하는 구실을 한다. '투자'와 '규제'는 세금 폭탄을 비판하는 핵심 논거로 작동한다. 이를 한 문장으로 정리하면, '종합부동산세는 부자-서민-국민을 징벌하는 세금 폭탄이자 투자에 해를 끼치는 규제'라는 의미망이 완성된다. '세금 폭탄' 담론 분석에서도 '징벌'에 특히 주목할 필요가 있다.

'감세'를 다룬 사설에서 주요 의미 연결망을 분석한 결과를 살펴보자. '감세' 담론은 감세 논쟁이 본격적으로 시작된 이명박 정

그림 2-3 | '감세' 의미 연결망 (이명박 정부 이전)

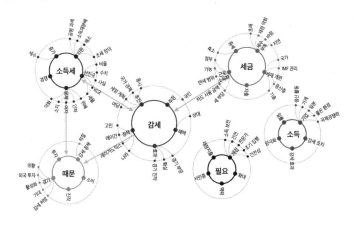

부를 기점으로 구분했다. 이명박 정부 이전만 해도 '감세' 의미 연결망에서 가장 먼저 눈에 띄는 것은 '감세' 담론이 향하는 곳이 '소득세'라는 점이다. 이는 이 시기 '감세' 논의의 초점이 어디인지를 따졌을 때 중요한 시사점을 제공한다. 아울러 전체적인 의미 연결망이 '감세, 즉 소득세 감세를 해야 한다'와 '경기 활성화와 외국 투자 그리고 소비 진작 등 때문이다'가 긴밀히 연결돼 있는 반면, '재정'이나 '세수', '양극화' 등 정책 논의를 필요로 하는 의제들은 전체 의미 연결망에서 고립돼 있다. 이는 미디어 공론장에서 논의된 '감세' 담론이 정교한 정책 토론을 유도하기보다는 선언적 수준에 그쳤음을 시사한다.

의미 연결망을 살펴보면 이명박 정부 이후 '감세' 담론 지형이 상당한 변화를 겪었음을 확인할 수 있다. 먼저 빈도를 보면 그 전까지 볼 수 없었던 '부자'가 66회로 주요하게 등장했다. '철회'가

그림 2-4 | '감세' 의미 연결망 (이명박 정부 이후)

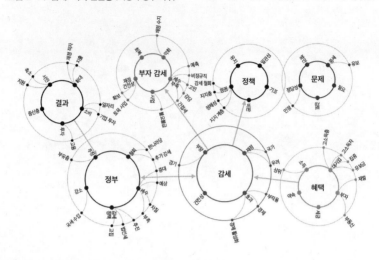

49회로 빈번하게 등장한다는 것도 부자 감세 철회 논쟁이 격렬했던 당시 상황을 반영한다. 이명박 정부 이전과 이후를 비교하면 몇 가지 중대한 변화가 눈에 띈다. 첫째, 이명박 정부 이전과 달리 '부자'가 중요한 위치를 차지하고 있다. 다시 말해, '감세' 담론과 여기서 분리돼 나온 '부자 감세' 담론이 서로 헤게모니를 다투는 담론 투쟁이 벌어지기 시작했다. 둘째, '감세'에 따른 '혜택'을 강조하는 그룹이 형성된 반대편에는 감세 정책에 따른 '결과'를 비판하는 그룹이 형성돼 있다. 이는 감세를 주장하는 쪽에서는 감세를 통해 얻을 수 있는 정책적 낙수 효과를 강조하는 반면, 감세를 비판하는 쪽에서는 감세의 부정적 결과를 부각한다는 점을 보여준다. 특히 '중산층'과 '서민', '소비'와 '일자리', '비정규직' 등 양극화 측면에 주목하는 흐름과 '세수 부족', '재정 수지 악화', '재

그림 2-5 | '증세' 의미 연결망 (이명박 정부 이전)

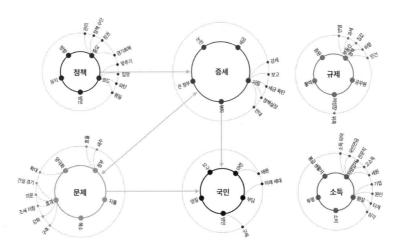

정 건전성' 등 재정 적자 측면을 강조하는 흐름으로 구분할 수 있다. 셋째, 감세 정책에 대한 비판이 활발해지면서 '정책 일관성'을 강조하는 수세적인 감세 옹호론이 증가했다.

'증세'를 다룬 사설에서 주요 의미 연결망을 분석한 결과를 살펴보자. 증세 담론 역시 이명박 정부 이전과 이후로 구분했다. 이명박 정부 이전 '증세' 의미 연결망은 전체적으로 '증세'가 '국민 부담', '논란' 등으로 연결되는 것을 확인할 수 있다. '효과'는 전체 연결망에서 중심성이 낮게 나타난다. 전반적으로 증세 문제는 공론장에서 활발한 토론 대상으로 부각되지 못했고, 그나마 국민 부담 증가에 대한 반대급부를 제시하지도 못함으로써 증세 필요성을 설득하는 데 실패했다는 점이 의미 연결망에 드러난다. 전체 연결망에서 '증세'는 '논란', '큰 정부', '세금 폭탄' 등과 직접 연

그림 2-6 | '증세' 의미 연결망 (이명박 정부 이후)

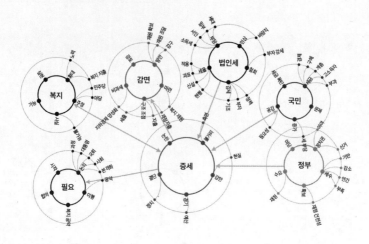

결된다. '양극화', '효과 의문', '건설 경기', '조세 저항' 등의 '문제'와 직접 연결된다는 것은 이 시기 증세 담론이 경제성장 담론에 포획되어 있음을 시사한다.

　이명박 정부 이후 '증세' 의미 연결망은 '복지'라는 한 축과 '법인세'와 '감면'이라는 또 다른 축으로 나뉘어 있다. 다시 말해 증세를 주창하는 쪽에서 가장 중요하게 내세우는 핵심 프레임이 복지였고, 증세에서 가장 민감한 주제는 법인세 증세 여부와 조세 감면 축소 여부였다. 전체적으로 증세 문제가 조세정책의 핵심 의제로 부각되면서 증세 반대론자들이 설정한 마지노선이 법인세와 조세 감면이었음을 시사한다. 이명박 정부 이후 전체 연결망이 상당히 달라졌다는 점에서 '증세' 의미 연결망 역시 '감세' 의미 연결망과 유사한 양상을 보인다. 이명박 정부 이후 '증세' 의미 연결망에서는 '증세'를 빼면 '복지'가 가장 빈번하게 등장한다. '세금', '부자' 등과 연관해 생각해 보면 복지를 위한 부자 증세 논의가 얼마나 활발하게 전개됐는지 확인할 수 있다. 아울러 '방안', '마련', '논의', '필요' 등은 복지 재원 확보 방안을 둘러싼 논쟁과 연관해 생각해 볼 수 있다.

3

세금 폭탄론

: 노무현 정부의
조세 담론

조지 W. 부시가 백악관에 입성한 바로 그날부터 백악관에서는
'세금 구제'라는 단어가 흘러나오기 시작했습니다. ……
'세금'이라는 말이 '구제' 앞에 붙게 되면 그 결과 다음과 같은 은유가 탄생합니다.
과세는 고통이다. 따라서 이 고통을 없애 주는 사람은 영웅이고,
그를 방해하는 자는 나쁜 놈이다. 이것이 바로 프레임입니다.

— 조지 레이코프, 『코끼리는 생각하지 마』

1. '세금 폭탄' 담론을 낳은 배경

부동산 문제는 예민하다. 늘 심각한 사회적 갈등을 낳는 원천이다. 양극화와 불평등, 조세 형평성과 맞물린 부동산은 한국 사회에서 말 그대로 '괴물'과 다름없는 존재다. 부동산을 이야기할 때는 언제나 투자 아니면 투기라는 말이 뒤따른다. 그만큼 부동산은 가진 자에겐 화수분, 못 가진 자에겐 선망과 질시의 대상이다. 부동산에 적절한 세금을 부과해야 한다는 요구가 끊이지 않았다. 뒤집어 말하면 부동산 관련 세금이 세율은 너무 낮은 데다 보유세 비중은 작고 양도소득세가 압도적으로 큰 기형적인 구조 탓에 세제로서 제구실을 못했다는 것이다. 부동산 세제는 과표 적용률 현실화마저도 번번이 실패했을 정도로 만만치 않은 개혁 과제였다. 노태우 정부는 1989년 12월 종합 토지세를 도입하고 15퍼센트 수준이던 과표 현실화율을 1994년까지 60퍼센트 수준으로 높이겠다는 '과표 현실화 5개년 계획'을 발표했지만 1991년에 포기했다. 김영삼 정부는 공시지가의 21퍼센트 수준이던 종합 토지세 과표를 단계적으로 인상해 1996년부터는 아예 공시지가로 전환하겠다는 계획을 발표했지만 유야무야됐다. 김대중 정부는 토지 보유세를 강화하겠다는 정책을 천명했지만 이 또한 무기한 연기되었다(국정브리핑특별기획팀 2007, 105~106; 전강수·남기업·이태경·김수현 2008, 27).

역대 정부에서 부동산 보유세 강화 정책이 실패한 것은 부동산 세제 자체가 분리과세 등을 통해 자산 가치 일부만 과세 대상으로 삼아 특정 사회집단 및 계급에 재산 형성을 위한 특혜를 부여함으로써 자산 소유자와 지배 엘리트 사이에 자산을 중심으로 한 정치적 후견 및 지지 관계를 강화하는 구조적 요인이 부동산 세제 개혁을 가로막았기 때문이다. 또한 역대 정부 역시 주택, 특히 아파트를 통해 정치적 정당성을 보충하는 수단으로 중산층을 양성하기도 했다(김명수 2014, 187~189). 이런 현실에서 노무현 정부가 2004년 〈종합부동산세법〉(이하 종부세법) 개정과 2005년 개정, 〈지방세법〉 개정, 〈소득세법〉 개정 등을 통해 세금을 인상함으로써 투기 억제 장치를 마련하는 데 성공한 의의는 결코 적지 않았다(전강수·남기업·이태경·김수현 2008; 이정전·김윤상·이정우 외 2009, 185; 김명수 2014, 185). 이는 종부세를 일관되게 비판한 『조선일보』조차 인정하는 대목이다.[1]

노무현 정부는 투기적 가수요가 주택 시장을 불안정하게 만드는 핵심 원인이라고 간주했으며 공급 조절보다는 보유세 강화와 세제 구조 개편을 통한 투기 수요 조절을 처방으로 제시했다(김명수 2014, 190).[2] 구체적으로 보면 토지와 건물을 합산해 시장가격의 80퍼센트 수준에서 책정한 주택 공시 가격 제도를 도입해 과세기준을 시장의 자산평가와 연동했고, 지방자치단체가 행사하던 과표 적용률 책정권을 폐지해 지역 정치인과 세무 관료, 부동산 자산 소유자 사이의 정치적 연결고리를 끊었다. 또한 합산 과세 방식을 도입해 부동산 자산의 누진과세를 강화했다. 종부세는 그 귀결점이었다. 일정 기준을 초과하는 토지 및 주택 소유자에게 국세청이 별도 누진세율을 적용해 국세로 부과하는 세제인 종부세는 2003년 10월 29일 정부가 '부동산 보유세 개편방안'을 발표하면서 가시화됐으며 일부 조정을 거쳐 2005년부터 시행되었다. 〈종합부동산세법〉 제1조는 "이 법은 고액의 부동산 보유자에 대하여 종합부동산세를 부과하여 부동산보유에 대한 조세 부담의 형평성을 제고하고, 부동산의 가격안정을 도모함으로써 지방재정의 균형발전과 국민경제의 건전한 발전에 이바지함을 목적으로 한다"라고 되어 있다.[3]

종부세는 시행된 해인 2005년부터 큰 변화를 겪었는데, 이는 2003년 종부세를 처음 도입할 당시 국회 논의 과정에서 당초 정부가 제출한 안에서 상당히 후퇴했기 때문이었다. 정부는 애초에 종부세 부과 기준을 개인별로 전국에 산재한 부동산의 가액을 합산해 주택은 6억 원 이상으로 하려 했지만, 국회 논의 과정에서 9억 원 이상으로, 세대별 합산 과세 방안이 인별 합산 과세로 바뀌었다. 이 때문에 종부세는 "종이호랑이로 전락"한 '종합 구멍세'라는 오명까지 얻었다(『한국일보』 2005/09/02). 정부가 2005년 8월 31일 부동산 대책을 발표하고 그해 12월 31일 국회에서 원안 통과되면서 대폭 개정된 종부세는 세대별 합산, 기준 금액을 주택 6억 원 및 토지 3억 원으로 조정, 전년 대비 인상 상한폭을 50퍼센트에서 200퍼센트로 강화, 과표 현실화율을 2006년 70퍼센트로 한 뒤 매년 10퍼센트포인트씩 인상 등 강력한 보유세의 면모를 띠게 되었다(전강수·남기업·이태경·김수현 2008). 종부세로 거둔 세입은 부동산교부세를 통해 전액 지자체에 배분했다.

노무현 정부 시기는 세계적으로 부동산 거품이 극심했다. 하루가 멀다 하고 오르는 집값 소식은 부동산을 통한 재산 증가를 국민적인 관심사로 이끌었다. 이런 상황에서 노무현 정부가 부동산 거품을 잡을 각종 대책을 내놓으면서 부유층은 물론 중산층의 반발까지 극심해졌다. 게다가 부동산 세제 강화는 전통적인 '세금에 대한 적대감'을 극도로 자극했다. 바로 여기서 '세금 폭탄' 담론이 형성됐다. 2004년만 해도 "비싼 집을 가진 사람에게 부동산 보유세(재산세)를 많이 물리는 것은 당연한 일"이라며 "과표가 오르면 부동산 거래세는 낮춰야"(『조선일보』 2004/08/21) 한다던 그나마 합리적인 요구는 어느새 사라지고 낯 뜨거운 비난과 공격이 표출되었다.⁴ "정부의 부동산 극약 처방으로 경제가 죽어 버린다면 부동산 값을 잡았다고 자랑할 수 있겠는가. 부동산 시장에 못질 한다고 경제가 자동으로 살아나고, 부자들에게 세금을 많이 물린다고 빈부 격차가 줄어드는 것은 아니다"(『조선일보』 2005/08/13)라는 비아냥거림은 그 뒤 전개될 폭풍을 예고하는 경고장과 다름없었다.

2. '세금 폭탄' 담론의 구조

세금과 폭탄을 연결하는 용어는 어디서 시작됐을까? 한국언론진흥재단이 운영하는 뉴스 검색 서비스인 〈빅카인즈〉(https://www.bigkinds.or.kr)로 검색해 보면 종합 일간지 가운데 『동아일보』가 절세節稅 방법을 설명하면서 "세금을 내기가 아까워 탈세를 했다가 적발되면 '세금 폭탄'을 맞을 수 있다"(『동아일보』 2003/10/28)는 언급이 첫 사례로 등장한다. 김성수(연세대학교 법학과 교수)가 "강남권의 자치구들은 …… '세금 폭탄'이니 하는 볼멘소리를 하기보다는 늘어나는 재산세 수입을 어떻게 주민들의 복지와 삶의 질 향상을 위해서 쓸 것인지 연구하고 주민들에게 제시하도록 힘을 쏟아야 한다"(김성수/『동아일보』 2004/05/07)고 언급하거나, "종합부동산세가 부과될 경우 '세금 폭탄'을 맞는 계층도 상당수에 이를 전망"(『동아일보』

2004/11/03)이라며 간헐적으로 등장했던 '세금 폭탄'이 담론으로서 본격적으로 모습을 드러낸 것은 정부가 보유세 강화 정책을 천명한 2005년 8·31 대책 발표 전후였다. "세금 몰매"(『중앙일보』 2005/07/15), "세금 몽둥이"(『중앙일보』 2005/08/22), "세금 방망이"(『조선일보』 2004/10/19), "세금 짜내기"(『서울신문』 2005/09/20), "세금 폭격"(『중앙일보』 2006/05/04), "융단폭격식 증세"(『동아일보』 2005/05/06), "징벌에 가까운 세금 공세"(『동아일보』 2005/07/13), "초정밀 유도탄"(『동아일보』 2005/09/22) 등 다양한 표현은 점차 '세금 폭탄'이라는 말로 통일됐다.

『문화일보』 8월 16일자 사설이 「세금 폭탄이 부동산 종합 대책인가」였고, 『조선일보』 8월 13일자 사설(「부동산을 잡아야지 경제까지 잡을 텐가」)을 비롯해 8월 23~24일자에 '8·31 부동산대책… 무차별 세금 폭탄 터지나'라는 기획 기사를 연재하는 등 관련 기사가 급증했다. 급기야 대통령 노무현이 그해 8월 25일 KBS 특별 프로그램 〈참여정부 2년 6개월, 대통령에게 듣는다〉에 출연해 언론 보도가 편파적이라며 비판하기도 했다. 당시 그는 이렇게 말했다. "부동산 부자들 쪽의 여론이 총론에서는 찬성하다가 각론 만들 때 '서민 부담을 가중시킨다. 세금 폭탄이다. 또 시장 원리에 위배된다. 헌법에 위배된다'고 반대를 들고 나와 주저앉혀 버립니다. 정부가 정책의 총론을 얘기할 때는 전부 박수 소리가 나오니까 자신을 가지고 부동산 정책을 입안합니다. 그러나 나중에 하나씩 가면서 반대에 부닥치게 됩니다. 지난 18일경부터 언론 보도들을 한번 보십시오. '부동산 정책 때문에 내 세금 올라가겠구나.' 관계없는 서민들도 그렇게 느끼도록 만들어져 있고, '저거 시장경제 원리에 반하는 것 아니냐'라고 생각하게 되어 있습니다"(대통령 비서실 2006a, 319). 불행히도, 이 발언은 그 뒤 고스란히 현실이 되어 나타났다.

세금 폭탄은 그 구조상 '혈세'와 매우 유사한 담론 효과를 발휘한다. '피 같은 세금', 즉 가혹한 세금을 뜻하는 혈세는 국가와 납세자의 관계를 각각 가해자와 피해자로 규정하며, 세금에 대한 부정적 이미지를 극대화한다. '혈세'가 '피 같은 내 돈'을 빼앗긴다는 이미지를 연상시키듯 '세금 폭탄'은 위험하고 제거해야만 하는 폭탄을 떠올리게 한다. 이런 효과를 통해 대중들은 '자발적으로' '세금은 나쁜 것이며 없애야 한다'는 프레임을 내면화하게 되고, 이는 다시 종부세에 대한 부정적 여론을 '학습'하도록 하는 효과를 발휘한다(강태환 2010, 206). 그런 점에서 보면 2006년 『월간조선』 신년호 별책 부록 표지에, 폭격기를 탄 노무현이 서민들을 폭격하는 만평을 사용한 것은 매우 상징적이다.

'혈세'는 얼핏 가렴주구 같은 고사성어에서 유래한 듯하지만 메이지유신 시기인 1872년 일본 정부가 포고한 명령에서 유래한 근대적 용어다. 또한 당시 혈세けつぜい는 세금이 아니라 전쟁에서 피를 흘리는 병역 의무를 가리켰다. '식민지 자치론'을 주장했던 최린은 1936년 12월 『삼천리』와의 대담에서 조선인에게 병역의무를 부과할 것을 요구하면서 이를 "혈세를 바친다"고 표현했다.[5] 조선총독부 정무총감 다나카 다케오도 "조선인은 납세야 하고 있지만 혈세를 부담하고 있지는 않으니 일본인과 똑같은 참정권을 주라는 요구는 무리라는 그런 의견이 매우 많았습니다"라고 발언했던 것도 그래서다(미야타 세쓰코 2002). 하지만 일제강점기에 '혈세'가 쓰인 일반적인 의미는 1923년 2월 발행한 『개벽』 제32호나 『동

표 3-1 | 세금 폭탄 담론 구성

입장	프레임 구분	'진단'	'처방'
수용	정치 프레임	• 징벌 : 국민을 괴롭히는 정부	종부세 폐지 감세와 규제 완화
		• 정책 실패 : 종부세 정책 효과 없어	
		• 색깔 : 노무현 정부 이념 편향 문제시	
		• 자질 : 노무현 정부의 태도 문제시	
	경제 프레임	• 시장 : 부동산은 시장 자유에 맡겨야	
거부	정치 프레임	• 증세 : 종부세 강화, 조세 형평성 강화	종부세 유지·강화
	경제 프레임	• 양극화 : 집값이 초래하는 빈부 격차 우려	

아일보』 1924년 3월 22일자 기사 등에서 보듯이 지금과 같은 의미, 즉 '국민의 고혈을 짜는 세금'이라는 새로운 의미를 갖게 되면서 '조세 적대적' 인식 체계를 대표하는 조세 담론으로 자리매김했다.

그렇다면 세금 폭탄 담론은 어떤 프레임으로 구성돼 있을까? 여기에서는 징벌, 정책 실패, 색깔, 자질, 시장 등 다섯 가지 프레임으로 구분했다. 또한 세금 폭탄 담론을 거부하고 적극적으로 반론을 제기하는 대항 담론도 존재한다. 대항 담론을 구성하는 주요 프레임은 종부세의 의의를 인정하고 부동산 투기 문제와 양극화 문제 등에 주목하는 경향을 보였다.

3. '세금 폭탄' 담론의 프레임 전략

국민을 '징벌'한다

'세금 폭탄'에서 가장 먼저 연상되는 이미지이자, 중요하게 거론해야 할 프레임은 '징벌'이다. '징벌'은 종부세가 국민들을 위협하는 폭탄, 즉 국민들을 괴롭히는 수단임을 강조한다. 종부세가 본격 시행되기 전에도 "이 제도를 부자에 대한 징벌 또는 포퓰리즘에 편승하는 수단으로 활용하려는 생각은 버려야 한다"(『중앙일보』 2004/11/03)거나 "부자들에 대한 징벌적인 세금"(『조선일보』 2004/11/06)이라는 언급으로 등장하는 이 프레임은 먼저 종부세가 부자들을 적대시하고 공격하려는 불순한 정책 목표의 수단이라고 규정한다. "실제로 거주하는 집 한 채뿐인 사람들에 대해 보유세를 한꺼번에 50퍼센트나 늘리는 것은 징벌에 가까운 세금 공세 …… 정부가 '집값 오른 지역 때리기'를 통해 다른 지역의 '배 아픈' 감정을 달래고 실정에 대한 비판 여론을 피해 가려는 것이 아닌가 하는 생각마저 든다"(『동아일보』 2005/07/13)거나 "80퍼센트의 약자에겐 지나치게 관대하고 20퍼센트의 가진 자에겐 '세금 폭탄'이라는 말이 나올 정도로 징벌적인 세제가 늘어나……"(박상근/『동아일보』 2008/04/02) 또한 동일한 프레임 구조를 보여 준다.

'징벌' 프레임에서 주체는 노무현 정부이고 수단은 종부세다. 그렇다면 징벌당하는 직접적인 피해자는 누구일까? 부유층이다. 노무현과 참여정부는 국민들을 편 가르고 분열시키는 존재로 자리매김한다. 이는 대통령에게 필요한 기본적 자질인 '국민 통합'

을 대통령 스스로 저버리고 있다는 공격으로 이어진다. 자연스럽게 정부 정책의 정당성은 상실된다. 다음 사설의 인용문은 이런 관점을 잘 보여 준다.

(1) 노 대통령은 '서민 대통령'임을 자부했다. 그래서 가진 자들을 미워하면서 세금 폭탄 등을 때렸다(『중앙일보』 2007/11/10).

(2) 사실 종부세 자체가 이 정권이 '가진 자'들에 대한 '원한'을 풀고 '분풀이'하기 위해 만든 세금이다(『조선일보』 2007/12/04).

(3) 노 정부의 부동산 정책을 관통한 것은 국민 편 가르기와 부자 때리기였다(『동아일보』 2008/08/22).

노무현은 2007년 5월 16일 『매일경제』·MBN과의 인터뷰에서 부동산 세제를 완화할지 묻는 질문에 "종부세를 낼 만한 집에 사는 분들은 근로소득 말고도 여러 자산 소득이나 잡소득을 가지고 있다. 실제로 종부세를 내는 사람은 얼마 안 된다. 1가구 1주택을 갖고 있으면서 65세 이상 되는 사람은 1만 5000명 정도 되는데 해당되는 사람이 [종부세를 납부하는 가구 수의] 1퍼센트도 안 된다"고 답했다(『매일경제』 2007/05/22). 이에 대해 『중앙일보』(2007/05/24)는 사설에서 "노 대통령의 주장은 종합부동산세가 결국 '형편이 넉넉한 4퍼센트'의 국민을 겨냥한 징벌적인 세금 폭탄이었다는 사실을 시인한 셈"이라면서 "국민을 넉넉한 사람과 그렇지 못한 사람으로 가르고, 소수의 넉넉한 사람에 대해서는 아무리 세금을 물려도 괜찮다고 나머지 국민을 선동하고 있는 것이다. 은연중 고소득 계층은 부도덕하다는 전제를 깔고, 이들을 세금으로 응징하겠다는 의지를 내보인 것이다"라고 비난했다.

'징벌' 프레임은 정부와 종부세 납부 대상자를 가해자와 피해자 관계로 대립시킨다. 가해자(참여정부)는 "국민을 편 갈라 '배 아픈 심리'를 악용하려는 의도"(『동아일보』 2007/11/28)를 갖고 있었다. 이들이 시행하는 종부세는 "부자 때리기 세금으로 배 아픈 심리를 달래 주는" 목적을 위해, 그리고 "서울의 '강남 부자'를 겨냥해 만든 징벌적 세금"(『동아일보』 2010/08/11)이었다. 정부는 "강남 사람들에게 노골적 적대감을 표시했고, 세금 폭탄으로 몰매질하는 쪽으로 돌아섰다"(『조선일보』 2009/06/20). 종부세 납부 대상자인 부동산 소유자, 부유층은 "노무현식 편 가르기와 마녀사냥에 딱 들어맞는 안성맞춤의 표적"(『중앙일보』 2009/04/29)이었다. 종부세는 "집값이 비싼 곳에서 살고 있다는 이유만으로 국민 일부를 '공공의 적'으로 몰아 세금 폭탄으로 처벌하겠다는 발상의 산물"(『조선일보』 2008/09/24)이었고, 결국 "집주인을 혼내 준다는 다분히 감정적인 수단으로 변질"(『중앙일보』 2007/09/15)됐다. 부유층은 정부 정책에 따른 피해자가 된다.

종부세를 납부해야 한다는 이유만으로 부유층을 무고한 피해자로 자리매김하는 것은 대중의 공감을 얻는 데 한계가 있다. '더 많이 버는 사람이 더 많이 내야 한다'는 '공평 과세'에 대한 광범위한 사회적 합의와 충돌하지 않으면서도 종부세 납부 대상자들을 피해자로 부각하고자 동원하는 기제가 바로 '1가구 1주택자'와 '은퇴 노령층' 등 이른바 '중산층 피해'다.[6] 이들은 "투기와는 무관"하거나 별다른 소득이 없음에도 집값이 비싸다는 이유만으로 '징벌'당한다.[7] 부유층은 이제 단순히 '부수적 피해'를 입은 존재가 아니라 '무고한 희생자'이자 '선의의 피해자'가 된다. 이는 뒤에서 살펴볼, 종부세에 따른 피해를 '강남 부자들'에서 '국민 전체'로 전환하는 연결고리 구실을 한다.

  (4) 8·31 부동산 종합 대책 관련법은 무리에 무리를 거듭한 법이다. 정부 정책에 순응한 1가구 1주택자에게 무거운 종부세를 매겨 살던 집을 팔고 떠날 것을 강요한다. 그런데 종부세가 무거워 팔고 떠나려 해도 엄청난 양도세로 출구를 막아 버렸다. 주거의 권리도 억압하고 거주 이전의 자유도 차단한 법이다(『동아일보』 2006/05/24).

  (5) 최근 고지서가 발부된 종부세는 적지 않은 문제점을 갖고 있다. 투기 혐의가 짙은 다주택자는 물론 1주택자나 은퇴자까지 과세하는 것은 올바른 세정으로 보이지 않기 때문이다. …… 봉급생활자들과 은퇴자들을 위한 최소한의 안전장치는 마련해야 한다. 이들의 담세 능력을 감안해 과세 기준을 합리적으로 개선하고, 거래의 숨통을 터줘야 한다(『한국일보』 2006/12/06).

  '징벌' 프레임은 1주택 보유자들이 "투기를 한 것도 아니고, 갑자기 '공돈'이 생긴 것도 아닌"(『조선일보』 2007/12/04)데도, "세금 폭탄 덤터기는 주로 집 한 채 소유한 사람들이 가혹하게 뒤집어썼다"(『국민일보』 2007/07/12)고 규정한다. "아파트에 실제로 거주하는 주민은 투기꾼도 아니고 봉도 아니다"(『동아일보』 2005/05/11)라거나 "선량한 국민들까지 모두 잠재적인 투기꾼으로 간주하고 있다"(『조선일보』 2005/05/16)며 정부를 비판한다. 이제 종부세는 '강남 땅 부자' 전체가 아니라 '1가구 1주택자'나 '은퇴 생활자'처럼 '집 빼고 나면 남는 게 없는' 중산층을 한계상황으로 내모는 징벌이 된다. 이 프레임은 "어렵게 집 한 채를 장만하고 노후 대비를 위해 규모를 늘려 온 가장은 집값(공시 가격)이 6억 원을 초과"(『국민일보』 2007/11/22)했다는 이유로 "뒤늦게 정부가 휘두른 칼(세금 폭탄)에 큰 상처를 입었다"(『한국일보』 2008/07/18)고 규정한다.

특히 "세금을 내기 위해 집을 담보로 은행 대출까지 받아야 할 지경"(『국민일보』 2007/11/22)인 은퇴한 1주택 소유자들은 '징벌' 프레임에 강력한 정당성을 부여한다. "소득이 없는 은퇴 생활자들은 고액 세금을 내며 눌러앉을 수도 없고, 그렇다고 팔 수도 없는 진퇴양난에 빠져 있다는 전언이다"(『동아일보』 2007/01/31)라는 인용문은 '가렴주구'를 떠올리게 한다. 실제 일부 인용문은 "세금 폭탄을 맞은 은퇴자는 정부로부터 '이사 명령'을 받은 꼴"이라면서 "학정虐政이 따로 없다"(『동아일보』 2007/12/01)고 표현했다.

정부는 "집 한 채 가진 사람들이 무슨 죄가 있다고 징벌적인 세금을 때리는가"(『중앙일보』 2007/12/01)라며 항의받고, "평생 열심히 일해 달랑 집 한 채를 갖고 있는 봉급생활자나 고령자가 종부세 고지서를 받을 때 느끼는 낭패감을 생각해 보았는가"(『중앙일보』 2007/09/15)라고 비판받는다. 결국 "본인이 직접 살기 위해 오래전부터 거주한 집에 갑자기 수입의 상당 부분을 보유세로 납부하도록 한 제도는 상식적으로 납득하기 힘들다"(이승진/『중앙일보』 2006/12/12)는 언급처럼 종부세의 정당성을 무너뜨리는 담론 효과가 발휘된다.

"부동산 투기와는 아무 관련이 없는 65세 이상의 1가구 1주택자가 막상 거액의 종부세 고지서를 받아 들었을 때 느끼는 낭패감과 부담감"을 거론하며 "이들도 엄연한 우리나라 국민이고, 이들이 내는 세금은 평생을 피땀 흘려 번 돈에서 나온다"(『중앙일보』 2007/05/24)는 인용문을 통해 우리는 '징벌' 프레임이 부유층에서 중산층을 거쳐 전체 국민으로 이어지는 숨은 구조를 확인할 수 있다. 세금 폭탄으로 피해를 보는 집단을 종부세 납세 대상자인 부동산 부유층, 이른바 땅 부자가 아니라 국민 일반으로 전환하는 담론 전략이다.

'세금 폭탄' 담론은 정부가 강남 땅 부자에게 '세금 폭탄'을 투하한다고는 하지만 실제 폭탄을 맞는 것은 국민 대다수라고 함으로써 종부세 납부와 무관한 대다수 국민을 '세금 폭탄' 피해자로 인식시킨다. 이를 통해 '전체 주택 보유 세대의 1.6퍼센트, 16만 세대'에게만 부과되는 종부세는 '일반 납세자들을 겨냥한 세금 폭탄'으로 전환된다. "인기·비인기 지역 간 집값 격차를 더욱 벌려 오히려 중산·서민층의 피해를 키웠다"(『조선일보』 2006/06/17)는 규정에서 보듯, 종부세는 이제 중산층과 서민층, 즉 국민들에게 피해를 입히는 "과격한 증세 정책"이 된다. 한 비판적인 논설은 이를 "세금이란 원래 부자들이 걱정할 일인데, 신문들은 이를 모든 국민들의 걱정거리로 만들어 버리는 신통력을 발휘했다"(『한겨레』 2011/01/19)고 표현했다. 인용문을 통해 이 담론 전략을 구체적으로 살펴보자.

(6) 국세청이 1일 발표한 올해 주택 가격대별 종합부동산세 세액이 작년보다 여덟 배까지 폭등해 납세자들의 가슴을 철렁하게 했는데, 이 정도 수준으로 무슨 '세금 폭탄' 운운하며 엄살을 떠느냐는 투였다(『조선일보』 2006/05/04).

(7) 납세자 부담 능력을 도외시한 '징벌적' 세금은 조세 기본 원칙에 어긋날 뿐만 아니라 지속되기도 어렵다는 점에서 여러 전문가들의 의견 개진과 재검토를 거치는 게 바람직하다. 납세자를 향해 퍼부은 세금 폭탄을 무용담으로 내세우는 정권이 아니라면 말이다(『국민일보』 2007/07/19).

(8) 선량한 납세자들은 마른 수건 쥐어짜듯 씀씀이를 줄이고 심지어 은행 대출까지 받아 과중한 세금을 감당해 왔다(『국민일보』 2007/11/08).

종부세를 납부해야 하는 대상자가 전체 국민 가운데 극히 일부임은 앞서 살핀 인용문에도 잘 드러난다. 하지만 '징벌' 프레임은 종부세를 '납세자'와 연결시킴으로써 일부 부유층에 대한 징벌, 중산층에 대한 징벌, 그리고 일반 국민에 대한 징벌로 의미를 확장한다. 결국 종부세는 "선량한 납세자"들이 "은행 대출까지 받아" 납부해야 할 정도로 과중한 징벌, 즉 '혈세'로 자리매김된다.

(9) 이 정부는 공급 확대는 외면한 채, 고가 주택 보유자에 대한 징벌적인 중과세를 부동산 정책의 핵심으로 삼고, 이를 관철하겠다고 온 정부가 나서서 국민을 위협하고 있다(『중앙일보』 2006/05/04).

(10) 그런데도 이 정부는 증세를 위한 세제 개혁을 들먹이고 "무슨 대가를 치르더라도 집값을 잡겠다"며 집 한 채뿐인 국민에게까지 부동산 세 부담을 한꺼번에 몇 배씩 올리고 그도 모자라는 듯이 대통령은 "종합부동산세 한 번 내보라"고 국민을 희롱하고, 청와대 정책실장이란 사람은 "세금 폭탄 아직 멀었다"고 으름장

을 놓았다(『조선일보』2006/06/03).

'국민'을 호명하는 것은 종부세를 납세자 일부가 아니라 국민 전체의 문제로 만드는 장치다. 인용문 (9)에서 정부가 "부동산 정책의 핵심"으로 삼은 종부세는 "고가 주택 보유자"를 대상으로 한다. 하지만 바로 그다음 문장에서 정부 정책 탓에 피해를 받고 "징벌적인 중과세"에 위협당하는 것은 "국민"이다. 인용문 (10)도 비슷한 구조를 보여 준다. ① "집 한 채뿐인 국민"들까지 종부세 탓에 조세 부담이 급증했다. ② 대통령은 종부세를 가지고 국민을 희롱했다. ③ 청와대 정책실장은 국민에게 으름장을 놓았다. '징벌' 대상자는 1가구 다주택 소유자 또는 부동산 부유층에서 1가구 1주택 실수요자로, 다시 국민으로 확장된다. 그 결과, 정부는 "국민에게 세금 폭탄만 퍼부었고"(『조선일보』2006/07/13) "고단한 국민의 어깨 짐"(『서울신문』2007/09/17)을 지웠다. 특히 이 프레임이 직접적으로 호소하는 것은 종부세 납부 대상자가 아닌 이른바 중산층과 서민층이다.

(11) 그래도 있는 사람들은 괜찮다. 없는 사람들이 세금 무섭다고 옮겨가 주면 강남 물 관리에도 좋다. 때맞춰 외환 자유화 정책까지 나와 주니 해외로 애들 유학 보내고 집도 몇 채 사둘 수 있다. 문제는 스마트탄 만들 능력이 없는 정부를 만나 졸지에 오폭 맞게 된 그 밖의 여러분 상황이다(『동아일보』2006/05/19).

(12) 종부세 폭탄의 최대 피해자는 투기와 거리가 먼 1가구 1주택 실수요자와 경제적 약자인 세입자다(『동아일보』2007/11/28).

(13) 종부세 부과 대상자 중에는 집 한 채밖에 없고 경제활동을 중단한 사람도 많다. 무리한 과세 탓에 부자들이 지갑을 닫으면 결국 서민의 일자리 기회와 소득이 줄어든다(『동아일보』 2008/09/26).

'징벌' 프레임은 노무현 정부가 시행한 종부세가 "서울 강남 부자들에게만 세금 고통을 준 것이 아니고 중산층과 서민을 더 어렵게 만들었다"(『동아일보』 2008/08/22)고 비난했다. 인용문 (11)은 종부세에 따른 부담이 정책 목표라고 할 수 있는 '있는 사람들'이 아닌 "졸지에 오폭 맞게 된 그 밖의 여러분"에게 전가된다고 규정한다. 인용문 (12)와 (13)도 종부세에 따른 피해를 실수요자와 세입자, 서민 등이 떠안게 될 것이라고 주장한다.

'역효과'를 내고 '무용'하며 '위험'하다

세금 폭탄 담론은 국민을 '징벌'하는 종부세가 당초 목표한 정책 목표도 달성하지 못한다는 정책 실패 프레임으로 이어진다. 이를 위해 동원되는 것이 종부세가 의도와 다르게 '역효과'를 내고 있으며, 효과도 없어 '무용'한 정책이라는 것이다(Hirschman 1991). 앨버트 허시먼Albert O. Hirschman이 쓴 『보수는 어떻게 지배하는가』에서 이 문제를 살필 중요한 통찰을 얻을 수 있다. 허시먼에 따르면 역효과 명제는 사회를 변화시키려는 시도가 의도와 달리 정반대 효과를 낳는다는 주장이다. 프랑스혁명이 나폴레옹 독재로 귀결됐듯이 사회변혁이 의도하지 않은 결과를 낳는다고 강조한다. '세금 폭탄' 담론에 이 명제를 적용하면 '역효과'는 종부세가 의도와 달리 중산층과 서민층에게 피해를 입힌다는 프레임에 대응한다.

이미 종부세가 본격 시행되기 전부터 조세 저항을 경고하는 진술에는 전형적인 '역효과' 명제가 나타났다. 『중앙일보』 사설(2004/11/06)을 보면 먼저 "과다한 부동산 보유나 불로소득에 대한 중과세도 불가피하다고 본다"고 정책 취지에 공감을 표하면서도 "보완이나 치밀한 검증 없이 서둘러 밀어붙이다간 엄청난 국민 혼란과 반발, 행정력의 낭비를 초래할 것이다"라는 단서를 단다. 종부세가 시행되고 난 다음에는 역효과 명제가 더욱 빈번하게 등장했다. 대부분 '부자'를 목표로 삼았지만 엉뚱한 사람들이 피해를 본다는 논리를 편다. 가령 "뛰는 부동산값을 잡겠다면서 종부세를 신설했으나 집값은 되레 치솟아 세금 부담만 늘었으니 납세자가 반발할 만도 하다"(『국민일보』 2006/11/28)처럼 납세자 일반의 세금 부담을 강조하거나, "부자들에게 떠넘기려 했던 세금 폭탄과 부동산 폭탄은 서민과 세입자에게 돌려지고 있다"(안종범/『서울신문』 2006/11/30)며 '서민과 세입자'를 강조하기도 하고, "'세금 폭탄'이 엉뚱한 데 떨어져 중산층을 희생자로 만든 오폭으로 판명된 것이다"(『동아일보』 2008/09/24)라면서 중산층의 피해를 강조한다. "전국의 부동산 시장은 마비 상태에 빠졌고, 여기에 경제위기가 겹치면서 건설 업체들의 줄도산이 이어졌다"(『중앙일보』 2009/04/29)며 부동산 시장과 건설 업체를 희생자로 등장시키는 사례도 적지 않다.

'무용' 명제는 "그래 봐야 기존 체제가 바뀌지 않을 것이다"라는 것으로 '김 빼기'로 규정할 수 있다. '무용'은 '세금 폭탄'에도 불구하고 집값을 잡지 못했다는 프레임에 대응한다. "세금 폭탄으로 비유되는 8·31 조치 이후에도 집값이 계속 오르고 있는 것은 1주택자에게는 아무런 영향을 주지 못하는 실효성 없는 대책이기 때문이다"(이만우/『국민일보』 2006/03/15)는 '무용' 명제에 대응하는 전형적인 진술문이다. 이 밖에 "이 정부가 집권 후반에 이르도록 해놓은 것이라곤 성과 없는 부동산 대책과 세금 폭탄밖에 없는 듯하다"(『중앙일보』 2006/06/12)거나 "부동산 정책은 노무현 정부의 대표적인 실패작 가운데 하나다. 공급을 늘리기보다는 세금 폭탄과 수요 억제에 초점을 맞춘 정책은 현재로서는 실패다"(『서울신문』 2006/11/24)라는 진술문도 '무용' 명제를 잘 보여 준다.

정부의 '이념'과 '태도', '능력'이 의심된다

부유층, 중산층, 서민을 경유해 '국민에 대한 징벌'로 확장되는 '징벌' 프레임을 강화하고 정당성을 부여하는 구실을 하는 것은 '정책 실패' 프레임이다. 그렇다면 왜 정부가 국민을 징벌하고 그나마 정책의 명분도 달성하지 못하는가. '세금 폭탄' 프레임에 따르면 문제의 원인은 '정부의 색깔과 태도, 무능력'이다. 노무현과 참여정부는 일정한 의도, 즉 시장 적대적 '좌파' 이념을 따를뿐더러 '무능력'하기까지 해서 세금 폭탄을 투하한다는 것이다. 이 프레임은 허시먼(Hirschman 1991)이 말하는 '보수의 세 가지 명제' 가운데 "그렇게 하면 우리의 자유와 민주주의가 위태로워질 것"이라는 '위험' 명제와 일정하게 연관된다. 다시 말해 종부세가 정상적인 조세정책에서 벗어난 '징벌적 조세'로서 조세 체제를 위협하며, 그 이면에는 시장을 무시하는 '좌파' '포퓰리즘' 정권이 자리 잡고 있다고 규정하는 것이다.[8] 여기에 더해 노무현과 정부 관계자들의 '언행'은 프레임을 효과적으로 강화하는 장치로 기능한다.

(14) 중산층 이상의 '가진 사람들'을 적으로 만들어 정치적 이득을
취하려는 운동권 투쟁 방식의 세제는 국가 장래까지 암울하게
만들 뿐이다(『국민일보』 2006/11/28).

(15) 종부세는 동기부터 불순했다. …… 얼치기 좌파 정부의 무모
한 아마추어리즘이 1가구 1주택 중산층과 세입자들의 고통을
키웠다(『동아일보』 2007/11/28).

(16) 종부세는 반시장적 코드가 낳은 기형적 산물이다(『중앙일보』 2008/
11/14).

앞선 세 인용문은 '세금 폭탄 가해자'의 의도를 특정한 정치 노
선으로 연결시키는 담론 전략을 보여 준다. 인용문 (14)는 종부세
를 "운동권 투쟁 방식"으로 표현했다. 정부가 국가 운영을 '정책'
이 아닌 '투쟁'이라는 관점으로 접근하고 있으며 바로 이 때문에
"국가 장래까지 암울하게 만들"고 있다고 진단한 것이다. 인용문
(15)는 "운동권 투쟁 방식"이 한편으로는 "좌파"라는 규정으로,
다른 한편으로는 "얼치기"와 "아마추어"라는 '낙인'으로 이어진다
는 것을 보여 준다.

이런 프레임이 향하는 지점은 인용문 (16)에서 보듯이 자유 시
장을 적대시하고 시장 질서를 어지럽히는 '반反시장'이다. "눈앞
의 정책 목표를 달성하기 위해 자본주의 시장경제 체제의 근간인
사유재산권 보장이란 대전제를 흔들고 있는 것"(『중앙일보』 2005/05/07)
이라는 진술문이 전형적이다. 이는 종부세 정책을 "운동권 투쟁

방식"으로 규정한 사설이 정부에 "과도한 세금을 매겨 사실상 국민의 재산권을 침해하는 일은 없어야 한다"(『국민일보』 2006/11/28)고 요구하는 처방으로 이어지는 점, "노무현 좌파 정부는 국민을 서민 80퍼센트와 부자 20퍼센트로 찢어 부자에 대한 세금 폭탄 투하를 서민 대책의 축으로 삼았다"(『중앙일보』 2009/07/18)며 종부세를 좌파 정책으로 단정하는 데서 잘 드러난다.

운동권이나 좌파라는 성격 규정은 '자질'과 긴밀히 연결된다. 이는 세금 폭탄이 정작 "실효성 없는 대책"(이만우/『국민일보』 2006/03/15)이거나 "반짝 효과에 그쳤고 시장의 내성을 키워 놓았다"(『국민일보』 2006/11/14)는 등 정책의 실효성을 비판하는 인용문에서 잘 드러난다. 그리고 이는 이어지는 인용문 (17)과 (19)에서 언급하듯이 "정부가 시장의 흐름과 동떨어진 정책을 고집"했기 때문이고 "현실을 제대로 보지 못한 채 왜곡된 정치적 판단"을 따랐기 때문이다. 즉 "청와대와 386 정치인들이 밀어붙이고 있다" 보니 "비경제적·반경제적 정책이 쏟아지고 있는 것이다"(『조선일보』 2005/08/17). 인용문 (17)과 (18)처럼, 그 결과 "부동산값이 급등"하고 "집값은 오히려 널뛰듯 하고" 있다.

(17) 정부가 시장의 흐름과 동떨어진 정책을 고집하는 통에 집값은 오히려 널뛰듯 하고 있다. ······ 정부가 집값 상승의 원인이 실수요 때문이라고 진단했다면 지금이라도 그동안의 판단 미스를 인정하고 정책 기조를 바꿔야 한다. 실수요에 의한 집값 상승을 막는 방법은 공급 확대밖에 없기 때문이다(『국민일보』 2006/03/20).

(18) 노무현 대통령이 '하늘이 두 쪽 나도 투기를 잡겠다'고 했지만

서울 강남의 집값은 지난 4년 동안 두 배 이상 오른 곳이 수두룩
하고 전국의 부동산값은 급등했다(『서울신문』 2006/11/06).

(19) 현실을 제대로 보지 못한 채 왜곡된 정치적 판단에 따라 시장
경제 원리와 맞지 않는 '코드 정책'을 쏟아 낸 탓에 정책 효과는
커녕 부작용이 심각하다(『동아일보』 2007/01/08).

자질 프레임 역시 인용문 (19)에서 보듯 "시장경제 원리와 맞
지 않는 '코드 정책'"을 문제의 원인으로 지목한다. 색깔 프레임
과 차이점은 '좌파'와 같은 정치 성향 이전에 무능력한 데다 비합
리적이고 고집불통인 정부 성향이 종부세 정책을 불렀다는 진단
도 존재한다. 가령 "마냥 '오기' 정책만 고집하고 있으니 딱한 노
릇이다. …… 현 정권이 불도저로 밀어붙이듯 기존의 정책들을 개
혁과 형평이라는 이름 아래 싹 갈아엎어 버리고 계속 막무가내인
것을 도무지 이해할 수 없다"(『중앙일보』 2007/03/21)며 "오기"와 "불도
저"라는 감정적인 표현을 사용했다. "대통령이 앞장서서 국민을
편 가르고, 종합부동산세 대상자를 국민도 아닌 것처럼 조롱하는
데야 무슨 말이 필요하겠나"(『중앙일보』 2007/09/15)라거나 "'세금 맛 좀
봐라, 고소하다'며 뒷전에서 웃는 세력이 국민을 위한 공복公僕일
리 없다"(『동아일보』 2007/12/01)는 언급도 동일한 맥락이다.

종부세를 '오기'와 잇는 프레임을 확립하는 과정에서 청와대
정책실장이었던 김병준의 발언을 둘러싼 언론 보도가 일으킨 논
란은 중요한 역할을 했다. 김병준은 2006년 5월 2일 한 심포지엄
에서 "종합부동산세가 여덟 배 올랐다며 세금 폭탄이라고 하는데
아직 멀었다"고 발언했는데, 이 발언은 다음 날인 5월 3일자 『동

아일보』사설을 거쳐, 5월 4일자『조선일보』와『중앙일보』, 5월 5일자『국민일보』, 5월 6일자와 5월 10일자『한국일보』에서 계속 보도된다. 김병준이 했다는 발언은 끊임없이 변주되고 확대재생산된다. 5월 19일자『동아일보』, 5월 22일자『중앙일보』, 6월 17일자『조선일보』등 기고에서도 동일한 문제 제기가 이어진다. 비판 지점은 대체로 일맥상통한다. 종부세 정책을 "세금으로 집부자를 괴롭히"는 "정부의 오기와 포퓰리즘(대중 영합주의)"으로 규정하면서 "부자들이 세금 부담에 대응해 소비를 줄이면 경기 위축으로 하위 소득층의 빈곤화가 심해질 것"이라고 주장한다(『동아일보』2006/05/03).

한 사설은 "이 정부는 공급 확대는 외면한 채, 고가 주택 보유자에 대한 징벌적인 중과세를 부동산 정책의 핵심으로 삼고, 이를 관철하겠다고 온 정부가 나서서 국민을 위협하고 있다"고 언급했다(『중앙일보』2006/05/04). 다른 사설은 "세금은 징벌로 생각해선 안 되고, 정책은 그 자체로 평가받으면 된다"고 밝히거나(『국민일보』2006/05/05), "소비 심리를 위축시키는 요인 가운데는 부동산에 대한 세금 폭탄도 한몫을 했다"며 정부를 질타한다(『한국일보』2006/05/10). "현 정부가 내세우는 조세개혁을 위협하고 있는 건 납세자의 저항이 아니라 바로 노 대통령의 사람들"이라는 비판도 나온다(『조선일보』2006/06/17).『중앙일보』(2006/11/04)는 사설에서 노무현 정부 부동산 정책이 실패했음에도 청와대가 책임지는 모습을 보이지 않는다며 그중 한 사례로 "부동산 정책을 전두지휘한 정문수 청와대 경제보좌관"이 "부동산 전문가가 아니다"라며 발을 뺐다고 언급했다. 이틀 뒤『서울신문』(2006/11/06)도 사설에서 정책에 직간접적으로 참여한 대통령 경제보좌관 정문수가 책임 회피에 급급한 인상을 준다고 지적했다.

이에 반해 『한국일보』(2006/05/06) 사설은 "옳은 애기도 불량한 태도로 말하면 다른 의도로 전달된다"며 신중한 언행을 주문하는 동시에 보유세 강화 정책 자체는 동의한다. 『한겨레』(김용희/『한겨레』 2006/12/04)에는 "참여정부의 세제 정책은 아직 그 효과가 발휘되지도 않았다. 일부 신문과 방송은 걸핏하면 '부동산 세금 폭탄'이란 단어로 시행하지도 않은 정책을 폄하하고 종결시키려 한다"는 발언이 등장한다. 이는 사실 기본적으로 김병준이 했던 것과 같은 취지였다. 그러나 김병준이 했다는 발언은 그 사실 여부는 실종된 채 '국민을 조롱했다'는 태도 문제로만 거론되며 '세금 폭탄'에 대한 부정적 인식을 강화하는 기제로 작동했다. 그 반면 다른 관점에서 보면 노무현 정부 고위 관계자 스스로 '세금 폭탄' 담론에 상당한 영향을 받았으며 이를 의식했다는 징후로 해석할 여지가 있다는 점 또한 눈여겨볼 만하다.

'시장'과 '감세'를 향하는 '세금 폭탄' 담론

'세금 폭탄' 담론에서는 '시장'의 자기 조절 기능을 확신하고 '국가의 역할'을 회의적으로 바라보는 관점이 공통적으로 등장한다. 종부세라는 '세금 폭탄'과 각종 정부 규제는 시장 질서를 교란해 경제에 부정적 영향을 끼칠 뿐이라고 간주한다. 전통적인 수요·공급 원리에 따라 공급을 늘리면 부동산값 폭등 문제를 해결할 수 있다는 인식을 드러낸다. 이런 논리는 분배를 강조하는 정책이 "양극화를 심화"하고, "세금이 많은 곳에선 투자와 소비가 위축"된다며 양극화 해소를 위해 "정규직·비정규직 간의 임금 격차를 해소하고 생산성을 높이기 위해 노동시장의 유연성을 확보" 해야 한다는 주장으로 이어진다(『동아일보』 2005/12/22). 이런 정책 진단과 처방에서 우리는 '세금 폭탄' 담론이 낙수 효과와 규제 완화 및 사유화 등 시장 자유주의, 이른바 신자유주의를 내재화했음을 확인할 수 있다(강국진·김성해 2013, 14). 또한 국가 권위주의적 발전주의와 시장 자유주의적 발전주의에서 혼란을 겪던 보수 진영이 김대중·노무현 정부를 거치면서 시장 자유주의를 중심 프레임으로 발전주의와 반공 애국주의를 연결한 당시 담론 지형도 이런 경향을 강화했다(신진욱 2008, 187~188). 구체적으로는 공급 확대론과 규제 완화론을 일관되게 촉구하는 것으로 나타난다(민주언론시민연합·토지정의시민연대 2006). 다음 인용문은 시장 프레임을 전형적으로 드러낸다.

(20) 금융 위기 등 더 큰 후유증을 피하려면 더는 '부자 때려잡는 시늉'과 가격통제라는 반시장적 정책을 고집하지 말아야 한다. 여러 계층의 자연스러운 수요를 왜곡 없이 반영한 공급 대책과 사유재산의 소중함을 인정하는 주택 거래 촉진 대책이 그나마 문제를 더 악화시키지 않을 답이다(『동아일보』 2007/01/08).

(21) 처음부터 단추를 잘못 끼우는 바람에 빚어진 부작용을 틀어막는다고 졸속으로 땜질과 덧칠을 거듭해 왔다. 세금 폭탄을 때리고 반시장적인 분양가 상한제와 분양 원가 공개를 밀어붙이고, 급기야 주택 시장을 정부가 아예 대신하겠다고 나섰다. 그러나 이렇게 시장을 무시한 정부 주도의 주택정책이 과연 얼마나 갈

수 있겠는가(『중앙일보』2007/02/02).

공급 확대와 규제 완화는 분석 기간 동안 일관되게 세금 폭탄 담론을 구성하는 주요 프레임이라고 평가할 수 있다. 이런 담론 구조에서 공급 확대와 규제 완화는 시장 친화 정책이며 이는 지극히 정상적인 방향이다. 세금 폭탄은 그 자체가 규제이고 공급 확대를 가로막는 정부 정책이기에 "반시장적 정책"이자 "시장을 무시한 정부 주도의 주택정책"이다. 이는 곧 자연스럽지도 않고 정상이 아니며 효과도 없는 정책이라는 함의를 지녔다. 그리고 노무현 정부가 비정상적인 정책을 펴는 이유는 "좌파 이념 코드에 사로잡힌"(『동아일보』2008/08/22) 좌파 정부이기 때문이다. 정부에 "지금이라도 그동안의 판단 미스를 인정하고 정책 기조를 바꿔야 한다"(『국민일보』2006/03/20)고 촉구하거나 "정부가 모두 꿰차고 앉아 '이건 되고 이건 안 된다'는 식으로 일일이 간섭하니 제대로 되는 게 없는 것"(『동아일보』2006/12/15)이라고 비판한다. "오히려 정부의 무한 간섭이 시장의 발전을 가로막는 게 현실"(『동아일보』2006/12/15)이라거나 "시장에 맞서는 정책은 지속되기 어렵다"(『국민일보』2007/11/20)는 지적도 이어진다.

이런 진단 뒤에는 곧바로 "실수요에 의한 집값 상승을 막는 방법은 공급 확대밖에 없"(『국민일보』2006/03/20)다거나 "시장 친화적인 정책으로 집값을 연착륙시키는 것이 중요하다"(『동아일보』2007/01/31)는 정책 처방이 뒤따른다. 구체적으로는 "방법은 바로 과감한 감세와 규제 혁파, 그리고 속도에 달렸다"(『국민일보』2008/09/19)는 주장으로 귀결된다.

시장 프레임은 대체로 2006년에는 '세금 폭탄에도 불구하고 집값 상승'이라는 진술이 많았지만 2007년 이후에는 '세금 폭탄에 따른 집값 하락' 진술로 바뀌는 추세를 보여 준다. 먼저 전자에 해당하는 대표적인 인용문을 살펴보면 세금 폭탄이 "매물의 씨를 말려" 버렸다거나, "중대형 아파트의 공급이 모자라"는 결과를 초래해 집값이 상승한다고 원인을 진단한다. 이는 집값 상승 원인을 투기로 파악하는 정부와 달리 "실수요에 의한 집값 상승"(『국민일보』 2006/03/22)으로 파악하는 진단에 근거한 것이다. '세금 폭탄'이 실수요를 억누르는 바람에 시장이 교란됐으며, 이에 대한 올바른 해법은 공급 확대라고 강조하는 것이다.

(22) 세금 폭탄이 매물의 씨를 말려 극심한 수급 불균형이 초래되면서 집값이 오르는 웃지 못할 상황이 벌어지고 있다(『국민일보』 2006/01/24).

(23) 세금 폭탄으로 집값 잡겠다고 했지만 수요가 많은 중대형 아파트의 공급이 모자라 강남은 물론이고 다른 지역 집값까지 경쟁적으로 뛰었다(『동아일보』 2006/05/05).

(24) 연이은 대책 발표에도 집값은 계속 치솟고 있다. 부동산 시장은 10·29, 8·31, 3·30 등 큼직한 대책이 발표될 때마다 잠시 주춤했을 뿐 이제는 내성이 쌓일 대로 쌓인 느낌이다(『서울신문』 2006/11/06).

(25) 부동산 분야도 세금 폭탄과 규제로 주택값이 폭등, 서민은 물론, 중산층마저 등을 돌리게 만들었다(『한국일보』 2007/01/05).

2007년 이후에는 상반된 진단과 처방이 등장한다. "부동산만은 확실히 잡겠다며 세금 폭탄을 퍼부었지만 집값 오름세는 오히려 수도권 전역으로 확산되고 재산세 부담만 가중됐다"(『국민일보』 2007/09/13)며 정부의 자질을 비판하는 기사가 그해 9월에 나왔지만, 곧이어 "최근 부동산 시장은 매수세가 거의 실종돼 서울 등 수도권에서도 청약 미달이 속출하는 실정이다. …… 정부가 부동산을 잡겠다며 세금 폭탄을 퍼붓고 대출 규제에 전매 제한까지 각종 대증요법과 규제를 집중해 나온 산물이다"(『국민일보』 2007/11/20)라며 '세금 폭탄' 때문에 집값이 하락한다는 비판으로 바뀌었다. 이는 부동산 시장이 안정되는 추세가 부인할 수 없는 현실이 되면서 종부세가 집값 상승을 유발했다는 프레임이 더는 통하지 않게 됐기 때문이다.

이제 프레임에 변화가 일어난다. "부동산 시세가 전반적으로 안정되고, 서울 강남 지역의 경우 일부 가격이 하락했는데도 불구하고, 종합부동산세 대상과 세액은 오히려 증가함에 따라 상당한 조세 저항이 우려된다"(『한국일보』 2007/11/12)며 정책 목표를 달성했으니 종부세를 낮춰야 한다는 주장으로 바뀌거나, "지금 부동산 시장이 '죽었다'는 표현이 어울릴 정도로 얼어붙은 것은 참여정부 시절 수요 억제 위주로 세금 폭탄과 함께 규제를 쏟아부은 탓이다"(『서울신문』 2008/11/01)라면서 종부세 탓에 부동산 시장이 침체됐다고 주장하는 방식이다. 아울러, "노무현 정부의 부동산 정책은 무리한 세금 폭탄과 과도한 규제로 부동산 시장을 사실상 마비시켰다. 정작 집값을 안정시킨 것은 세금이나 규제가 아니라 부동산 담보대출 한도를 줄인 덕이 크다"(『중앙일보』 2008/08/22)며 부동산 시장 안정을 인정하면서도 종부세의 정책 효과를 부정하는 진술도 등장한다.

부정할수록 강화되는 담론의 역설

노무현 정부가 추진한 종부세는 미디어 공론장에서 세금 폭탄으로 재현됐다. 이에 비해 대항 담론은 미미했다. 여덟 개 종합 일간지 가운데 종부세를 옹호하는 사설이 2006년에는 세 건, 2007년 두 건에 불과했다. 그나마 하나를 제외하면 모두 『경향신문』에 실린 사설이다. 전체적으로 '세금 폭탄' 담론에 대응하는 대항 담론은 거의 형성되지 못했으며 그나마도 철저히 고립된 양상이었다. 또한 이 시기 사설의 구체적인 내용을 살펴보면 '세금 폭탄 주장은 근거가 없다'거나 '세금 폭탄은 보수 언론의 일방적인 주장이다' 정도에 그친다.

다시 말해, '세금 폭탄이 아니다'라고 강조하는 것은 결과적으로 세금 폭탄을 다시 각인시키는 효과를 냈을 뿐이다. 가령 2007년 1월 25일자 『경향신문』 사설은 "세금 폭탄 운운으로 조세 저항을 비호하는 것은 민주공화국 질서에 대한 도전이다"라며 논리적인 비판을 제기하지만 '세금 폭탄'을 언급하는 것 자체가 '세금 폭탄'을 다시 떠올리게 한다는 점에서 의도한 담론 효과를 일으키는 데 한계가 분명했다. 게다가 "세금 폭탄이라고 하는데 아직 멀었다"같은 일부 정부 관계자들의 발언이 오히려 '세금 폭탄' 담론을 확대재생산하는 데 이용되기도 했다.

(26) 지금까지 특정 세목이 이번처럼 거센 역풍에 직면했던 적도
드물다. 일부 아파트에서 신고 거부 움직임이 나타나자 그동안
세금 폭탄 주장을 해온 보수 언론과 일부 단체는 이를 부추기기
까지 했다(『경향신문』 2006/12/21).

(27) 우리가 더욱 관심을 갖는 대목은 이른바 세금 폭탄 담론의 정
당성이다. 우리는 유사 이래 납세의 정당성에 늘 이의를 제기해
온 민중의 심정을 헤아릴 수밖에 없다. 그럼에도 불구하고 노무
현 정부 출범 이후 보수 언론에 의해 주도돼 온 세금 폭탄 담론
에는 결코 동의할 수 없다(『경향신문』 2007/01/25).

대항 담론은 종부세 제도를 변경해 감세 효과를 거두려는 이명
박 정부의 움직임이 가시화된 2008년에는 네 건이 등장했다. 빈
도는 여전히 낮지만 프레임은 좀 더 명확해졌고 어조 또한 더 적
극적으로 변했다. 하지만 앞서 언급한 맥락에서와 마찬가지로 그
한계를 지적하지 않을 수 없다.

(28) 여러 채씩 집을 사는 투기꾼들이 공급 물량을 쓸어 간 게 집값
급등에 기름을 부은 것도 사실이다. 게다가 이들은 보유 과세 강
화를 '세금 폭탄'이니 뭐니 하며 공격하면서 집값 안정 정책을
무력화하기에 바빴다(『한겨레』 2008/02/22).

(29) 여기에 불을 붙인 말이 '세금 폭탄'이다. 이 말은 지난 몇 해 정
권과 정부를 공격하는 강력한 '언어 폭탄'이었다. 말 잘 만들고
잘 퍼뜨리는 일부 언론 쪽에 혐의가 짙다. 그 폐해를 알면서도
일부러 쓴 야비함에서 특히 그러하다(『한겨레』 2008/09/26).

4. 나가며

'세금 폭탄' 담론은 종부세 강화를 핵심으로 한 2005년 8·31 종합 대책을 비난하는 과정에서 처음 등장했으며, 단기간에 급격히 확산됐다. '세금 폭탄'은 노무현 정부 임기 후반기 조세정책과 부동산 정책을 둘러싼 격렬한 논쟁인 동시에 대통령 선거를 앞둔 여야 정치 세력 간 노선 투쟁을 반영했다. '세금 폭탄' 담론은 단순히 조세정책뿐만 아니라 사회를 바라보는 일반적인 관점에도 막대한 영향을 미쳤다. 또한 '세금 폭탄'을 통해 강화된, 조세정책을 인식하는 특정한 프레임은 다시 '세금 폭탄' 담론을 강화하고 조세제도를 제약하는 '거부점'으로 작동했다.

박근혜 정부 당시 연말정산 문제와 비교해 보면 공통점을 확인할 수 있다. 먼저 종부세 국면에서 '세금 폭탄' 담론은 노무현 정부의 정책 신뢰도를 훼손했고 더 나아가 이른바 '민주 진보 세력' 내부에 균열과 갈등을 일으켰으며 개혁 정책에 대한 자신감마저 떨어뜨렸다. 또한 국민들이 '민주 진보 세력'의 수권 능력을 회의적으로 보는 계기로 작용했다(황규성·강병익 2014, 119~121). 이는 뒤에서 다룰 연말정산 국면에서도 박근혜 정부의 정책 신뢰도에 상당한 타격을 줬으며 '보수 세력'의 정책 운용 능력에 대한 의구심을 증폭했고, 더 나아가 '보수 세력' 내부의 균열과 갈등으로 이어졌다.

여기서 주목할 것은 '세금 폭탄' 담론이 현실을 얼마나 잘 반영했는지 여부가 아니라, '세금 폭탄'의 어떤 요소가 국민 여론에 그렇게 큰 호응을 이끌었는지이다. 종부세에 대한 명확한 지지를 공개적으로 표명한 『한겨레』와 『경향신문』을 빼고는 특별히 '여당

성향'이라고 할 수 없는 신문들까지 공통적으로 '세금 폭탄' 담론을 수용했다는 것은 여기에 단순히 정파적인 이해관계 또는 이념적 지향을 뛰어넘는 요인이 있는지를 고민하게 한다. 분석 결과는 두 가지에 주목한다. 첫째, 일반 여론에 조세에 대한 뿌리 깊은 거부감이 매우 강력하게 잠복해 있었고, 둘째, '세금 폭탄' 담론이 이를 적극적으로 자극하는 전략을 사용했으며, 또한 매우 효과적으로 작동했다는 점이다.

'세금 폭탄' 담론은 매우 성공적이어서 다양한 현안에서 '약방의 감초'처럼 등장했다. 경윳값 문제(『한국일보』 2008/05/27; 홍창의/『동아일보』 2008/05/27), 개성공단(『국민일보』 2012/10/19; 『서울신문』 2012/10/19; 『조선일보』 2012/10/19; 『중앙일보』 2012/10/19), 종교인 과세(『국민일보』 2013/03/06)나 임대 소득 과세(『동아일보』 2014/03/06; 『조선일보』 2014/03/06), 건강보험료(사공진/『한국일보』 2014/05/01; 『중앙일보』 2014/05/14), 공무원 연금(『조선일보』 2014/04/09) 등 조세와 관련한 각종 논의로 확산되어 쓰였다. 종부세가 출발점이었던 '세금 폭탄' 담론이 어느새 '상식' 수준까지 헤게모니를 장악한 것으로 보인다. 이는 〈표 3-2〉에서 보듯이 다양한 조세 관련 현안을 다룬 사설 제목에 '세금 폭탄'이라는 표현이 꾸준히 등장한 데서도 확인할 수 있다.

종부세가 본격적으로 논쟁의 대상이 된 2005~07년에 절정에 달한 '세금 폭탄' 담론은 2008년 헌법재판소 판결[9]과 종부세를 사실상 무력화한 이명박 정부의 결정 이후 언급되는 양 자체가 급격히 감소하며 소멸하는 듯했다. 하지만 공교롭게도 '세금 폭탄' 담론은 박근혜 정부 첫해인 2013년부터 다시 부상했다. 종부세 국면에 비해 2013년 이후 연말정산 국면에서는 대항 담론이 좀 더

표 3-2 | '세금 폭탄'을 제목으로 한 사설

2005년	8월 24일	『한겨레』	투기꾼 대변하는 세금폭탄론
	9월 22일	『동아일보』	부동산 세금폭탄 2%만 때린다는 거짓말
2006년	2월 1일	『동아일보』	"증세 없다"며 돌아서서 '세금폭탄' 던지기
	5월 3일	『동아일보』	세금폭탄 위력 과신하는 김병준 실장
	5월 4일	『중앙일보』	세금폭탄, 아직 멀었다는 정부
	5월 6일	『한국일보』	세금폭탄 과시하는 부동산 당국자들
	7월 29일	『중앙일보』	세금폭탄에 이은 '건보료 폭탄'
2007년	1월 25일	『경향신문』	또 '세금폭탄' 논란이란 말인가
	12월 1일	『중앙일보』	눈앞에서 터지는 종부세 폭탄
2008년	9월 26일	『한겨레』	세금폭탄
2010년	7월 17일	『조선일보』	거액 기부가 세금폭탄 맞지 않게 세법 고쳐야
2011년	1월 26일	『한겨레』	복지 논의 왜곡하는 '세금폭탄론'과 '빈곤층 피해론'
	8월 20일	『조선일보』	장학사업 주식 기부에 '세금폭탄'이 적법하다면
2012년	10월 19일	『국민일보』	북, 개성공단 입주기업 세금폭탄 철회해야
	10월 19일	『조선일보』	개성공단 '세금폭탄' 보면서 누가 북에 투자하겠나
2013년	5월 4일	『조선일보』	이 정도면 세금이 아니라 폭탄이다
	8월 12일	『경향신문』	민주당의 세금폭탄론은 자기 발목 잡기다
2014년	3월 4일	『동아일보』	국민을 조삼모사 원숭이 취급한 '연말정산 폭탄'
2015년	1월 21일	『조선일보』	정부가 자초한 연말정산 세금폭탄 소동
	5월 11일	『경향신문』	청와대의 무책임한 세금폭탄론

적극적·공세적으로 담론 투쟁을 전개했다는 점도 특기할 만하다. 얄궂게도 '세금 폭탄' 담론을 정치 무대에서 처음 제기한 인물이 바로 당시 한나라당 대표였던 박근혜였다. 박근혜는 8·31 대책 발표 다음 날 국회 상임운영위원회의에서 "정부 여당에서는 경제 정책의 실패를 서민과 중산층에게 세금으로 전가하고 있다. 세금 폭탄을 서민들에게 퍼붓기 전에 씀씀이와 낭비부터 줄여야 한다" 고 비판했다. 이후 한나라당은 언론과 함께 세금 폭탄을 확산하는 데 주력했다(〈연합뉴스〉 2005/09/01; 〈오마이뉴스〉 2006/07/03). "참여정부를 옴 짝달싹 못 하게 만드는 프레임은 박 전 대표가 완성했다고 봐도

과언이 아니다"(『시사IN』 2011/05/14)라는 평가를 받을 만큼 강력한 담론 전략을 보여 주면서 사용했던 '세금 폭탄'이 고스란히 부메랑이 된 셈이다.

박근혜 정부에서 부활한 '세금 폭탄' 담론은 '증세' 담론이라는 맥락에 있다. 이에 대해서는 '증세' 담론을 다루는 5장에서 더 자세히 분석하기로 한다. 아울러 '세금 폭탄' 담론과 동일한 지향을 내포한 '감세' 담론이 어떤 과정을 거쳐 형성·강화되었으며, '세금 폭탄' 담론이 제도 변화로 이어진 뒤 '감세' 담론에 나타난 극적인 변화를 분석할 필요가 있다. 이 주제는 이어지는 장에서 다룬다.

부자 감세론

: 이명박 정부의 조세 담론

"생각은 바이러스와 같아.

회복이 빠르고 전염성이 강해.

가장 작은 생각의 씨앗도 자라날 수 있어.

자라나서 너를 규정하거나 파괴하기도 해."

— 영화 〈인셉션〉에서

1. '부자 감세' 담론을 낳은 배경

노무현 정부가 추진한 종합부동산세는 도입 과정부터 격렬한 저항에 직면했다. 앞서 언급했듯이 '세금 폭탄'은 종합부동산세를 반대하는 핵심 담론으로 급격히 확산되었으며, 이는 정부의 정책 능력을 약화하고 종합부동산세를 후퇴시키는 제도화로 귀결됐다. 2007년 제17대 대통령 선거에선 당시 한나라당 소속 후보 이명박은 물론이고 여당 후보였던 정동영까지도 종합부동산세 완화를 내걸었기에 대선 이후 종합부동산세 완화는 어느 정도 예견된 일이었다. 결국 2008년 헌법재판소 판결과 이명박 정부의 제도 개편을 거치며 애초 취지에서 상당히 후퇴했다.[1]

헌법재판소가 종합부동산세에 대해 세대별 합산 규정을 위헌으로, 거주 목적 1주택 장기 보유자를 대상으로 한 부과에 대해서는 헌법 불합치 결정을 내린 것은 2008년 11월 13일이었다(2006헌바112등). 당시 가장 큰 논란이 됐던 세대별 합산 과세는 애초 세대별로 보유한 부동산을 합산한 다음 실거주 목적이 아닌 부동산이나 고액 부동산 소유자를 판단하고, 이를 바탕으로 종합부동산세를 세대별로 부과함으로써 실거주 목적 보유가 아닌 부동산을 보유하려는 유인을 감소시켜 부동산 투기 수요를 줄이겠다는 목적을 띠고 있었다. 당시 정부는 주택 거주는 세대 단위로 한다는 점, 양도소득세 등 다른 세제에서 이미 비과세 여부를 세대 단위 주택 보유 수를 기준으로 판단한다는 점을 들어 세대별 합산 과세는 문제없다고 강조했다. 하지만 〈종합부동산세법〉이 위헌이라고 주장한 이들은 혼인해 세대를 이룬 자를 불합리하게 차별하는 조

표 4-1 | 종합부동산세(주택분) 변천 과정

	도입	강화	완화
시기	2005년 1월 5일	2005년 12월 31일	2008년 12월 26일
과세 방식	인별 합산	세대별 합산	인별 합산
가격 기준	재산세 과세표준	주택 공시 가격	주택 공시 가격
과세표준	재산세 합산 금액 − 4억 5000만 원	합산 금액 6억 원 초과	합산 금액 6억 원 초과 (1세대 1주택 9억 원)
세율	•5억 5000만 원 이하 1% •5억 5000만~45억 5000만 원 이하 2% •45억 5000만 원 초과 3%	•3억 원 이하 1% •3억~14억 원 1.5% •14억~94억 원 2% •94억 원 초과 3%	•6억 원 이하 0.5% •6억~12억 원 0.75% •12억~50억 원 1% •50억~94억 원 1.5% •94억 원 초과 2%
세액공제	없음	없음	고령자 세액공제 •만 60세 이상 10% •만 65세 이상 20% •만 70세 이상 30% •기보유자 세액공제 •5~10년 미만 20% •10년 이상 40%
세 부담 상한	전년 대비 150%	전년 대비 300%	전년 대비 150%

자료: 국회입법조사처(2015).

세정책이라고 주장했다. 이는 2005년 8·31 대책 발표 한 달 전인 7월 20일 한나라당 부동산대책특별위원회가 발표한 부동산 정책에서 강조된 '종합부동산세 세대별 합산' 입장에서 180도 바뀐 것이었다(전강수·남기업·이태경·김수현 2008, 113). 헌법재판소는 종합부동산세가 재산세나 양도소득세와 중복 과세라는 주장은 받아들이지 않은 반면, 세대별 합산 과세는 위헌으로 결론 내렸다.

국세 납세 인원 대비 종합부동산세 납세 인원의 비중은 2005년 0.7퍼센트에서 2007년 4퍼센트까지 늘었다가, 이명박 정부가 종합부동산세 제도를 변경한 뒤에는 2009년 1.7퍼센트, 2011년 1.8퍼센트로 감소했으며, 2013년에는 1.7퍼센트, 24만 6197명이었다. 2013년 기준으로 주택분 종합부동산세는 서울이 전체 과세 대상의 61퍼센트, 결정세액의 66퍼센트이며, 3주택 이상 다주택자가 과세 대상의 35퍼센트, 결정세액의 63.5퍼센트를 차지한다.

'세금 폭탄' 담론은 '감세' 담론을 확산하는 역할을 했다. 2007년 한나라당 대통령 후보 경선 당시 유력 후보였던 이명박·박근혜가 내세운 경제 공약이 각각 '747'(경제성장률 7퍼센트, 국민소득 4만 달러, 세계 7위권 선진국)과 '줄푸세'(세금을 줄이고, 규제를 풀고, 법질서를 바로 세우자)였다는 사실은 당시 지배적인 담론 지형을 상징적으로 보여 준다. 특히 이명박은 선거 과정에서 줄곧 감세를 통해 민간 소비와 투자 활성화를 촉진함으로써 경제성장을 유도하고 '작은 정부론'에 입각해 재정지출을 축소하겠다는 국정 운영 목표를 제시했다(한나라당 2007). 이런 분위기에서 헌법재판소는 감세 정책에 정당성을 높이거나 이에 편승하는 결정을 내놓았다. 감세 정책은 2008년 9월 1일 기획재정부가 발표한 세제 개편안에서 구체적인 모습을 드러냈다. 당시 이명박 정부가 감세를 곧 국가 경쟁력 강화를 위한 효과적인 정책 수단이자 세계적인 대세라고 인식했음은 '2009년도 예산안 및 기금운용 계획안 제출에 즈음한 대통령 시정연설'에서 밝힌 다음 발언에서 잘 드러난다.

감세는 경기 진작의 일환으로 필요합니다. 세계는 지금 '낮은 세율이 국가 경쟁력'이라는 인식으로 세율 인하 경쟁을 펼치고 있습니다. 올해에만 영국, 독일, 이탈리아, 캐나다 등 선진국은 물론 중국, 홍콩, 말레이시아와 같은 신흥국들도 세금을 내렸습니다. 감세에 소극적이던 일본까지도 합류하고 있습니다. 내년에 13조 원 수준

의 감세를 통해 가처분소득을 늘리고 투자를 촉진할 것입니다(기획
재정부 2008, 8).

기획재정부가 2008년 9월 1일 발표한 세제 개편안은 ① 하위
소득 구간은 소득세율 2퍼센트 인하와 1인당 공제액 확대('100만
원 → 150만 원'), ② 법인세율 인하(낮은 과표 구간 세율 '13퍼센트 → 10
퍼센트', 높은 과표 구간 세율 '25퍼센트 → 20퍼센트')와 과표 구간 상향
조정('1억 원 → 2억 원'), ③ 1세대 1주택 양도소득세 인상(고가 주택
기준 '6억 원 → 9억 원'), 보유세 인하('300퍼센트 → 150퍼센트'), 상속
증여세 하향 조정('10~50퍼센트 → 6~33퍼센트') 등으로 요약할 수
있다(기획재정부 2008). 특히 소득세와 법인세, 종합부동산세가 핵심이
었다. 한나라당은 야당이 표결에 불참한 가운데 단독으로 2010년
까지 소득세율을 일괄해 2퍼센트포인트 인하하고 법인세는 과세
표준에 따라 13~25퍼센트인 세율을 2010년 사업연도까지 단계
적으로 10~20퍼센트로 낮추는 등 감세 법안을 통과시켰다.

감세 정책을 결정하는 과정은 물론 제도 변화 이후에도 세입
감소와 지방재정 악화, 미국발 세계 금융 위기 등으로 논란이 확
산됐다. 이명박 정부는 2009년 세제 개편안을 통해 최고 소득세
율을 적용받는 연간 8800만 원 초과 개인소득자와 과표 2억 원이
넘는 기업에 대해 2012년까지 감세를 유예했다. 정부가 2008년
세법 개정안에서 밝힌 애초 계획대로 대규모 감세 정책을 실천했
다면 이명박 정부 임기 5년 동안 발생하는 세수 감세 규모는 약
90조 원에 이르고, 그중 소득세와 법인세 감세가 69.6퍼센트를
차지했을 것이라는 연구 결과(이영환·신영임 2009)를 감안한다면 감세

표 4-2 | 조세부담률과 국민 부담률 국제 비교 (단위 : %)

		2009년	2010년	2011년	2012년	2013년	2014년
한국	조세부담률	18.2	17.9	18.4	18.7	17.9	18.0
	국민 부담률	23.6	23.4	24.2	24.8	24.3	24.6
미국	조세부담률	17.0	17.0	18.1	18.6	19.3	19.8
	국민 부담률	23.3	23.2	23.6	24.1	25.4	26.0
영국	조세부담률	26.0	26.5	27.3	26.7	26.7	26.5
	국민 부담률	32.3	32.8	33.6	33.0	32.9	32.6
프랑스	조세부담률	25.1	25.5	26.6	27.6	28.3	28.2
	국민 부담률	41.3	41.6	42.9	44.1	45.0	45.2
독일	조세부담률	22.2	21.3	21.9	22.5	22.6	22.1
	국민 부담률	36.1	35.0	35.7	36.4	36.5	36.1
일본	조세부담률	15.9	16.2	16.7	17.2	17.9	–
	국민 부담률	27.0	27.6	28.6	29.4	30.3	–
스웨덴	조세부담률	33.2	32.3	32.6	32.4	32.9	32.8
	국민 부담률	44.0	43.2	42.5	42.6	42.8	42.7
덴마크	조세부담률	45.4	45.2	45.3	46.3	47.5	50.8
	국민 부담률	46.4	45.3	45.4	46.4	47.6	50.9
OECD 평균	조세부담률	23.8	23.9	24.4	24.8	25.1	–
	국민 부담률	32.7	32.8	33.3	33.8	34.2	34.4

주 : 한국 자료는 2010년 신계열 기준 명목GDP 사용.
자료 : 국회예산정책처(2016a, 372).

정책은 조세 능력을 적잖이 악화시켰다. 조세부담률 추이는 이를 잘 드러낸다. 2005년 17.8퍼센트, 2006년 18.6퍼센트, 2007년 19.6퍼센트로 꾸준히 증가했던 조세부담률은 2008년 19.3퍼센트, 2009년 18.2퍼센트, 2010년 17.9퍼센트로 떨어졌다. 2011년 18.4퍼센트, 2012년 18.7퍼센트로 일부 상승했지만 2013년 17.9퍼센트로 다시 감소했다. 국민 부담률 역시 2005년 22.5퍼센트에서 2007년 24.8퍼센트까지 올랐지만 2009년 23.6퍼센트, 2010년 23.4퍼센트까지 감소했고 2011년 24.2퍼센트, 2012년

표 4-3 | 국세·지방세 감면 추이 (단위 : 조 원)

	국세			지방세		
	징수액	감면액	감면율 (%)	징수액	감면액	감면율 (%)
1990년	26.8	3.0	10.0	6.4	0.4	5.9
2000년	92.9	13.3	12.5	20.6	2.3	10.2
2010년	177.7	30.0	15.4	49.2	14.8	23.2
2011년	192.4	29.6	13.3	52.3	17.3	24.9
2012년	203.0	33.4	14.1	53.9	15.4	22.2
2013년	201.9	33.8	14.4	53.8	15.6	22.5
2014년	205.5	34.3	14.3	61.7	13.0	21.1
2015년	215.7	35.9	14.1	-	-	-
2016년(추정)	223.1	36.5	13.6	-	-	-

자료 : 각 연도별 조세 지출예산서, 지방세통계연감, 국회예산정책처(2016d, 2~3)를 재구성.

24.8퍼센트로 소폭 상승했다가 2013년 24.3퍼센트로 다시 줄었다. 특히 조세부담률과 국민 부담률을 OECD 평균과 비교해 보면 격차가 확대되는 추세가 더 도드라진다(〈표 4-2〉 참조).

이명박 정부의 감세 정책은 비과세·감면 규모도 꾸준히 증가시켰다. 국세 감면율은 2007년 12.5퍼센트에서 2008년 15.3퍼센트, 2009년 16.7퍼센트까지 오르는 등 급속한 증가 추세를 보였다. 2011년 이후 14퍼센트 수준으로 소폭 감소했지만 이는 감면액 자체가 줄어서라기보다는 국세 수입 증가에 따른 것이다(〈표 4-3〉 참조).

감세 정책은 지방재정에도 상당한 압박 요인으로 작용했고 이는 중앙정부와 지방자치단체 사이에 재정 갈등을 초래했다. 소득세·법인세 감세로 내국세가 줄어들면 이에 연동된 지방교부세도 자동으로 줄어들 수밖에 없는 데다(〈표 4-4〉 참조), 종합부동산세 감

표 4-4 | 주요 세목별 비과세·감면 구성 (단위: 조 원)

	2010년	2011년	2012년	2013년	2014년	2015년	2016년	2017년
소득세	15.9	13.8	15.3	16.3	17.5	19.7	19.9	20.2
법인세	7.0	9.2	8.5	8.2	7.1	6.4	6.6	6.7
부가가치세	6.2	7.0	7.3	7.4	7.7	7.7	8.5	8.5
기타	3.1	2.4	2.3	1.8	2.1	2.1	1.5	1.6
합계	32.3	32.3	33.4	33.8	34.3	35.9	36.5	37.0

주 : 2010~15년은 실적치, 2016~17년은 전망치.
자료 : 국회예산정책처(2016d, 11).

세로 말미암아 종부세 전액을 재원으로 하는 부동산교부세가 1년 만에 3분의 1가량 감소했기 때문이다(〈그림 4-1〉 참조). 보통교부세는 1991년 이후 전년 대비 감소한 적이 네 차례뿐이었는데 그중에서도 2009년은 감소폭이 가장 컸다는 점에서 지방재정에 상당한 충격을 미쳤음을 확인할 수 있다(〈그림 4-2〉 참조). 당시 정부는 종부세 감소에 따른 지자체 재정 악화와 그에 따른 지자체의 반발을 무마하기 위해 2조 원 가까운 목적예비비를 지출해야 했다.

2011년 9월 7일 정부와 한나라당이 소득세·법인세 추가 감세를 백지화하는 세법 개정안을 확정했다. 당·정·청이 협의한 세법 개정안 내용을 보면 먼저 2012년부터 시행할 예정이던 소득세 과표 최고구간(8800만 원 초과)의 세율과 법인세 최고 세율을 기존대로 각각 35퍼센트와 22퍼센트로 유지하기로 했다. 이로써 이명박 정부가 추진한 감세 정책은 동력을 잃었다. 야당은 물론 여당 소장파까지 부자 감세를 철회하라고 요구했고 여당 지도부마저 여기에 동조하면서 결국 청와대도 감세 정책을 포기할 수밖에 없었기 때문이다.[2]

그림 4-1 | 부동산교부세 추이 (단위 : 조 원)

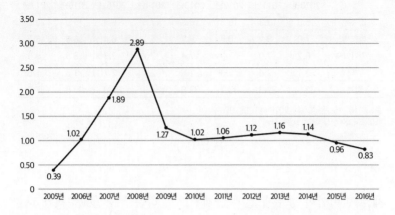

주 : 원 자료에는 2009년도 부동산교부세를 3조 1328억 원으로 기록했는데 이는 목적예비비 1조 8600억 원
이 포함된 금액이다. 여기서는 부동산교부세 전체 추이를 정확히 드러내고자 목적예비비를 제외했다.
자료 : 행정자치부(2016, 93)를 바탕으로 재구성.

그림 4-2 | 보통교부세 추이 (단위 : 조 원)

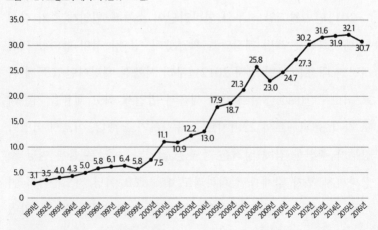

자료 : 행정자치부(2016, 93)를 바탕으로 재구성.

2. '부자 감세' 담론의 구조

조세 재정 정책은 국가의 자원을 누구에게 어떻게 배분할지를 결정하는 데 핵심 구실을 한다. 이 때문에 다양한 행위자들이 정책 우선순위를 둘러싸고 경쟁을 벌인다. 바로 여기에서 각자의 입장을 설득하고 동의를 구하고자 담론 전략을 구사하며, 그 전략들 사이에 경쟁이 벌어진다. 이는 이명박 정부가 집권 1년차인 2008년 적극적인 감세 정책을 천명한 데 반해, 2009년 이후로는 재정 압박과 비판적 여론에 밀려 감세 정책 추진을 일부 유보하고 여당 내에서도 감세 정책 재고를 둘러싸고 갈등이 발생한 상황들을 반영한다.

이 과정에서 생성된 '부자 감세' 담론은 감세 정책을 바라보는 세계관에 따라 매우 다른 양상으로 재현된다. 부자 감세란 대체로 본질을 잘 포착한 용어 선택이고 올바른 정책 형성을 돕는다고 간주하는 관점에 따르면, 한국 사회의 주요 모순은 양극화이며, 낙수 효과나 규제 완화 등 신자유주의적 처방에 비판적이다. 그 반면 다른 관점에서 부자 감세란 국가경제에 도움이 되는 정책 방향인 '감세' 정책을 왜곡하고 정당성을 훼손하는 부당한 낙인찍기와 다름없다. 이들은 대체로 낙수 효과에 공감하고 규제 완화와 민영화 등 시장 자유주의 노선을 지지한다.

노무현 정부를 상징하는 조세 담론이 '세금 폭탄'이라면, '부자 감세' 담론은 이명박 정부를 특징짓는 조세 담론이다. 세금 폭탄과 부자 감세 담론은 서로 대체 관계의 성격을 띤다. 〈빅카인즈〉를 통해 2005~15년에 걸쳐 '세금 폭탄'과 '부자 감세'를 다룬 월

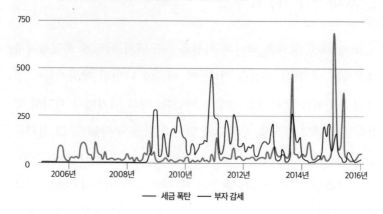

그림 4-3 | '세금 폭탄'과 '부자 감세'의 월별 보도량 비교 (단위 : 건)

자료 : 〈빅카인즈〉, https://www.bigkinds.or.kr.

별 보도량을 비교한 〈그림 4-3〉을 보면 두 담론이 상충되는 정치성을 내포하고 있음이 분명히 드러난다. 세금 폭탄 담론은 2006년 정점에 이른 뒤 급격하게 소멸하고 이후 부자 감세 담론이 급증했는데 2013년을 기점으로 둘 사이가 다시 역전되는 양상을 보인다. 눈여겨봐야 할 또 다른 측면은 '감세'와 '부자'를 연결시키는 담론이 형성된 계기, 그리고 '부자 감세' 담론이 감세 정책에 미친 제도적 영향이다.

〈그림 4-4〉는 〈빅카인즈〉를 통해 1990년부터 2015년까지 신문 36종에 실린 '감세'와 '부자 감세' 전체 보도량을 비교한 것이다. 이명박 정부 등장 이전까지 '감세'와 '부자'를 연결하는 보도는 극소수에 불과했으며 대부분 근로소득자와 자영업자의 형평성을 이유로 근로소득자 소득공제를 확대하자고 촉구하거나 미국에서 벌어진 감세 논쟁을 소개하는 데 그쳤다. 하지만 2008년 들어

그림 4-4 | '감세'와 '부자 감세'의 연간 보도량 비교 (단위 : 건)

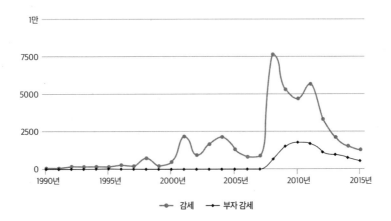

자료 : 〈빅카인즈〉.

이명박 정부가 추진한 공격적인 감세 정책을 두고 사회적 논란이
격화되면서 부자 감세 담론이 본격적으로 형성되기 시작했다. 이
명박 정부가 종부세 폐지 공약을 제시했을 때만 해도 일부 비판적
보도를 빼고는 보이지 않던 부자 감세 담론은 '고·소·영'(고려대·소
망교회·영남), '강·부·자'(강남 땅 부자) 논란 등을 거치면서 부자 감
세 담론으로부터 헤게모니를 위협받게 된다. 새로운 조세정책처
럼 보이던 감세 정책이 한순간 부자 감세가 되어 여론의 지지를
받지 못하게 됐다. 그런 점에서 이명박 정부 집권 첫해인 2008년
은 감세 담론에서 중요한 전환점이었다.

감세 담론을 주요 프레임에 따라 도식화하면 〈표 4-5〉와 같
다. 감세 담론을 구성하는 핵심 프레임으로 정치 프레임과 경제
프레임을 꼽을 수 있으며 각각 감세를 수용하거나 거부하는 양상

표 4-5 | 감세 담론 구성

입장	프레임 구분	진단	처방
수용	정치 프레임	• 작은 정부 : '선진화 위해 작은 정부, 규제 완화 필요'	감세·긴축
		• 정책 일관성 : '국민과 했던 약속 지켜야'	
	경제 프레임	• 낙수 효과 : '감세가 소비 증가 유도, 서민에게도 이익 '	
		• 포퓰리즘 : '감세 철회는 무책임한 인기 영합'	
거부	정치 프레임	• 양극화 : '소득재분배 악화로 소득 불평등 초래'	증세·복지
		• 서민 증세 : '조세 부담을 중산층·서민에게 전가'	
	경제 프레임	• 재정 적자 : '세입 감소로 재정 건전성 악화'	

에 따라 '작은 정부', '정책 일관성', '포퓰리즘', '낙수 효과' 프레임과 '양극화', '서민 증세', '재정 적자' 프레임으로 세분화해 명명했다. "양극화와 빈부 격차가 갈수록 심해지고 있는 우리 주변을 볼 때 이번 세제 개편은 나라의 앞날을 걱정하게 한다"(『한겨레』 2008/09/02)가 '양극화' 프레임이 드러나는 전형적인 인용문이다. '재정 적자' 프레임은 "정부가 재정지출을 늘리면서 기존의 감세안을 밀어붙이면 국가 재정에는 더욱 부담이 커진다"(『경향신문』 2008/11/04) 라는 인용문을 들 수 있다. '작은 정부' 프레임은 "(2008년 세제 개편안은) 노무현 정권 때 세계 추세와도 맞지 않는 '큰 정부'를 지탱하느라 국민이 무거운 세금 부담을 짊어져야 했던 것에 비하면 조세정책의 철학을 증세에서 감세로 전환하는 분수령이 됐다는 점에서 의미가 있다"(『동아일보』 2008/09/02)라는 인용문에서 잘 드러난다. '정책 일관성' 프레임은 "눈앞의 인기에 연연해 조세정책을 손바닥 뒤집듯이 바꿔서는 나라 경제의 경쟁력을 키우기 어렵다" (『동아일보』 2010/10/29)라는 인용문에서, '포퓰리즘' 프레임은 "누구에게나 같은 수준의 복지 혜택을 주겠다거나 부자들에게 세금을 더

거두겠다는 약속은 표를 얻기 위한 정치적 사탕발림에 불과하다"
(『동아일보』 2010/10/29)라는 인용문에서 확인할 수 있다. "무리한 과세
탓에 부자들이 지갑을 닫으면 결국 서민의 일자리 기회와 소득이
줄어든다"(『동아일보』 2008/09/26)라는 인용문은 전형적인 '낙수 효과'
프레임을 보여 준다.

3. '부자 증세' 담론의 프레임 전략

감세 담론의 확산과 자기모순

'부자 감세'는 이명박 정부 초기부터 이명박 정부의 정책 추진
을 심각하게 제약한 논쟁 주제였다. 주지하다시피 '부자 감세' 담
론은 '감세' 담론에서 잉태됐다. 이는 두 가지 의미를 내포한다.
감세라는 구체적인 정책을 다루는 담론이 형성된 다음에 부자 감
세 담론이 등장했다. 그리고 부자 감세 담론은 감세 담론을 정면
으로 부정하고 전복하려 했다. 그런 점에서 부자 감세 담론을 제
대로 이해하려면 2008년 부자 감세 담론이 생기기 이전에 감세
담론이 어떤 식으로 나타나고 확산됐는지 확인할 필요가 있다. 이
명박 정부가 등장하기 전의 신문 사설을 분석해 보면 일부 예외를
제외하고는 대체로 감세를 옹호하는 논조가 다수였으며, 뒤로 갈
수록 그 빈도가 증가했다는 사실이 가장 먼저 눈에 들어온다. 특
히 노무현 정부에선 '세금 폭탄'을 비판하며 그 대안으로 '비즈니
스 프렌들리'와 '작은 정부', 그리고 감세를 요구하는 양상이 갈수

록 강력한 헤게모니를 확보했다.

전반적인 추이를 살펴보면 감세 담론은 1990년대 이래 미디어 담론 지형에서 긍정적으로 자리매김하는 정책이었다. 일반적인 상식에서 바라보는 진보·보수에 따른 관점 차이(즉 진보는 증세, 보수는 감세)가 나타난 것도 생각보다 오래되지 않았다. "근로소득자의 세 부담을 더 낮춰야 한다"(『동아일보』 1992/09/03)거나 "가장 큰 감세 혜택이 돌아갈 소득 구간의 상한은 이보다 대폭 높여야 한다는 생각이다"(『한겨레』 1996/03/02)라는 언급에서 보듯 감세 정책을 서민 부담 경감 차원에서 바라보는 시각에서 큰 차이가 없었기 때문이다. 앞서 언급했듯이 '서민들의 과중한 조세 부담을 낮춰야 한다'는 요구가 권위주의 정부에 대항하는 민주화 운동의 의제로 등장했을 만큼 감세 담론은 대중의 지지를 획득하고 있었으며, 이런 양상은 민주화 이후라고 크게 달라지지 않았다. 가령 노태우 정부가 1990년 8월 발표한 세제 개편안은 정부가 강조하는 "중산층의 세 부담 경감"이라는 명분과 달리 실제로는 증세에 더 초점을 맞추고 있다는 비판을 받았는데, 그 근거로 비중 있게 거론된 것은 간접세 비중 증가에 따른 저소득층의 세 부담이었다. 그리고 해법은 직접세 증세가 아니라 간접세 감세로 모아졌다.

(1) 내년 세수를 28조 원선으로 추정하고 새해 예산안을 편성한 것을 보면, 내년의 조세부담률이 올해의 19퍼센트보다 높은 20퍼센트선에 이를 것이 확실시되는데 이러한 세수 규모를 통해서도 세제 개편의 숨은 목적이 어디에 있는가를 짐작할 수 있다고 하겠다. …… 정부는 현재 말썽이 많은 부가가치세와 특별소비세

등 간접세 쪽은 91년에 새로 손질키로 하고 이번 개편에서는 보류하고 말았는데 그 결과 간접세는 제자리에 머물면서 직접세율만 낮추는 격이 되어 현재 45 대 55인 직간세[직접세·간접세] 비율이 더 벌어지게 되었다. 그렇지 않아도 너무 비중이 높은 간접세가 더욱 비중이 높아지게 되면 저소득층의 세 부담의 무게도 그만큼 커지는 꼴이 된다(『한국일보』 1990/08/26).

1992년 대통령 선거를 앞두고 정부가 감세 정책을 편 것 역시 "대선을 앞둔 선심성의 세제 개편일 수 있다"고 지적하면서도 근로소득자가 자영업자에 비해 세금을 더 많이 낸다는 이유를 들어 근로소득자를 대상으로 한 감세 정책 자체는 높이 평가했다(『동아일보』 1992/09/03). 감세는 좋은 정책이고 증세는 나쁜 정책이라고 이항 대립시키는 이 프레임의 현실 진단은 '낙수 효과'에 근거한다. 미국 레이건 행정부가 펴던 감세 정책은 좋은 준거가 된다. 미국 정부가 과감한 감세 정책으로 경제를 발전시키는 반면, 한국 정부가 "감세 정책은 취하지 못할지언정 무리한 증세 정책을 동원한다는 것은 정책 담당자들의 상황 판단력과 대응력을 의심케 하는 것이기도 하다"(『경향신문』 1991/09/27)는 비판이 뒤따른다. 감세 담론의 핵심 프레임인 '감세가 소비를 촉진하고 경제성장을 이끈다'는 주장도 되풀이됐다.

(2) 미국 경제가 한창 어려울 때에 대통령에 취임한 레이건은 대폭적인 감세로 경기를 되살리는 정책을 폈다. 세금을 적게 거두면 정부의 예산이 줄어들고 재정 정책의 운용에 어려움이 따르게

마련이다. 그러나 레이건은 과감하게 감세 정책을 밀고 나갔다. 세금 부담이 가벼워지면 기업의 생산 활동이 활발해지고 근로자들의 실질소득도 높아져 소비가 촉진되며 이것이 다시 생산을 자극, 경기가 활성화된다는 간단한 논리다. 이른바 '공급 중시 경제학'을 바탕으로 한 레이건의 이 같은 정책은 '레이거노믹스' 라는 이름으로 미국 내외에서 큰 관심을 모았었다(『경향신문』 1991/ 09/27).

김영삼 정부에서도 이런 양상은 크게 달라지지 않았다. 집권 여당인 민주자유당(현 자유한국당)이 근로소득세 대폭 감세 방안을 정부와 협의하는 것을 두고 "감세 방안은 근로자들의 실질소득을 늘려 시장경제에서의 구매력을 높여 주고 근로 의욕을 북돋워 주는 등 경제 활성화에 긍정적으로 작용하는 이점이 있다"고 평가한 것이 대표적이다(『서울신문』 1995/05/09). 그해 9월 정부·여당이 소득세와 법인세 감세와 양도소득세 면세 요건 완화 등을 합의하자 이 조치가 경제에 긍정적인 영향을 미칠 것으로 전망하면서 "법인세는 평균 2퍼센트, 근로소득세는 최고 33.6퍼센트까지 인하된다고 하니 근로소득자로서는 그동안의 담세 불균형이 크게 시정되는 셈이다"(『한국일보』 1995/09/15)라고 지적한 것 역시 '감세 정책은 곧 민생 정책'이라는 프레임을 드러낸다.

김대중 정부 시기에도 감세를 지지하는 사설은 감세 정책을 민생 정책이자 친서민 정책으로 자리매김했다. "지금처럼 소비 심리가 위축되고 기업인들의 투자 의욕이 떨어져 있을 때는 감세 정책을 써보는 것도 바람직하다"(『경향신문』 2001/03/15)거나 "자영업자나 봉급생활자 등 중산층의 체감 세 부담은 그 어느 때보다 높아 감세는 가능한 한 빨리 이루어져야 한다"(『한국일보』 2001/03/16)고 하며 적극적인 감세를 촉구한다. 노무현 정부 시기에는 "추가적인 재정 확대 외에 금리 인하, 유류세 인하를 포함한 감세 등 경기 부양책을 총동원할 것을 촉구한다"(『서울신문』 2004/10/13)는 등 경기 부양을 위한 정책 수단으로서 감세를 촉구하는 사설이 눈에 띈다(『국민일보』 2004/12/01; 『서울신문』 2004/12/30; 『서울신문』 2005/02/11; 『국민일보』 2005/09/05). 특히 노무현 정부 후반기로 갈수록 '작은 정부'와 '낙수 효과'를 내세우며 감세를 촉구하는 사설이 빈도와 강도 모두 높아지는데(『동아일보』 2006/02/08; 2006/08/10; 2007/03/31; 2007/12/04),[3] 대표적인 인용문은 다음과 같다.

(3) '큰 정부'를 위한 증세는 일종의 도덕적 해이라는 점에서 박[근혜] 대표의 감세론을 선동이라고 몰아붙일 수는 없다(『동아일보』 2006/01/27).

(4) 세율을 낮추는 감세를 하면 민간 부문의 기업 활동과 소비 활동이 더 활발해져 결과적으로 세금이 더 걷힌다는 것이 세계적 경험이다. 이 때문에 선진국들은 경쟁적으로 감세 정책을 펴는데도 청와대는 감세론자를 밀림의 사자 편을 드는 악惡으로 몰아붙인다(『동아일보』 2006/02/21).

(5) 소득세율이 높아지면 근로 의욕에 나쁜 영향을 미치고 정부에 대한 불만이 높아진다. 그래서 거의 모든 나라에서 소득세의 과세 범위를 넓히는 대신 세율을 내려 주는 방향으로 세정 개혁을 추진하는데 우리는 거꾸로 가고 있다(『동아일보』 2007/12/04).

감세 담론을 주장하는 사설을 살펴보면 "공평 과세의 차원에서도 감세 정책은 추진되는 것이 좋다"(『동아일보』 2001/03/16)라는 인용문에서 보듯 조세 형평성을 핵심 논지로 삼는다. 감세 담론은 그중에서도 수직적 형평성(경제적 상황이 더 나은 사람이 세금을 더 많이 납부해야 한다)보다는 수평적 형평성(경제적 상황이 동일하면 동일한 세금을 납부해야 한다)을 강조하는 경향을 보인다. 이는 "지금처럼 자영업자의 과표 양성화가 제대로 이뤄지지 않아 이들로부터 세금을 제대로 거두지 못하는 상황이 지속되는 한 봉급생활자들의 세부담은 날로 가중되고……"(『경향신문』 2001/09/07)라는 인용문에서 잘 드러난다. 하지만 형평성만 강조하는 조세 담론은 두 가지 측면에서 문제점을 내포하고 있었다.

첫째, 근로소득자 조세 부담을 늘리면 자영업자와 형평성을 이유로 반대하고, 간접세 인상은 직접세와의 형평성을 들어 반대하는 방식은 결국 어떠한 세율 인상도 반대하는 '바닥을 향한 경쟁'으로 귀결한다. 이는 총조세 수준을 높여야 한다는 총론에도 불구하고 각론에선 증세를 반대하는 자기모순에 빠질 수 있다. 이명박 정부 이후 부자 감세 담론을 가장 적극적으로 표출했던 『한겨레』가 1995~96년 조세 관련 사설에서 보여 준 혼란스러운 모습을 전형적인 사례로 꼽을 수 있다.

『한겨레』는 1995년 9월 6일자 사설에서 표준소득률을 크게 낮춰 개인 사업자 부담을 줄이겠다는 정부 방침에 대해 일부 개인 사업자들에게만 감세 혜택이 돌아간다고 지적했다. 감세 정책 자체를 비판하기보다는 형평성 차원에서 검토했고, 자영업자 세금 탈루를 비판하는 인식이 담겨 있다.[4] 반면에 1995년 9월 23일자 사설은 1996년도 세입 가운데 지방세를 포함한 직접세가 총조세에서 차지하는 비중이 53.7퍼센트로 감소했다는 재정경제원[5] 발표를 언급하면서 선심성 직접세 감세가 간접세 비중을 증가시켰다며 정부를 비판했다.[6] 1996년 3월 2일자 사설은 앞서 언급한 두 사설과 유사한 진단을 내놓은 뒤 처방으로는 근로소득자 세율을 낮추는 감세를 주장한다.[7] 하지만 1997년 2월 26일자 사설에선 정부가 발표한, 상속세와 증여세를 면제하는 저축 상품 신설 방침이 결국 고소득층 면세 혜택 확대로 이어질 것이라며 형평성 문제를 제기하며 감세를 비판한다.[8]

둘째, 형평성을 근거로 한 감세 담론은 바로 그 형평성 때문에 감세를 반대하는 담론으로 전환될 가능성이 상존한다. 정부가 추진하는 감세 정책으로 혜택을 받는 종합부동산세 납부자와 소득세 최고 세율 납부자가 공통적으로 부유층이라는 점은 이명박 정부 초기 '강·부·자' 논란과 맞물리면서 격렬한 형평성 논란을 촉발했다. 이명박 정부가 본격적인 감세 정책을 시도한 2008년부터 형성되고 급속히 확산된 부자 감세 담론의 핵심 프레임이 '부자들을 위한 감세, 그리고 그에 따른 소득 불평등 확대'라는 '양극화'였음은 형평성이라는 뿌리 깊은 요구와 연관해 볼 때 시사하는 바가 적지 않다(『한겨레』 2004/08/11; 2004/09/02; 2005/04/21; 『경향신문』 2005/10/05).

'감세'에서 분화된 '부자 감세'

언론은 태생적으로 정치적 상황 변화에 대응해 프레임을 전략적으로 선택한다. 이 작업이 성공적으로 이뤄지면 독자들의 신뢰

를 얻고 정치적 영향력을 유지할 수 있지만 그렇지 않으면 불신받
거나 외면당해 정치적 영향력도 줄어든다. 이 과정에서 새로운 담
론이 형성되고 경쟁하면서 헤게모니를 얻고 상식으로 자리 잡거
나 반대로 소멸되는 과정이 끊임없이 일어난다. 감세 담론도 예외
가 아니다. 앞서 언급했듯이 감세 담론은 2007년까지는 소비 증
가와 경제 활성화를 위한 '좋은' 정책 수단이며, 관료주의와 무사
안일에 빠진 정부가 감세를 회피하고 있다는 프레임이 다수였고
국민들에게 공감을 얻었다. "봉급생활자와 부동산 보유자에게 집
중된 세금 부담은 민간 소비를 위축시켜 경기회복을 더디게 할 것
이다. …… 이런 악순환을 끊으려면 국민 세금 부담을 줄여 주고
기업 규제를 대폭 완화해 민간 부문의 활력을 되찾아 주는 수밖에
없다. 경제난과 재정 악화의 근본 원인은 기업들의 투자 부진에
있기 때문이다"(『동아일보』 2005/09/28)라는 인용문은 이런 관점을 전형
적으로 보여 준다. "박[근혜] 대표가 내건 감세 정책 역시 소수 부
유층만 살찌우고 양극화를 더욱 심화시킬 뿐이라는 비판에서 자
유롭지 못하다"(『한겨레』 2006/01/27)라는 감세 비판은 소수에 불과했
다. 하지만 2008년 이명박 정부가 들어서고 종합부동산세를 비롯
해 소득세·법인세 감세를 정식 추진 과제로 채택하자 논쟁 지형
은 사뭇 달라졌다.

이명박 정부 출범 초기만 해도 감세 비판은 감세 정책 자체를
반대하기보다는 "감세가 부자들만을 위한 혜택으로 끝나면 계층
간 양극화가 심화될 수 있으므로 사회적 약자를 위한 대책 마련도
서둘러야 한다"(『한국일보』 2008/03/11)는 식으로 보완책 마련을 주문하
는 정도에 그쳤다. 하지만 '강·부·자' 논란과 촛불 집회를 거치고

종부세 유지 여론이 확산되는 가운데 정부가 발표한 세제 개편안은 부자 감세 논란을 본격적으로 촉발했다. "재정 건전성을 해치는 한이 있더라도, 부자들에게만 혜택이 돌아가고 빈부 격차를 더 벌릴 게 뻔한 감세를 고집"(『경향신문』 2008/10/17)해 결국 "복지 재정 축소로 말미암은 서민과 사회적 약자들의 고통만 가중"(『한겨레』 2008/11/11)시킨다며 정부를 비판했다. 감세가 일부 부유층에게만 이득이며 대다수 국민들에게 부담을 지운다는 비판이 제기되었고 이는 부자 감세 논쟁으로 발전했다. '부자 감세'라는 표현 자체도 초기엔 "(정부가) '부자들을 위한 감세'라는 지적을 받더라도 잘못된 세제는 고쳐 침체된 부동산 경기에 숨통을 틔워 주겠다는 것이다"(『국민일보』 2008/09/24)라는 정도였지만 얼마 안 지나 '부자 감세'라는 말이 급속히 확산됐다. 이명박 정부 초기부터 제기된 '강·부·자' 논란도 부자 감세 담론이 형성되는 데 상당한 영향을 미쳤다.

감세 담론은 한국의 조세 담론이라는 큰 틀 안에서 존재한다. 다시 말해, 세금 폭탄 담론과 감세 담론은 모두 국가(또는 공동체)에 대한 뿌리 깊은 불신과 형평성에 대한 요구(또는 불만)를 바닥에 깔고 있다. 이는 "경제 활성화를 위해 검토하고 있는 감세 정책도 저소득층에 초점을 맞춰야 한다. 고소득층을 배려한 감세는 오히려 계층 간 위화감을 조성하는 역효과를 가져올 수 있다"(『국민일보』 2008/05/26)며 이명박 정부에 '서민 감세'까지 요구하는 데서 보듯 기본적으로 감세를 긍정적이라고 간주하는 인식을 바탕에 두면서도 동시에 형평성을 요구하는 긴장 관계를 보여 준다. 부자 감세 담론은 감세 담론에 내재한 형평성, 특히 수직적 형평성을 요구하는 목소리가 극대화되면서 나타난 담론임을 눈여겨볼 필요가 있다(황규성·강병익 2014, 123). 이는 결국 이명박 정부가 추진한 감세 정책을 제지하는 거부점으로 작용했으며 이후 부자 증세 담론으로 확장된다.

부자 감세 담론에서 가장 중요하게 나타나는 프레임은 바로 '양극화'와 '재정 적자'이다. 먼저 '양극화' 프레임은 이명박 정부 초기부터 감세가 본질적으로 부유층과 대기업에만 유리한 정책이라고 지적하며 감세 정책이 소득재분배를 악화시킬 것이라고 경고하는 태도를 보였다. 담론 형성기라고 할 수 있는 2008년에는 해당 사설 29건 가운데 『경향신문』이 15건, 『한겨레』가 10건인 데서 보듯 『경향신문』과 『한겨레』가 부자 감세 담론을 형성하고 주도적으로 전파했다. 이는 '세금 폭탄' 담론을 이른바 '조·중·동'이 주도한 것과 비교되는 양상이다. 2009년에는 전체 33건 중 『경향신문』과 『한겨레』가 11건과 8건으로 대다수를 차지하지만 『서울신문』 5건, 『한국일보』 6건으로 부자 감세 담론이 확산되는 양상을 보인다. 특이하게 2009년에 『동아일보』 1건, 『중앙일보』 2건이 나타난다. 이에 대해서는 뒤에서 구체적으로 다루도록 한다.

양극화 프레임은 초기부터 감세 정책의 혜택은 부유층에, 피해는 중산층과 서민층에 전가된다는 데 초점을 맞췄다. 이명박 정부가 추진한 감세 정책의 주요 대상이 누진세 성격이 강한 소득세·법인세·종합부동산세였기에 형평성에 호소할 여지가 매우 컸다는 점에서 양극화 프레임은 어느 정도 필연적이었다. 특히 이명박 정부가 "종합부동산세를 무력화하고 양도세를 완화하는 등 부동산 세제는 집 부자 위주로 완전히 바꿨다"(『한겨레』 2009/06/05)는 것은 부동산 문제가 갖는 예민함에 더해 수직적 형평성을 요구하는 정서를 강하게 자극했다. 감세 정책을 지칭하는 용례인 "고소득층에 유리한 감세 정책"(『한겨레』 2008/05/01), "부자들을 위한 감세"(『국민일보』 2008/09/24), "강·부·자 프렌들리 정책"(『경향신문』 2008/07/30)은 물론이고 부자 감세라는 용어 자체가 양극화 프레임을 강하게 띠고 있다.

(6) 고소득층에 유리한 감세 정책을 펴고 복지 지출을 억제하면, 저소득층·농어민·장애인 등 소외 계층의 상대적 빈곤이 가속화되고 사회 양극화는 굳어질 것이다(『한겨레』 2008/05/01).

(7) 마구잡이 감세 정책은 극소수 부유층에게만 유리한 오도된 포퓰리즘이란 비판을 피할 수 없다. 경제성장이 명분이지만 실제로는 하나같이 재벌과 부자들의 세금을 깎아 주자는 것이다(『경향신문』 2008/07/26).

(8) 내부로 눈을 돌리면 '민생' 논의라곤 감세 정책이 전부다. 감세론의 핵심은 복지 정책의 후퇴요, 대표적 '강·부·자 프렌들리' 정책이다. 서민의 공간이 있을 리 만무하다(『경향신문』 2008/07/30).

(9) 감세는 경제적 효과 없이 국가 재정만 축낼 우려가 크다. 감세는 대체로 부자들을 위한 정책이다. 감세로 세수가 줄어들면 적자재정을 편성하거나 복지 등의 지출을 줄일 수밖에 없다(『경향신문』 2008/08/20).

이명박 정부가 발표한 세제 개편안이 국회를 통과한 뒤 감세 정책에 따른 세입 감소, 지방재정 악화 등 문제가 이어지면서 감세 정책을 둘러싼 논쟁은 갈수록 격화됐다. 정부는 논쟁을 종식할 만한 답변을 내놓지 못했다. 양극화 프레임은 2009년 들어 더욱 더 확산되는 양상을 보였다. 이명박 정부가 추진한 감세 정책이 결국 "소득 불평등 심화로 나타났다"(『한겨레』2009/06/05)는 지적과 함께 다음 인용문 (10), (11)처럼 감세 정책이 초래한 부작용을 우려하는 지적이 늘어났다. 더구나 세수 부족 압박에 직면한 이명박 정부가 일부 증세 방안을 검토하자 "부자 감세를 서민 증세로 대응하려 한다"(『경향신문』2009/07/09)거나 "감세 정책의 혜택이 주로 부동산 부자들이나 대기업에 집중되는 반면 새로운 증세 방안은 서민들에게 가장 큰 부담을 지우게 된다"(『한겨레』2009/07/09)는 비판 또한 수직적 형평성 요구에 기반했다고 볼 수 있다.

(10) 자산이나 소득이 많은 사람에게 감세 혜택이 쏠림으로써 올해 들어 계층 간 소득 격차는 사상 최대로 벌어졌다. 정부는 기업이나 부자들에게는 대대적인 감세 정책을 펴면서 서민 복지는 등한시하고 있다(『한겨레』2009/06/05).

(11) 아무리 서민을 쥐어짜도 부자 감세의 공백을 메우기엔 턱없이 부족한 형편이다(『서울신문』2009/06/18).

(12) 서민들은 감세 정책 아래서도 세금은 오히려 더 내고, 전체 세수 감소로 복지 혜택은 줄어드는 이중의 피해를 보는 것이다(『한겨레』2010/03/13).

양극화 비판은 2010년 하반기부터는 좀 더 공격적으로 부자 감세 정책을 폐기하라는 주장으로 나타났으며 이는 야당뿐만 아니라 여당 일부에서도 공감대를 얻었다. 그해 지방선거에서 여당이 예상치 못하게 패배한 것도 담론 지형 변화에 적잖은 영향을 미쳤다. 이제 부자 감세 철회는 시간문제에 불과했다. 감세 정책을 계속 추진해야 한다고 주장했던 쪽에서도 "한나라당 감세 정책 논리가 이렇게 허약했었나"(『조선일보』 2010/10/28)라고 할 만큼 상황은 급변했다. 2011년 들어서는 한나라당 원내대표 황우여와 최고위원 유승민 등 여당 지도부에서도 공개적으로 감세 철회를 요구하는 등 감세 정책 폐기가 거론됐고, 결국 2011년 9월 당정이 추가 감세 철회에 합의했다(『한겨레』 2011/05/10; 2011/09/08; 『한국일보』 2011/09/08).

(13) 기업 투자 의욕을 고취하고 고소득층 소비를 유도해 일자리 창출에 기여하도록 하겠다는 부자 감세의 명분은 이미 설득력을 잃은 지 오래다. 지금 정부·여당에서 그런 주장을 펴는 목소리는 더 이상 찾아보기 어렵다. 기껏해야 부자 감세라는 표현을 문제 삼거나 '시간이 있으니 나중에 얘기하자'는 수준이다. 그럼에도 정부·여당이 부자 감세 철회를 거부하는 것은 정권 지지 계층을 의식한 선심성 정책을 계속 밀고 나가겠다는 얘기에 다름 아니다(『경향신문』 2010/10/07).

(14) 감세 정책은 정부와 여당의 의도와 상관없이 이미 수명을 다한 정책이다. 한나라당이 기왕 방향을 수정할 뜻을 밝힌 이상 머뭇거릴 이유가 없다. 서둘러 정책을 전환하기 바란다. 이 상태에서 계속 감세 정책을 고집한다면 더 큰 정책의 혼선만 불러올 것이다(『한겨레』 2010/10/28).

(15) 감세 정책은 MB 정부의 대표적인 실패작으로 꼽혀 왔다. 정부

는 감세가 투자와 고용을 늘려 서민과 중산층에 그 혜택이 돌아
갈 것이라고 주장했지만, 오히려 부유층과 대기업의 배만 불려
양극화를 심화시키는 결과를 낳았다(『한국일보』 2011/05/12).

양극화와 함께 부자 감세 담론을 구성하는 핵심 프레임이 재정
적자 문제였다. 이는 부자 감세가 소득세와 법인세, 종합부동산세
등에서 막대한 세입 감소를 초래할 것이고 이는 곧 재정 적자 확
대로 이어진다는 점을 들어 부자 감세를 비판한다. 이 프레임은
인용문 (17)에서 보듯 양극화와 짝을 이뤄 등장하는 사례가 많지
만 재정 건전성만 강조해 부자 감세의 문제점을 주장하는 사례도
적지 않다. 이는 인용문 (18)과 같이 재정 적자 문제만 아니라면
감세를 찬성하거나(『국민일보』 2008/01/09),[9] 어떤 조세정책은 찬성하면
서 또 다른 조세정책은 재정 건전성을 들어 반대하는 등 양면적인
성격이 내재해 있다(『중앙일보』 2008/10/22).[10]

(16) 정부가 추진하는 감세 정책은 재고해야 한다. 우리 경제가 본
격적인 침체 국면에 들어가면 세수는 자연히 감소한다. 정부 방
침대로 대대적인 감세 정책을 시행할 경우, 세수 감소로 말미암
은 재정 적자를 우려하지 않을 수 없다. 재정 적자가 늘어나면
이는 시중 금리를 상승시켜 기업 투자 등을 위축시키게 된다. 경
기침체가 가시화하고 있는 지금, 감세 정책은 거꾸로 가는 정책
이다(『한겨레』 2008/10/04).

(17) 미국에서 보듯 시장 영역을 확대하는 감세와 작은 정부는 재
정의 건전성을 해치고 2 대 8의 불평등 사회를 고착화하는 결과

를 낳았다(『한겨레』 2008/09/18).

(18) 세금을 줄여 국민의 고통을 덜어 주고 소비 심리를 부추기겠다는 의도는 나름대로 일리가 있다. 문제는 재정 건전성이다. 새로운 세원을 발굴한다든가 재정 지출을 줄이지 않으면서 세입 부문에서 깎기만 한다면 나라의 빚은 늘어날 수밖에 없다(『서울신문』 2008/07/25).

앞서 언급했듯이 감세 법안이 국회를 통과한 뒤 상당한 세입 감소가 발생했고 이로 말미암아 정부가 재정 운용에 어려움을 겪는 상황은 감세 정책의 정당성을 훼손하고 재정 적자 프레임이 확산되는 조건으로 작용했다. 이명박 정부는 감세를 추진하는 동시에 재정 적자 문제도 해결해야 하는 딜레마에 빠졌고, 이는 다시 재정 적자 프레임을 강화하는 것으로 이어졌다. 재정 적자 프레임은 인용문 (22)에서 보듯 부자 감세에 따른 세입 감소뿐만 아니라 4대강 사업을 비롯해 정부가 강행하려는 주요 사업의 명분도 훼손하면서 정부의 전반적인 정책 추진력을 제약했다.

(19) 부자 감세로 그런 국가 재정에 큰 흠집을 낸 정부가 지금도 재정 건전성 운운하며 언제라도 나라 곳간을 헐어 쓸 수 있는 것처럼 말하는 것은 국민에 대한 예의가 아니다. 감세를 고수할 이유가 없다(『경향신문』 2009/03/25).

(20) 부자 감세가 경제 활성화에 기여하기보다 국가 재정만 축내고 말 것이라는 우려가 컸는데도 정부는 무엇에 홀리기라도 한 양이를 강행했다. 잘못된 철학, 아니면 한 치 앞도 내다보지 못하

는 무지·무능으로밖에는 설명할 길이 없다(『경향신문』 2009/06/18).

(21) 선심 쓰듯 감세를 하고선 곳간이 비자 '넓은 세원, 낮은 세율' 운운하며 허둥댄 결과는 적자다(『한국일보』 2009/09/14).

(22) 현 정부 들어 재정 건전성이 악화한 것은 부자 감세로 세입이 줄고 4대강 사업 등 토목사업 지출이 늘어난 탓이 크다(『한겨레』 2011/08/12).

재정 적자를 강조하는 프레임이 감세 정책을 지지하는 이들에게 미친 영향도 눈여겨볼 대목이다. 가령 "대규모 감세와 추경 등 공격적 재정 정책은 일부 경제지표를 호전시키고, 경기의 하강세도 멈추게 만든 것으로 판단"한다며 감세 정책을 긍정하는 사설은 뒤이어 "문제는 대규모 감세 정책으로 조세 수입이 급감할 가능성이 높다는 점"이라고 지적한다. 그럼에도 처방으로는 "고소득층에 대한 감세로 부자 정권 논란에 휩싸인 상황에서 무차별적인 조세 감면 축소는 민심 이반을 부채질할 수 있다"는 이유를 들어 "농어민과 서민, 중소기업 등에 대한 감세 축소는 신중할 필요가 있다"며 지속적인 감세 정책을 주문한다(『한국일보』 2009/06/24b). 감세를 긍정하면서도 부자 감세는 비판하고, 재정 적자를 우려하면서도 조세 감면 축소는 반대하는 모순된 진단과 처방이 연달아 이어진다는 사실은 감세 담론을 옹호하는 이들조차 재정 적자 문제로 상당한 균열과 혼란을 느꼈음을 시사한다.

공세에서 수세로 전환된 감세 담론

감세 담론에서 부자 감세 담론이 분화하면서 감세 담론은 급격히 헤게모니를 잃게 된다. 앞서 언급했듯이 부자 감세 담론이 수직적 형평성에 대한 뿌리 깊은 요구에 부응한 영향이 컸다. 이제 감세 담론은 부자 감세 담론의 도전 앞에서 기존의 헤게모니를 방어하는 위상으로 전락했다. 헤게모니를 상실한 감세 담론은 '작은 정부'와 '낙수 효과'보다는 오히려 '정책 일관성'을 전면에 내세운다. 이는 이명박 정부를 향해 '대통령 선거 당시 국민과 했던 감세 약속을 지켜야 한다'고 촉구하는 것으로 나타났다.

(23) 중요한 것은 원칙을 지키는 것이다. 정부는 출범 이후 세금을 깎아 경제를 살리겠다며 법인세와 소득세율을 내리는 감세 정책을 펴왔다. 그러나 올 들어 세수 부족 우려가 고개를 들자 감세 정책 유보와 증세 필요성을 들고 나왔다가 다시 뒤집는 등 오락가락하는 모습을 보였다(『조선일보』 2009/08/26).

(24) 조세정책은 생산 활동을 촉진하고 사회적 낭비를 억제하도록 일관성 있게 추진돼야 한다. 눈앞의 인기에 연연해 조세정책을 손바닥 뒤집듯이 바꿔서는 나라 경제의 경쟁력을 키우기 어렵다 (『동아일보』 2010/10/29).

'원칙'과 '일관성'을 내건 이 같은 주장은, 담론 투쟁에서 열세로 밀리며 감세 유예로, 다시 감세 철회로 태도를 바꾸는 이명박 정부를 향해 "부자 감세 같은 선동적 공세에 밀리지 말고 순수하

게 경제정책적 고려로 세금을 다시 들여다보라"(『중앙일보』 2010/10/29)
고 주문하며 감세 정책을 계속 추진할 것을 촉구하는 프레임이다.
경고도 빠지지 않는다. "경쟁국들은 세금 인하 경쟁인데 우리만
인하 방침을 뒤집었으니 경쟁력은커녕 신뢰성도 유지하기 힘들
다"(『동아일보』 2009/12/25)거나 "국내외 기업과 투자자에게 정책 신뢰
도를 떨어뜨리고 불확실성을 키운다"(『동아일보』 2011/08/20)는 지적이
빈번하게 등장한다. 더 나아가 "국가 신인도가 떨어지고 국내외
투자가 늘지 않으면 경제성장도, 고용 확대도 더 힘들어진다"(『동아
일보』 2009/12/25)거나 "앞으로 기업들의 투자 의욕이 더욱 위축될 우
려가 커졌다"(『국민일보』 2011/09/08)고 주장한다.

　포퓰리즘을 거론하는 흐름도 특기할 만하다. 이는 부자 감세
주장을 포퓰리즘으로 치부하고, 감세 정책 철회 역시 포퓰리즘에
빠졌다는 이유로 비판한다. 2011년 8월 20일자 『동아일보』 사설
이 이런 담론 전략을 전형적으로 보여 준다. 이 사설은 정책 일관
성을 강조하면서 곧이어 "법인세 부담을 줄여 기업 경쟁력을 강
화하면 주주, 근로자, 소비자, 거래 기업에 혜택이 두루 돌아간다"
며 '낙수 효과' 프레임으로 감세 정책의 정당성을 옹호한다. 이어
"법인세율 인하를 '부자 감세', '재벌 감세'로 몰아붙이는 것은 사
실을 왜곡한 정치 공세다"라고 규정한다. 그러면서 "법인세는 약
속대로 낮추고, 30년이나 이어진 기업의 임시 투자세액공제를 철
폐해 세수를 보완하는 정공법을 택하는 것이 바람직하다"며 타협
안을 제시한다.

　직접 거론하는 일이 줄었다고는 하지만, 낙수 효과를 강조하는
것이 여전히 감세 담론의 핵심을 이루었다. 감세 정책에 따른 재

정 건전성 악화 논란에도 불구하고 이 입장에서 본다면 감세 정책은 재정 건전성과 전혀 모순 관계가 아니다. 오히려 감세를 하면 낙수 효과를 통해 재정 건전성과 경제 정상화를 이룰 수 있다고 본다. 감세 정책이 낙수 효과를 유발하고 이는 다시 재정 건전성을 위해서도 필요하다는 인식 구조에서는 증세는 물론 '감세 유보' 논의조차 들어설 자리가 없다.

(25) '감세는 부자한테만 이로운 것'이라는 좌파의 전형적 포퓰리즘 공세도 허구성을 안고 있다(『동아일보』 2009/12/25).

(26) 무엇보다 한나라당 일각에서 제기하는 감세 철회는 진정으로 서민을 위한 정치가 아니다. 누구에게나 같은 수준의 복지 혜택을 주겠다거나 부자들에게 세금을 더 거두겠다는 약속은 표를 얻기 위한 정치적 사탕발림에 불과하다(『동아일보』 2010/10/29).

이런 맥락에서 본다면 2011년 9월 7일 정부와 한나라당이 여야 합의로 소득세·법인세 추가 감세를 백지화하기로 결정한 것을 두고 한 칼럼에서 감정적인 비난을 쏟아 낸 것은 일견 자연스러운 귀결이었다(『중앙일보』 2011/09/08). 감세 담론을 구성하는 전형적인 프레임이 잘 담겨 있는 이 칼럼은 먼저 정책 진단으로 '낙수 효과' 프레임을 제시한다. "감세는 세율을 낮추는 것이지, 반드시 세수가 줄어든다고 할 수는 없다. 세율을 낮춰 경제가 성장하면 외려 세수가 늘어난다는 게 감세 철학의 기본이었다." 이어 이명박 정부가 포퓰리즘 프레임에 밀렸고 정책 일관성을 지키지 못한 점을 비판한다. "소득세 감세를 '부자 감세'로 규정하고 야권이 펼친

표 4-6 | '부자 감세'를 제목으로 한 사설

2008년	12월 8일	『경향신문』	'부자 감세' 관철한 여당, 막는 척 시늉만 낸 야당
2009년	2월 16일	『경향신문』	규모 축소 꼼수 동원한 부자 감세안
	6월 18일	『경향신문』	재정 악화 해답은 부자 감세 철회밖에 없다
	6월 29일	『한겨레』	지금이라도 부자감세 정책을 재검토해야 한다
	7월 9일	『한겨레』	서민 증세 앞서 부자 감세 철회를
	9월 14일	『한국일보』	부자감세로 줄어든 세입 어찌 메우나
	12월 24일	『경향신문』	시늉에 그친 부자 감세 손보기
2010년	3월 2일	『한겨레』	지방정부와 지역주민 말려 죽이는 부자감세
	7월 5일	『경향신문』	친서민 세제개편, '부자감세'부터 철회해야
	8월 24일	『한국일보』	서민 위한다면 부자감세부터 고치길
	10월 7일	『경향신문』	'부자감세' 철회하고 '부자증세' 논의할 때다
	10월 28일	『경향신문』	한나라당, 부자감세 철회 결단 내려라
	10월 29일	『서울신문』	부자감세 오락가락 한나라 국민신뢰 받겠나
	11월 16일	『경향신문』	부자감세하면서 공정사회로 가고 있다니
	11월 16일	『경향신문』	한나라당, 부자 감세 철회 꼼수부릴 때 아니다
2011년	5월 10일	『한겨레』	한나라당, 부자 감세 철회 이번엔 제대로 해야
	8월 17일	『한겨레』	이 대통령, 워런 버핏의 부자 감세 비판 새겨들어야
	9월 8일	『경향신문』	'부자감세' 철회, 아직 멀었다
	9월 8일	『한겨레』	늦었지만 다행스런 부자 감세 철회
	10월 7일	『경향신문』	'부자감세' 철회하면서 부자세금 깎아 주다니
2012년	8월 9일	『경향신문』	'부자 감세' 기조 여전한 정부의 세법개정안
	8월 9일	『한겨레』	부자 감세 놔두고 월급쟁이 쥐어짜는 세제 개편
2014년	9월 20일	『경향신문』	'부자감세'는 없었다는 새누리당의 궤변

자료 : 강국진(2017, 112).

전방위 공세에 정부가 법인세 감세까지 철회하며 백기를 든 셈이다." 그러고는 감세 정책이 대기업·부자 우대였다고 자인하며 끝맺는다. "결국 3년간 끌어온 감세 논쟁은 보수 정권의 대기업·부자 홀대로 끝났다. MB 정부의 아이러니다."

이명박 정부가 사실상 감세 정책을 포기하면서 이제 담론 지형은 완연히 증세로 옮아갔다. 이는 '부자 감세'가 제목에 등장하는 사설을 정리한 〈표 4-6〉에서도 잘 드러난다. 이 사설들은 2008년 처음 등장한 뒤 2009~11년에 활발하게 등장했지만 그 뒤 급속히 감소하는 양상을 보였다.

이른바 '버핏세' 논쟁은 그 자체로 증세 담론이 확산되는 데 일정한 영향을 미쳤을뿐더러 부자 감세 담론이 부자 증세 담론으로 이어지는 담론 전략의 진화 양상을 잘 보여 준다. 주지하다시피 미국의 유명 투자자인 버크셔 해서웨이 회장 워런 버핏Warren Buffett은 2011년 8월 14일자 『뉴욕 타임스』에 기고한 「슈퍼부자 감싸 주기를 중단하라」에서 자신을 비롯한 부자들에게 세금을 더 거둘 것을 제안했다. 그는 "대부분의 미국인들이 겨우 먹고살 동안 우리 부자들은 예외적인 감세 혜택을 받고 있다"면서 연간 소득 100만 달러 이상의 부유층을 대상으로 한 소득세 인상을 촉구했다. 그는 기고문에서 지난해 자신이 납부한 소득세가 693만 8744달러였다면서 "큰 액수 같지만 내 과세소득의 17.4퍼센트에 불과하다. 이 세율은 내 사무실 직원 20명의 세율보다 낮다. 직원들의 세율은 33~41퍼센트로 평균 36퍼센트였다"고 밝혔다. 버핏의 제안은 8월 16일자 『조선일보』와 『한국일보』가 소개한 뒤 '버핏세'라는 이름으로 한국에서 상당한 논쟁을 불러일으켰다.

세계적인 부자인 버핏이 공개 지면에 직접 부자 증세를 제안했다는 점에서 국내 미디어 공론장에 미친 영향은 적지 않았다. 분석 대상 사설 가운데 2011년 8월부터 이듬해 1월까지 여덟 건이 버핏세를 언급했다. 『중앙일보』 사설 하나를 제외하고는 모두 부자 증세 담론을 강화하는 '전문적 의견 제공자'로서 버핏의 제안을 다루었다. 주목할 대목은 버핏이 이미 2007년 11월 26일 『포브스』에 기고한 글에서 "나는 지난해 소득의 19퍼센트를 연방 정부에 소득세로 냈는데, 나보다 소득이 훨씬 적은 우리 직원들은 33퍼센트를 냈다"고 지적했었다는 점이다. 하지만 2007년에는 국내 언론 어디에서도 그의 문제 제기를 보도하지 않았다. 그런 점에서 '버핏세'는 담론의 정치성을 생각해 보게 하는 흥미로운 사례이다.

'버핏세' 주장이 처음 등장한 것은 2011년 8월 17일자 『한겨레』 사설이었다. 이 사설은 "'감세로 투자와 소비를 이끌어 일자리를 만들겠다'는 이명박 정부의 감세 정책은 이미 실패작으로 판명됐다"고 규정하면서 "서민 경제를 살리고 늘어나는 재정 수요를 감당하려면 오히려 증세를 검토해야 마땅하다"고 주장했다. 다음 날 『한국일보』에서도 "버핏은 단순히 온정적 차원에서 증세를 강조한 게 아니라 그게 더 경제에 도움이 된다는 실증적 논지를 폈다. 높은 세율이 투자와 일자리 창출을 방해한다는 주장이 있지만, 세율이 지금보다 훨씬 높았던 1980~90년대에 투자도, 일자리도 훨씬 더 많았다는 반박이었다"며 버핏을 옹호했다. 두 사설 모두 감세에서 증세로 조세정책 방향을 전환할 것을 요구하면서 버핏을 강력한 근거 자료로 활용했다. 버핏의 주장은 정치권에서 이른바 '한국판 버핏세' 주장으로 이어졌다. 김성식·정두언·홍준표 등 여당 일부에서도 '버핏세'라는 이름으로 부자 증세를 주장했고, 급기야 박근혜조차 대주주 보유 주식 과세를 강화하자는 의견을 제시했다(『서울신문』 2011/12/05).

(27) 따라서 재정 건전성을 유지하면서도 정부가 경기 둔화에 적극

대응하려면, 부자 증세로 재정을 확충하는 게 가장 적절한 선택일 것이다(『한겨레』 2011/11/21).

(28) 우리나라는 앞으로 노령화, 양극화 등으로 복지 수요가 크게 늘어날 수밖에 없는 구조다. 끝없이 분출하는 복지 요구를 감당하기 위해서는 재원 확보 이외에 달리 뾰족한 방법이 없다. 소득이 있는 곳에 세금이 있듯이 수입이 많은 사람이 더 많은 세금을 내는 것은 지극히 당연하다. 굳이 노블레스 오블리주를 거론하지 않더라도, 과세 형평과 조세 정의의 출발점이다(『서울신문』 2011/11/23).

2011년 12월 31일 국회 본회의에서 소득세 최고 세율을 높이는 〈소득세법〉 개정안이 통과되어 2012년 1월 1일 국무회의에서 의결됐다. 여야 의원 52명이 본회의 마지막 날 공동 발의한 '2억 원 초과, 38퍼센트' 개정안을 한나라당이 막판에 '3억 원 초과, 38퍼센트'로 완화해 제안한 수정안으로 합의됐다. 『경향신문』 사설이 이를 비판적으로 다루면서 "결국 무늬만 버핏세로 귀결된 것은 정치권이 복지 확충과 양극화 완화라는 시대적 과제를 뒷받침하기 위한 부자 증세를 고민하기보다는 정략적 차원에서 '부자 증세 생색내기'에 더 열중한 결과라 할 수 있다"고 언급한 것은 부자 증세 담론에서 버핏세가 차지하는 상징성을 잘 보여 준다(『경향신문』 2012/01/03). 이에 반해 증세 담론에 비판적인 입장에 있는 쪽에서는 버핏세에 대해 부정적으로 언급했지만 이조차 『중앙일보』의 사설 하나에 그쳤다. 이는 감세 담론을 주도했던 신문들이 버핏을 시장 자유주의의 상징으로 내세우는 프레임을 쓰던 것과 스스로 상충됐기 때문이라고 해석할 수 있다. 결국 이들은 '버핏이 주장한 것과 한국에서 논의되는 버핏세는 다르다'는 다소 궁색한 해석을 내세우거나 "버핏세 도입 주장은 포퓰리즘"이라는 전통적인 프레임을 제시하는 것으로 대응했다.

(29) 문제는 막연히 부자에게 세금을 더 물려야 한다는 정치권의 주장은 미국의 버핏세와는 전혀 성격이 다르거니와, 설사 여러 가지 형태로 고소득자에 대한 세율을 높이더라도 세수 확대에 기여하는 효과는 거의 없다는 점이다. 버핏이 제기한 버핏세는 미국에서 자본이득에 대한 세율이 근로소득세율보다 낮은 것을 시정하자는 것이지 일방적으로 부자들에게 세금을 더 거두자는 것이 아니다. 현재 정치권에서 거론되는 이른바 부유세나 고소득자에 대한 세율 인상과는 거리가 먼 얘기다(『중앙일보』 2011/11/12).

이명박 정부 후반기, 특히 총선 국면에서 언론의 프레임은 극적으로 달라졌다. 다음 인용문 (30)과 (31)에서 보듯 정치권이 복지 예산 확대만 강조할 뿐 증세 문제에 소극적이라고 비판하거나 아예 증세 논의 자체를 '포퓰리즘'에 휘둘려 졸속으로 이뤄지는 것으로 폄하하던 프레임은 인용문 (32)와 (33)처럼 복지 재원을 위한 증세가 필요하다는 것을 긍정하는 방향으로 바뀌었다. 인용문 (33)은 얼핏 보편 복지를 위한 보편 증세를 주장하는 것처럼 비칠 정도다.

(30) 무상과 반값의 바람이 내년 총선과 대선 국면에서 거세게 몰

아닥치면 재정에 무리가 올 건 자명하다. 정치권이 지출 공약은 앞다퉈 하겠지만 증세 등 재원 마련 방안에는 묵묵부답일 것이다(『중앙일보』 2011/11/05).

(31) 증세 문제는 충분한 논의와 사회적 공감대 위에서 판단해야지 선거를 앞두고 사회 분위기에 휘둘려 졸속으로 처리하는 것은 금물이다(『동아일보』 2011/12/01).

(32) 지금부터라도 저부담-저복지 모델에서 차근차근 중부담-중복지 사회로 옮겨가야 한다. 정부가 앞장서서 복지 사각지대를 해소하고 사회보장제도를 강화해야만 사회 구성원들의 절망감을 완화시킬 수 있다. 필요하면 증세를 통해 부의 재분배 효과를 높여야 할 것이다(『중앙일보』 2011/12/17).

(33) 정부가 갈수록 커가는 복지 수요를 감당하고 양극화를 해소하기 위한 사회 안전망을 확충하려면 세금을 더 걷어야 한다. 그래서 민주당도 복지 공약과 증세 방안을 함께 내놓기로 한 것이다. 그러나 1퍼센트 부자에게만 세금을 더 걷고 99퍼센트 국민의 세금은 늘리지 않겠다는 주장은 틀 자체가 틀렸다. 1퍼센트 대 99퍼센트의 대결 구도를 만들어 내 정치적 이득을 보겠다는 선동에 가깝다(『조선일보』 2012/01/31).

이런 프레임은 제19대 국회의원 선거가 새누리당(현 자유한국당) 승리로 귀결되자 다시 한 번 바뀐다. 총선을 전후로 한 프레임 변화를 보여 주는 전형적인 사례를 일련의 『동아일보』 사설에서 확인할 수 있다. 먼저 「소득세 조정, 최고세율만 따질 일 아니다」라는 2011년 12월 1일자 사설은 "재정 건전성을 높이기 위해 정부 지출 축소와 세수 확대를 병행할 필요성이 있는 것은 사실이다. 연소득 1억 원대의 상위 중산층과 5억~10억 원을 넘는 부유층의 최고 세율이 동일한 것이 적절한지도 논란이 될 수 있다"며 증세 필요성에 공감한다. 다만 소득세 최고 세율이 지나치게 높으면 안 된다는 점과 분위기에 휩쓸려 졸속으로 결정하면 안 된다는 것뿐이다. 이 사설이 결론적으로 강조하는 것은 "한국처럼 면세자 비율이 높은 국가는 드물다. …… 많든 적든 소득세를 내는 국민이 늘어나야 국민 세금을 제대로 쓰는지 따지는 시민 의식도 높아질 수 있다"는 것, 즉 '보편 증세'다. 총선이 실시된 2012년 4월 13일에 실린 「공약 거품 빼고 경제 살려야」는 "증세도 소득세 등 과세 기반을 넓히고 역외域外 탈세를 강력하게 잡아내는 작업부터 해야 한다. 징벌적 세율 인상, 재벌세 신설로는 후유증만 키울 수 있다"고 언급했다. 증세 자체를 인정하면서도 법인세 인상에는 반대하며 증세보다 탈세 등 지하경제 양성화에 무게중심이 더 가 있다.

총선이 끝나고 새누리당이 과반 의석을 차지한 뒤 2012년 7월 13일자 사설 「금리 인하시킨 '냉각 경제' 기업 목까지 조르면」은 7개월 전 사설과 정반대 주장을 편다. "온 국민이 힘을 모아 어려운 시기를 대비해야 할 판에 여야는 경제민주화나 증세 경쟁에 빠져 있다. 정치권이 '기업 때리기 경쟁'을 벌일 때가 아니다"라며 증세 자체에 부정적인 태도를 보인다. 2012년 8월 7일자 「대기업이 '선거의 희생양' 되면 국민 편해질까」는 더 나아가 "대기업 증세와 강력한 규제가 만병통치약이 아니다. 대기업을 선거의 희생양으로 삼으면 국민경제가 피폐해지면서 국민이 피해자가 되기 쉽다"고 언급했다.

보수적 태도를 대표하는 이른바 '조·중·동'의 사설을 정치적
흐름과 비교해 보면 얼핏 자기모순처럼 보이는 증세 반대가 사실
은 일관성을 지녔다는 점이 확인된다. 이는 또한 특정한 신문은
특정한 정치적 태도만 내세울 것이라는 '상식'이 사실과 부합하지
않음을 시사한다. 다시 말해, 담론의 정치성이 관철되는 셈이다.
제19대 국회의원 선거에서 여당이 참패하리라는 전망이 팽배해
있던 데다가 비상대책위원장을 맡은 박근혜조차 '줄푸세'를 버리
고 경제민주화와 복지 정책 강화를 천명하던 시기, 그리고 대선
국면에서 여야 공히 경쟁적으로 복지 예산 확대를 강조하는 시기
에는 신중한 국민적 협의를 요구하고 법인세 인상만은 안 된다고
반대하는 것 외에는 증세 자체를 부정적으로 다루지 않는 한편으
로 복지를 위해서는 증세가 필요하다는 점을 강조하며 '복지냐 증
세냐'라는 프레임으로 복지와 증세를 보완재가 아닌 대체재 관계
로 만들어 냈다. '복지를 위해서는 증세를 해야 한다'는 프레임은
증세 찬성과 반대를 가리지 않고 2012년 하반기와 2013년 상반
기에 집중적으로 나타난다. 하지만 '복지를 위해 증세가 필요하니
증세를 하자'는 것과 '복지를 위해 증세가 필요하니 복지를 줄이
자'는 것은 분명히 다른 프레임 속에 존재했다.

(34) 정치권이 증세는 외면한 채 저부담-고복지를 공약하는 것은
　　우리 경제를 뒤흔드는 위험한 도박이다. 재앙을 피하려면 정치
　　권 스스로 복지 공약 남발을 자제해야 한다. …… 세금 부담 없
　　는 복지 공약은 한마디로 대국민 사기나 다름없다(『중앙일보』 2012/

09/20).

(35) 복지국가를 위해서는 증세가 필요하며, 이번 대선을 통해 증세에 대한 국민적 합의를 이끌어 내야 한다. 그 방향은 부자 증세를 기본으로 하되 복지를 위해 형편껏 재원 조달에 참여하는 보편 증세가 함께 이뤄지는 것이 바람직하다(『한겨레』 2012/10/20).

4. 나가며

한국 사회에서 감세 담론은 오랫동안 민생과 서민 정책 대접을 받았다. 일반적인 상식에 비춰 보면 『한겨레』와 『경향신문』은 진보 신문이기에 감세 정책에 비판적이고, '조·중·동'은 보수 신문이라 감세 정책을 지지할 것으로 생각하기 쉽지만 담론 분석 결과는 그런 '상식'을 배신한다. 『한겨레』나 『경향신문』에서도 감세 정책을 지지하거나 촉구하는 사설을 손쉽게 찾아볼 수 있었다. 이들이 감세 정책에 비판적인 프레임을 확고히 한 것은 전체 분석 기간을 놓고 보면 오히려 후반기였다. 감세에 대한 오랜 선호는 민주화 세력들이 과중한 세금 부담을 비판하며 세금을 줄여야 한다고 주장한 점이나, 1971년 대선 당시 대통령 박정희가 증세를 내세운 반면 야당 후보 김대중이 감세를 표방한 데서도 드러난다. 2007년 대통령 선거를 앞두고 여당 경선 주자였던 이명박·박근혜의 대표 공약이 각각 '747'과 '줄푸세'였다는 것은 감세 담론이 얼마나 강력한 영향력을 행사하고 있는지를 여실히 보여 준다. 사실 '세금 폭탄'은 감세 담론의 한 형태라고 해석할 수도 있다.

감세 담론은 결국 이명박 정부로 하여금 소득세·법인세·종합부동산세 등에 걸친 광범위한 제도 변화를 추진하게 했다. 하지만 감세가 초래한 세입 감소와 재정 악화, 교부세 감소, 소득 불평등 심화 등은 감세 담론에서 부자 감세 담론이 분화해 감세 담론의 헤게모니를 위협하는 사태를 초래했다. 특히 경기도 교육감 김상곤이 주창한 무상 급식 의제를 계기로 2010년 전국 동시 지방선거가 여당 참패와 야당 압승으로 귀결되자 복지 확대 요구가 분출하면서 감세 담론의 정당성은 갈수록 약화됐다.

부자 감세 담론은 세금 폭탄 담론이 노무현 정부에 끼친 것과 유사한 담론 효과를 발휘했다. 다시 말해, 부자 감세 담론은 이명박 정부의 정책 신뢰도를 훼손했을뿐더러 이른바 '보수 세력' 내부에 균열과 갈등을 초래했고 정책에 대한 자신감과 추진력을 떨어뜨렸다. 더 심각하게는 국민들이 '보수 세력'의 수권 능력을 의심케 했고 복지와 증세에 대한 지지를 높였다. 이런 흐름은 2012년 총선 및 대선 국면에서 '보수 세력'조차 복지와 증세 친화적인 정책 공약을 내세우며 정점에 달했다.

일련의 과정을 거치면서 감세 담론은 소멸하는 단계에 접어들었다. 뒤에서 살펴볼 증세 정책을 둘러싼 담론 투쟁이 격화되면서 감세를 촉구하는 것이 아니라 증세를 반대하는 담론 전략으로 바뀌었기 때문이다. 이를 상징적으로 보여 주는 것이 박근혜 정부 초기 『중앙일보』에 실린 칼럼인 「'부자감세'의 진상」(김종수/『중앙일보』 2013/10/09)이다. 이 칼럼은 "MB 정부가 이른바 '부자 감세'를 시도한 것은 사실"이지만 "당시에 벌써 민주당이 '부자 감세 철회'를 요구하고 나서는 바람에 MB 정부는 감세를 제대로 시작도 못 해

보고 접었다"면서 "MB 정부에서 '부자 감세'를 한 적이 없는 것이다"라고 주장했다. 눈여겨볼 대목은 노무현 정부에서 "세금 폭탄이 아니다"라며 세금 폭탄 담론을 반박하는 것 자체가 이미 세금 폭탄 담론에 포획된 것처럼 "부자 감세가 아니다"라는 글 자체가 부자 감세 담론에 포획된 것으로 볼 수 있다는 점이다. 그럼에도 부자 감세 담론이 나타나기 이전에 감세 담론이 담고 있던 프레임을 되풀이한 2015년 1월 3일자 『조선일보』 사설은 감세 담론이 향후 담론 지형에 따라 얼마든지 다시 부상할 수 있음을 보여 준다. 이 사설은 이른바 '선진국' 사례를 통해 정당성을 강조하는 데서 시작해 "불황기에 기업에 세금 부담을 얹으면 기업 활동이 위축되고 법인세수도 덩달아 줄어들 위험이 크다"면서 "지금은 기업의 기를 살리고 경기에 불을 땔 방법을 찾을 때"라고 결론 내린다.

감세 담론 분석 결과에서 확인할 수 있는 또 다른 시사점은 감세를 옹호하는 담론뿐만 아니라 감세를 비판하는 부자 감세 담론조차 모두 형평성에 호소하는 담론 전략을 구사했다는 점이다. 자영업자와 근로소득자의 유리 지갑을 비교하며 근로소득자 감세를 지지하든, 부유층과 서민을 비교하며 부자 감세를 비판하든 그 밑바닥에는 형평성이 훼손된다는 불만과 형평성을 강화해야 한다는 인식을 공유했다. 그런 점에서 형평성 담론에는 감세를 지지할 수도 있고 반대할 수도 있는 자기모순적인 성격이 있었다. 이는 뒤이어 분석할 증세 담론에서 더 잘 드러난다. 이어지는 장에서는 감세 담론이 초래한, 그리고 감세 담론의 헤게모니를 대체한 증세 담론을 분석한다.

5

서민 증세론

: 박근혜 정부의 조세 담론

"당신의 진짜 실수는 대답을 못 찾은 게 아니야.
자꾸, 틀린 질문만 하니까 맞는 대답이 나올 리 없잖아."

— 영화 〈올드보이〉에서 이우진이 오대수에게

1. '서민 증세' 담론을 낳은 배경

감세 담론이 확보한 강력한 헤게모니는 이명박 정부가 집권 초기 감세 정책을 시행할 수 있는 원동력이었다. 하지만 임기 초반부터 이명박 정부에 악재로 작용한 '고·소·영', '강·부·자' 논란에 더해 소득재분배 악화와 재정 수지 적자 문제는 감세 정책을 계속 추진하는 데 상당한 부담이 되었다. 이명박 정부는 딜레마에 빠졌다. 감세 정책을 '부자 감세'로 규정하며 정책 재검토를 요구하는 목소리가 높아졌고, 다른 한편에선 반대 여론을 제대로 극복하지 못하고 감세 정책을 빠르게 추진하지 못한다는 비판이 이어졌다.[1] 이런 정치적 배경에서 등장한 증세 담론은 복지 확대 의제와 만나며 담론 지형에서 강력한 영향을 미쳤다. 특히 2009년 경기도 교육감 선거에서 당선된 김상곤이 공약으로 발표해 공론화된 초·중·고교 무상 급식 정책은 시민들의 폭발적인 호응을 불러일으키며 2010년 6월 2일 전국 동시 지방선거 결과를 좌우하는 핵심 변수로 작용했다.[2] 게다가 과도한 대학 등록금 문제로 촉발된 '반값 등록금' 요구를 비롯해 다양한 복지 요구가 분출됐다. 2011년 8월 24일 서울시 주민 투표 부결, 뒤이은 서울시장 오세훈 사퇴, 그해 10월 26일 여당 후보 패배와 범야권 단일 후보 박원순 당선으로 이어진 일련의 정세 변화는 복지 확대 요구가 이후의 국회의원 선거와 대통령 선거의 성패를 좌우할 핵심 현안이 됐음을 의미했고, 정부와 정치권도 이 흐름에 어떻게든 대응해야 했다.

이런 분위기를 반영하듯 민주당(현 더불어민주당)은 2011년 1월 '3 + 1'(무상 급식, 무상 보육, 무상 의료, 반값 등록금) 정책을 당론으로

택했다. 민주당은 공식적으로는 '증세 없는 복지' 노선을 채택했지만 당내에서는 증세 방법을 두고 토론이 활발해졌다. '보편 복지를 위한 부자 증세'뿐만 아니라 '보편 복지를 위한 보편 증세' 등 다양한 증세 담론이 공론장에 등장했다. 감세 정책을 옹호하고 증세 담론에 적대감을 보이던 한나라당[3]조차 복지 확대 및 경제민주화 노선으로 변경할 수밖에 없었다.[4] 2007년 대선 경선 당시 '줄푸세'를 내세웠던 유력 후보마저 증세에 동조하고 나설 정도로 증세 담론이 헤게모니를 잡았던 데는 2012년 4월 제19대 국회의원 선거에서 여당이 참패할 것이고 그 여파가 대통령 선거까지 미칠 것이라는 당시 일반적인 인식도 큰 영향을 미쳤다. 박근혜는 한 인터뷰에서 "지금 이 상태로는 저도 (한나라당이 이기기) 어렵다고 본다"고 말할 정도였다(『중앙일보』 2011/12/02).

감세 담론에서 부자 감세 담론이 분화돼 나온 뒤 일어난 담론 경쟁은 감세에서 증세로 조세제도 흐름을 크게 변화시켰다. 2011년 9월 7일 한나라당은 정부가 반대했음에도 소득세·법인세 추가 감세를 백지화하는 세법 개정안을 여야 합의로 통과시켰다. 급기야 2011년 말 국회는 여야 합의로 3억 원 이상의 과세 표준 구간에 38퍼센트 최고 세율을 신설했다. 이명박 정부의 감세 정책은 폐기됐다. 2012년 총선을 앞둔 상황에서 당시 여당은 제도 변화를 제약하는 '거부점' 구실을 했다. 여당 대표였던 홍준표가 "가진 자들이 같은 세금을 내는 것은 옳지 않다"며 당시 공론화되던 '버핏세' 도입 주장에 가세하는 등 담론 지형도 변했다. 심지어 유력 대선 주자였던 박근혜는 대주주 보유 주식 과세를 강화하자는 의견까지 제시했다(『서울신문』 2011/12/05; 『한국일보』 2011/12/06). 2012년 연

표 5-1 | 소득세율 과세표준 구간 변화 추이 (단위 : 원, %)

1996년		2002년		2005년		2008년	
과표	세율	과표	세율	과표	세율	과표	세율
1000만 이하	10	1000만 이하	9	1000만 이하	8	1200만 이하	8
4000만 이하	20	4000만 이하	18	4000만 이하	17	4600만 이하	17
8000만 이하	30	8000만 이하	27	8000만 이하	26	8800만 이하	26
8000만 초과	40	8000만 초과	36	8000만 초과	35	8800만 초과	35
2009년		2010년		2012년		2014년	
과표	세율	과표	세율	과표	세율	과표	세율
1200만 이하	6	1200만 이하	6	1200만 이하	6	1200만 이하	6
4600만 이하	16	4600만 이하	15	4600만 이하	15	4600만 이하	15
8800만 이하	25	8800만 이하	24	8800만 이하	24	8800만 이하	24
8800만 초과	35	8800만 초과	35	3억 이하	35	1억 5000만 이하	35
-	-	-	-	3억 초과	38	1억 5000만 초과	38

자료 : 국회예산정책처(2016c, 16).

말에는 금융 소득 종합과세 기준 금액을 4000만 원에서 2000만 원으로 인하하는 민주당 증세안이 여야 합의로 통과됐다.

박근혜 정부 첫해인 2013년 12월 30일에는 다시 소득세 최고 세율(38퍼센트)을 적용받는 과세표준 구간을 3억 원 이상에서 1억 5000만 원 이상으로, 35퍼센트를 적용하던 8800만~3억 원 과표 구간을 8800만~1억 5000만 원으로 바꾸자는 민주당 개정안을 새누리당이 받아들이면서 여야 합의로 〈소득세법〉을 개정했다. 그뿐만 아니라 법인세 최저 세율 상향 조정, 금융 분야 등 비과세·감면 축소, 소득공제를 세액공제로 전환, 담뱃세 인상, 파생 금융 상품에 대한 거래세 도입, 증권거래세 적용 대상 확대, 해외 탈루 자진 신고 제도 도입, 탈세자 신고 시 포상금 제도 대폭 확대, 차명 거래 금지 강화, 탈세 가능성에 대한 금융정보분석원FIU

감시 대상 확대, 종교인 과세 도입(2018년부터 실시) 등 박근혜 정부 들어 증세를 위한 다양한 제도 변화가 잇따랐다.

이런 흐름은 박근혜 정부의 조세부담률과 국민 부담률이 상승한 데서도 알 수 있다. 2012년 18.7퍼센트, 2013년 17.9퍼센트였던 조세부담률은 2014년 18퍼센트, 2015년 18.5퍼센트를 거쳐 2016년에는 (그 전까지 조세부담률이 가장 높았던) 2007년(19.6퍼센트) 다음으로 높은 수준인 19.4퍼센트로 치솟았다. 국민 부담률도 2012년 24.8퍼센트, 2013년 24.3퍼센트에서 2014년 24.6퍼센트, 2015년 25.2퍼센트, 2016년 26.2퍼센트로 꾸준히 상승했다.

박근혜는 2012년 선거만 해도 민주당의 공약과 별 차이가 없을 만큼 강력한 복지 공약을 내놓았다. '모든 노인에게 소득과 상관없이' 지급하겠다고 공약한 기초 연금은 당시 진보신당 의원 조승수가 대표 발의한 〈기초노령연금법〉(2014년 〈기초연금법〉 시행 후 폐지) 개정안보다도 '과격'했다. 문제는 재원이었다. 새누리당의 대선 공약집 어디에도 구체적인 재원 마련 방식은 언급되지 않았다. 박근혜는 줄기차게 지하경제 양성화, 비과세·감면 축소, 세출 구조 조정만 거론했을 뿐이다. '증세 없는 복지'는 새누리당 대선 후보 경선 당시부터 논쟁 대상이었지만 박근혜는 "증세 없는 복지가 가능하다"며 호언장담을 했다. 부담스러운 증세 정책도 피해 가고 복지 공약으로 중간층 표심까지 얻는 전술은 선거에선 성공적이었다. 하지만 국정 책임자가 되자 이는 부메랑이 되었다.

박근혜 정부는 지하경제 양성화에서 활로를 찾지 못했고, 비과세·감면은 지지부진했으며, 세출 구조 조정은 표류했다. 절박한 개혁 과제임에도 성과가 나오지 않는 것은 앞서 언급한 세 가지 과제가 조세 재정 제도라는 큰 틀 안에서 얽히고설켜 있기 때문이다. 국무회의나 수석·비서관 회의에서 수첩에 써둔 얘기만 늘어놓으며 강조해 지시한다고 될 문제가 아니었다. '선언과 현실'의 가장 적나라한 괴리를 비과세·감면, 더 정확히는 조세 지출에서 찾을 수 있다. 조세 지출이란 '조세의 일반적 과세 체계에서 벗어난 조세 특례에 의해 (특정한) 납세자에 대한 재정 지원을 목적으로 발생하는 국가 세입의 감소'라고 정의할 수 있다. 연말정산 문제가 바로 조세 지출 정비와 직결돼 있다. 이를 두고 벌어지는 민심 이반과 '세금 폭탄' 논란은 비과세·감면이 얼마나 예민하고 복잡한 문제인지를 보여 준다. 하나같이 조세 재정 제도라는 큰 틀에서 존재하기에 외과 수술 하듯이 환부만 도려낼 수 있는 문제가 아니다. 박근혜는 기회가 있을 때마다 비과세·감면을 강조했지만 사실 박근혜 정부가 가장 다루기 어려운 정책 가운데 하나이기도 했다. 정부의 지지 기반을 건드려야 하기 때문이다.

실제로 박근혜 정부에서 비과세·감면 정비율은 2014년에는 전년 대비 1.1퍼센트, 2015년에는 전년 대비 0.2퍼센트 줄었을 뿐이다. 국세 감면액은 2014년(잠정치) 32조 9810억 원, 2015년에는 33조 548억 원으로 도리어 늘어날 것으로 전망되었다. 정부는 2013년 조세 지출 19개 항목을 폐지했고 2014년에는 7개를 폐지했다. 하지만 2013년에는 10개, 2014년에는 6개가 새로 생겼다. 2015년 신설은 17개나 된다. 지방세 비과세·감면은 그나마 상황이 좀 낫지만, 박근혜가 2013년 1월 인수위원회에서 했던 다음 발언에 빗대면 부끄러운 성적표다. "비과세·감면 정비는 일몰이 되면 무조건 원칙대로 해야 한다. 이것은 되고, 이것은 안 되고 하는 걸로 싸울 필요가 없다."

지하경제 양성화도 말처럼 그리 간단하지 않다. 김대중·노무현 정부 당시 신용카드 활성화와 현금영수증 제도의 의의가 과소평가되기도 하지만, 두 제도는 '세원 투명성' 강화를 통한 증세 효과뿐만 아니라 지하경제를 양성화하는 효과도 적지 않았다. 다시말해, 이제 와서 뭔가 간편하고 곧바로 세수 증대 효과를 낼 수 있는 지하경제 양성화 방안을 찾기는 쉽지 않다. 세출 구조 조정은더 어렵다. 박근혜 정부가 4대강 사업을 포기하리라고 기대한 사람이 얼마나 있었을까? 각종 도로 건설 예산을 포기할 수 있었을까? 당장 국회와 지자체, 재계에서 난리가 났을 것이다. 한국 재정 제도는 기본적으로 점증주의다. "예산 항목을 원점 재검토하겠다"는 선언은 그저 선언일 뿐이다. 더구나 박근혜 정부는 '경제혁신 3개년 계획'조차 선택과 집중의 지점을 찾지 못했다. 전략이없으면 구조 조정도 없다.

더 큰 문제는 복지와 무관하게 증세를 할 수밖에 없었다는 점이다. 세수 결손이 심각해지면서 2012년 2조 8000억 원, 2013년8조 5000억 원에 이어 2014년에는 11조 1000억 원으로 3년 연속 예산 대비 세수가 부족했다. 정부 부채도 계속해서 늘어났다. 경기침체 탓도 있었지만, 더 본질적인 원인은 이명박 정부가 강행한 소득세·법인세 감세와 종부세 축소, 비과세·감면 확대에서 찾아야 했다. 게다가 이명박 정부 이후 정부가 경제성장률 예측치를과장하면서 세수 결손 규모를 키웠다. 2014년 집행하지 않아 사용하지 않은 예산이 18조 원가량이었던 데서 보듯 나중에는 기재부가 예산 집행을 줄이는 지경에 이르렀다.

2. '서민 증세' 담론의 구조

이명박 정부 후반기부터 박근혜 정부에서 일어난 일련의 증세 움직임을 살펴보면, 국민들 뇌리에 각인된 박근혜의 각종 '발언'과는 사뭇 다른 양상을 확인할 수 있다. 이명박 정부의 핵심 조세 담론이 '감세'였다면 박근혜 정부에서는 '증세'였다. 2015년 4월 국회 교섭단체 대표 연설에서 새누리당 원내대표였던 유승민과 새정치민주연합(현 더불어민주당) 대표였던 문재인이 모두 증세를 거론한 것은 정치권의 담론 지형이 몇 년 만에 얼마나 바뀌었는지 잘 보여 준다. 유승민은 "가진 자가 더 많은 세금을 낸다는 원칙, 법인세도 성역이 될 수 없다는 원칙, 그리고 소득과 자산이 있는 곳에 세금이 있다는 보편적인 원칙까지 고려하면서 세금에 대한 합의를 위해 노력해야 한다"고 말했다. 문재인도 "대기업 법인세 최고 세율을 부자 감세 이전으로 되돌리고, 소득세는 최고 세율 구간 설정을 높이고 누진율도 높여야 한다"고 밝혔다.

박근혜 정부에서 증세 담론은 크게 두 차원에서 진행됐다. 하나는 복지 재원 마련을 위한 증세 방법론이었다. 박근혜 정부가 내세운 '증세 없는 복지'와 부자 증세 및 보편 증세 등이 이항 대립했다. 다른 하나는 재원 마련을 둘러싼 재정 건전성 문제로서 세입 확대와 지출 통제 프레임이 이항 대립했다. 증세 담론 안에서 '보편 증세'와 '부자 증세 및 서민 증세 비판'으로 분화되었다는 점에 유의해 살펴볼 필요가 있다. 부자 증세 촉구와 서민 증세 비판이 보편 증세와 구분된다는 점에서 이를 '선별 증세' 프레임으로 이름 붙일 수 있다. 보편 증세와 선별 증세의 분화에 주목해

표 5-2 | 증세 담론 구성

입장	프레임 구분	재원 확보 처방
증세 수용	• 선별 증세 : 부유층 위주 증세, '서민 증세' 반대 • 보편 증세 : 보편적 증세 통한 연대성 강화	• 세입 확대 : 복지 확대 위한 재원 마련 강조, 재정 건전성 위해서도 증세 필요
증세 거부	• 증세 없는 복지 : 복지 확대 동의, 증세는 거부 • 세금 폭탄 : 증세는 '반민생'이자 '국민 징벌'	• 지출 통제 : 재정 건전성 위한 긴축, 복지 확대 반대

야 하는 이유는 양자가 모두 총론에선 증세를 주장하면서도 구체적인 정책에서는 정반대 태도를 취하는 사례가 나타나기 때문이다. 가령 형평성에 입각해 부유층에 우선적으로 더 많은 세금을 거둬야 한다는 선별 증세 프레임은 연말정산 개편과 담뱃세 인상을 '서민 증세'라며 비판하는 태도를 보이는 반면, 보편 증세 프레임은 연말정산 개편과 담뱃세 인상을 전향적으로 바라본다. 〈빅카인즈〉를 통해 살펴본 부자 증세와 서민 증세 보도량 추이는 〈그림 5-1〉과 같다.

그림 5-1 | 세금 폭탄 연결망 (단위 : 건)

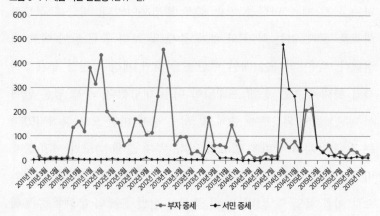

3. '서민 증세' 담론의 프레임 전략

'부자 감세'에서 '부자 증세'로

특정한 정책 담론이 헤게모니를 얻으려면 정치적 상황 변화에 걸맞고 국민들에게 '공감과 동의'를 이끌어 낼 수 있는 '처방' 정보를 제시해야 한다(강국진·김성해 2013, 6). 그런 점에서 노무현 정부가 제시한 증세 '처방'은 국민들의 공감과 동의를 얻는 데 실패했다. 이 시기 증세 담론은 헤게모니를 갖지도 못했을뿐더러 오히려 강력한 비판에 고립되며 국정 수행 능력과 정책 신뢰까지 약화했다. 노무현이 제기한 증세 의제에 대해 당시 언론이 보인 진단과 처방을 보면 미디어 담론에서 증세 문제를 얼마나 적대적으로 재현했는지가 드러난다. 이는 조세 문제가 갈수록 첨예한 정치적 의제로 대두되는 시대 변화를 반영할 뿐만 아니라 세금 폭탄과 감세 담론이 활성화되던 시기라는 점도 영향을 미쳤다고 볼 수 있다.

(1) 세계의 추세와 거꾸로 가는 '요람에서 무덤까지'라는 구호와 함께 1950년대 복지국가의 낡은 모델을 제시하며 그것을 위해 거대 국가 운용과 세금 신설 및 증세를 국민에게 요구하는 것은 완전히 시대와 세계를 잘못 읽은 탓이라고 할 수밖에 없다(『조선일보』 2006/01/19).

(2) 소비나 투자를 위축시키는 부작용은 굳이 논외로 하더라도 조세를 통한 소득재분배 기능이 작동하지 않고, 자영업자에 대한 소득 파악이 이뤄지지 않아 지금도 조세 불평등은 심각하다. 이

런 심각한 현실에서 증세는 자칫하면 양극화의 해법이 아니라 기름 붓기가 될 수도 있다(『한국일보』 2006/01/20).

노무현 정부 당시 미디어 담론에서 증세란 결코 해서는 안 되는 부도덕한 시도였다. "완전히 시대와 세계를 잘못 읽은 탓"(『조선일보』 2006/01/19)이라며 시대착오적 정책이고, 국민들이 싫어하기 때문에(『국민일보』 2006/01/20) 안 된다는 지적부터, 조세 불평등이 심각하기 때문에(『한국일보』 2006/01/20), "'큰 정부'를 위한 증세는 일종의 도덕적 해이"(『동아일보』 2006/01/27)라는 등 다양한 이유를 거론했다. "세금 부담에 비례하는 국민 편익이 뒤따르지 않고 있다"(『조선일보』 2005/04/19)는 비난을 비롯해 "증세를 통한 부富의 이전 효과가 얼마나 될지 의문"(『동아일보』 2006/02/01)이라거나 "결혼과 자녀 출산을 가로막는 최대의 장애물"(『동아일보』 2006/06/08)이라는 주장도 나왔다. "지지율을 만회하고 지방선거에서 표를 얻을 욕심"(『동아일보』 2006/04/07) 또는 "세금을 더 짜내 포퓰리즘 정책을 유지"(『동아일보』 2006/06/02)하기 위해 증세를 추진한다는 진단도 있었다. '세금 폭탄'과 '부자 감세'에 매우 비판적이었던 『경향신문』에서도 "(소주 세율 인상은) 오로지 세수만 채우면 된다는 외눈박이식 고집만이 읽혀진다"(『경향신문』 2005/09/21)고 할 정도였다. 증세 문제를 전향적으로 검토하자는 사설은 "사회적 합의를 바탕으로 필요하다면 증세도 검토할 수 있다고 본다"(『한겨레』 2006/03/24)는 정도에 불과했다(『한겨레』 2006/08/29; 2006/08/31).

증세 반대 담론과 감세 담론은 동전의 양면과도 같다. 감세 담론이 정당성을 주장하기 위해 내세우는 낙수 효과와 작은 정부,

규제 완화 등은 증세를 반대하는 근거로 작동했다. 증세가 "경제 활성화에 장애"(『동아일보』 2006/01/27)가 된다거나 "저성장과 재정 궁핍"(『동아일보』 2006/02/08)을 초래한다는 진술은 매우 전형적인 담론 전략이다. 노무현 정부가 "증세를 통한 재분배 정책에 매달렸"지만 그 결과는 "생산요소 유출로 경제가 성장 탄력을 잃어 가고 있"는 것으로 나타났고 오히려 "빈곤층의 저변이 확대되면서 양극화는 오히려 굳어지는 추세"를 초래했다는 비판이 거듭 등장하며 증세 담론을 고립시켰다(『동아일보』 2007/02/14).

(3) 정부의 '비대화 거품'은 규제 확대와 증세를 부르고 민간 활력을 위축시켜 저성장 고실업을 부채질한다(『동아일보』 2006/02/20).

(4) 분배와 평등 코드에 매달리는 '큰 정부'와 증세, 그리고 기업에 대한 과도한 규제는 저성장과 빈곤층 확대만 부른다(『동아일보』 2006/03/06).

복지 확대를 위해 증세가 필요하다는 주장을 반대하면서 내세우는 논리로 '형평성이 지켜지지 않는다'거나 '결국 예산 낭비만 더 심해질 것'이라는 언급이 되풀이해 등장한다. 여기서 작은 정부나 규제 완화 등 신자유주의에 입각한 프레임의 근저에는 공동체, 더 나아가 정부 자체에 대한 뿌리 깊은 불신이 자리 잡고 있음을 확인할 수 있다. 이를 강화하는 역할을 하는 것이 바로 "만만한 봉급생활자들의 지갑"과 "세금 탈루가 많은 고소득 자영업자나 전문직 종사자"를 대비하며 형평성이 제대로 이뤄지지 않는다고 진술하는 방식이었다. "자영업자가 내야 할 세금을 제대로 내지 않으면 누군가가 대신 부담하는 수밖에 없는데, 결국 근로소득자의 세금 부담이 무거워진다"(『동아일보』 2006/03/21)는 것은 앞서 언급했듯이 담론 지형에서 매우 강력한 위치를 차지했다.[5]

(5) 조세를 통한 소득재분배 기능이 작동하지 않고, 자영업자에 대한 소득 파악이 이뤄지지 않아 지금도 조세 불평등은 심각하다 (『한국일보』 2006/01/20).

(6) 저출산 고령화 대비를 위한 재원을 근로소득자들로부터 세금을 더 걷어 마련하겠다는 것은 윗돌을 빼서 아랫돌을 괴는 식의 편법에 불과하다. 세금 탈루가 많은 고소득 자영업자나 전문직 종사자의 세원을 더 확보할 생각은 안 하고 소득이 투명하게 드러난 봉급생활자에게 부담을 더 지우겠다는 것은 징세 편의만을 앞세운 발상이 아닐 수 없다(『중앙일보』 2006/02/02).

증세는 피할 수 있으면 피해야 하는 부정적이고 부도덕한 정책이라고 구성하는 프레임은 노무현 정부 시기에만 활발했던 것이 아니다. 앞서 밝혔듯이 1977년 부가가치세 신설은 매우 강력한 조세 저항을 촉발했으며 당시 경험은 '부가가치세 때문에 유신 정권이 무너졌다'는 인식을 꾸준히 확대재생산했다. 1990년부터 노무현 정부까지 증세 관련 사설들을 검토해 보더라도 매우 일관된 흐름이 존재한다. 가령 "지방 세제 개편 시안은 그 취지나 방향의 옳고 그름은 둘째 치고 우선 증세와 편의만 지나치게 생각한 무리한 세금 인상 계획이라는 데 문제가 있다"(『경향신문』 1990/09/10)는 사설은 증세 자체를 터부시하는 시각을 드러낸다. "국민의 조세 부담을 동일하게 하는 간접세의 증세가 아니라 직접세의 증세가 돼야 한다"(『동아일보』 1991/09/05)거나 "이 틈에 증세에 의한 국민 부담 지우기로 모든 문제를 해결하려 해선 안 된다"(『한겨레』 1998/08/01)는 사설에서는 수직적 형평성에 입각해 증세를 비판하는 태도가 나타난다.

증세 문제에 대한 담론 지형이 극적으로 변한 계기는 이명박 정부가 추진한 감세 정책이었다. 이명박 정부는 대선에서 승리할 때까지만 해도 종합부동산세를 계기로 광범위하게 형성된 '세금 폭탄' 논란 등에 힘입어 강력한 감세 정책을 예고했다. 하지만 임기 초반 '고·소·영', '강·부·자' 논란과 촛불 집회 등으로 홍역을 치른 데다 감세 정책이 곧바로 소득재분배와 재정 수지 악화 논쟁을 초래하면서 정치적 정당성에 상처를 입었다. 그 직후 '부자 감세' 담론이 형성되면서 이명박 정부가 구상했던 감세 정책 추진을 제약하기 시작했다. 이런 정치적 배경 속에서 증세 담론이 등장했다. 다음 인용문에서 보듯 2010년 이후 증세와 복지를 연결시키는 사설이 출현하기 시작한다. '세금 폭탄' 담론이 '시장'을 향한다면, '부자 감세' 담론이 향하는 곳은 '증세'였다. 이 관점에선 부자 감세를 철회해야 한다는 데서 점차 부자 증세, 더 나아가 보편 증세까지 프레임을 확장해 간다.[6] 이 역시 기저에는 신자유주의 비판, 공공성 회복과 '국가의 역할' 재고찰이라는 특정한 정치적 태도가 자리 잡고 있다. 특히 부자 증세는 부자 감세처럼 '형평성'에 기댄 프레임이었다. 부자 감세가 형평성을 훼손하는 집단으로서 '부자'를 겨냥한다면, 부자 증세는 형평성 회복을 위한 대상 집단인 '부자'를 특정했다.

(7) 앞으로 늘어날 복지 지출 수요와 재정 건전성을 고려한다면 부
    자 감세 철회를 더 이상 미뤄서는 안 될 뿐만 아니라 민주노동당
    이정희 의원의 주장처럼 오히려 '부자 증세'를 논의해야 할 시점
    이다(『경향신문』 2010/10/07).

(8) 소득세와 법인세 감세 계획을 모두 철회하더라도 세금 증가액
    은 4조 4000억 원에 불과하다. 이 정도로는 급속한 저출산·고령
    화에 따른 복지 지출의 자연 증가분이나 지방재정 결손분을 충
    당하기엔 턱없이 부족하다. 여당 일부에서도 세수 감소와 국가
    부채 증가에 따른 재정 건전성 악화를 우려하는 상황이다. 단순
    한 감세 철회뿐만 아니라 고소득자 등에 대한 증세까지 검토해
    야 마땅하다(『한겨레』 2010/11/17).

'증세 없는 복지'로 귀결된 조세 담론

박근혜는 대통령 선거 과정에서 적극적인 복지 공약을 제시했
지만 재원 마련은 '증세 없는 복지'로 회피하는 전략을 취했다. 박
근혜가 기존에 구사해 온 수사를 살펴보면 충분히 예측할 만한 귀
결이었다. 한나라당 대표 시절 박근혜는 "노무현 정부는 국가관
과 기업관이 의심스럽고 세금 폭탄을 떨어뜨려 국론을 분열시키
고 갈등을 조장하는 정부"라는 프레임을 일관되게 내세웠다. 당
시만 해도 박근혜에게 감세란 경제성장을 도모하고 복지 문제를
해결할 만능열쇠였다. 2007년 대통령 선거 경선 때 박근혜가 내
세운 대표 공약도 '줄푸세'였다. 이명박 정부 이후 복지 쟁점이 화
두가 되자 박근혜는 "아버지께서 꿈꾸시던 대한민국. 자랑스럽고

품격 있는 선진 복지국가"(2009년 11월 14일 박정희 생일)나 "어머니께서 꿈꾸셨던, 소외된 사람 없이 국민 모두가 행복한 나라"(2009년 11월 29일 육영수 생일)처럼 복지를 박정희와 연결시키는 담론 전략을 구사했다. 한마디로 '복지 = 감세'에서 '복지 = 박정희'로 바뀐 셈이다(『시사IN』 2011/05/14). 하지만 '복지'는 수용하되 '증세'는 수용하지 못함에 따라 복지와 증세를 어정쩡하게 연결시키는 '증세 없는 복지'가 나왔다.

박근혜가 내세운 '증세 없는 복지'는 2012년 대선 당시 텔레비전 토론회에서 핵심이 잘 드러난다. 그해 12월 10일 2차 토론회는 복지 확대가 화두였는데 사회자가 재원 마련 방안을 묻자 박근혜는 지출 구조 조정과 비과세·감면 정비, 지하경제 양성화를 해법으로 제시했다. "재정 건전성을 뛰어넘는 복지 포퓰리즘은 두고두고 후세에 짐이 된다. 재원과 관련해 국민의 부담을 늘리기 전에 먼저 정부가 예산을 비효율적인 부분을 줄이고 나라 살림을 투명하게 꾸려 가는 게 우선되어야 한다." 자유 토론에서는 "(이명박 정부더러) 부자 감세라며 '부자'를 붙이는데, 그 감세의 거의 반 이상은 중산층, 서민, 중소기업에 돌아갔다"며 감세 담론을 옹호하는 한편 문재인·이정희 후보에게는 "증세를 하겠다는 거냐"며 공격하는 모습을 보였다. 박근혜는 대선 승리 직후인 2013년 1월 28일 인수위원회 토론회에서도 "새로운 세금을 걷는 것이 아니라 비과세·감면 조정이나 지하경제 양성화 등의 방법으로 재정을 확보할 것"이라며 '증세 없는 복지'를 재확인했다.

박근혜가 대통령에 당선되면서 증세 담론은 자연스럽게 '증세 없는 복지'를 평가하고 이에 찬성하는지 반대하는지를 중심으로 재편되었다. 하지만 사실관계를 따져 보면 '증세 없는 복지'를 박근혜보다 먼저 내세운 것은 민주당이었다. 민주당 소속 '보편적 복지 재원 조달 방안 기획단'은 2011년 1월 보도 자료를 내고 증세 없는 복지는 가능하다고 천명했다. 이들은 "'재정 안정 없이는 복지도 없다'는 기조하에 재정 건전성을 훼손하지 않으면서 지속적 시행과 재원 조달이 가능한 범위 내에서 보편적 복지 정책(3 + 1)과 재원 규모를 마련"하겠다고 밝혔다. 이들이 내놓은 재원 확보 방안은 부자 감세 철회, 비효율적인 예산 절감, 비과세·감면 축소 등이었다. 민주당이 '증세 없는 복지'를 내세운 것은 기본적으로 낙수 효과와 규제 완화에 경도된 경제 관료 집단의 입김이 작용한 데다, 이들의 저항을 정면 돌파하기를 꺼리는 기류도 적잖이 영향을 미쳤다(황규성·강병익 2014, 130). 하지만 이에 못지않게 민주당에 엄청난 '세금 폭탄' 트라우마가 있었다는 점도 중요한 원인으로 꼽을 만하다. '세금 폭탄' 논란이 벌어질까 두려워 '증세' 의제를 꺼내는 것 자체를 부담스러워했다.

당시 민주당 전략기획위원회 부위원장이었던 이철희(현 더불어민주당 국회의원)가 2011년 1월 18일자 『경향신문』에 쓴 기고문은 선거를 치러야 하는 정당의 현실적인 고민을 솔직하게 드러낸다. 이철희는 기고문에서 "정책의 논리적 정합성에서 보면 증세는 온당한 주장"이라고 인정하면서도 "그런데 과연 정치 문법의 측면에서도 옳은 것일까?"라고 반문한다. 이어 "대뜸 증세에 대한 찬반 프레임으로 가는 것은 위험한 일종의 반정치적 발상"이라고 지적하면서 "민주당이 증세를 복지 담론의 주축으로 삼지 않는 것은 용기가 없어서가 아니라 현실의 민심을 고려한 전략 때문"

이라고 말했다. 그는 스웨덴사회민주노동당의 집권 경험을 들어 '교조'가 아니라 '현실'에서 시작해야 한다고 강조한다. 그가 말하는 현실은 "복지의 수혜자라는 저소득층의 강한 보수 성향, 성장 편향" 그리고 '세금 폭탄' 등으로 상징되는 "보수 세력의 상용 수법"이다. 이를 극복할 현실적 해법은 "잘못된 데 허비되고, 낭비되는 돈을 복지로 돌려쓰면서 복지 효과를 직접 체험시켜 주면서 복지 지지 기반을 넓혀 가는 복지 정치"다. 다시 한 번, 담론이 제도를 제약했다.

(9) 좌파 진영은 2012년 총선과 대통령 선거 승리를 위해 '무상'만 내세울 뿐 세금은 언급조차 하지 않지만 결국은 증세로 갈 수밖에 없다. 중산층 이상까지 혜택을 나눠주느라 정작 촘촘한 사회 안전망이 필요한 저소득층은 필요한 지원을 못 받을 공산이 크다(『동아일보』 2011/01/12).

(10) 계획보다 지출은 많아지고 마련되는 재원은 줄어든다면 결국 남는 건 세금을 늘리는 방법뿐이다. 우리가 '증세 없는 무상 복지'라는 민주당 주장에 의구심을 갖는 이유다(『중앙일보』 2011/02/11).

(11) 민주당은 증세는 하지 않겠다면서 도대체 이 많은 돈을 어디서 끌어올 작정인가. …… 민주당은 구조 조정이나 증세 같은, 입에 쓴 약은 뒤로 감추고 입에 단 공짜 시리즈를 꺼내 흔들어 대야 선거에서 이길 수 있다고 생각하는 듯하다(『조선일보』 2011/06/14).

이명박 정부에서 본격적으로 확산된 증세 담론은 박근혜 정부에서도 계속되었지만 어느 정도 정체된 양상을 보였다. 그 이유로 먼저 담론적 측면에서는 박근혜 정부의 조세 재정 정책을 규정하는 정책적 무게를 갖게 된 '증세 없는 복지'가 증세 담론이 확산되지 못하게 가로막았다는 점을 꼽을 수 있다. 증세 담론이 보편 증세와 선별 증세 사이에서 제대로 방향을 정립하지 못하면서 '증세 없는 복지' 담론을 효과적으로 극복하지 못한 영향도 있었다. 박근혜 정부가 증세 담론을 수용하려는 태도를 보이지 않았고, 세수 부족과 재정 압박이 심해지면서 결국 복지 축소로 정책 노선을 변경했다는 점도 중요한 제약으로 작용했다. 물론 박근혜 정부는 이명박 정부처럼 명시적인 감세 정책을 추진하지 않았을뿐더러 여러 부문에서 세입 증대를 도모하기도 했다. 그럼에도 박근혜 정부는 대통령 스스로 '증세는 없다'고 여러 차례 강조함으로써 정책적 유연성을 스스로 제약했다. 그리고 미디어는 이 과정에서 정책적 현실과 담론적 현실 사이에 존재하는 괴리를 심화하는 역할을 했다.

(12) 청와대와 재정부가 '증세 없는 복지도 가능하다'는 주술에서 벗어나지 않으면, 해마다 재정 절벽 위협과 적자 국채 발행이 연례행사처럼 반복될 수밖에 없다. 당연히 재정은 망가지게 된다. 정부가 가장 시급한 과제는 대선 과정에서 빚어진 복지 거품을 걷어내고 우선순위를 과감히 조정하는 일이다(『중앙일보』 2013/03/30).

(13) 정부는 세목 신설이나 세율 인상 없이 재원을 마련하는 '증세 없는 공약 실천' 의지를 재차 강조했다. 하지만 세금은 덜 내면서 복지 혜택은 선진국 수준으로 받겠다면 나라 곳간이 견뎌 내질 못한다(『동아일보』 2013/05/17).

(14) 들어오는 돈에 맞춰 씀씀이를 줄이는 수밖에 없다. 허리띠를 졸라매지 않고 뱁새가 황새를 좇아 복지 정책만 늘린다면 남유럽 국가들처럼 재정이 파탄 나는 것은 시간문제. 그래도 국민들의 선택이 복지 확대 쪽이라면 증세하는 수밖에 없다(『국민일보』 2013/07/15).

(15) 복지 수준을 높이기 위한 정치적 결단이 필요하다. 증세를 포함한 새로운 재원 마련에 나서야 한다(『한겨레』 2013/06/19).

공교롭게도 이 인용문들에 등장하는 문제 제기는 과거 노무현이 여러 차례 언급한 제안과 얼핏 일맥상통하는 고민을 담고 있다. 노무현도 조세 수준과 국가의 역할, 복지 서비스 수준 등을 고려해 "문제의 본질에 책임 있게 다가서는 결단"이 필요하다는 점을 강조했다. 하지만 앞서 언급했듯이 당시 미디어 담론은 이 문제에 냉소적으로 반응했을 뿐이다. 그랬던 것이 이제 증세가 피할 수 없는 정책 현안이 되자 국민적 토론과 결단을 촉구하고 나섰다. 이런 일련의 흐름은 이들이 과연 증세를 얼마나 진지하게 정책 대안으로 생각하고 있는지 의구심을 갖게 한다. 특히 법인세 인상 문제를 증세 문제의 마지노선으로 거듭 강조하는 것은 보수 담론의 지향점을 보여 준다는 해석이 나올 수밖에 없다.

다시 말해, 전반적인 미디어 담론은 증세보다는 지출 통제에 무게중심이 쏠려 있었다. 복지를 위한 증세를 촉구한 '세입 확대' 프레임은 '지출 통제' 프레임에 고립됐다. 정책 결정자들로선 과거 '세금 폭탄' 담론이나 노무현·이명박 정부 당시를 떠올린다면 미디어가 증세에 어떤 반응을 보일지 예상하기가 어렵지 않았을 것이다. 실제 여러 차례 국민 개세주의를 언급하며 '부자 증세가 아닌 보편 증세'를 언급한 주류 담론은 정작 연말정산이나 담뱃값 인상 등이 현안이 되자 일제히 '서민 증세'와 '일방적인 정책 결정'이라며 정부를 공격했다. "증세를 하려면 염치가 있어야 한다. 우선 정부와 여야는 세출 절감부터 시작하는 용기가 필요하다"(『중앙일보』 2013/09/06)며 지출 통제를 촉구했다. 아울러 "보편적 복지에 맛을 들인 상태에서 남유럽처럼 저성장이 계속되면 미래 세대에 힘든 짐을 떠넘길 우려가 크다"(『동아일보』 2013/08/16)며 복지 확대가 국가적 위기로 이어질지 모른다고 경고하거나 "유럽 복지국가들처럼 부가가치세를 단계적으로 올려 세수를 늘리지 않는 한 우리가 복지 사회로 가는 첫발을 내딛기 어렵다"(『조선일보』 2013/08/14)며 현실성이 떨어진다고 지적하는 한편, 박근혜에게 1977년 부가가치세 도입 당시의 조세 저항 사태를 상기시키며 대응했다.

　박근혜 정부 시기의 조세 담론에서 인상적인 장면은 2016년 총선 이후가 아닐까 싶다. 그해 4월 총선에서 여당이었던 새누리당이 과반 의석 확보는 고사하고 제1당 자리마저 빼앗기는 패배를 당했다. 여소·야대 국면이 되면서 더불어민주당과 국민의당, 정의당이 힘을 합해 소득세와 법인세 증세 문제를 공론화했다. 그결과 2016년 12월 국회는 소득세 과표 5억 원 초과 구간을 신설해 세율을 38퍼센트에서 40퍼센트로 올리는 데 합의했다. 재원조달을 둘러싸고 중앙정부와 지방자치단체 간에 격렬한 논쟁을 일으킨 누리 과정(3~5세 무상 보육)도 전체 예산의 45퍼센트를 정부가 부담하도록 했다. 여당으로선 법인세 인상을 막는 대신 누리과정과 소득세를 양보한 결과였다.[7] 이명박 정부 후반기 감세 정책을 폐기하던 때와 유사한 정치 상황이 재연되었지만 이번에는 정권 교체 가능성에 더해 최순실 국정 농단 파문이 촉발한 탄핵까지 겹쳐 있었다. 극도로 수세적인 국면에서 주류 언론이 선택한 미디어 담론 전략은 비과세·감면 문제, 특히 '면세자 문제 거론하기'였다.

법인세 인상 움직임에 제동을 걸면서 비과세·감면 문제를 의제로 제시한 첫 사례는 6월 7일자 『조선일보』 사설 「법인세 인상보다 대기업 세금 감면 혜택부터 정리해야」였다. 이 사설은 "지금 단계에서 법인세 인상보다 시급한 것은 각종 비과세·감면 제도의 정비"라면서 "법인세 인상은 비과세·감면 제도 정비의 다음 단계로 경기가 살아나 경제 성장세가 자리 잡은 후에 가서 검토할 문제"라고 주장했다. "대기업에 편중되는 법인세 공제 제도를 정리해 중소·중견 기업에 더 많은 혜택이 돌아가도록 하는 작업부터 착수해야 한다"는 진술문이 법인세 인상 반대 논리로 등장하는 이런 담론 전략은 그 뒤 2016년 하반기 내내 되풀이됐다. "현재 법인세 논란의 핵심은 대기업의 과소 부담이다. 야당도 중소기업 부담을 높이자고 주장하진 않는다. 법인세 인상이라는 명분보다 실효세율 상승이라는 실리적 접근을 마다할 이유가 없다. 법인세율 자체를 올리는 건 그다음 과제다"(『중앙일보』 2016/06/08). 비과세·감면 정비야말로 "근본적 세제 개혁"(『동아일보』 2016/07/21) 과제임에도 이 문제를 방치하는 것은 "포퓰리즘"(『조선일보』 2016/08/01; 『국민일보』 2016/08/02)이기 때문에 결국 "세제에 뚫린 구멍이 재정을 흔들게 된다"(『중앙일보』 2016/07/29)는 경고도 등장했다.

이 시기 '비과세·감면 정비'는 "비과세·감면 축소는 세율 인상

없이 복지 재원을 확보할 수 있는 유일한 방안"(『동아일보』 2016/07/21)
이라는 인용문에서 보듯 비단 법인세뿐만 아니라, 주요한 화두였
던 복지 예산 확대를 위한 재원 대책으로까지 격상됐다. 비과세감
면 문제를 제대로 다루지 못한다면 "공평 과세 구호는 공허한 메
아리로 들릴 수밖에 없다"(『중앙일보』 2016/07/29). 그중에서도 집중 거
론하는 것은 바로 소득세 면세자 축소 문제다. 앞에서도 밝혔듯이
소득공제를 세액공제로 바꾸는 내용을 담은 2013년 8월 세법 개
정안은 연소득 3450만 원 이상인 이들의 세 부담을 높였지만 여
론 반발에 직면하자 박근혜의 '원점 재검토' 발언 이후 소득 기준
선을 5500만 원으로 높였다. 게다가 2015년 연초 연말정산 때 여
론이 악화되자 541만 명에게 4227억 원을 환급하는 보완 조치까
지 취했다. 애초에 중산층 이하의 세 부담이 증가하지 않게끔 공
제 혜택을 확대한 데다 보완 조치까지 더해지면서 근로소득세 면
세자 비중은 48퍼센트까지 치솟았다.[8] 면세자를 축소하는 것은
부인할 수 없는 개혁 과제였다. 하지만 '왜 하필 그 국면에서 면세
자 문제를 집중 거론했는가'라는 '담론의 정치성'을 눈여겨볼 필
요가 있다.

　"전체 직장인의 47퍼센트가 연말정산 후 근로소득세를 한 푼
도 내지 않는 왜곡된 담세 구조를 바로잡자면 여유 있는 계층의
비과세·감면 혜택부터 없애야 한다"(『동아일보』 2016/09/13)는 인용문은
1년 전 스스로 내놨던 "이번 연말정산 대란은 세수 증대에 눈먼
정부가 대통령의 공약을 건드리지 않기 위해 몰래 거위 털 뽑듯
중산층 직장인의 세금을 더 긁어내다 벌어진 일이라 해도 과언이
아니다"(『동아일보』 2015/01/21)라는 언급과 정반대의 진단을 담고 있

다. 면세자 문제는 부가가치세 인상과 함께 보편 증세 요구에 일면 부합하면서도 광범위한 조세 불신을 건드린다는 점에서 증세 반대 담론 입장에선 매우 손쉽게 꺼낼 수 있는 꽃놀이패였다. 바로 그 지점에서 한국 사회 주류의 전형적인 담론 전략을 확인할 수 있다.

조세 담론의 또 다른 귀결, '선별 증세'

앞서 언급했듯이 부자 감세 담론을 거쳐 공론장에 등장하기 시작한 증세 담론은 선별 증세 프레임과 보편 증세 프레임으로 구분할 수 있다. 부자 감세를 비판하고 복지 확대를 위한 세입 확대를 지지한다는 점에선 차이가 없지만 구체적인 증세 방법론에선 중요한 차이를 보인다. 선별 증세는 부자 증세를 요구하는 반면 중산·서민층에 대해서는 감세를 요구하거나 최소한 증세 논의 대상에서 제외하는 경향을 보인다. 보편 증세는 부자 증세 자체는 반대하지 않지만 전반적인 총조세 수준 증가에 주목한다. 그런 면에서 보면 선별 증세와 보편 증세는 각각 형평성과 연대성에 초점을 맞추고 있다. 전체적인 증세 담론 지형에서 헤게모니를 가진 것은 선별 증세 프레임이다. 하지만 형평성에 대한 과도한 집착이 정작 그토록 요구하던 증세를 반대하는 자기모순으로 이어졌다는 점은 선별 증세뿐만 아니라 한국 조세 담론이 직면한 딜레마를 보여 준다. 선별 증세 프레임은 그 밑바탕에 공동체 또는 국가에 대한 불신과 형평성 요구라는 '스키마'[9]에 부합하지만 바로 그 때문에 구체적인 정책 문제에선 자기모순에 빠져 버린다.

2013년 8월 연말정산 개편안 발표와 2015년 연초 연말정산 논란이 초래한 세금 폭탄 논란은 형평성에만 집착하는 증세 담론의 한계를 적나라하게 드러낸다. 정부는 2012년 9월 경기 활성화 대책으로 매달 월급에서 떼는 원천징수액을 10퍼센트 인하하는 방식으로 간이 세액표를 개정했다. 매월 10만 원씩 연간 120만 원을 우선 징수한 뒤 연말정산에서 20만 원을 환급하던 방식에서 9만 원씩 108만 원을 거둔 뒤 8만 원을 돌려주는 방식으로 바뀌었다. 게다가 소득공제를 세액공제로 바꾸어 낮은 수준이나마 비과세·감면 축소를 통한 증세를 도모한 2013년 8월 세법 개정안 발표는 노무현 정부 후반기에 이어 다시 한 번 세금 폭탄 논란으로 이어졌다.[10] 박근혜 정부는 지지율이 하락하고 중산층이 이탈하는 징후가 나타나자 신속하게 원점 재검토를 지시하는 등 이 문제로 상당한 타격을 받았다. 전자는 2014년 연초 연말정산에서 세금 환급액이 크게 줄거나 오히려 세금을 추가로 내야 하는 납세자들이 생겨나면서 반발이 일었고, 급기야 2015년 연초에는 전자와 후자가 전면 시행되면서 논란에 불을 붙였다.

　　'징벌' 프레임이 핵심이었다는 점은 동일했지만, 종합부동산세 국면보다 연말정산 국면에서 언론은 좀 더 광범위하게 정부를 비판하는 경향을 보였다. 가령 "증세는 피하고 싶다고 해서 회피할 수 있는 사안이 아니다. 그렇다고 과거 잘못된 관행을 그대로 둔 채 중산·서민층에게 세금 폭탄을 떠넘기는 일은 없어야 한다"(『경향신문』 2013/09/14)는 언급에서 보듯 종합부동산세 국면에서 '세금 폭탄' 담론을 적극 반박하고 증세에 우호적이었던 신문조차도 연말정산 국면에서는 '세금 폭탄' 담론을 일부 수용하는 모습을 보였다. 홍기빈(글로벌정치경제연구소장)이 지적했듯이 "세금 폭탄이라는 정치적 수사는 이제 정치적으로 자기에게 유리하다 싶을 때에는 여당·야당이 돌아가면서 써먹는 '공공재'가 되고 말았다"(홍기빈,『경향신문』2013/10/03)고 할 만한 상황이었다.

연말정산을 둘러싼 세금 폭탄 논란은 바뀐 제도가 시행되던 2015년 연초에 좀 더 직접적으로 '중산층·서민 징벌' 프레임을 띠면서 폭발적으로 나타났다. 전반적인 프레임은 '징벌'에 맞춰져 있었지만 연말정산 국면에서는 '서민 증세'와 '꼼수', '자질' 등이 추가됐다. '서민 증세' 프레임은 정부가 복지 재원 마련을 위해 근로자 소득공제를 깎으려 한다는 점을 부각했다. '꼼수' 프레임은 부자 증세가 아니라 서민 증세를 한다는 점에서 정부가 정정당당하지 못하다는 점에 주목한다. '자질' 프레임은 꼼수를 쓰려다 논란이 일파만파로 번졌고 제대로 수습하지 못하며 우왕좌왕한다는 관점을 취한다. 이 세 프레임은 대체로 같은 의견 기사 안에 혼재돼 나타났다. 다음 인용문은 전형적인 프레임 구조를 보여 준다.[11]

(16) 부자 세금 줄이자는 것이 이명박의 '낙수 정책'이라면 '그네' 노믹스는 부자 감세로 부족해진 돈을 서민에게 세금 폭탄 때려 걷자는 것이니 더 포악스럽다(『한겨레』2014/09/15).

(17) 담뱃세와 지방세 대폭 인상 등 그야말로 세금 폭탄이 서민들을 강타하고 있는 와중에 극소수 부자들을 위한 감세를 추진하고 있어 국민적 분노를 불러일으키고 있다(『국민일보』2014/09/17).

(18) '13월의 세금 폭탄' 소동은 정부가 자초한 일이다. 정부는 2012년 9월 경기 활성화 대책으로 매달 월급에서 떼는 원천징

수 세금을 줄였다. 세금을 덜 떼는 만큼 소비가 늘어날 것이라는 이유에서다. 그로 인해 작년 연말정산에서 세금 환급액이 크게 줄거나 오히려 세금을 추가로 내야 하는 납세자들이 늘어났다. 정부는 작년에도 연간 4000만~7000만 원 소득자의 원천징수 세금을 더 깎아 줬다. 월급 500만 원에 미성년 자녀가 2명 있는 가구의 경우 연간 원천징수 금액이 2013년 34만 원에 이어 작년에 26만 원 더 줄었다. 이번엔 60만 원 정도 세금을 더 내야 하는 상황이다. 정부는 총급여 6000만~7000만 원 근로자의 세금 부담이 평균 3만 원 정도 늘어난다고 했지만 연말정산에서 수십만 원의 세금을 토해 내야 하는 경우가 적지 않은 것은 이 때문이다. 작년 연말정산 때도 세금 폭탄 논란이 있었는데 또다시 원천징수 세금을 깎아 화를 더 키우고 말았다. 정부의 판단 능력을 의심하지 않을 수 없다. 정부가 폭발성이 강한 샐러리맨들의 세금 문제를 너무 안이하게 다루고 있다는 비판을 받아 마땅하다. 이번 사태는 복지 재원을 마련하기 위해 온갖 방안을 짜내다 벌어진 일이다. 그래서 정부도 당장 뾰족한 해결책을 내놓기 어렵다. 정부와 정치권은 복지를 위한 증세를 공론화하거나 무리한 복지 확대 정책을 조정해 세 부담을 완화시키는 근본적인 대책을 논의해야 한다(『조선일보』 2015/01/21).

종합부동산세 국면에선 부동산 부자들의 이해관계를 종합부동산세를 납부하지 않는 중산층·서민과 일치시키기 위한 꾸준한 담론 전략이 필요했지만 연말정산 국면에선 연말정산에 직접적인 이해관계가 있기에 민감하게 반응하는 중산층·서민들에게 곧바로 호소할 수 있었다. 그만큼 세금 폭탄 담론의 파괴력은 한층 더 강력했다. 인용문 (18)은 "'13월의 세금 폭탄' 소동은 정부가 자초한 일이다"라면서 책임 소재를 명확하게 단정한다. 이어 "복지 재원을 마련하기 위해 온갖 방안을 짜내다 벌어진 일"이라는 진단을 내놓는다. '서민 증세', '무능력', '꼼수'라는 프레임이 잘 녹아 있다.

여기에는 두 가지 상반된 입장이 혼재돼 있다. '선별 증세' 프레임뿐만 아니라 증세 담론을 거부하는 진영도 정부 비판에 적극적으로 나섰다. 세입 확대 대 지출 통제, 증세 대 감세 등 정책 처방은 정반대임에도 연말정산 제도 개편에 대해서만은 '세금 폭탄'이자 '서민 징벌'이며 '서민 증세'로 규정했다. 감세를 옹호하고 증세를 반대하는 후자가 연말정산 제도 개편을 반대하는 것은 그 자체로 일관성은 있다. 하지만 전자는 증세를 지지하면서도 증세를 비판하는 자기모순에 빠졌다. 선별 증세 프레임은 비단 연말정산 문제뿐만 아니라 다양한 증세 논의에서 이런 상황에 자주 직면한다. 가령 "세금은 고소득층으로부터 많이 걷어 저소득층을 위해 쓰는 부의 재분배 효과가 있다"(『경향신문』 2015/10/14)는 사설과 "저출산 고령화 대비를 위한 재원을 근로소득자들로부터 세금을 더 걷어 마련하겠다는 것은 윗돌을 빼서 아랫돌을 괴는 식의 편법에 불과하다"(『중앙일보』 2006/02/02)는 사설은 각각 증세 지지 및 증세 반대로 '진단'은 상반되지만 '처방'은 일맥상통했다. 〈표 5-3〉에서 보듯 제목에 '부자 증세'와 '서민 증세'가 등장하는 사설들은 공통적으로 총론에서는 부자와 중산층·서민을 대비하며 증세를 촉구하지만 각론에서는 증세를 반대하는 양상을 보인다.

표 5-3 | '부자 증세'와 '서민 증세'를 제목으로 한 사설

2009년	7월 9일	『한겨레』	'서민 증세' 앞서 '부자 감세' 철회를
2010년	10월 7일	『경향신문』	'부자 감세' 철회하고 '부자 증세' 논의할 때다
	11월 17일	『한겨레』	'감세 철회' 넘어 '부자 증세' 검토해야
2011년	1월 19일	『동아일보』	'부자 증세'가 친서민이 될 수 없는 이유
	11월 21일	『한겨레』	경기 둔화 대비하기 위해서도 '부자 증세' 필요하다
	12월 5일	『서울신문』	한나라당 부자 증세에 자본소득도 포함하라
	12월 29일	『경향신문』	'부자 증세' 첫 단추도 못 끼우며 무슨 복지 확대인가
	12월 29일	『한국일보』	부자 증세, 세제 전반으로 논의 확대를
2012년	1월 3일	『경향신문』	'부자 증세' 시늉만 내서는 안 된다
2013년	8월 6일	『한겨레』	'부자 증세' 정공법 피해 간 세제 개편
	12월 30일	『동아일보』	박근혜 정부 첫 '부자 증세' 세금 누수 못 막으면 헛일
	12월 31일	『경향신문』	여야 '부자 증세' 합의, 증세 공론화 계기 돼야
2014년	1월 2일	『한국일보』	첫걸음이지만 의미 작지 않은 '부자 증세'
2015년	10월 14일	『경향신문』	조세 정의 무너뜨린 서민 증세, 부자 감세

자료: 강국진(2016, 160~161).

증세 담론에 반대하는 진영에서는 복지 정책을 강화해서는 안 된다는 맥락에서 '서민 증세'를 비판했는데, 그 근거는 바로 증세 가능성이었다. 문제를 해결하기 위해 "복지를 위한 증세를 공론화하거나 무리한 복지 확대 정책을 조정"하는 두 가지 처방을 제시했다. 무게중심이 "복지 확대 정책을 조정"하는 것, 즉 복지 정책 축소에 있다는 사실은 "세 부담을 완화시키는 근본적인 대책을 논의해야 한다"는 결론에서 잘 드러난다. 결국 연말정산을 비판하는 세금 폭탄 담론은 종합부동산세라는 부동산 보유세 강화 정책에 이어 급증하는 복지 요구에 부응하는 대통령 공약을 이행할 재원 마련까지도 좌절시키거나 최소한 확산을 방지하기 위한 정치적 기획이라는 점이 명확해진다. 이는 무상 급식 등 복지 정

책 강화를 지지하는 여론이 높아지고 야당에서 이를 정책 의제화하는 것에 대응하는 방식에서 이미 예견됐다. 서울시장 오세훈이 2011년 1월 23일 자신의 블로그에 '무상 보육 등 무상 복지 시리즈는 중산층을 더 힘들게 하는 세금 폭탄 복지'라고 언급한 것이나, 무상 의료 주장을 '기업 부담-고용 기피, 외국 기업 외면, 경제위기'로 연결시키며 세금 폭탄이라고 주장(『동아일보』 2011/01/12)하는 것에서 이런 담론 전략을 확인할 수 있다.

『조선일보』 칼럼은 이런 담론 전략을 잘 보여 준다. "복지를 늘리겠다면 다른 지출을 줄이는 일부터 시작하는 게 옳다. 연간 300조 원이 넘는 국가 예산 중 5퍼센트만 절감해도 무상 보육을 당장 실행할 수 있다. 증세를 들먹이며 세금 폭탄으로 국민을 겁주기 전에 예산의 지출 항목부터 살펴봐야 한다"(송희영/『조선일보』 2011/01/22). 2015년 1월 21일자 『동아일보』 사설의 논리도 비슷하게 전개된다. "세수 증대에 눈먼 정부"가 "대통령의 공약"인 "무상 복지" 재원을 마련하기 위해 "중산층 직장인의 세금을 더 긁어내다 벌어진 일"이라며 서민 증세 프레임으로 상황을 진단한 뒤, "국민에게 민감한 세금 제도를 졸속으로" 바꾼 데다 "엉터리 시뮬레이션과 말 바꾸기 대응" 등 무능력하게 대응했고, "정치적 꼼수"로 "국민을 속"이기까지 했다고 결론 내렸다. "조세 저항을 부르면 정권도 위태로울 수 있다"는 강경한 진술이 향하는 곳은 "무상 보육" 등 복지 정책이다. 이런 의도를 좀 더 노골적으로 드러낸 사례를 찾기란 어렵지 않다. "최근 연말정산을 둘러싼 소동의 근본 원인은 정치권과 정부가 증세 없는 복지를 밀어붙인 데 있다. …… 이번 연말정산 사태에서 드러났듯이 비과세·감면을 줄이는 것조차 쉽지 않다면 우선 복지 지출을 억제할 방법부터 찾아야 한다"(『조선일보』 2015/01/26). 연말정산 반대 여론을 주도하고서도 연말정산 반대 여론을 이유로 복지 지출을 억제하라고 주문한다.

(19) 박 대통령의 지지율이 왜 추풍낙엽처럼 떨어지나. 불황의 끝이 보이지 않아서다. 여기에 연말정산 세금 폭탄은 결정타였다. 그렇다면 세금 폭탄은 왜 터졌나. 박 대통령 임기 초 만든 그놈의 공약 가계부 때문이다. 경제는 살아나지 않는데 공약을 다 지키려면 있는 대로 세금을 긁어모아야 한다. 제일 만만한 게 '유리 지갑' 직장인이다(『동아일보』 2015/02/16).

연말정산 제도 개편이 실제로 '서민 증세'였는지는 냉정하게 재검토할 필요가 있다. 연말정산은 근로소득자들한테 '13월의 월급'이라는 이름으로 불리기도 했지만 실제로는 조세 형평성을 악화해 소득재분배에 역행하는 제도였기 때문이다(김도균 2013a: 김우철 2014: 임주영·박기백·김우철 2014). 연말정산 파동은 의료비, 교육비, 기부금 등 소득공제 항목을 세액공제로 바꾼 게 결정적인 발단이었다.[12] 연말정산 제도 개편은 누진성을 강화해 소득재분배에 이바지하는 긍정적인 요소가 분명 존재했다. 누진성 강화는 자연스럽게 총조세 수준 증가로 이어진다. 이는 곧 정부가 직접 거론하진 않았지만 연말정산 제도 개편에 일종의 부자 증세 성격이 있었음을 시사한다. 하지만 정작 그 문제는 거의 거론되지 않았다. 일부에서 "정부의 세법 개정은 사실상 '고소득자 증세'에 가깝다"(『한겨레』 2015/01/20)거나 "고소득층에 혜택이 집중되는 소득공제를 세액공제로 전환하면 연봉이 올라갈수록 세금을 더 내게 된다. '소득재분배' 효과가 있는 제도다"(『경향신문』 2015/01/22)라고 강조하면서 연말정산 정책을 옹호했지만 전반적인 공론장에서 헤게모니에 균열을 내기엔 역부족이었다.[13] 심지어 연말정산 문제에 관해 정부를 옹호한 『한겨레』는 독자들한테서 "맛이 갔다"거나 "정부만 대변한다"는 거센 비난 공세에 시달려야 했다(『한겨레』 2015/04/11).

(20) 연말정산 시기를 맞아 이곳저곳에서 '13월의 세금 폭탄', '월급쟁이가 봉이냐'는 불만이 쏟아지고 있다. …… 정부의 세법 개정은 사실상 '고소득자 증세'에 가깝다는 얘기가 된다. 개별 납세자들의 불만은 일면 이해할 수 있다. …… 하지만 중산층과 고소득자를 중심으로 한 소득세 인상도 피하기 어려운 과제다(『한겨레』 2015/01/20).

(21) 사실 연말정산에서 세금 환급액이 전반적으로 줄어들 것임은 예견됐던 일이다. 소득공제를 세액공제로 전환해 연말정산의 계산 방법 자체가 바뀌었기 때문이다. 여기에 '덜 내고 적게 돌려주는' 간이 세액표 개정 효과가 보태지면서 세금 부담의 체감도가 커졌다. 고소득층에 혜택이 집중되는 소득공제를 세액공제로 전환하면 연봉이 올라갈수록 세금을 더 내게 된다. '소득재분배' 효과가 있는 제도다. 그래서 '13월의 세금 폭탄'은 고소득자에게나 들어맞는 논리일 수 있다(『경향신문』 2015/01/22).

(22) '13월의 세금 폭탄'은 대체로 고소득자에게 해당한다고 봐야 진실에 가깝다. 그런데도 거의 대다수 월급쟁이들이 이를 세금 폭탄으로 받아들인다는 데 사태의 심각성이 있다. …… 정부 정

책의 불투명성에다, 지난 10년 동안 현 집권 세력이 퍼트린 세금 폭탄 프레임의 폐해가 겹친 결과다(『한국일보』 2015/01/24).

연말정산 논란이 한창이던 2015년 1월 26일에 실린 『조선일보』 사설과 『한국일보』 칼럼은 증세 반대 담론의 프레임 전략과 선별 증세 프레임 전략이 구체적인 정책 사안을 두고 동일한 처방으로 결합할 수 있음을 보여 준다. "많은 월급쟁이가 세금을 더 내야 한다는 사실을 제대로 인식하지 못하고 있다가 갑자기 세금 폭탄을 맞은 느낌을 받는 것이다. 여기다 평상시 월급에서 떼는 원천징수 세금을 줄인 효과가 겹쳐 충격이 더 커졌다"(『조선일보』 2015/01/22)라는 인용문과 "재벌은 점점 살찌고 국민들은 가난해지고 있다. 국민들이 정부의 '호갱'으로 계속 주머니를 털리는, 이런 나라에 살고 싶으세요?"(이동섭/『한국일보』 2015/01/22)라는 진술은 얼핏 같은 사람이 쓴 글이 아닌가 싶은 착각마저 불러일으킨다. 역설적이게도 정부를 비판하는 근거로 드는 것은 동일하게 '형평성'이다. 전자는 "월급쟁이"와 "연봉 7000만 원 이상 근로자"를 동일시한 뒤 "월급쟁이와는 차원이 다른 재산을 가진 사람들, 보통 사람들은 꿈도 꾸기 어려운 거액 소득을 올리는 사람들이 제대로 세금을 내고 있느냐는 의문"을 제기함으로써 결과적으로 부자 증세를 세금 폭탄으로 전환시켰다. 후자는 대기업과 재벌 2세 등 다양한 '갑질' 사례를 든 뒤 "돈 없고 지위가 낮다고 무시당하지 않는 나라"를 호소하며 "재벌은 점점 세금을 더 적게 내고 거기 다니는 직장인들은 점점 세금을 더 많이 내는 형세"를 비판하지만 결국 전자가 제시하는 프레임에 포획돼 있을 뿐이다. 결과적으로 부자 증세를 세금 폭탄이라고 비판하는 자기모순에 빠졌다. 이는 앞서 지적했듯이 선별 증세 프레임의 딜레마이다.

형평성 논리에 매몰된 증세 담론의 한계를 매우 역설적으로 드러내는 장면이 바로 2013년 연말정산 개편이 초래한 세금 폭탄 논란 당시 민주당이 보인 모습이었다. 총선과 대선 당시 복지 예산 확대와 제한적이나마 증세 논의에 일익을 담당한 민주당은 정작 낮은 수준이나마 비과세·감면 축소를 통한 증세 대책이 골자였던 2013년 8·8 대책을 두고 '세금 폭탄'이라고 반발하고, 심지어 당 대표였던 김한길이 "중산층과 서민의 주머니를 터는 증세를 반드시 막겠다"며 시청광장에서 천막 농성까지 했다. 이에 대해 "민주당의 자기부정"(『경향신문』 2013/08/12)이라는 비판이 나왔지만, 당시 민주당 지도부가 보인 행태는 세금 폭탄 이전에 수직적 형평성이 증세의 전제조건이라는 뿌리 깊은 인식이 초래했다고 해석할 수 있다.

4. 나가며

감세 담론에서 분화한 부자 감세 담론이 이명박 정부 조세 재정 정책에 제약 요인으로 작용한 것처럼, 증세 담론은 박근혜 정부의 조세 재정 정책을 제약했다. 2012년 총선과 대선을 앞두고 박근혜와 새누리당은 복지와 경제민주화 요구를 수용하는 선거 전략을 구사했지만, '복지를 위한 증세' 담론담론에 대해서는 '증세 없는 복지'를 내세우며 확실하게 선을 그었다. 물론 이명박 정부 후반기부터 박근혜 정부 초기까지 여야 간 공감대 아래 소득세 최고 세율 인상 등 증세 조치가 이뤄졌고, 담뱃세 인상과 연말정산 제도 변화 등을 통해 제한적이나마 증세가 이뤄졌음에도 정부는 명목상으로는 계속해서 '증세는 없다'는 태도를 유지했다. 하지만 박근혜 정부 내내 계속된 '세금 폭탄' 논란, '서민 증세' 논란, '증세 없는 복지' 논란에서 보듯 이런 우회 전략은 곧 한계에 부딪쳤다. 박근혜를 비롯한 정책 결정자들이 '증세는 결코 해서는 안 된다'는 사고방식을 갖고 있었으며, '세금 폭탄' 및 '감세' 담론이 이를 강화하는 데 일정한 역할을 한 것으로 보인다.

2003년 8월 8일 정부가 발표한 세제 개편안을 두고 세금 폭탄 논란이 생기고 중산층의 반발 여론이 높아져 국정 수행 긍정 평가가 추락하자 나흘 만인 8월 12일 청와대 수석·비서관 회의에서 "서민과 중산층의 가벼운 지갑을 다시 얇게 하는 것은 정부가 추진하는 서민을 위한 경제정책 방향과 어긋나는 것"이라며 원점에서 재검토할 것을 지시한 것이 대표적이다. 또 다른 사례는 국회가 국민연금 소득 대체율 인상에 합의했을 때 청와대에서 보인 반응이다. 당시 청와대 홍보수석 김성우는 국민연금 소득 대체율 인상을 반박하면서 "소득 대체율을 50퍼센트로 올리면 향후 65년간 미래 세대가 추가로 져야 할 세금 폭탄이 1702조 원"이라면서 "2016년에만 34조 5000억 원, 국민연금 가입자 1인당 209만 원의 추가 보험료를 내야 한다"고 주장했다.[14] 사실관계와 별개로 국민연금 소득 대체율 인상은 보험료 인상이자 곧 증세이고, 증세는 곧 세금 폭탄이라는 프레임이 강력하게 작동하고 있다는 점에 주목해야 한다. 이런 프레임은 박근혜가 여러 차례 공식 석상에서 증세는 부도덕하고 절대 해서는 안 되는 것처럼 표현한 데서도 잘 드러난다.

　분석 결과를 요약하면 다음과 같다. 첫째, 미디어 담론이 일부 신문들을 제외하고는 대체로 정부가 내세우는 프레임을 인정하고 그 속에서 '증세 없는 복지는 없다'는 프레임을 강조했다. 이는 이 프레임이 '증세 없는 복지'가 아니라 결국 '증세도 없고 복지도 없는' 것을 향한다는 점을 시사한다. 즉 증세에 비판하는 담론은 증세를 명시적으로 비판하지는 못하면서 우회적으로 증세 담론을 무력화하는 방향으로 담론 전략을 구사했다. 둘째, 증세 담론에서도 선별 증세와 부자 증세 사이에 분화가 나타나며, 여기에는 형평성과 연대성을 둘러싼 긴장 관계가 존재한다. 선별 증세는 증세 문제를 '누가 더 많은 세금을 부담할 것인가'라는 틀에서 인식하는 경향이 강하며, 보편 증세는 이런 구도를 탈피해야 한다고 주장하며 어떻게든 총조세 수준을 높이는 데 초점을 맞추는 경향을 보인다. 셋째, 상대적으로 형평성을 중시하는 선별 증세는 담뱃값 인상과 연말정산 논란에서 보듯 사안에 따라서는 증세를 비판하는 자기모순적인 처방을 제시함으로써 결과적으로 담론 전략에 문제를 일으켰다. 감세 담론에서도 드러났듯 형평성 요구는 증세 담론의 근거가 되기도 하지만 감세 담론의 근거도 될 수 있기 때문이다.

재정 건전성론

: '아껴야 잘산다'는 은유 또는 협박

"돈이 없어서 일도 못할 지경이라고?"

— 비그포르스(1932년 스웨덴 총선 당시 집필한 팸플릿 제목)

1. '재정 건전성' 담론을 낳은 배경

노무현·이명박·박근혜 정부의 조세정책을 살펴보면 정부가 추구하는 철학에 따라 조세정책의 차이가 제법 크게 발생한다는 것을 느끼게 된다. 하지만 그게 전부는 아니다. '나랏빚이 늘어나면 안 된다'는 원칙은 1948년 근대국가 한국이 들어선 이후 단 한 번도 바뀌지 않은 금과옥조였다. 이를 학술적으로는 '재정 건전성'이라고 부른다. 김대중·노무현 정부는 물론이고 이명박·박근혜 정부에서도 재정 건전성이라는 측면에선 큰 차이가 없었다. 빚이 늘면 안 된다는 원칙을 지키려면 둘 중 하나를 해야 한다. 세금을 더 많이 걷거나, 씀씀이를 줄이거나. 누구나 알다시피, 세금을 더 걷기는 어렵다. 결국 재정 건전성은 국가 재정을 절약하는 긴축 정책 처방과 긴밀히 연결된다. 재정 건전성은 상황에 따라 진보적 의제가 되기도 한다. 이명박 정부가 추진한 감세 정책을 반대하는 핵심 논거 또한 재정 건전성이었다. 하지만 기본적으로 정책 담론으로서 재정 건전성은 보수적인 재정 정책의 철칙이었다. 적어도 아직까지는 문재인 정부도 총론에선 이전 정부와 크게 다르지 않다. 몇 가지 예를 들어 보자.

이명박 정부가 2013년도 예산안을 편성하면서 여러 차례 강조한 기본 원칙은 재정 건전성이었다. 이명박 정부의 집권 첫해인 2008년 '낙수 효과'를 내세워 감세 정책을 추진하던 것과는 상당한 차이가 있었다. 2008년만 해도 정부는 감세 탓에 재정이 악화될 수 있다는 비판에 대해 '세금이 줄면 경제가 활성화되고, 그러면 세수가 더 늘어날 것'이라고 답했다. 그러나 2008년 하반기에 본격화된 미국발 금융 위기에 따른 대규모 재정지출이 겹치면서 중앙과 지방에서 모두 위기를 경고하는 목소리가 높아졌다. 이에 정부는 재정을 줄이기 위해 재정 건전성을 강조하는 한편, 양극화 해소를 위한 복지 강화 요구를 '복지 망국론'으로 되받았다. 또한 정부와 일부 언론은 재정 건전성을 강조하던 이들을 상대로 "망국적 포퓰리즘"이라고 비판했다. 집권 초기 재정 건전성 악화 우려를 무시하며 집권 5년간 100조 원에 달하는 감세 정책을 추진했던 집단이 한순간 정반대 논리를 내세웠을뿐더러 자신의 입장을 옹호하던 이들을 오히려 비난한 역설적인 풍경이었다.

박근혜 정부 첫해인 2013년은 기초 연금 도입 문제로 상당한 진통이 벌어졌다. 김상균(국민행복연금위원장)이 기초 연금 도입 방안을 설명하는 브리핑에서 '박근혜 대통령의 대선 공약 후퇴가 아니냐'는 질문에 이렇게 대답했다. "대선 공약이 만들어졌던 6개월 이전 경제 상황과 지금의 경제 상황은 상당히 차이가 난다. 기초 연금은 전액 세금으로 조달한다. 정부는 1차 추가경정예산을 편성했고 그것도 모자라 세수 부족이 상당하다. 그것만 보더라도, 자칫 기초 연금 제도가 경제 전반의 성장에 주름살을 주지 않을까 하는 우려가 현실로 다가왔다." 이 발언을 들은 김연명(중앙대학교 사회복지학과 교수)이 "그렇게 재정이 걱정되면 기초 연금은 뭐 하러 하느냐"고 비판한 건 매우 상식적인 반응이었다. 김 위원장은 '복지 지출 확대는 재정 건전성 악화를 초래하고 이는 국가경제를 멍들게 한다'는 프레임에 자신을 가둬 버렸다. 그는 정책 진단으로 '경제 상황 악화'와 '재정 악화'를 제시했다. 이에 따른 정책 처방은 기초 연금 대상자 범위 축소를 통한 재정지출 축소, 다시 말해 긴축이었다. '복지는 돈이 남을 때 내놓는 적선이거나 낭비'라는 시각도 드러냈다. 하지만 기초 연금이 가져올 '유효수요 창출' 효과에 대해서는 눈을 감았다.

재정 정책은 환율 정책, 금리정책, 조세정책 등과 더불어 국가 공동체 운영을 위한 가장 중요한 정책 분야라고 할 수 있다. 1997년 외환 위기를 비롯해 2008년 미국발 금융 위기, 2010년 그리스 재정 위기 등을 거치면서 재정 정책은 이제 특정 국가의 환율 수준은 물론 국가 신용에 결정적인 영향을 미치는 요소로 부각되었다. 미국발 금융 위기 탓에 한국 경제가 제2의 IMF(국제통화기금) 외환 위기를 맞을지도 모른다는 위기감이 확산된 것도 재정 건전성이 악화되면 국가 부도를 초래할 수 있다는 우려 때문이었다. 보편 복지 요구에 대한 가장 강력한 반박 논리 가운데 하나가 '재정 건전성 악화 우려'인 것도 그래서다. 현재 국내에서 지배적으로 통용되고 있는 정책 담론은 '재정 건전성 악화를 막기 위한 긴축'으로 요약할 수 있다. 그러나 재정 건전성을 엄격하게 유지하려는 정책은 효율성과 형평성을 종합적으로 고려해야 한다는 관점에서 봤을 때 바람직하지 않다는 반론도 적지 않다. 다시 말해 재정 건전성은 재정 정책의 목표가 아니라 수단에 불과하며 경제 정상화라는 상위 목표를 위해 재정 건전성은 일시적으로 유보할 수 있다는 것이다. 이 관점에선 재정 건전성 담론 자체가 특정한 이데올로기를 반영하고 있기에 객관적인 경제적 법칙은 아니라고 비판한다(강병구 외 2007).

일반적인 의미에서 재정 건전성은 정부가 공공서비스를 제공하는 데 따른 비용을 지불할 수 있는 능력, 또는 채무불이행이 발생하지 않으면서 재정 수지 균형을 유지하는 능력을 가리키는 개념으로 정리할 수 있다(강병구 2010, 323; 허명순 2011, 17). 재정 건전성을 측정하는 지표로 가장 많이 사용하는 것은 정부 부채, 관리 재정 수지 등을 꼽을 수 있다(강병구 외 2007, 21). 사실 재정 건전성은 절대적인 기준에 따라 평가하는 것은 아니며, 개별 국가의 담론적·제도적 맥락에 따라 그 양상이 상당히 다르다. 재정 건전성을 둘러싼 논쟁이란 예나 지금이나 '객관적' 지표보다는 정치경제 상황을 어떻게 진단하고 어떤 정치경제 모델을 지향하느냐는 세계관에 기반해 전개되기에 기본적으로 담론 투쟁 성격을 띤다. 가령 유럽연합EU은 정부 부채가 GDP 대비 60퍼센트 이하가 되어야 한다고 규정하지만, EU 통계청에 따르면 2018년 28개 회원국 평균은 80퍼센트나 됐다. 미국 연방 정부도 정부 부채 상한선을 규정하고는 있지만 상한선 자체가 협상을 통해 계속 확대되고 있다. 관리 재정 수지만 놓고 보면 김대중·노무현 정부가 이명박·박근혜 정부보다 더 좋은 상황이었고, 그나마 이명박·박근혜 정부를 거치면서 재정 건전성이 지속적으로 악화되고 있음에도 재정 건전성을 둘러싸고 벌어진 정부 비판은 김대중·노무현 정부 시절에 훨씬 더 격렬했던 사실이 단적인 예라고 할 수 있다.

한국 사회에서 재정 건전성 문제가 본격적인 국민적 관심사가 된 것은 1997년 외환 위기 이후부터였다. 그 전까지 '상식'이었던, 세입 범위 안에서 세출을 집행하는 보수적 재정 정책 기조는 외환 위기를 계기로 변화할 수밖에 없는 상황에 내몰렸다.[1] 대규모 공적 자금과 경기 부양 정책을 펼치면서 재정 적자가 늘어나기 시작했다. 1998년도 관리 대상 수지가 24조 9000억 원 적자를 기록했다. 막대한 공적 자금이 조성되면서 재정 개혁 필요성에 대한 논의가 확산됐다. 김대중 정부는 무려 168조 6000억 원에 이르는 공적 자금을 기업·금융 구조 조정에 투입했지만 회수된 금액은 101조 5000억 원이었으며 미회수 금액 67조 1000억 원의 상당 부분은 적자성 국가 채무(2010년까지 47조 원)로 메꿔야 했다(지주형 2012, 418). 일각에선 공적 자금이 결국 재정 부담으로 귀결될 것이고 이는 재정 위기를 초래할 수 있다는 우려를 제기했으며 야당인 한나라당에서는 재정 건전성 유지를 의무화하는 재정 준칙 도입 입법을 추진하기도 했다(조준상 2000, 50). 재정 건전성 때문에 가장 큰 정치적 공격과 비난을 받은 것은 노무현 정부였다. 특히 임기 후반기에는 언론과 야당, 학계를 가리지 않고 '방만한 재정 운용 때문에 나라 망한다'는 비판이 이어졌다.

지표만 놓고 보면 이해 못 할 바도 아니었다. 노무현 정부 집권 첫해인 2003년 국가 채무는 165조 7000억 원이었지만 임기 마지막 해인 2007년에는 298조 9000억 원으로 300조 원을 바라보게 됐다. 집권 5년 동안 늘어난 국가 채무가 165조 3000억 원이나 됐다. 여기까지는 명백한 사실이다. 하지만 거의 모두가 얘기하지 않는 사실이 하나 더 있다. 노무현 정부에서 국가 채무가 급증한 원인을 살펴보면 공적 자금과 만나게 된다. 김영삼 대통령 임기 마지막 해 겨울을 유달리 춥게 만들었던 외환 위기 와중에 김대중 정부가 대규모 공적 자금을 투입했다. 처음엔 국가 채무에 포함되지 않았는데 공적 자금 가운데 52조 7000억 원이 노무현 정부 시절 국채로 전환됐다. 게다가 외환 위기 이후 환율 방어에 대한 강박증이 커지면서 외환시장 안정화를 위한 '외국환평형기금' 채권 발행도 69조 원이나 됐다.[2] 이를 합하면 121조 7000억 원이다. 노무현 정부 5년간 늘어난 국가 채무의 대부분이다. 실제 관리 대상 재정 수지 추이를 살펴보면 2004년 4조 원 적자(GDP 대비 -0.5퍼센트), 2005년 8조 1000억 원 적자(-0.9퍼센트), 2006년 10조 8000억 원 적자(-1.2퍼센트) 수준이었으며 2007년에는 3조 6000억 원 흑자(1.6퍼센트)를 기록했다. 노무현 정부는 각종 지표만 따져 보면 오히려 보수적인 재정 운용을 했다고 평가할 수도 있다.

2007년 대선 과정에서 이명박 후보와 한나라당은 당시 노무현 정부의 '방만한 재정 운용'을 공격하며 자신을 차별화했다. 그러나 취임 이후 상황은 급변했다. 노무현 정부의 재정 건전성은 이명박 정부에 비하면 '새 발의 피'였음이 곧 드러났다. 단순하게 말해 감세 정책으로 세입은 급감한 반면, 이명박 정부가 내세운 '낙수 효과'는 어디에도 없었다. 2008년도 국가 채무는 309조 원이었지만 2009년도 359조 6000억 원, 2010년도 392조 2000억 원, 2011년 420조 7000억 원으로 집권 4년 만에 국가 채무가 110조 원 늘었다. 관리 대상 수지 역시 3조 6000억 원 흑자로 임기를 마무리한 노무현 정부와 달리 이명박 정부는 2009년 43조 2000억 원의 적자를 기록한 이후 2012년에도 17조 4000억 원에 달하는 적자를 기록했다(국회예산정책처 2013, 161). 특히 이전 정부와 달리 적자성 채무가 두 배 가까이 늘어난 점이 눈에 띈다. 더구나 정부가 다분히 의도적으로 정부 부채가 아닌 국가 채무 기준을 사용하면서 재정 건전성 실체를 과장했다거나, 4대강 사업 중 일부를 국가 채무 기준에 포함되지 않는 수자원공사 사업으로 떠넘겼음을 감안

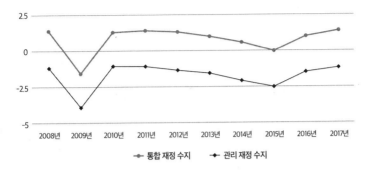

그림 6-1 | 재정 수지 추이 (단위 : GDP 대비, %)

자료 : 기획재정부(한국통합재정수지).

하면 이명박 정부 들어 재정 건전성은 상당히 악화된 셈이다. 물론 이명박 정부는 미국발 금융 위기에 따른 대외 경제 상황을 자주 거론했다. 하지만 기본적으로 감세 정책의 여파가 컸다. 이는 고스란히 조세부담률과 국민 부담률에 반영됐다. 조세부담률은 2007년 19.6퍼센트에서 2008년 19.3퍼센트, 2009년 18.27퍼센트, 2010년 17.9퍼센트로 꾸준히 감소했다. 국민 부담률도 2007년 24.8퍼센트, 2008년 24.6퍼센트를 기록했지만 감세 정책 여파로 2009년에는 23.8퍼센트로 줄었고 2010년에는 23.4퍼센트까지 떨어졌다. 그나마 이명박 정부 말기 국회가 주도한 증세 조치로 2012년 조세부담률은 18.7퍼센트, 국민 부담률은 24.8퍼센트로 일부 상승했다.

2010년 무렵부터 이른바 남유럽 재정 위기가 시작되면서 한국도 안전지대가 아니라는 인식이 확산됐다. 상황이 바뀌자 이명박 정부도 점차 재정 건전성을 강조하기 시작했다. 당시 정부의 재정

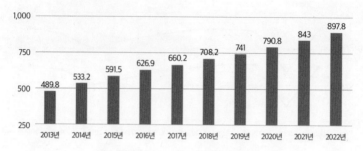

그림 6-2 | 국가 채무 추이 (단위 : 조 원)

자료 : 기획재정부.

전략회의는 2008년 '선진 일류 국가 건설', 2009년 '경제 재도약과 미래 대비'라는 핵심 과제를 내세웠는데, 2010년에는 '지속 가능한 재정 건전성'으로 바뀌었다. 2011년에는 '지속 가능한 재정'이었고 2012년에는 '균형재정 회복 및 유지'로 설정했다. 2011년 8·15 경축사에서는 균형재정 달성 목표 시점을 기존 2014년도에서 2013년도로 1년 앞당겼다. 문제는 실현 방법이었다. 본격적으로 감세·긴축과 증세·복지라는 두 가지 정책 담론이 충돌하기 시작했다. 전자는 무상 급식 등 복지 요구를 억누르는 담론 전략으로, 후자는 '부자 감세를 통한 경제 활성화'를 정면으로 비판하는 담론 전략으로 기능했다. 재정 건전성에 관한 한 박근혜 정부도 이명박 정부와 크게 다르지 않았다.

2013년 기초 연금 도입을 둘러싼 논란 와중에 자진 사퇴한 진영 보건복지부 장관 후임으로 문형표 한국개발연구원KDI 연구위원을 임명했다는 것은 박근혜 정부가 재정 건전성을 바라보는 태도를 전형적으로 보여 주는 사례였다. 문형표가 2006년 한 경제지에 쓴 기고문을 예로 들어 보자. 그는 "과다한 복지 부담은 근로 의욕의 축소, 기업의 고용 회피 등으로 경제성장에 저해 요인이 될 수도 있다"면서 "이를 고려한다면 무조건 복지 지출을 늘리는 것만이 능사는 아닐 것"이라고 주장했다. 그는 이 기고문에서 GDP 대비 복지 지출 수준에서 OECD 평균이 한국보다 2.5배나 높다고 인정하면서도 '그렇기 때문에 복지 지출을 늘려야 한다'고 주장하면 단순 비교의 함정에 빠진다고 비난했다. 그는 지금 굳이 복지 확대를 요구하지 않아도 "2050년께 우리나라 복지 지출 수준은 (독일이나 스웨덴 등) 현재의 고복지국가들과 유사해질 것"이라면서 자신이 비난한 '단순 비교의 함정'에 스스로 빠지는 결론을 내렸다. 사실 정도가 덜할 뿐 재정 건전성을 중시하는 것은 문재인 정부도 별반 다르지 않다.

2. '재정 건전성' 담론의 구조

재정 건전성 문제가 한국 사회에서 처음 공론화된 것은 1997년 외환 위기 이후였다. 노무현 정부 당시에는 조세 재정 정책을 공격할 수단으로 거론된 재정 건전성이 이명박 정부에서 재정 적자와 정부 부채가 급증하면서 부자 감세 담론의 주요 근거이자 증세 담론의 핵심 논거 가운데 하나로 맥락이 바뀌었다. 그 전까지 헤게모니를 쥐고 있던 진단(복지 확대에 따른 재정 건전성 악화)과 처방(감세와 세출 통제를 통한 재정 건전성 개선)은 이제 새로운 진단(부자 감세에 따른 재정 건전성 악화)과 처방(세입 확대, 즉 부자 증세를 통한 재정 건전성 확보)이 제시되면서 헤게모니를 위협받기 시작했다.[3] 세출 통제 프레임은 복지 정책 요구에 반대하며 감세 정책을 옹호하는 반면, 세입 확대 프레임은 부자 감세를 비판하고 부자 증세, 더 나아가 보편 증세를 정책 대안으로 강조한다. 다시 말해, 재정 건전성을 둘러싼 담론 투쟁은 감세 정책의 정당성을 좌우하는 전선으로서 작용하게 되었다.

(1) 더 이상 망설일 것이 없다. 당장 내년으로 예정된 추가 감세를 유보하고, 나아가서는 이미 시행되고 있는 감세분도 철회해 증세로 되돌리는 것이 마땅하다. 그렇지 않고서는 계속되는 재정 악화를 막을 도리가 없다(『경향신문』 2009/07/01).

(2) 한번 훼손된 국가 재정은 복구가 쉽지 않다는 점을 잊지 말아야 한다. 미국·영국 등 주요 선진국들이 재정 건전성을 높이기 위해 부자 증세에 나서는 현실도 감안할 필요가 있다(『한국일보』 2010/08/24).

(3) 재정 건전성을 유지하면서 얼마든지 복지를 확충할 수 있다. 정책의 우선순위 문제다. 복지가 절박한 시대적 요구임을 인식하고 증세를 포함해 재정 건전성을 지켜 가며 확충해 나갈 방안을 강구하는 것이 바른 자세다. 물론 과도한 복지는 경계해야 하지만 OECD 평균 수준에 크게 못 미치는 한국의 복지 수준에서 '과도함'을 말하는 것 자체가 어불성설이다(『경향신문』 2011/08/11).

(4) 박근혜 정부가 공약을 이행하겠다면 그 방안은 경제학자들 지적대로 국채 발행 아니면 증세다. 하지만 국채 발행은 미래 세대에 부담을 떠안기는 데다 재정 건전성을 크게 해치기 때문에 증

세가 옳은 방안이다. 그렇다고 우리가 증세를 주창하는 건 결코 아니다. 증세가 아니면 복지비용을 감당할 수 없다는 현실을 지적할 뿐이다(『중앙일보』 2013/02/25).

　재정 건전성이라는 정책 담론을 바라보는 상이한 세계관은 단순히 개개인의 신념에 그치지 않고 재정 건전성 악화의 원인 진단과 처방에 이르기까지 상반된 정책 대안으로 이어진다. 먼저 재정 건전성은 끊임없이 강조해야 할 규범이며, 이를 유지하기 위해 적극적인 감시를 해야 한다고 보는 관점이 존재한다. 이 관점에서 보면 '과도한 복지 정책 요구'는 재정 건전성을 위협하기 때문에 억제해야 할 대상이다. 그러면서도 이들은 이명박 정부에서 최대 논란 가운데 하나였던 '부자 감세'에 대한 비판에는 동의하지 않거나 외면하는 양상을 보였다. 그 이유는 이 관점이 공급 중시 경제학의 핵심 논리인 '낙수 효과'나 규제 완화 및 사유화를 강조하는 시장 자유주의, 이른바 신자유주의를 인식 밑바탕에 내재화하고 있기 때문이다. 이 글에서는 이를 '감세·긴축 프레임'으로 명명한다.

　'감세·긴축 프레임'과 상반되는 또 다른 관점이 있다. 재정 건전성은 지향해야 될 규범이지만 목적이 아닌 수단이며 경제적 위기 상황 또는 유효수요가 현저하게 악화된 특수 상황에서는 잠정적으로 유보할 수 있다고 본다. 문제는 재정 건전성 그 자체가 아니라 정부가 추진하는 대규모 감세 정책이며, '부자'를 위한 감세가 아니라 조세 정의 실현을 통한 세입 확보가 더 중요하다는 시각이다. 이 프레임에는 신자유주의 비판, 공공성 회복과 '국가의 역할' 재고찰과 같은 관점들이 들어 있다. 이 관점에선 부자 감세를 철회해야 한다는 데서 점차 부자 증세, 더 나아가 보편 증세까지 프레임을 확장해 간다. 이 글에서는 이를 '증세·복지 프레임'으로 명명한다.

재정 건전성 담론을 구성하는 상반된 두 프레임은 정책 진단과 정책 처방에서 뚜렷한 차이를 보인다. 먼저 정책 진단은 재정 건전성과 위기, 재정 건전성과 감세의 인과관계를 어떻게 평가하는지에 따라 갈린다. 즉 '재정 건전성 악화는 위기의 원인인가 부산물인가', '감세는 재정 건전성을 악화시키는가' 등이 두 프레임을 주요하게 구분하는 지점이다. 재정 건전성 악화는 위기의 원인이며 감세는 재정 건전성을 악화시키지 않는다는 진단이 한편에 존재하고, 다른 한편에는 재정 건전성 악화는 위기의 부산물이며 오히려 감세가 재정 건전성을 악화시킨다는 진단이 자리 잡고 있다. 공교롭게도 같은 매체에 실린 다음 두 주장은 동일한 현상을 대하는 매우 다른 원인 진단을 여실히 보여 준다.

금융 위기로 빚더미에 짓눌린 가계는 빚을 갚느라 오히려 소비를 줄였고, 그나마 그간의 재정지출과 금융완화 덕에 최악의 경기후퇴를 막아 왔다. 물론 그 과정에서 재정 적자가 늘어나고 정부 부채가 확대된 것이 사실이지만 그것이 경기침체의 원인은 아닌 것이다(김종수/『중앙일보』 2011/08/17).

지금 글로벌 위기는 재정의 위기다. 정부가 돈을 펑펑 썼기 때문에 생긴 위기다. …… 복지와 낭비가 심했고, 그 결과 국가 부채가 급

표 6-1 | 재정 건전성 담론 구성

상위 프레임	하위 프레임	핵심 주장
감세·긴축	낙수 효과	• 감세 정책을 통해 기업 투자 및 고용 활성화 필요 • 기업과 부유층의 소비 심리 자극을 통한 경기 부양 효과
	긴축	• 무분별한 복지 정책에 따른 재정 파탄 우려 • 유럽과 남미 위기는 복지 과잉에서 비롯된 것
증세·복지	세입 확대	• 감세를 통한 낙수 효과는 허상이며 양극화만 심화 • 부자 감세는 재정 건전성을 악화시키고 경제에도 악영향
	보편 복지	• 양극화 해소와 민생 안정을 위한 적극적 재정 정책 필요 • 경제 정상화를 위해서는 단기적 재정 악화 감수해야

증했다(『중앙일보』 2011/08/12).

상이한 진단은 서로 다른 정책 처방으로 이어진다. 세입 측면에선 감세 대 증세, 세출 측면에서 긴축 대 재정 확대가 이항 대립하면서 감세와 긴축, 증세와 재정 확대라는 전선을 따라 상호 대립하는 정책 담론을 각자 구성하고 담론 투쟁이 벌어졌다. 먼저 감세를 정책 처방으로 제시하는 것은 낙수 효과와 감세를 연결하는 관점이다. 정부는 재정 건전성을 이유로 허리띠를 졸라매야 한다고 그토록 강조하면서도 감세 정책을 끝까지 고수하려 노력했다는 데서 분명히 드러나듯이 무게중심은 감세였다. 그 반면 증세를 정책 처방으로 제시하는 관점은 초기에는 재정 건전성을 위한 감세 반대로 시작해 점차 증세를 통한 재정 건전성으로 발전해 갔다. 다시 말해, 초기엔 감세 비판에 무게중심이 있었지만 뒤로 갈수록 복지로 무게중심이 이동한다. 세출 측면에선 '긴축과 재정 확대'로 전선이 갈린다. 재정 확대는 특히 미국발 금융 위기 국면에선 재정지출 확대로 압축됐지만 곧 복지 정책을 강화하자는 정책 노선과 결합했다. 재정 건전성 논쟁은 복지 정책 강화 여부를 둘러싼 담론 투쟁과 뒤섞였다. 증세를 통한 재정 건전성에서 한걸음 더 나아가, 중요한 건 재정 건전성 그 자체가 아니라 재정 확대(곧 복지 강화)를 통한 경기 선순환 구조를 확립해 재정 건전성을 자연스럽게 해결하는 것이라는 대안 담론으로 발전하는 양상도 나타났다. 따라서 재정 건전성 담론은 〈표 6-1〉에서 보듯이 상호 대립하는 두 가지 주요 프레임, 그리고 각 프레임을 지지하는 하위 프레임을 담고 있는 것으로 파악할 수 있다.

3. '재정 건전성' 담론의 프레임 전략

'집안 살림'이라는 은유

외환 위기 이후 한국에서 진행된 재정 건전성 담론에서 특징적인 은유를 발견할 수 있다. 재정 건전성을 집안 살림에 빗대는 이 은유는 이른바 진보 신문과 보수 신문 사이에 별다른 차이 없이 감세·긴축 프레임과 증세·복지 프레임에서 공통적으로 나타난다. 집안 살림에서 중요한 원칙은 '아껴야 잘산다', '과소비는 안 된다', '빚지는 건 안 된다', '후손들을 생각해야 한다' 등이다. 특히 한국 현대사가 '각자도생'과 '공동체에 대한 불신'을 집단적으로 학습하면서 '믿을 건 내 식구뿐'이라는 가족주의를 내면화했음을 고려하면 집안 살림 은유는 국가 재정 운용에 대한 가부장주의적 접근법이라고 해석할 수도 있다.

집안 살림 은유에 입각한 "지출에 앞서 수입을 생각하는 것은 범부의 살림에서도 기본이다"(『한국일보』 2007/02/17)라는 언급은 재정 건전성을 바라보는 시각을 전형적으로 보여 준다. 이 관점에서 보면 재정 건전성 악화는 곧 "재정 능력을 초과하는 복지 지출에 대한 과잉 기대"와 다를 게 없고 이는 "가처분 소득을 웃도는 과소비 욕구와 조금도 다르지 않다"(『한국일보』 2012/02/21)는 비판을 받아 마땅하다. 특히 "복지의 부담을 재정에 떠넘긴다면 후세대의 밥그릇을 빼앗아 현세대가 자신들의 배를 채우겠다는 것과 다를 바 없다"(『서울신문』 2011/01/17)거나 "우리 좋자고 후손에게 빚을 잔뜩 지우는 못난 조상이 돼서야 되겠는가"(『중앙일보』 2012/02/21)라는 진술문에서 보듯 후손들에게 빚더미를 남겨 주면 안 된다는 것은 재정 건전성을 지극히 상식적이고도 합리적인 도덕적 가치로 자리매김한다. 복지 강화 정책은 국가 채무 증가로 이어지고 이는 곧 재정 건전성을 악화시켜 후손들을 고통에 빠뜨리기 때문이다.

과도한 복지 요구는 포퓰리즘이고, 포퓰리즘에 '굴복'하는 것은 나랏돈을 흥청망청 쓰는 부도덕하고 무책임한 행태다. "퍼주기 포퓰리즘의 홍수 속에서 나락으로 떨어진 일부 남미 국가의 전철을 밟지 말라는 보장이 없다"(『동아일보』 2010/06/07). 이는 결국 "그 부담은 고스란히 다음 세대에 전가되고 성장 동력도 떨어뜨"(『동아일보』 2010/06/07)리고 "쌀독이 금세 빌 것"(『동아일보』 2012/09/27)이다. 이런 불행한 사태를 피하려면 "지금 당장 편하자고 후세들에게 빚더미를 떠넘기는 것은 없어야 한다"(『경향신문』 2013/09/27). 결국 집안 살림 은유가 향하는 곳은 재정 규율 강화와 긴축, 복지 정책 반대인 셈이다.

곳간 사정을 생각해 불요불급한 지출은 최대한 막아야 한다(『경향신문』 2013/09/27).

무상 복지라는 이름으로 포장된 현행 '무차별 세금 복지' 구조를 이대로 끌고 가면 결국 국채 발행을 통한 나랏빚 증가와 재정 악화, 국가신용 등급 하락을 피하기 어렵다. 우리 경제를 멍들게 하는 복지 포퓰리즘과의 결별 없이 국채 발행만 늘리는 것은 미래 세대에 큰 부담을 지우는 죄악이다(『동아일보』 2015/02/25).

청년 세대를 위해 기성세대가 희생해야 한다며 노동 개혁을 강조하는 정부가 미래 세대의 부담인 나랏빚을 크게 늘리는 것도 모순이다(『중앙일보』 2015/09/09).

물론 '집안 살림' 은유를 통해 매우 다른 정책 처방을 내놓기도 한다. "재정 건전성을 높이려면 방만한 씀씀이를 줄이고, 나라 곳간을 두둑하게 만드는 게 기본이다. 먼저 할 일은 비효율적인 재정 집행을 최대한 억제하는 것이다"라는 진술문에 뒤이어 "그런 점에서 보면 무려 22조 원이 투입되는 4대강 사업 등 일회성 대형 토목사업은 당장 중단하는 게 옳다"(『한겨레』 2010/05/10)는 주장이 등장하는 식이다. "국가 채무가 계속 크게 늘면서 적자 국채 발행도 급증하는데 세금 깎아 주는 것을 여전히 우습게 아는 태도다"(『경향신문』 2011/04/09)에서 보듯 '부자 감세'를 비판하는 경우에도 동일한 관점을 공유한다. 하지만 실제 재정 건전성을 다룬 사설에서 이런 사례는 극히 드물다.

감세·긴축 프레임

　감세·긴축 프레임은 '흥청망청', '퍼주기', '포퓰리즘', '다음 세대 부담', '국가 신인도 하락' 등 부정적인 표현들을 통해 재정 건전성이 국가정책에서 차지하는 위상을 강조한다. "국가경제의 마지막 버팀목"(『동아일보』 2010/06/07), "가장 확실하고 근본적인 통일 비용 대책은 재정 건전화"(『동아일보』 2010/10/22), "양보할 수 없는 '절대선'에 가깝다"(『한국일보』 2011/05/24), "우리 경제를 지탱하는 최후의 생명줄"(강석훈/『동아일보』 2011/07/09), "재정 건전성 확보에 우리의 미래가 달려 있다"(『서울신문』 2011/07/09), "건전 재정이 경제위기의 재발을 막는다"(『중앙일보』 2011/08/12), "우리 경제의 마지막 보루"(『중앙일보』 2017/07/26) 같은 표현이 대표적이다.

　이 프레임은 감세와 긴축(재정지출 통제)을 정책 처방으로 구성한다. 감세 정책이 소비를 활성화해 경제를 선순환시킬 것이라는 관점을 공유한다. 반대로 무상 급식 등 보편 복지 정책에는 매우 회의적인 반응을 보인다. 이를 도식화하면 '복지 확대 → 재정지출 급증 → 재정 건전성 악화 → 재정 위기'로 정리할 수 있다. 감세·긴축 프레임에서 재정 건전성은 "국가경제의 마지막 버팀목"이고 그만큼 "각별한 경각심"을 필요로 한다(『동아일보』 2010/06/07). 재정 건전성은 반드시 달성해야 하는 최우선 정책 목표로 자리매김한다. 2009년 1월부터 이듬해 5월까지 청와대 정책실장을 지낸 윤진식은 "목숨을 걸고 지켜야 할 경제정책의 기본"이라면서 재정 건전성에 문제가 발생할 경우 "한순간에 거덜이 날 수 있다"고 말했다(이진석/『조선일보』 2010/06/09). 저출산 고령화와 통일 대비 등 중장기 재정 위험에 대비해야 한다는 점, 복지 지출이 지속적으로 늘고 있다는 점 등을 장기적으로 재정 건전성을 중시해야 할 근거로 거론한다.

이 프레임에 따르면 대규모 감세 정책과 재정 건전성 강화는 전혀 모순 관계가 아니다. 오히려 감세를 하면 '낙수 효과'를 통해 재정 건전성과 경제 정상화를 이룰 수 있다고 본다. 가령 이명박 정부 초대 기획재정부 장관을 지낸 강만수가 한 인터뷰에서 "한국은 감세와 재정지출을 빨리, 그리고 확대 실시한 덕분에 세계 어느 나라보다 빠르게 글로벌 금융 위기에서 회복하고 있다"(『동아일보』 2010/08/20)고 발언한 것은 이런 인식을 잘 보여 준다. 감세 정책이 낙수 효과를 유발하고 이는 다시 재정 건전성을 위해서도 필요하다는 인식 구조에서는 증세는 물론 '감세 유보' 논의마저 들어설 자리가 없다. 이는 통일 비용을 재정 건전성 유지의 중요한 근거로 들면서도 막상 대통령 이명박이 2010년 광복절에 '통일세' 방안을 거론한 것을 반대한 데서도 잘 드러난다.

『중앙일보』 사설에 등장한 "세금 부담이 문제"라는 진술에서 드러나듯이 통일세를 반대하는 이유는 바로 통일세가 증세로 이어질 가능성 때문이다(『중앙일보』 2010/08/16). 이런 태도는 『동아일보』에 실린 두 사설(2010/10/22: 2011/07/19)에서도 되풀이된다. 이 사설은 통일세 제안을 비판하기 위해 4대강 사업까지 문제 삼으며 재정 지출 축소를 요구했다. "정부 스스로 허리띠를 졸라매는 게 우선"과 같은 진술은 재정 건전성 담론이 감세 대 증세 담론과 밀접히 결합한 정책 담론임을 암시한다(강국진·김성해 2011). 2011년 9월 7일 정부와 한나라당이 소득세·법인세 추가 감세를 백지화하기로 결정하자 『중앙일보』가 "감세는 세율을 낮추는 것이지, 반드시 세수가 줄어든다고 할 수는 없다"면서 "감세 논쟁은 보수 정권의 대기업·부자 홀대로 끝났다"며 감정적인 비난을 쏟아 낸 것도 같은 맥락에서 볼 수 있다(『중앙일보』 2011/09/08).

2009년 후반기에 접어들면서 여론은 감세 정책을 비판하고 보편 복지를 주장하는 쪽을 지지했다. 정치적 부담감을 느낀 이명박 정부조차 '친서민'이라는 구호로 정책 방향을 선회하려는 조짐이 나타났다. 이에 대해 포퓰리즘 '낙인'과 '역효과'(Hirschman 1991)에 대한 경고로 대응하는 복지 망국론 프레임도 강화됐다. 『동아일보』의 다음과 같은 주장에서 이 프레임의 핵심 주장을 파악할 수 있다.

정부의 포퓰리즘은 재정만 축내고 서민의 주름살은 펴주지 못할 가능성이 적지 않다. 역대 정부마다 친서민을 앞세워 세금을 깎아 주고 재정을 투입했지만 복지 지출이 엉뚱한 곳으로 흘러가거나 부패한 공무원의 주머니를 불린 사례가 비일비재하다(『동아일보』 2010/08/14).

『동아일보』는 2009년 8월 5일자에 재정 건전성 문제를 본격적으로 다룬 종합 기획을 실었는데 이는 2008년 12월 12일자 기사인 「정부 부채비율 선전국의 절반… 더 빨리 더 과감히 돈 풀어야」를 빼면 이 신문이 이명박 정부 출범 이후 재정 건전성을 다룬 첫 분석 기사였다. 『중앙일보』도 2007년 이후 처음으로 재정 건전성을 다룬 사설 「감세하더라도 재정 건전성 신경 써야」를 2009

년 8월 21일 게재했다. 사설은 정부가 전날 발표한 '친서민 세제 지원 방안'에 대해 "나라 안팎에서 재정 악화를 경고하는 상황에서도 새로 1조 원 이상을 서민층 지원에 투입"한다며 이를 "선심성 감세 정책"으로 규정했다. 『동아일보』 2009년 9월 12일자 사설은 "낭비적 요소가 많은 정부 지출을 없애는 것이 재정 건전성 개선을 위해 더 효율적"이라고 조언하면서 낭비적 요소의 하나로 '친서민 정책'을 지목했다. 특히 2010년 하반기부터 서울시 주민 투표가 실시된 2011년 8월 24일까지는 무상 급식 정책이 복지 정책 비판의 최전선 구실을 했다. 앞서 언급했듯이, 이명박은 서울시 무상 급식 투표일 이틀 전인 2011년 8월 22일 라디오 연설을 통해 "급변하는 세계경제 흐름 속에서 재정 건전성을 지키지 못한다면 구멍 난 배로 망망대해를 항해하는 것과 같다고 본다"면서 "선심성 복지로 국가 부도의 위기에 이른 남유럽 국가들의 사례는 우리에게 큰 교훈을 주고 있다"고 말했다.[4]

2010년 무렵 그리스를 시작으로 발생한 이른바 '남유럽 재정 위기'가 과다한 복지 지출 때문이었다는 진단의 정당성을 확인하는 근거로 동원되는 양상이었다. "1980년대의 남미, 90년대의 일본, 최근의 남유럽이 과도한 복지 지출과 정치적 포퓰리즘에 휘둘려 재정을 방만하게 운용했다가 위기를 맞은 쓰라린 경험을 답습해서는 안 된다"(『서울신문』 2011/07/09)는 진단 다음에는 "재정지출을 철저히 관리하여 비효율과 낭비 요인을 철저하게 가려내야 한다"(임상규/『서울신문』 2010/08/07)는 처방이 뒤따른다. "우리나라가 외환 위기와 글로벌 금융 위기를 극복할 수 있었던 원동력은 재정 건전성"(『서울신문』 2011/07/09)이기 때문이다.

그리스 위기는 순전히 그리스가 잘못해 발생했을까? 그렇게 여기는 의견을 곳곳에서 찾아볼 수 있다. 가령 당시 위르겐 스타크Juergen Stark 유럽중앙은행ECB 정책위원이 2010년 1월 6일 "그리스의 문제는 그리스 자체의 원인으로 발생한 것으로 EU가 구제금융을 투입하지 않을 것"이라고 한 발언이 대표적이다(산은경제연구소 2010, 142). 그리스는 GDP 대비 국가 부채가 1980년 22.3퍼센트에서 2000년 103.4퍼센트로 증가할 만큼 오랫동안 방만한 재정 운영을 펼쳐 왔으며, 그 결과 재정 통계를 조작하고서야 2001년 유로존에 가입할 수 있었다는 비판을 받아 왔다(삼성경제연구소 2010). 그리스 사례는 과도한 재정 적자와 정부 부채가 국가 부도를 초래할 수 있다는 담론이 확산되는 계기였다는 점에서도 중요하다. 하지만 한국에서 상식처럼 통용되는 것들은 과연 얼마나 사실에 부합할까?

한국의 주요 언론에서 강조하는 '복지 포퓰리즘'은 실상과 전혀 다르다. 단적으로 2008년 기준 1인당 연간 노동시간을 보면 그리스는 OECD에서 한국 다음으로 오래 일하는 장시간 근로 국가였다. 무려 2120시간으로, 2256시간인 한국과의 차이는 136시간에 불과했다. OECD 평균은 당시 1764시간이었고, 독일은 1430시간이었다. 사회보장 지출 규모도 알려진 것과 차이가 많다. 2007년을 기준으로 OECD 평균 GDP 대비 사회복지 지출은 19.3퍼센트였다. 그리스는 21.3퍼센트로 OECD 평균과 2퍼센트포인트 차이다. 가장 비중이 높은 국가는 프랑스로 28.4퍼센트였고, 일본은 18.7퍼센트, 미국은 16.2퍼센트, 한국은 7.5퍼센트였다. 그럼에도 그리스는 왜곡된 자원 배분 탓에 복지 후진국이라는 오명을 벗어나지 못했다. 갈등 해결이 어려운 것은 남성 가장이 일자리나 연금을 통해 가족경제를 책임지는 가부장제 전통이 강한 복지 제도 특성과도 연관된다. 노인 연금 비중은 지나치게 높고 사회 서비스는 지나치게 빈약했다. 2006년 기준 복지 지출에서 노인 연금이 차지하는 비중이 66퍼센트에 이르렀다. EU에서도 최고였다. 국회예산정책처 보고서에 따르면 그리스는 고령화 관련 지출 비중이 사회보장 총지출 가운데 42퍼센트이고, 연금의 소득 대체율은 95.1퍼센트로 유럽 최고 수준이었다. 연금 산정 기준도 퇴직 전 '5년 소득'이고, 연금 수급 연령도 61세로 낮으며 조기 은퇴 옵션도 있었다. 공공 부문 보수는 2000년부터 2008년까지 100퍼센트나 인상됐다(국회예산정책처 2010, 22~24).

남유럽식 가부장 문화는 노인 연금 위주 복지 시스템이 형성되는 데 큰 영향을 미쳤다. 그리스에서 국가는 남성 가장에게 양질의 일자리와 연금을 보장하는 대신, 복지 책임을 가족에게 떠넘겼다. 이는 과다한 연금, 과도한 공공 부문 일자리, 낮은 여성 취업률 등으로 귀결했다. 모든 노인이 골고루 혜택을 누린 것도 아니다. 여기서도 공무원이나 법조인 등 특정 이익집단이 과실을 차지했다. 가족과 실업자를 위한 복지 지출은 2001년 기준 약 3퍼센트에 불과하고, 그리스 노동연구소INE-GSEE 2008년 보고서에 따르면 그리스 노동자 가운데 22퍼센트가 저임금 상태에 머물렀다. 2004년 현재 OECD 국가의 국민 의료비 중 본인부담률 평균은 20.5퍼센트이지만 그리스는 45.2퍼센트로 한국(36.9퍼센트)보다 높은 수준을 기록했다(『경향신문』 2011/08/12). 유로화 가입 이후 그리스는 가뜩이나 수출 경쟁력이 약화된 데다 세계 금융 위기의 직격탄을 맞은 탓에 경상수지와 재정 수지에 심각한 적자가 발생했다(산은경제연구소 2010, 139).

상황이 이렇게 된 데는 그리스의 취약한 정치제도가 한몫했다. 삼성경제연구소(2010, 4)에 따르면 그리스는 "제2차 세계대전 이후부터 1974년 사이에 총리 대부분이 임기 1년 이내로 단명"했을뿐더러 "1975년 민주화 이후에도 역사적으로 뿌리 깊은 정치인과 유권자 간 유착 관계로 인해 민주주의가 변질"됐다. 3대 유력 정치 가문이 그리스 정치를 좌지우지하는 과두제 정치는 민주주의를 허약하게 만들었고 공공성을 위축시켰다. 독일 시사 주간지 『슈피겔』은 2011년 7월 5일 그리스 정치사 분석 기사에서 파판드레우Papandreou, 카라만리스Karamanlis, 미초타키스Mitsotakis 등 그리스를 대표하는 3대 유력 정치 '왕조'의 책임론을 제기했다. 정부 곳간을 친구와 친척 등 자기편에게 던져 주는 족벌주의 체제로 국가를 사유화하고 국가 기강을 무너뜨렸으며, 행정조직을 지나치게 비대하게 만들어 관료주의 괴물을 창조했다는 것이다. 『슈피겔』은 봉건적 민주주의가 유지되면서 파판드레우, 카라만리스, 미초타키스라는 이름은 총리, 장관, 당 대표 등 주요 정치 지도자로 수십 년째 변함없이 정치 뉴스에 등장한다고 꼬집으면서 "그리스에선 새 정부가 들어설 때마다 기존 인력은 줄이지 않은 채 측근과 이들의 가족과 친척들 수천 명을 정부 관료로 새로 채용하는 전통이 있었다"고 지적했다. 새 정부가 구성되면 "집권당은 이익집단의 지지를 얻기 위해 각종 산업과 농업 보조금, 고용 보호, 임금 인상 등 경제적 편익을 제공"했는데 대표적인 행태가 바로 정치인들이 "선거에서 표를 얻는 대가로 지역 유권자들에게 고용이 보장되는 공공 부문의 일자리를 제공"하는 것이었다(삼성경제연구소 2010, 4~5).

그리스는 지하경제 규모가 크다. 24.7퍼센트로 OECD 회원국 중 그 규모가 가장 크다. 낙후된 재정 시스템, 세무 공무원들의 부패, 납세자의 조세 회피가 원인으로 지목된다. 사정이 이렇지만 그리스 정부는 2004년 이후 각종 감세 조치들을 취했다. 2004년 35퍼센트였던 법인세율은 해마다 3~4퍼센트포인트씩 대폭 인하해 2007년에는 25퍼센트까지 떨어졌다. 게다가 소득세율 인하와 친척 간 부동산상속세 폐지 등으로 그리스의 GDP 대비 재정수입 비율은 2007년 이후 감소세를 보인 반면 재정지출은 2006~09년 동안 9퍼센트포인트 증가했다.

한국 사회 공론장에서 그리스는 방만하고 부도덕하게 재정을 운용해 '집안 살림'을 거덜 내고 후손들에게 고통을 안겨 주는 '무책임한 가장'의 본보기가 됐다. 사실 남유럽 재정 위기를 계기로 재정 건전성, 특히 긴축재정을 주장하는 목소리가 활발해진 건 세계적인 현상이었다.

이들 국가는 벌어들이는 것보다 복지비용을 더 많이 지출한 탓에 재정 건전성이 파탄 직전까지 내몰린 공통점을 갖고 있다. …… 우리도 나라 곳간을 제대로 단속하지 않으면 남유럽 국가들의 전철을 밟지 않는다는 보장이 없다(『서울신문』 2011/05/26).

지금 글로벌 위기는 재정의 위기다. 정부가 돈을 펑펑 썼기 때문에 생긴 위기다. …… 건전 재정이 경제위기의 재발을 막는다. 미국과 EU 사태에서 이것만 배워도 엄청난 수확이다(『중앙일보』 2011/08/12).

아직은 우리나라의 재정 건전성이 OECD 국가 중 양호한 수준이
지만 마구잡이로 퍼주다 보면 재정이 파탄 난 그리스 꼴이 되지 말
란 보장이 없다(『국민일보』 2017/04/13).

재정 건전성 담론에서 그리스·스페인·이탈리아 등 남유럽 국
가들의 이른바 재정 위기는 재정 건전성을 강화하는 강력한 근거
가 된다. 이를 위한 방법으로 동원되는 것이 바로 '재정 규율'이
다. "재정 당국은 엄격한 재정 규율에 의거해 나라 곳간을 굳건히
지켜야 한다"면서 "퍼주기성 복지 경쟁을 벌이고 있는 정치권은
미래 세대에 부담을 떠넘기는 포퓰리즘적 공약 남발을 자제해야
한다"(『서울신문』 2012/06/02)고 지목하는 것은 재정 건전성을 위한 '재
정 규율'이 향하는 곳이 어디인지 명확히 보여 준다. 비슷한 시기
에 나온 다른 사례도 크게 다르지 않다.

방만한 재정 운용은 언젠가 반드시 재정 위기를 부른다는 사실은
최근 문제가 되고 있는 남유럽 국가들이 여실히 보여 주고 있다.
지금부터라도 과도한 복지 지출의 확대를 자제하면서 재정의 건전
성을 강화하는 노력을 경주해야 한다(『중앙일보』 2012/06/04).

그리스 위기는 방만한 복지 정책에서 비롯됐다. 우리 정치권이 선
거 때마다 복지 정책을 쏟아 내면 국가 재정이 견뎌 낼 수 없다(『동
아일보』 2012/07/07).

각 연도별로 재정 건전성을 다룬 사설이 등장하는 빈도를 살펴

그림 6-3 | '재정 건전성'을 주제로 한 사설의 연도별 게재 편수 추이

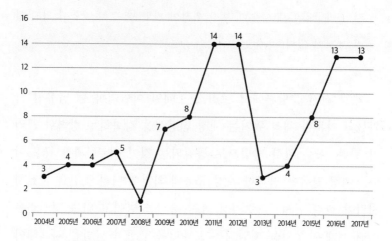

보면 재정 건전성 담론에서도 담론의 정치성과 역사성은 예외 없이 드러난다. 전반적으로 빈도가 늘어난다는 점 외에 감세·긴축 프레임에 유리한 정치적 국면보다는 오히려 불리한 국면에서 재정 건전성을 다루는 횟수가 덜 늘어나는 경향을 보인다. 이명박·박근혜 정부가 명목상으로는 재정 건전성을 강조하는 데 비해 이들의 임기 첫해는 모두 재정 건전성이 제대로 공론화되지 않은 반면, 지방선거나 총선·대선 등에서 이들이 증세·복지 프레임에 가까운 정치 세력에 고전할 때 재정 건전성이 더 활발하게 공론화된다. 이는 전반적인 재정 건전성 담론이 '부자 감세' 비판과 복지국가 요구 등 분배 요구에 맞서는 반反증세 담론의 성격을 띤다는 합리적 의심을 품게 하는 대목이다. 이는 재정 건전성 담론이 '포퓰리즘'과 '선심성 복지 예산'에 따른 재정 악화를 강조하며, 그런

비판을 가장 활발하게 제기할 만한 상황이 바로 선거 국면이라는 점과도 맞물린다. "재정 건전성을 염두에 두지 않는 정치권의 복지 공세가 계속되다 보면 한국의 신용 등급이 떨어질 수 있다"(『동아일보』 2012/02/21)는 주장은 이런 관점을 보여 주는 대표적인 진술문이다.

또한 2010년 하반기부터 2011년 8월 24일 서울시 주민 투표까지 벌어진 무상 급식 정책 논쟁은 재정 건전성 담론이 어떤 식으로 작동하는지 잘 보여 주는 사례이다. 앞서 말했듯이, 무상 급식을 둘러싼 논쟁은 서울시장 오세훈이 주민 투표를 강행한 데다 당시 대통령 이명박까지 논란에 가세하면서 급격히 과열된 바 있다. 감세·긴축 프레임에서 볼 때 무상 급식은 지방선거에서 기승을 부린 "포퓰리즘적 지출 공약"이었다. 무상 급식은 "재원 조달 방법이 불투명한 정책"이고 "재정 건전성을 더욱 악화시킬 가능성이 크다"는 점에서 결코 시행해선 안 된다(『동아일보』 2010/03/24). "퍼주기 포퓰리즘의 홍수 속에서 나락으로 떨어진 일부 남미 국가의 전철을 밟지 말라는 보장이 없다. …… 그 부담은 고스란히 다음 세대에 전가되고 성장 동력도 떨어뜨린다"(『동아일보』 2010/06/07)는 '프로파간다'가 노골적으로 등장했다.

심지어 무상 급식 주민 투표가 무산된 뒤에도 복지 강화 요구를 방어하는 논리로 재정 건전성을 활용하는 담론 전략은 계속됐다. 대표적인 예로 당시 기획재정부 장관 윤증현은 2011년 1월 3일 시무식에서 "정치권이든 국민이든 나라 곳간을 주인이 없는 공유지共有地 취급을 해서 서로 (자신의) 소를 끌고 나와 계획 없이 풀을 뜯긴다면 초지草地가 황폐화된다"면서 재정 건전성을 들어 복지 정책 요구를 일축했다. 그해 1월 21일 대통령 직속 미래기획위원회 신년 업무보고 자리에서 위원장 곽승준이 "2009년 경제위기 때 추진했던 '중산층 국가를 위한 휴먼 뉴딜 프로젝트'를 재추진할 필요가 있다"고 했을 때 기획재정부 관계자가 제동을 걸며 내세운 논리도 "재정 건전성이 중요하다"는 것이었다(『중앙일보』 2011/02/15).

2016년 4월 총선을 앞두고 등장한 재정 건전성 관련 사설은 감세·긴축 프레임의 헤게모니가 얼마나 강력한지를 또다시 보여 준다. "고령화로 인한 복지 재정 지출 수요가 앞으로 크게 늘 것이 뻔한 상황"(『국민일보』 2016/02/01)이라는 상황 인식은 "재정 건전성을 유지하는 데 필사적으로 대처하지 않으면 안 된다"(『조선일보』 2016/02/01)는 처방의 강력한 근거가 된다. "재정 건전성이 무너지면 국가 경제는 흔들릴 수밖에 없"기 때문에 "재정 건전성 확보를 위해 정부와 국민 모두 비장한 각오가 필요한 시점"(『서울신문』 2016/04/06)이다. 이를 위해서는 정치인들이 선거를 위해 "무분별하게 재정 지출을 늘리는 것을 막"(『조선일보』 2016/02/01)는 것이 중요한 과제가 된다. "이래서는 앞으로도 '폭탄 돌리기' 하듯 빚을 다음 정권과 후세에 떠넘기는 무책임을 끊기 어렵"(『한국일보』 2016/04/06)기 때문이다. 강력한 재정 준칙, 즉 '허리띠를 졸라매기'를 하지 않으면 후손들에게 죄를 짓게 되기 때문이다. 언젠가 닥칠 '헬조선'을 막기 위해 지금 우리 앞에 닥친 '헬조선'에 손 놓고 있으라고 요구한다. 가히 '가장의 운명'이라고 할 만한 비장함이다.[5]

증세·복지 프레임

재정 건전성 담론의 밑바닥에는 국가 차원의 재정 정책을 집안 살림살이와 동일시하는 전략이 자리 잡고 있다. 하지만 과소비를 하지 않고 허리띠를 졸라매기만 하는 게 유일하게 바람직한 집안 살림은 아니다. 바로 그 지점에서 "재정 건전성도 중요하지만 상황에 따라서는 재정의 규모와 우선순위가 더욱 중요할 수도 있다"(『한겨레』 2011/06/04)며 재정 건전성 담론을 다르게 구성하려는 시도, 즉 증세·복지 프레임이 나타난다. 증세·복지 프레임은 현 단계에서 걱정해야 할 것은 재정 건전성보다는 오히려 복지 정책, 즉 국가의 공공적 역할이라고 진단한다.[6] 복지와 재정 건전성은 대체 관계가 아니라 보완관계라고 보면서 오히려 감세와 재정 건전성을 대체 관계로 자리매김한다.[7] 이 프레임은 후손들에게 물려 주어야 할 유산을 '빚더미 없는 집안 살림'에서 '모두가 행복하게 사는 화목한 집안'으로 바꾸고자 시도한다. 자연스럽게 적극적 재정 정책이 처방으로 등장한다. 오히려 당장 눈앞에 보이는 재정 건전성만 추구하는 것은 후손들의 행복은 아랑곳하지 않는 무책임일 뿐이다.[8] "정부 곳간만 넘쳐 난다. '재정 건전성' 프레임에 갇혀 재정을 긴축적으로 운영한 탓이다. 경기회복의 마중물 역할을 할 수도 있도록, 저소득층의 일자리 지원을 위해 적극적인 재정 정책을 펼쳐야 한다"(『한겨레』 2017/02/25). 구체적인 조세정책 맥락에서 증세·복지 프레임은 '재정 건전성에 입각한 부자 감세 비판'에서 시작해 점차 '보편 복지를 위한 부자 증세 혹은 보편 증세'로 발전해 가는 양상을 보여 준다.[9]

재정 건전성을 유지하면서 얼마든지 복지를 확충할 수 있다. 정책의 우선순위 문제다. 복지가 절박한 시대적 요구임을 인식하고 증세를 포함해 재정 건전성을 지켜 가며 확충해 나갈 방안을 강구하는 것이 바른 자세다. …… 제 발등에 떨어진 불은 놔두고 재정 건전성을 내세워 복지 지출을 줄여야 한다고 선진국 흉내를 내는 것은 꼴불견이다(『경향신문』 2011/08/11).

재정 건전성 문제가 발생하는 근본 원인은 복지에 지나치게 많은 재정을 쏟아부어서가 아니라 세수가 지나치게 적기 때문이다. …… 재정부가 할 일은 4대강 사업 같은 불요불급한 예산을 통제하고 세입 기반을 강화해 복지 확대와 재정 건전성을 동시에 꾀하는 것이다. 벼랑 끝에 내몰린 서민의 삶을 외면하고 편벽되게 대차대조표만 들추면서 정치과정에 끼어드는 것은 옳지 않다(『한겨레』 2012/02/22).

재정 건전성이 항상 선은 아닐 것이다. 국제통화기금 등은 현재와 같은 글로벌 수요 부족의 시기에는 적자재정으로 재정 건전성을 조금 훼손하더라도 경기 부양을 위해 재정이 적극적 역할을 할 것을 각국 정부에 주문하고 있다. 추가 경기하강을 막기 위한 적극적 재정의 역할이 절실한 시점에 정책 당국은 균형 예산에만 초점을 맞췄다(『국민일보』 2016/07/23).

2008년 초부터 하반기까지도 재정 건전성을 강조하는 보도는 대부분 감세가 재정 건전성 악화를 초래할 것을 우려했다. 감세·긴축 프레임에 입각한 언론 보도가 이 기간 내내 거의 없던 것과 대비된다. 『경향신문』 2008년 3월 4일자 기사와 『중앙일보』 3월 5일자 기사를 통해 재정 건전성 담론을 구성하는 상반된 프레임을 확인할 수 있다. 전자(『경향신문』 2008/03/04)는 "감세로 인해 수년간 발생할 세수 결손에 대해서는 구체적인 대안을 제시하지 못하고 있다"며 정부를 비판했다. 후자(『중앙일보』 2008/03/05)도 바로 다음 날 감세에 따른 재정 건전성 악화를 우려하는 기사를 실었지만 초점은 전혀 다르다. 전자가 재정 건전성 악화를 이유로 감세 정책 자체를 비판한다면, 후자는 단기적으로 재정 건전성이 나빠질 수 있으니 장기적 관점에서 감세 정책을 펼쳐야 한다고 주문한다. 논리 전개도 전자가 '감세 → 세수 감소 → 재정 건전성 악화'라면 후자는 '노무현 정부의 부실 재정 운용 → 감세 → 단기적 재정 건전성 악화 → 장기적 재정 건전성 호전'으로 맥락이 전혀 다르다. 감세 정책을 비판하면서도 2008년 9월 15일 리먼브러더스 파산 신청을 계기로 본격화한 금융 위기 국면에서는 적극적인 재정지출 확대를 요구했다는 점도 지적할 필요가 있다. 『경향신문』, 『동아일보』, 『서울신문』, 『한겨레』, 『한국일보』 등은 모두 경기침체 국면에서 과감한 정부 대응을 주문하거나 적어도 정부 지출 확대가 불가피하다는 데 동의했다.

감세 정책은 우려대로 각종 재정 관련 지표 악화를 불러왔다. 감세 정책은 갈수록 정당성을 상실했다. 2008년 9월 1일 세제 개편안 발표 다음 날만 해도 「'가보지 않은 길'엔 불안감」이라는 제목을 달고 논란 차원에서 감세 정책을 다룬 『한국일보』(2008/09/02)가 1년도 안 돼 감세 정책을 예견된 '덫'으로 표현하며 "서민 고통만 '덫'날 판"(『한국일보』 2009/06/24a)이라고 한 것은 이런 상황 변화를 상징한다. 기획재정부 장관 윤증현도 감세 정책 유보를 시사하는 발언을 내놓기 시작했고 결국 정부는 2011년 9월 추가 감세를 철회했다.

국내 언론에서 재정 건전성과 복지 정책을 연관해 보도한 경우는 많지 않았다. 『경향신문』이 "감세안을 남발할 경우, 사회 안전망 확충을 위한 복지 재정이 축소되거나 국가 재정의 건전성이 흔들릴 수밖에 없다"(『경향신문』 2008/08/05)고 주장한 것이 거의 유일한 보도였다. 하지만 점차 재정 건전성 문제를 감세-복지 등과 연관해 종합적으로 고찰하는 프레임으로 발전했다. 가령 충북대학교 교수 정세은은 "문제의 핵심은 정부 부채 급증이 일자리 창출, 사회 안전망 확충이라는 민생 대책 때문이 아니라 근본적으로 감세 정책 및 복지 홀대 정책 때문"(정세은/『경향신문』 2009/03/16)이라고 지적했다. 『경향신문』도 "증세를 동반하지 않은 재정 건전성 강화는 지출 억제에 과도하게 의존할 수밖에 없고 이는 필연적으로 보건 의료 복지 등의 축소로 연결될 수밖에 없다"(『경향신문』 2010/06/30)고 보도했다.

정창수(나라살림연구소장)와 오건호(글로벌정치경제연구소 연구실장)는 재정 건전성 논쟁 초기부터 직접세율 인상을 통한 세입 확충이라는 "정공법"을 강조해 온 대표적인 논자들이다. 정창수(정창수/『한겨레』 2010/11/29)는 "부유층은 경제위기 상황에서 감세로 큰 이익을 보고, 서민들은 그나마 있던 복지 혜택마저 줄어들어 '고통 분담'이 아닌 '고통 전담'을 하게" 됐다면서 부자 감세를 유지한 채 이뤄지는 재정 건전성 논의가 '서민 옥죄기'에 불과하다고 강조했다. 오건호는 "우리나라 국가 재정이 지닌 근본 문제는 지출이 아니라 수입에 있다"면서 "재정 건전성을 진정으로 생각한다면, 복지사업 축소가 아니라 재정수입을 늘려야 하며 그 방법은 직접세를 확대해야 한다"(오건호/『경향신문』 2009/07/27)고 주장했다. 『경향신문』은 2011년 1월 1일자 신년 특집을 통해 재정 건전성과 복지 지출 문제를 집중 거론했다. 정부는 선진국과 비교해 재정 건전성이 양호하다고 하지만 이는 선진국들보다 복지 지출 수준이 턱없이 낮기 때문이다. 이런 연장선상에서 세출을 줄이기보다 세입을 늘리는 데 주력해야 한다는 정책 처방을 제시한다. '무상 복지 오해와 진실'이라는 장기 기획을 연재한 『한겨레』도 복지 재정을 강화하는 것이 재정 건전성 악화와 무관하며 오히려 보편적 복지국가를 대표하는 스웨덴과 핀란드 등 북유럽 국가들이 미국이나 독일보다도 더 견실한 재정 건전성을 유지하고 있음을 강조했다(『한겨레』 2011/01/27). 『한국일보』도 '선진국 재정 위기는 복지 포퓰리즘 때문, 과잉 복지 우려, 미래 세대에 부담, 재원 마련 어려움, 복지병 우려' 등을 "복지 논의 왜곡하는 5가지 함정"이라고 규정하며 적극적인 반론을 제기하는 기획 기사를 1면을 포함해 세 면에 걸쳐 게재했다(『한국일보』 2011/08/15).

2009년 경기도 교육감 김상곤이 발표한 초·중·고 무상 급식 정책은 경기도 지사 김문수와 한나라당이 다수 의석을 점한 경기도 의회에 막혀 당장에는 제대로 시행하지 못했다. 하지만 시민들에게는 상당한 호응을 불러일으켰고 2010년 6월 2일 지방자치단체·교육감 선거에서 폭발력이 만만치 않은 쟁점임을 입증했다. 이런 분위기를 반영하듯 민주당은 2011년 1월 30일 증세 없는 복지 강화 노선을 천명했다. 국회의원 정동영 등 민주당 내 일부,

민주노동당과 진보신당 등에서 제시한 부자 증세론도 공론화됐다. 흥미로운 것은 이런 과정 속에서 '보편 복지를 위한 부자 증세'에 그치지 않고 '보편 복지를 위한 보편 증세'가 처음으로 공론화됐다는 점이다.

대표적인 사례를 구인회(서울대 사회복지학과 교수)에게서 찾아볼 수 있다. 그는 『한겨레』 기고문에서 "보편적 복지는 전 국민이 재원을 분담하는 사회적 연대를 촉진하고, 보편적인 세금 부담은 보편 복지를 지속 가능하게 한다"며 보편적 증세를 강조했다. 그의 논지는 다음 문장에 집약돼 있다. "부유층에 대한 소득세율도 낮은 편이지만, 나머지 계층의 소득세 부담 또한 매우 낮다. 따라서 세수 확대를 위해서는 국민의 세금 납부를 늘리는 것이 필요하다. 늘어난 재원은 보편 복지의 밑천이 된다." 그는 부자 증세론에 대해서는 "부유층에 대한 높은 누진세로 복지 재원을 마련하는 대표 주자는 복지 수준이 낮은 미국이다"라면서 "미국식 선별 복지는 국민적 지지 기반도 약하여 세금 확대가 어려우니 저복지의 악순환에 빠진다"고 주장했다(구인회/『한겨레』 2011/02/11).

재정 건전성 담론을 전복하려는 시도

감세·긴축 프레임과 증세·복지 프레임은 진단과 처방이 상이함에도 재정 건전성의 가치 자체를 부정하지는 않는다는 중요한 공통점이 있다. 다소 단순하게 표현한다면 감세·긴축을 통한 재정 건전성이냐, 증세·복지를 통한 재정 건전성이냐의 차이가 있을 뿐이다. "당장 편하자고 후세들에게 빚더미를 떠넘기는 것은 없어야 한다"거나 "건전 재정은 한국 경제의 보루다. 외환 위기와 금융 위기를 넘긴 것도 재정이 건전했기 때문에 가능했다는 것은 삼척동자도 안다"는 사설은 각각 『경향신문』 2013년 9월 27일자 와 2014년 9월 19일자 사설이었다. "외풍이 흔들리기 쉬운 소규 모 개방 경제의 특성상 우리는 보다 보수적인 재정 정책이 긴요하 다"(『한국일보』 2015/12/05)는 주장에 담긴 인식도 크게 다르지 않다. "재정은 소규모 개방경제인 우리 경제의 마지막 보루다. 글로벌 금융 위기를 큰 탈 없이 넘길 수 있던 것도 재정이 튼튼했기 때문 이다"(『중앙일보』 2017/07/26)라는 사설과 비교해도 상황 인식의 근본적 인 차이를 발견할 수 없다.

재정 건전성을 둘러싼 상이한 진단과 처방으로 담론 투쟁이 이 어지는 가운데 일각에선 재정 건전성 담론 자체를 전복하려는 시 도가 나타났다. 이 대항 담론은 재정 건전성을 반드시 유지해야 한다는 '강박관념'이 바로 문제의 원인이라는 인식에서 출발했다. 재정 건전성만으로는 경기침체를 벗어나지 못한다는 점을 강조하 고 재정 건전성은 재정 정책의 '하위' 수단에 불과할 뿐 목표가 돼 선 안 된다는 것이다. 이런 시도가 나온 배경에는 재정 건전성, 그 리고 이를 위한 재정 긴축정책이 미국발 금융 위기로 정당성 위기 에 몰렸던 신자유주의의 부활을 알리는 신호탄이라는 사정과 연 관된다.[10] 이 대항 담론을 가장 적극적으로 주장하는 논자들도 대 체로 증세와 복지 강화에 동의하지만 재정 건전성 담론의 기본 전 제 자체를 부정한다는 점에서 좀 더 급진적이다. "재정 건전성도 중요하지만 상황에 따라서는 재정의 규모와 우선순위가 더욱 중 요할 수도 있다. 경제팀 수장은 국민경제 전반을 두루 살피라는 것이지 곳간 지기 구실에만 충실하라는 것이 아니다. …… 다른 나라와 비교할 때 재정 건전성은 상대적으로 나은 편이며 복지 예산이 취약한 것이 더 큰 문제라는 것을 직시해야 한다"고 한 『한겨레』(2011/06/04) 사설은 이런 특징을 잘 보여 준다.

대체로 '대항 담론'은 외부 필진들을 중심으로 전개됐다. 대표적인 논자로는 장하준(케임브리지 대학교 경제학과 교수), 신장섭(싱가포르 국립대학교 경제학과 교수), 조원희(국민대학교 경제학과 교수), 임일섭(농협경제연구소 연구위원) 등을 들 수 있다. 가령 장하준은 "재정 적자를 줄인다고 경기 활성화 되는 게 아니라 경기 활성화로 재정 수입을 늘려야 한다"고 강조한다. 그는 재정 건전성 담론의 배경에 대해서는 "금융 위기 이후 위축된 자유 시장 만능주의가 최근 재정 건전성을 무기 삼아 기지개를 켜고 있다"고 꼬집는다(『서울신문』 2011/09/21). 그 원인으로 "선진국의 대규모 재정 적자는 정부 지출의 과다가 아니라 민간 지출의 과소"(장하준/『국민일보』 2010/07/02)가 지적된다. 정책 처방에 대해선 "(금융자본이) 급할 때는 재정 적자에도 불구하고 구제금융을 환영하다가 한숨 돌리고 나니까 재정 건전성 바로잡지 않으면 경제가 망한다는 식으로 나온다"(『서울신문』 2011/09/21)고 비판했다.

신장섭은 "정부 부채 자체는 국가를 위기에 빠뜨리지 않는다. 그걸 갚을 수 있느냐 하는 신뢰가 관건이다"(2011년 9월 27일 필자와의 전화 인터뷰)라고 진단했다. 조원희는 개인 부채가 늘어나는 것이 안 좋으니까 정부 부채도 무조건 안 좋다는 사고방식에 대해 "정부 부채와 가계 부채를 동일시할 때 생기는 인식상의 오류"라고 비판했다(조원희/『경향신문』 2010/03/12). 임일섭은 "재정 건전성에만 집착하여 재정을 긴축할 경우 불황이 심화되면서 더한층 세수가 줄어 재정 건전성 회복은 오히려 요원해질 수 있다"면서 "재정을 건전화하고자 한다면 불황 국면에서 성급한 긴축으로 들어갈 것이 아니라, 적절한 규모와 방식으로 재정지출을 수행함으로써 경제성장을 본 궤도에 올려놓는 것이 최우선 과제다"라고 경고했다(임일섭/『한겨레』 2011/08/15).

일각에선 재정 건전성 담론을 전복하려는 시도 가운데 하나로 '건강 재정' 개념을 제시하기도 했다. 단순히 세입과 세출의 기계적 균형만 주목하게 만드는 '건전재정' 또는 '균형재정'과 달리 '건강 재정'은 재정이 우선순위와 세계관의 차이, 즉 가치의 문제임을 부각하려는 고민의 산물이다. 홍일표(한겨레경제연구소 수석연구원)는 "부채 문제의 심각성을 강조하면 할수록 '건전재정', '균형재정'의 원칙이 강조되고 '지출 축소'라는 해법으로 연결된다"면서 "'복지 확대'를 시대적 과제로 내건 진보·개혁 진영에 이는 심각한 고민거리가 아닐 수 없다. '불요불급한 예산'이나 '토건 예산' 축소만으로 부채 문제 해결과 복지 확대라는 두 마리 토끼를 다 잡을 수 없기 때문이다"라고 털어놓는다(홍일표/『한겨레』 2011/10/05).

4. 나가며

재정 건전성 담론에 처음 관심을 갖게 된 것은 2011년 무렵이었다. 당시 재정 건전성을 다룬 여러 논문과 보고서, 언론 보도를 접하면서 가장 먼저 눈에 들어온 것은 원색적인 정파적 주장인

'이게 다 노무현 때문'과 '포퓰리즘 때문에 나라 망한다' 그리고 극단적인 '반反정치 선동'이었다. '노무현 책임론'과 '포퓰리즘 책임론'이 대통령 선거를 앞둔 2007년과 2011년 8월 서울시 주민 투표처럼 특정 국면에 집중적으로 등장한다는 것은 '담론의 정치성과 역사성'을 확인하기에 부족함이 없었다. 노무현 정부 막바지였던 2007년에는 재정 건전성 악화를 우려하면서 이를 "노무현 정부의 방만한 재정 운용" 탓으로 돌리는 보도가 넘쳐 났다. '노무현 부실 정책', '방만한 재정 운용', '정부 실패' 같은 진단 다음에는 재정지출 억제와 감세, 작은 정부, 복지 축소가 뒤따랐다.

인신공격에 가까운 비판에 비례해 왜곡과 과장이 심해졌다. 한 예로, 국책 연구 기관들조차 '노무현 경제'에 쓴소리를 날리고 있다는 기사가 있다(『중앙일보』 2007/01/31). 이 기사는 대외경제정책연구원 보고서가 "분배에 대한 정부의 지나친 개입을 경고했다"면서 "'정부가 무상 주택과 무상 교육 등 너무 광범위한 분야까지 개입해서는 안 된다'고 밝혔다"고 소개했다. 보고서 취지와 내용을 명백하게 왜곡한 이 기사가 정당성을 부여하기 위해 동원한 전문가들도 감정적인 발언을 쏟아 냈다. 가령 나성린(한양대학교 교수, 전 새누리당 국회의원)은 "국책 연구 기관 전문가들까지 더 이상 침묵하기 곤란할 만큼 상황이 악화됐기 때문 아니겠느냐"고 말했다. 그 밖에 "세금을 더 많이 거둬들였지만 정부의 '씀씀이'가 워낙 크다 보니 재정 적자 규모는 더 늘어나고 있다"(『동아일보』 2007/08/24)는 비판과 "우리나라 재정이 급속히 악화되기 시작한 건 분배주의를 내걸었던 노무현 정부 때"(『조선일보』 2009/09/19)라는 발언도 대표적인 사례로 볼 수 있다. 2010년 이후 주요 선거에선 재정 건전성 악화를 부르는 각종 복지 정책 주장이 '포퓰리즘' 때문이라고 책임을 돌리는 양상이 전개됐다. 급기야 기획재정부 장관 박재완, 국무총리 김황식은 물론 대통령까지 공개적으로 거론할 만큼 재정 건전성 담론에서 중요한 위치를 차지하기에 이르렀다.[11]

재정 건전성 담론이 노무현 정부를 공격하는 데 동원된 것은 분명하다. 하지만 우리가 더 깊이 주목할 대목은 왜 그렇게 효과적이었는가이다. 이는 '세금 폭탄'이나 '부자 감세'를 단순히 정파적 이해관계를 반영한 프로파간다로 보는 걸 넘어서야 한다는 고민과 맞닿아 있다. 재정 건전성 담론이 헤게모니를 얻은 배경에는 재정 건전성 담론이 내세우는 방만함, 흥청망청, 무책임함 등을 '집안 살림'이라는 '은유'를 사용해 전달함으로써, 국민들이 '아껴야 잘 산다'는 도덕적 가치를 재정 건전성에도 적용하는 데 성공했기 때문이다. 일견 역설적으로 보이지만 이명박 정부 이후 부자 감세 비판론자들도 동일한 은유를 사용했다는 데서도 이를 확인할 수 있다. 조원희는 『경향신문』 기고문을 통해 정부 부채와 개인 부채를 동일시하는, 즉 개인 부채가 안 좋듯이 정부 부채도 무조건 안 좋다는 식으로 여길 때 발생하는 인식상 오류를 정확하게 꼬집은 바 있다(조원희/『경향신문』 2010/03/12).

이 장에서는 일견 객관적으로 보이는 재정 건전성 정책을 하나의 담론으로 간주하고 이 담론을 구성하는 프레임과 태도, 관점, 세계관을 분석하고자 했다. 재정 건전성 담론을 구성하는 프레임 가운데 먼저 '감세·긴축 프레임'은 복지 정책 요구에 반대하며 감세 정책을 옹호한다. 공급 중시 경제학의 핵심 논리인 낙수 효과와 신자유주의를 내재화하고 있기 때문이다. 그 반면 '증세·복지 프레임'에선 부자 감세를 비판하고 부자 증세, 더 나아가 보편 증세를 대안으로 제시한다. 여기에는 신자유주의 비판, 공공성 회복과 '국가의 역할' 재고찰이라는 입장이 자리 잡고 있다. 두 프레임은 세입 측면에선 감세 대 증세, 세출 측면에서 긴축 대 재정 확대가 이항 대립하면서 감세와 긴축, 증세와 재정 확대라는 전선을 따라 상호 대립하는 정책 담론을 각자 구성하고 치열한 담론 투쟁을 벌이고 있다. 시기에 따라 각 프레임의 초점이 달라지는 양상이 나타난다는 것도 주목할 만하다. 감세·긴축 프레임은 이명박 정부 초기 낙수 효과 프레임에서 점차 복지 망국론으로 옮아가며, 중요한 정치적 국면에선 정파 논리 프레임이 득세한다. 증세·복지 프레임은 부자 감세 비판에서 보편 복지로 옮아가며, 점차 시장 과잉 비판 프레임이 모습을 드러내는 양상을 보인다.

한국 사회의 담론 지형에서 여전히 헤게모니를 쥐고 있는 것은 감세·긴축에 입각한 재정 건전성 담론이다. 이 프레임에서 보면 재정 건전성을 위한 무상 급식 반대와 감세 정책 추진은 전혀 모순 관계가 아니다. 하지만 이 프레임에 심각한 자기모순이 있다는 것도 사실이다. 이를 드러내는 것은 '무엇을 위한 재정 건전성인가'라는 질문이다. 한국의 주류 담론은 재정 건전성을 근거 삼아 저출산·고령화에 따른 재정 위험을 강조하지만 정작 저출산·고령화에 대응하려는 재정지출 시도에는 재정 건전성을 이유로 반대한다. 통일에 대비하기 위한 재정 건전성을 강조하면서도 정작 이명박이 통일을 위한 선제적 재정 확충을 들어 통일세 얘기를 꺼냈을 때 재정 건전성 유지가 먼저라며 극렬 반대했다. '복지 정책을 위해서는 돈이 든다'며, 증세 없는 복지 강화를 내세운 민주당을 비판했지만 '복지는 하되 돈이 들면 안 된다'고 주장한다. 복지 강화 여론에 민감하게 반응하는 정치권을 포퓰리즘이라 비판하다 보니, 재정 건전성이 아니라 '부자 감세'를 최우선 목표로 삼았던 이명박 정부에 재정 건전성을 수호하라고 요구하는 자기모순적 결론에 도달한다.

'재정 건전성 악화를 막기 위한 긴축'이라는 정책 처방은 효율성과 형평성에서 모두 바람직하지 않은 결과를 초래할 수도 있다 (강병구 외 2007, 248). 본질적으로 균형예산 규칙은 조세 및 이전지급을 통한 자동 안정 능력을 무력화할 수 있기 때문이다. 경기변동에 따라 세율보다는 정부 지출을 조정함으로써 조세 변동에 따른 사회적 비용을 최소화할 수 있으며, 미래 세대가 정부 지출의 수혜자일 경우 재정 적자를 통해 조세 부담 일부를 미래 세대에 전가하는 것은 정당화될 수 있다. 따라서 재정 건전성을 위한다며 국가 채무를 감축하고자 시도할 때는 민간 부문에 미치는 경제적 파급효과를 종합적으로 고려하지 않으면 안 된다. 특히 재정 건전성을 위해서라도 사회 안전망 확충과 분배 구조 개선을 통해 내수를 안정적이고도 지속적으로 창출하는 것이 중요하다.

대공황이나 미국발 세계 금융 위기, 유럽 재정 위기 등의 역사적 경험을 봐도 재정 적자가 '만악의 근원'이 아니며, 재정 적자를 줄이고 재정 건전성을 기하는 것만 목표로 할 경우 더 심각한 결과가 초래됐다. 가령 대공황이 한창이던 1931년 영국 정부는 의회 공식위원회인 메이 위원회의 권고에 따라 재정 적자 6억 달러 (GDP 대비 2.5퍼센트)를 만회하기 위한 재정 긴축정책을 실시했다. 실업수당 10퍼센트 삭감을 포함해 3억 5000만 달러의 지출을 삭감했다. 하지만 이 정책은 대공황을 해소하는 데 그다지 도움이 되지 않았다. 문제의 본질은 균형예산 여부가 아니라 민간 소비 위축과 양극화였기 때문이다(Ahamed 2010, 493~495). 대공황 극복은 적극적인 재정지출과 민간 소비 활성화 유도를 통해 가능했고, 미국발 세계 금융 위기도 다르지 않았다(이찬근 외 2004; 전창환·김진방 외 2004; 홍기빈 2011). 이는 1997년 외환 위기를 극복한 원동력에 대한 재평가와도 맞물린다. 장하준·신장섭(2004)과 지주형(2012) 등은 한국이 외환 위기를 극복할 수 있었던 실제 요인은 IMF가 강요했던 재정 긴축과 고금리가 아니라 적극적인 재정지출과 금융완화였다는 정밀한 분석 결과를 내놓은 바 있다. 이와 관련해 일전에 장하준과 인터뷰하면서 들었던 내용을 인용한다.

재정 위기는 병으로 인해 드러나는 증상일 뿐이다. 암에 걸려서 설사를 하고 살이 빠졌는데 그걸 설사병이라고 말하면 안 되는 것처럼 현 상황을 재정 위기로 표현하는 것은 문제가 있다. 재정 악화의 원인은 금융 위기다. 금융 위기로 인한 경기침체로 세수가 줄어들었고, 금융 위기 극복을 위한 구제금융에 막대한 돈을 쓴 것이 재정 적자의 원인이다. 인과관계를 잘 봐야 한다. (금융자본이) 급할 때는 재정 적자에도 불구하고 구제금융 환영하다가 한숨 돌리고 나니까 재정 건전성 바로잡지 않으면 경제가 망한다는 식으로 나온다. 특히 영국에선 재정 위기를 핑계로 복지를 대규모로 삭감하는데 영화에 빗댄다면 '제국의 역습'이라고 할 만한 상황이다. …… 재정 적자를 줄인다고 경기가 활성화되는 게 아니라 경기 활성화로 재정 적자를 줄이는 쪽으로 정책을 구성해야 한다.

결론

진리는 만유인력 법칙이 아니라

만유인력에도 불구하고

새가 하늘 높이 날아오를 수 있다는 것이다.

— 칼 폴라니

1

집권 1년차인 데다 국정 지지율도 높아 기세등등했던 박근혜 정부가 화들짝 놀라 비상이 걸린 적이 있었다. 2013년 8월 8일 정부가 발표했던 '2013 세법 개정안'이 발화점이었다. 대다수 국민들이 '진보'나 '보수'라는 정치 성향을 떠나 오랜만에 '국민 대통합'을 이뤄 한목소리로 정부를 비난했다. 당시 세제 개편안이 소득공제 축소와 세액공제 확대, 종교인 과세를 포함해 공평 과세 차원에서 긍정적인 요소가 분명히 있었고, 중산층 이하 서민들은 증세와 무관하거나 극히 미미한 영향만 받았다. 전문가들도 대체로 합리성과 세입 확대 측면에서 긍정적이라는 평가를 내놓은 바 있다. 하지만 실제 나타난 것은 합리적인 토론이 아니라 심각한 중산층 여론 악화였다. 세제 개편안 발표 직후인 그해 8월 16일 한국갤럽 여론조사에 따르면 박근혜 대통령이 직무를 잘 수행하고 있다는 긍정 평가는 54퍼센트로 1주일 전보다 5퍼센트포인트 하락했고, 부정 평가는 26퍼센트로 5퍼센트포인트 증가했다.

노무현 정부 시기부터 이때까지 '세금 폭탄'과 '줄푸세'로 한껏 재미를 봤던 당시 여당과 청와대는 부메랑을 제대로 맞았다. 급기야 박근혜가 12일 직접 정부 세법 개정안의 '원점 재검토'를 지시했다. 대선 패배 이후 갈피를 못 잡던 민주당은 새누리당이 저작권을 갖고 있던 '세금 폭탄'을 외치며 정부 비판 대열에 합류했다. 민주당 대표 김한길이 "세금 폭탄을 중단하라"며 서울시청 광장에서 천막 농성을 했던 장면은 야당의 수준, 더 나아가 한국 사회의 수준을 보여 주는 상징적인 장면이었다. 그리고 2015년에는 연말정산 '파동'이라는 더 큰 폭풍이 몰아쳤다. 당시 필자에게 의견을 물어보는 이들이 있었다. 대부분 정부 비판에 동참해 주길 기대하는 눈치였다. 필자는 그럴 수가 없었다. 그때만은 정부 입장을 옹호했다. 여러 가지 아쉬운 점에도 불구하고, 정부의 세법 개정안은 '보편 복지를 위한 보편 증세'로 가는 디딤돌이 될 수도 있으며, 또 그런 방향으로 만들어야 한다고 생각했기 때문이다. 개인적으로 '원점 재검토'에 더 불만이 많았기에, '세법 개정안의 당초 취지를 지지한다. 이럴 때일수록 언론이 세법 개정안에 힘을 실어 줘야 한다'고 답했다. 물론 썩 공감을 얻진 못했다.

대다수 장삼이사들처럼 월급쟁이인 필자가 내는 세금은 그 세법 개정안 때문에 어느 정도 늘어났다. 박근혜를 지지한 적도 없고 호감을 가진 적도 없지만, 적어도 '3대 비급여를 포함한 4대 중증 질환 진료비 전액 국가 부담'과 '65세 이상 모든 노인에게 기초 연금 지급' 그리고 '영유아 보육 및 유아교육 완전 국가 책임제' 같은 박근혜의 대선 공약은 지지했고 그 공약들이 후퇴하는 데 분노했다. 어쨌든, 박근혜가 헌신짝처럼 내던진 그 공약들, 그리고 '사람이 사람답게 살 수 있는 나라'를 위해 필요한 각종 제도를 위해서는 지금보다 세금을 더 많이, 그것도 훨씬 더 많이 내야 한다. 그건 촛불 혁명을 완수해야 할 운명을 짊어진 문재인 정부 또한 외면할 수 없는 과업이다.

아마도 많은 월급쟁이들이 '왜 부자들은 놔두고 월급쟁이 유리 지갑만 뜯어 가느냐'고 여길 것이다. 물론 최상위 소득 계층은 지금보다 훨씬 더 많은 세금을 내야 한다. 그것이 "소득 있는 곳에 세금 있다"는 조세 정의에 부합한다. 아울러 최상위 소득 계층이 주요 수혜자가 되는 각종 세금 감면 혜택도 줄이거나 없애야 한다. 그렇다고 하더라도 당시 세법 개정안이 '악법'이었느냐 하면 그렇지 않다. 급여소득 상위 30퍼센트 이내에 드는 연소득 3450만~7000만 원 구간에 연평균 약 16만 원(월 1만 3000원가량)의 세 부담이 더 부과되는 정도였다. 그걸 두고 '세금 폭탄'이라고 말했던 것은 결과적으로 부자들 좋은 일만 시키는 '유체 이탈 화법'이었을 뿐이다.

당시 정의당 의원 박원석이 페이스북에 "참여정부 시절 한나라당과 조·중·동이 합세해 발명한 '세금 폭탄'론은 심지어 종부세를 단 한 푼도 내지 않는 사람들까지 조세 저항의 대열에 묶어세워 결국 종부세를 무력화했다"면서 "실체를 과장하고 미래를 스스로 결박 지우는 '진영 논리'로는 결코 앞으로 나아갈 수 없다"고 강조한 것은 백번 맞는 말이다. 당시 한국미래학회 주최 강연에서 장하준도 비슷한 취지로 발언했다. 대략 이런 얘기였다.

많은 분들이 세금은 정부가 거둬 어디다 태워 버리는 돈으로 생각하는데, 사실 세금은 내 연금이고 의료보험이고 학교다. 없어지는 돈이 아니다. 흔히 세금은 낮을수록 좋다고 하지만 세금이 낮으면 공공서비스의 질이 떨어지고 그것 때문에 경제가 더 안된다. 가령 자메이카는 최고 소득세율이 5퍼센트이고, 알바니아는 법인세 최고 세율이 10퍼센트인데 왜 기업들이 그 나라로 안 갈까. 세금은 적은 대신 공공서비스가 엉망이기 때문이다.

누진세에 대해서도 생각해 볼 것이 있다. 누진세는 만병통치약이 아니다. 세금을 통한 양극화 해소보다는 재정지출을 통한 양극화 해소가 훨씬 더 효과적이다. 누진세 원칙을 세계에서 가장 잘 구현하는 나라는 스웨덴이 아니라 미국이다. 하지만 미국은 스웨덴보다 훨씬 더 빈부 격차가 심각하다. 누진세 원칙보다 더 중요한 것은 더 많은 세입이고, 있는 예산을 어떻게 쓰느냐이다. 역사적으로 보더라도 복지국가는 부자들과 서민들이 전쟁을 벌여 이룬 것이 아니라 화해를 통해 만든 것이다.

2

한국 조세 담론은 조선 말기 극심한 사회적 혼란상에서 시작해 일제강점기와 분단, 전쟁, 독재, 경제개발로 이어지는 역사적 맥락에 뿌리를 두고 있다. 특히 조선 말기 삼정의 문란과 망국, 식민지 수탈과 전시 동원 체제, 전쟁 등 200여 년에 걸친 집단적 기억은 공동체와 국가에 대한 신뢰(이른바 사회자본)를 극도로 제약했으며, 그 연장선상에서 조세를 부정적으로 보는 사회적 인식도 내재화됐다. 물론 그 뿌리에는 제구실을 못한 국가, 그리고 세금 덜 걷고 책임도 덜 지려는 국가가 자리 잡고 있었다. '저부담 조세국가' 또는 '감세 국가'가 그 귀결이다. '한국형' 조세 체제를 형성한 역사적·제도적 요인에 대한 일반적인 해석은 먼저 정치적으로는 유럽과 달리 직접세를 통한 소득재분배를 해야 할 정치적 필요성이 크지 않았고 오히려 정부로서는 국민들의 불만을 달래기 위해 노동자와 중산층의 조세 부담 완화에 적극 나섰다는 점, 경제적으로는 오일쇼크 이후 원자재 가격 인상 등 공급 측면의 충격이 경제에 미치는 파급효과에 대응하기 위해 가계와 기업의 세 부담을 낮추는 방향으로 움직였다는 점, 수출 지향 산업화를 위해 임금 인상 요구로 이어질 수 있는 소득세 증세를 회피했다는 점 등을 꼽을 수 있다(김미경 2008; 남찬섭 2008; 김현주 2012; 윤홍식 2012; 김도균 2013a; 양재진·민효상 2013, 75~78). 저소득세 구조를 산업화 시기 한국이 택한 수출 지향 발전 전략이라는 맥락에서 스웨덴의 '케인스 없는 케인스주의적 경제관리'에 빗대 "레이건 없는 감세 정책"으로 설명하기도 한다(양재진 2015, 199).

조세제도 차원에서 본다면 1977년 부가가치세 시행에도 불구하고 상대적으로 낮은 조세 수준에 별다른 변화가 없었다는 사실이 눈에 띈다. 이는 유럽 복지국가들이 부가가치세 확대를 통해 전반적인 세수 확대를 이뤘고 이를 바탕으로 복지국가를 유지·발전시켰던 역사적 경험과 상충된다. 역진적 조세의 의존도가 높은 국가들은 대부분 조세 수준이 높은 반면에 한국은 그렇지 않았다. 그렇다면 왜 당시 정책 결정자들은 역진적 조세를 확대했음에도 세수 확대를 억제하는 방향으로 조세제도를 구성했는지 묻지 않을 수 없다. 한국 조세제도가 어떻게 형성됐고 어떤 경로 의존성이 작동했는지 입체적으로 조명하기 위해 필자는 제도와 담론의 상호관계에 주목했다. 1977년 부가가치세 시행 당시 정책 결정자들은 각종 공제액 인상과 비과세 범위 확대 조치를 함께 취했다. 결국 부가가치세 시행에 따른 세수 확대가 가져올 재정 확대와 공공 부문의 확대를 정부 스스로 원하지 않았으며 그 이유는 이들이 낮은 조세 수준을 선호했기 때문이라고 볼 수 있다(권순미 2014). 그런 점에서 본다면, 적정한 조세 수준에 대한 정책 결정자들의 선호가 그 국가의 조세 수준을 결정하는 데 중요한 역할을 하고, 조세 수준에 대한 선호에 영향을 주는 것은 정치적·이념적 성향이라고 볼 수 있다(Ganghof 2006, 369; 김미경 2018).

1970년대 종합소득세 도입과 소득세 면세점 대폭 인상, 부가가치세 도입은 이후 소득공제 인상 범위 문제로 조세 정치를 제약하는 데 중요한 영향을 끼쳤다(김도균 2013a). 다시 말해 감세 담론이 공고해지는 계기가 된 셈이다. 눈여겨볼 대목은, 제도 자체에 내포된 역진적 성격에도 불구하고 정부와 여야를 가리지 않고 소득공제 확대가 '민생'이라는 외피를 갖게 됐다는 점이다. 민주화 이후에도 이런 양상은 달라지지 않았다. 조세 부담 불평등성을 개선하자는 공평 과세 요구가 분출했지만 구체적인 정책 논쟁은 근로소득세 면세점 확대 등 조세 부담 완화 요구에 집중됐으며 이는 결과적으로 조세 부담 하향 평준화로 이어졌다. 외환 위기는 이런 경향을 더욱 증폭했다. 2004년 17대 국회 개원부터 2005년 8월 30일까지 본회의 전자 표결에 회부된 조세 관련 법안 30건을 대상으로 국회의원들의 투표 행태를 분석한 연구에 따르면 당시 집권당이었던 열린우리당과 야당이었던 한나라당은 많은 정책에서 격렬히 대립했음에도 조세정책에 관한 한 특별소비세 과세 대상 축소, 법인세와 소득세율 인하, 기업에 대한 각종 세제 혜택 등에서 차별성이 거의 없었다(전진영 2007, 254~263). 2007년 대통령 선거 이전부터 적극적인 감세 정책을 천명한 이명박 후보와 한나라당은 집권 첫해였던 2008년 가을 발표한 세제 개편안을 통해 소득세·법인세·종합부동산세 등에 걸친 전반적인 감세 정책을 공식화했다. 하지만 이에 대해서는 재정 건전성 악화와 양극화 심화 등을 이유로 논쟁이 격화되면서 부자 감세를 비판하는 담론이 확산되었으며, 특히 무상 급식 등 복지에 대한 요구가 높아지면서 '증세'에 대한 논의를 촉발했다.

3

그렇다면 조세정책을 둘러싼 담론은 구체적으로 어떤 구조를 띠는가. 이 책에 담긴 연구는 여덟 개 종합 일간지(『경향신문』, 『국민일보』, 『동아일보』, 『서울신문』, 『조선일보』, 『중앙일보』, 『한겨레』, 『한국일보』)에 실린 사설을 중심으로 공론장에서 조세정책이 어떻게 재현되는지 탐구하는 데서 출발했다. 이를 바탕으로 '세금 폭탄'과 '감세', '증세'를 열쇳말 삼아 조세 담론을 해체해 재구성하고 그 역사성과 정치성을 분석하고자 했다. 결론을 요약한다면, 조세 담론은 도덕적 가치에 기반한 은유로 구성돼 있다. 그 바탕에는 '믿을 건내 식구뿐'이라는 각자도생과 공동체 불신이 자리 잡고 있다. '세금 폭탄'은 내 식구가 부동산을 통해 돈 버는 것을 방해하는 징벌이라는 은유, '감세'는 내 식구의 재산 증식에 따른 부담을 줄여주는 것이라는 은유, '재정 건전성'은 집안 살림이 거덜 나 자식들에게 부담을 주지 않으려면 허리띠를 졸라매고 빚지면 안 된다는 것이라는 은유를 담고 있다. 이에 비해 '증세' 담론은 매우 이질적이다. 증세 담론은 각자도생이 아니라 '함께 살자'는 연대성에 기초해 있다. 하지만 그 속에서도 선별 증세는 '우리'와 '저들'을 구분한다는 점에서 제한적인 연대성을 보여 준다.

'세금 폭탄' 담론은 노무현 정부가 추진한 종합부동산세 도입을 비판하는 과정에서 형성됐다. 세금 폭탄 담론 구조에서 가장 눈에 띄는 것은 국가가 국민을 '징벌'한다는 스키마를 자극한다는 점이다. '징벌' 프레임은 부유층 징벌, 중산층 징벌로 확대되며 결국 국민을 징벌한다는 결론을 이끈다. 세금 폭탄 담론 구조에서 종합부동산세는 국민을 징벌하는 수단이며, 그러면서도 역효과를 내거나 무용한 '정책 실패'와 다름없다. 여기에는 노무현 정부가 '좌파 이념'을 갖고 있는 데다 무능력하고 게다가 정책을 대하는 태도도 문제가 있어서라고 규정하며 설득력을 높이려 한다. 이 모든 담론 구조가 향하는 곳은 감세와 규제 완화 등 '시장'이다.

'감세' 담론은 1970년대 조세정책이 감세에 무게중심을 두면서 본격적으로 형성된 뒤 꾸준히 확산됐다. 감세 담론은 단순히 규제 완화와 자유 시장주의 차원에서 거론되지 않았다. 민생과 민주화를 요구하는 개혁 의제에서도 감세 담론을 소환했다. 특히 세금 폭탄 담론은 감세를 처방으로 제시하면서 감세 담론의 헤게모니를 강화하는 담론 효과를 발휘했다. 하지만 2008년 감세 정책이 본격적으로 시행에 들어가면서 촉발된 세입 감소와 조세 불평등 등 다양한 정책 논쟁은 부자 감세 담론이 분화되는 것으로 이어지면서 감세 담론의 헤게모니를 극적으로 약화하는 결과를 초래했다. 감세 담론은 크게 정치 프레임과 경제 프레임으로 구분할 수 있다. 정치 프레임을 구성하는 하위 프레임은 '작은 정부', '정책 일관성' 프레임으로 명명했으며, 경제 프레임은 '낙수 효과' 프레임으로 명명했다. '작은 정부' 프레임은 작은 정부를 유지하고 규제 완화를 해야 한다고 강조한다. '정책 일관성' 프레임은 이명박 정부 감세 정책이 유예되거나 축소되는 것을 비판하며 국민과

했던 약속을 지켜야 한다는 논점을 내세운다. 감세를 거부하는, 부자 감세 역시 정치 프레임(양극화, 서민 증세)과 경제 프레임(재정 적자)으로 구분할 수 있다. '양극화' 프레임은 낙수 효과와 규제 완화, 민영화를 비판적으로 인식하며, 현재 한국 사회에서 시급히 해결해야 할 주요모순을 양극화 문제라고 진단한다. '서민 증세' 프레임은 조세 부담을 중산층·서민에게 전가한다며 형평성 문제를 부각한다. '재정 적자' 프레임은 감세에 따른 세입 감소, 정부 부채 증가와 관리 재정 수지 악화를 우려한다.

세금 폭탄이 시장으로 귀결됐다면 부자 감세는 증세 담론을 활성화했다. 이명박 정부 임기 후반기부터 본격적으로 형성된 증세 담론은 2012년 총선·대선은 물론 박근혜 정부에서도 조세정책의 핵심 의제였다. 증세 담론도 수용과 거부에 따라 정치 프레임과 경제 프레임으로 구분했다. 증세 담론 수용과 거부는 감세 담론과 반대 양상을 보인다. 증세 담론을 수용하는 정치 프레임은 '선별 증세'와 '보편 증세' 프레임으로, 경제 프레임은 '세입 확대' 프레임으로 명명했다. 증세 담론을 거부하는 정치 프레임은 '증세 없는 복지'와 '세금 폭탄' 프레임으로, 경제 프레임은 '지출 통제' 프레임으로 명명했다. '선별 증세' 프레임은 부자 증세를 요구하며 서민 증세를 비판한다. '보편 증세' 프레임은 부자 증세를 포함한 보편적 증세를 통한 연대성 강화를 주장한다. '증세 없는 복지' 프레임은 복지 확대는 수용하지만 증세는 거부하며, '세금 폭탄' 프레임은 복지 확대와 증세를 모두 거부한다. '세입 확대' 프레임은 재정 건전성을 위한 증세를 강조하지만 '지출 통제' 프레임은 재정 건전성을 위한 긴축과 복지 축소를 요구한다.

조세가 정치적 의제로서 급부상하는 현실에서 조세 담론을 둘러싼 헤게모니 경쟁 역시 갈수록 치열해졌다. 노무현 정부의 조세 관련 정책을 강력히 제약했던 세금 폭탄과 감세 담론은 2007년 대선에서 이명박 후보가 당선되는 데 일정한 영향을 미쳤다. 신자유주의적 담론이 확보한 헤게모니(신진욱·이영민 2009)를 바탕으로 정권 교체에 성공한 이명박 정부에선 '감세' 담론이 '증세' 담론의 도전에 직면했다. 정권 재창출에 성공했지만 박근혜 정부에선 증세 담론이 담론 지형을 주도했다. 세금 폭탄 담론은 감세 정책이라는 제도화를 이끌어 냈지만, 역설적이게도 이에 따른 양극화 문제와 세입 감소로 말미암아 감세 담론의 헤게모니가 (감세 담론에서 분화된) 부자 감세 담론에 넘어가는 결과를 초래했다.

  양극화는 복지 확대 요구로, 세입 감소는 재정 건전성 논쟁으로 이어졌다. 이명박 정부 후반기부터 확산된 '복지를 위한 증세' 담론은 박근혜 정부가 '증세 없는 복지'라는 자기모순적인 정책을 내세우는 데 영향을 줬다. 아울러 '증세 없는 복지'라는 선언에도 불구하고 이명박 정부 후반기부터 박근혜 정부 초기까지 여야 간 공감대 아래 소득세 최고 세율과 금융 소득 종합과세 등에서 증세가 이뤄졌다. 물론 이런 과정은 곧 한계에 부딪혔으며 박근혜 정부는 명시적으로는 증세 반대를 외치면서도 담뱃값 인상 등으로 증세를 우회하려 시도했고 이는 연말정산 논란 등과 겹치면서 '서민 증세' 논란을 초래했다.

  이 연구는 담론을 일종의 빙산 구조를 가진 '의미덩어리'로 가정했다. 빙산 맨 위에는 특정한 한 단어나 짧은 문장으로 압축된 구호와 상징이 있다. 빙산에서 눈에 보이는 것은 실제로는 빙산의 일각에 불과하듯이 구호와 상징 아래에는 구호나 상징을 담는 논리적 생각 틀, 즉 프레임이 자리 잡고 있다. 빙산의 가장 밑바닥에는 특정한 관점, 입장, 태도 등이 있다. 이를 '세금 폭탄', '감세', '증세' 담론에 적용해 보면 특정한 조세정책에 대한 입장, 정부에 대한 관점, 프레임, 정치적 후원 세력 등이 결합해 있다. 상이한 세계관에 기인한 서로 다른 현실 인식이 조세정책을 진단하고 처방하도록 이끌며, 이는 다시 제도 변화를 촉진하거나 제약한다.

'빙산'을 염두에 두고 조세 문제를 다룬 공론장을 살펴보면 어떤 양상이 발견될까. 일견 진보 신문은 진보 의제만 내세우고 보수 신문은 보수 의제만 내세운다. 『한겨레』·『경향신문』은 증세를 외치고 『조선일보』·『중앙일보』·『동아일보』는 감세만 외치는 듯하다. 하지만 이는 말 그대로 물 위에서 바라본 '빙산의 일각'일 뿐이다. 실제 1990년부터 2015년까지 조세정책을 다룬 사설 610건을 분석해 보면 진보 신문이 감세를 주장하고 보수 신문이 증세를 강조하는 사설을 어렵지 않게 찾을 수 있다. 진보 신문이 서민 증세를 반대하며 증세 정책을 비판하고, 보수 신문이 정책 책임성을 강조하며 보편 증세를 요구하는 장면 역시 낯설지 않다. 같은 신문이 맞나 싶을 정도로 진단과 처방이 달라지는 걸 확인하다 보면 과연 신문 사설에서 일관성이란 있는지 의문이 들기까지 한다. 하지만 여기서 빙산의 밑바닥까지 더 깊이 내려가 보면 우리는 일견 모순돼 보이는 프레임의 전체적인 맥락을 확인할 수 있다. 상호 대립하는 미디어 담론의 밑바닥에는 사회와 국가를 바라보는 인식 차이가 존재하며, 이를 바탕으로 정치성과 역사성에 따라 프레임이 형성되고 형성·진화한다. 그리고 담론은 현실 맥락을 재구성함으로써 제도 변화를 촉진하거나 제약하는 구실을 한다.

조세제도를 담론으로서 분석한다는 것은 곧 '조세 담론'이 권력 관계를 반영하고 역사적인 맥락에 존재하며 이데올로기 작용을 하는 사회적 행위의 한 형태이고 사회와 문화를 구성한다는 점에서 물질성을 지녔다고 전제한다(van Dijk 2001). 세금이 납세자를 해치는 '폭탄'이며, 따라서 할 수만 있다면 덜 내거나 안 내는 게 좋다는 담론이 상식인 사회에선 조세 수준을 높이기 위한 제도 변화 또는 조세 수준을 높인다고 간주되는 시도만으로도 심각한 사회적 저항에 직면한다. 세금 폭탄 담론은 노무현 정부의 종부세 정책을 좌절시키는 거부점으로 기능했을뿐더러 감세 담론을 강화하며 제도 변화를 유도했다. 뒤이어 나타난 부자 감세 담론 역시 이명박 정부의 감세 정책을 후퇴시키는 거부점으로 작용했고 부자 증세 담론으로 이어져 제도 변화를 유도했다. 증세 담론은 이명박 정부 하반기에 본격적으로 헤게모니를 얻었고 박근혜 정부 초기에 여야 합의로 일부 증세가 실현되면서 제도화와 담론화의 상호작용을 일으켰다.

담론이 재현하는 조세정책은 현실에 존재하는 정책과 반드시 일치하지 않을 수 있으며 때로는 상당한 괴리가 존재한다. 또한 특정한 프레임으로 말미암아 조세제도에 대한 합리적 토론 자체가 봉쇄되는 부정적인 효과를 초래했다는 점도 부정할 수 없다. 하지만 그 원인을 단순히 '객관적 사실'을 제대로 알리지 못해 발생하는 문제라거나, 언론의 잘못된 보도에 따른 여론 왜곡이나 비이성적 국민 정서에서 찾는다면 본질을 놓치는 것이다. 정책 과정은 단순히 합리적 의사 결정 과정으로만 볼 수 없는 데다, 사실관계를 인과적으로 분석하는 정책 처방만으로는 정책을 둘러싸고 벌어지는 갈등을 해소할 수 없기 때문이다(허창수 2009).

과거 노무현 정부가 '세금 폭탄은 사실이 아니다'라고 강조하며 각종 데이터와 함께 실상을 밝히며 세금 폭탄 담론을 반박했지만 정작 담론은 더욱 확산되었던 경험은 이를 잘 보여 준다. 당시 노무현을 비롯해 종합부동산세 제도 도입에 참여했던 이들이 보인 전형적인 태도는 '언론 왜곡 보도 등 기득권층의 저항 탓에 국민들이 종합부동산세의 실체를 제대로 이해하지 못하고 있다'는 것이었다. 일부에선 '세금 폭탄 아직 멀었다'는 다분히 감정적인 반응까지 나왔다. 하지만 담론 이론 관점에서 본다면 그런 태도야말로 갈등을 증폭했다고 평가할 만하다.

여기서 주목할 대목은 담론이 제도 변화를 제약했다는 데서 더 나아가, 세금 폭탄 담론이 국민들이 가진 어떤 특정한 스키마에 호응했는가이다(Entman 2004; Entaman, Matthes and Pellicano 2014). 한국 사회에 광범위하게 퍼져 있는 조세 거부감은 한국 사회가 경험한 근현대가 낳은 역사적 산물이다. 또한 세금에 대한 부정적 인식은 조선 말기 이래 장기간 지속된 '국가의 부재' 경험과 각자도생이라는 집단적 학습 효과에서 연유했다. 앞서 언급했듯이, 세금에 대한 부정적 스키마를 가장 압축해 보여 주는 사례를 우리는 '혈세'라는 일반명사에서 찾을 수 있다. '피 같은 세금', 즉 가혹한 세금을 뜻하는 혈세는 국가와 납세자의 관계를 가해자와 피해자로 규정하며, 세금에 대한 부정적 이미지를 극대화한다는 점에서 세금 폭탄 담론과 매우 유사한 담론 효과를 갖는다.

한국 사회 조세제도 변화를 담론 관점에서 고찰한다면 박근혜 정부가 천명한 '증세 없는 복지'의 정책적 맥락도 분명해진다. '증세 없는 복지'는 헤게모니 담론이 저항 담론의 도전에 직면해 내놓은 대응이라는 성격을 갖지만, 동시에 장기간에 걸쳐 형성되고 발전해 온 헤게모니 담론의 정책적 귀결이었다는 성격도 갖는다.[1] 조세 담론 차원에서 본다면 헤게모니 담론이 갖고 있는 세입 축소와 지출 통제라는 정책 처방을 그대로 유지하는 가운데 증세 담론의 핵심 처방인 복지 확대를 수용함으로써 증세 담론을 효과적으로 배제했다. 또한 새누리당이 이명박 정부 후반기부터 야당의 요구를 수용해 감세에서 증세로 실질적인 제도 변화가 일어났으며 박근혜 정부 들어서도 담뱃세 인상과 연말정산 세액공제 전환 등 증세 정책을 시행하면서도 공식 연설에선 끊임없이 '증세 없는 복지'를 강조하는 것이야말로 담론 정치의 전형이다. 아울러 박근혜 정부가 보여 준 '말과 행동'의 괴리는 언급하지 않은 채 '증세 없는 복지는 불가능하다'는 것만 강조한 미디어 담론도 세입 축소와 지출 통제라는 전통적인 헤게모니 담론으로 조세정책을 되돌리기 위한 치밀한 담론 정치의 산물이라고 볼 수 있다.[2]

4

이상과 같은 논의를 바탕으로 필자는 다음과 같은 정책적 시사점을 제시하고자 한다. 첫째, 노무현 정부에서 시도했던 증세(종부세)와 이명박 정부가 시도했던 감세 모두 몇 년도 되지 않아 좌절한 데서 보듯 감세냐 증세냐 하는 정책 지향성과 무관하게 '국가에 대한 신뢰' 또는 사회자본 회복을 위한 국가적 노력이 없으면 조세 정치는 계속해서 갈등의 진원지가 될 수밖에 없다. 무엇보다도 국가가 국민에게서 거둔 세금으로 국민의 생명과 안전, 행복하게 살 권리를 충족하도록 노력한다는 재정 운용에 대한 신뢰를 회복하는 것을 조세정책을 위한 선결 과제로 인식할 필요가 있다. 아울러 조세 형평성에 대한 뿌리 깊은 불신의 실체를 인정하고 형평성을 높이는 정책 대안을 마련하는 것 또한 중요한 과제다. 국가에 대한 불신을 해소하지 못한 채 증세 정책을 시도한 국가들이 대부분 실패를 경험하고 조세에 대한 신뢰가 더 나빠지는 악순환에 빠진 반면, 조세개혁에 성공한 국가들은 국가에 대한 국민들의 신뢰를 확보한 가운데 장기간에 걸친 숙의와 정치적 합의를 통해 조세개혁을 일구었음을 기억할 필요가 있다(김욱 2007; 이현우 2007; 임성학 2007; 김미경 2008; 윤홍식 2012; 권순미 2014; Akaishi and Steinmo 2006).

둘째, 형평성에 대한 강조는 사회 개혁을 위한 에너지라는 평가가 일반적이지만 어떤 프레임에 위치하느냐에 따라 감세 담론으로 이어질 수도 있고 증세 담론으로 이어질 수도 있는 이중적인 성격을 띤다. 형평성의 이중적 성격은 복지와 증세를 강조하는 증세 담론에서 핵심적 위치를 차지하는 선별 증세조차 담뱃세와 연말정산 등 구체적인 증세 문제에선 자기모순에 빠진다는 사실에서 분명하게 드러난다. 다시 말해, 역설적이게도 증세 반대 프레임인 '증세 없는 복지'는 물론 증세 담론인 선별 증세조차 국가에 대한 불신과 연대성 대신 형평성만 집착하는 집단적 스키마의 귀결이라는 공통점을 공유한다. 한편에선 부자 감세가 감세에서 갈라져 나왔듯이 보편 증세와 선별 증세가 분화되어 담론 투쟁이 벌어질 가능성도 배제할 수 없다. 소득 불평등에 대한 불만은 높은

그림 1 | 조세 담론 체계

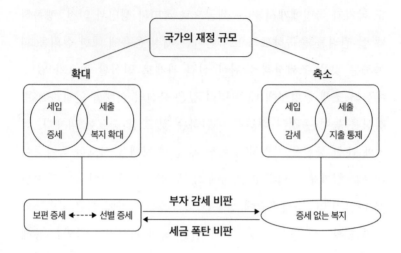

반면에 공동체로서 연대 의식은 낮은 한국 사회에서 조세 문제는 국가에 강력한 재분배 정책을 요구하기보다는 자신의 세금을 줄여 달라거나, 또는 '저들'의 세금을 높여 달라고 요구하는 것으로 귀결됐다. 이는 다시 국가의 재분배 기능 약화와 국가에 대한 불신 강화라는 악순환을 초래했다. '누가 더 낼 것인가' 또는 '누가 덜 낼 것인가'라는 제로섬 양상에서 벗어나지 못하는 미디어 공론장의 감세·증세 담론 투쟁 양상은 이런 경향을 더욱더 부채질하고 있다(김미경 2008).

셋째, 누가 더 내고 누가 덜 낼 것인가 하는 형평성 차원을 벗어나 사회 구성원들이 다 함께 누리는 공공재를 생산하고 발전시키기 위한 연대성 문제로 담론 지형을 바꾸는 노력이 절실하다.[3] 이는 특히 공론장에서 핵심 역할을 담당하는 언론의 책임감과 밀

그림 2 | 조세 담론 구분

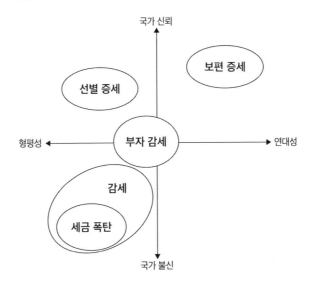

접히 연관되는 문제라고 할 수 있다. 예산 낭비를 비판하는 감시자로서 언론의 역할은 공공성 관점에서도 매우 중요하지만 이것이 자칫 혈세·가렴주구로 상징되는 스키마를 강화해 결과적으로 국가에 대한 불신만 초래할 수 있다는 점에 유의해야 한다. 이상과 같은 세 가지 정책적 시사점을 염두에 두고 국가에 대한 신뢰, 형평성 또는 연대성에 대한 강조에 따라 한국 조세 담론을 구분할 수 있다(〈그림 2〉 참조).

또한 스웨덴과 일본·영국 사례를 비교하면 조세제도의 미래상을 설계하는 데 매우 중요한 시사점을 얻을 수 있다. 먼저 스웨덴은 주지하다시피 자본보다는 노동에 상대적으로 많은 부담을 지우며 누진성도 그리 높지 않고 오히려 부가가치세율은 OECD 회원국 가운데 헝가리(27퍼센트) 다음으로 높은 25퍼센트에 이른다. 2004년에는 상속세와 증여세도 폐지했다(김욱 2007, 123~137). 스웨덴은 1932년 스웨덴사회민주노동당 대표 한손이 총리(1932~46년 재임)가 된 이후 보편주의 원칙에 따라 가족수당, 의료보험, 산재보험, 적극적 노동시장 정책, 실업보험 등 복지 정책을 시행할 당시부터 1970년대까지는 그 재원을 소득세와 상속세, 재산세 누진율을 높이는 정책으로 달성했다. 하지만 1969년 부가가치세 제도를 도입하면서 간접세가 총조세에서 중요한 구실을 하면서 1980년대 중반을 기점으로 GDP 대비 비중이 역전되는 현상이 나타났다. 특히 1991년 개인소득세와 법인세는 대폭 하향 조정하고 부가가치세를 인상하고 조세 지출을 축소하는 급진적인 조세개혁 법안이 오랜 준비 끝에 의회를 통과했다(김인춘 2011; 은민수 2012b). 이 과정에서 스웨덴은 장기적인 조사 연구를 바탕으로 다양한 정치 집단이 협상과 타협을 통해 형평성보다는 연대성에 입각한 조세제도 변화를 큰 갈등 없이 이끌어 냈다.

영국과 일본은 조세제도 측면에서 보면 반면교사로 삼을 만하다. 단순 다수제 선거제도를 채택하는 영국은 보수당과 노동당의 입장 차이가 뚜렷해 정권 교체에 따라 조세제도가 급격한 변화를 되풀이하다 보니 안정성이 떨어진다고 평가받는다. 특히 1992년 국회의원 선거는 한국과 유사하게 '세금 폭탄' 논란이 거셌다. 당시 노동당은 소득세 인상과 고액 소득자들을 대상으로 한 사회보장 비용 기여액 인상을 공약으로 제시한 반면, 집권당이던 보수당은 선거 기간 내내 노동당이 집권하면 증세할 것이라고 공격하면서 '노동당의 세금 폭탄'Labour's Tax Bombshell을 구호로 내걸었다(The

Guardian 2005/04/04). 보수당은 이 선거에서 승리했다. 눈여겨볼 대목은 1991년 보수당 정부는 부가가치세를 15퍼센트에서 17.5퍼센트로 인상했다는 점이다. 사실 영국의 국민 부담률은 1975년 35.3퍼센트에서 1990년 36.5퍼센트로 증가한 데서 보듯 보수당 정부에서 오히려 증가했다(강원택 2007, 53).

일본은 한국과 유사하게 조세 거부감이 만연해 있다. 일본은 낮은 수준의 공적 복지 지출과 낮은 수준의 조세 부담을 유지해 왔으며 조세 형평성에 대한 근로소득자들의 불만을 다양한 공제 제도를 확대함으로써 무마해 왔다. 소비세 증세를 둘러싸고 정권이 붕괴되는 경험은 조세제도 변화를 어렵게 하고 정책 신뢰도까지 떨어뜨린다. 결국 일본에서는 세수 확대와 조세 거부감 완화에 모두 문제를 드러내고 있다(이정환 2013; 정미애 2013; 권순미 2014; 2015; 이정환 2016). 일본 정부가 소비세율 인상 시점을 2015년 10월에서 2017년 4월로 연기한 데 이어 또다시 2019년 10월로 늦추기로 한 것은 시사하는 바가 적지 않다.

15세기 공법貢法 도입과 18세기 대동법 제정 과정 또한 21세기 조세정책에 빗대어 살펴볼 만하다. 1444년(세종 26년) 도입한 공법은 토지 소유자에게 부과하는 토지세(조租)를 당해 연도 풍흉과 토지 비옥도에 따라 납부해야 하는 생산물에 차등을 두는 것이었다. 대동법은 공납(조調)을 모두 쌀로 일괄 징수하는 것으로 했는데, 특히 토지 결수結數를 기준으로 함으로써 대다수 납세자들에겐 감세 효과를, 정부에는 증세 효과를 주는 개혁 정책이었다. 이 연구와 관련해 주목할 대목은, 첫째, 제도 변화 과정에서 치열한 담론 투쟁이 벌어졌다는 점이다. 세종은 공법을 도입하는 과정에서

신하들의 거센 반대를 극복해야 했다. 대동법은 정부 내 반발뿐만 아니라 대토지 소유자들의 조직적인 저항을 받았고, 김집·송시열 등 이른바 산당山黨 세력은 정책 우선순위와 정책 효과성을 근거로 제도 시행에 반대했다. 이 때문에 제도 변화에 오랜 시간이 걸렸다. 공법은 약 25년이 걸렸고, 대동법은 1608년(광해군 즉위년)부터 시작해 1708년(숙종 34년)까지 100여 년이 걸렸다. 둘째, 그럼에도 제도 변화는 강압적인 방식이 아니라 공론公論을 통한 합의 도출 과정을 거쳤다. 세종은 유례를 찾아보기 힘든 전 국민 대상 여론조사까지 실시했고 대동법은 김육 등 대동법 추진 세력들의 피나는 노력 끝에 정책의 실효성을 입증해 이를 바탕으로 지지를 이끌어 냈다. 셋째, 공법과 대동법 모두 누진적 성격을 갖추면서도 지나친 부담을 막기 위한 노력을 병행했다. 이 때문에 조세 수입은 증가시키면서도 조세 거부감이 발생하지 않았고 국가에 대한 신뢰를 높이는 데 이바지했다. 특히 대동법은 17세기 잇따른 기근으로 전체 인구의 10퍼센트가량이 굶어 죽는 참사 속에서도 국가 기능을 유지하는 원동력이 되었다는 평가가 당대에도 있었다(이정철 2010; 안종석 2012; 오기수 2012).

끝으로 정책 과정에서 발생할 수 있는 비판적인 담론에 대응하는 방식에 대해 언급하고자 한다. 현대사회의 정책 형성 및 정책 변동 과정에서 공론장은 필수적인 요소로 자리 잡은 지 오래다. 특히 정책 과정에서 언론 보도는 정책을 알리고 토론이 벌어지는 장으로서 핵심적인 역할을 수행한다. 미디어 담론이 특정한 조세 정책에 대해 우호적인 담론을 형성할 수도 있고 그 반대일 수도 있다는 점을 상수로 받아들여야 한다는 것과 함께, 상대의 프레임을 언급하는 것은 정책 결정자가 피해야 한다. 이는 매우 중요한 대목임에도, 조세정책을 둘러싼 담론 정치 과정에선 동일한 실책이 반복되곤 한다. 노무현 정부에선 고위 당국자가 "세금 폭탄이라고 하는데 아직 멀었다"고 했다가 오히려 세금 폭탄 담론을 확대재생산하는 데 이용됐다. 비슷한 실책은 이명박 정부가 '부자 감세가 아니다'라고 강조할 때 되풀이됐다. 심지어 박근혜 정부에선 정부 고위 당국자가 여야 합의가 '세금 폭탄'이라며 비판하기도 했는데 사실을 왜곡했다는 점은 논외로 하더라도 정부가 나서서 조세 거부감을 부추겨 많은 비판을 받은 바 있다.

5

과거 사례를 이해하고 해석하는 작업을 거쳐, 이를 현재 진행 중인 현안에 대입하면 어떤 양상이 눈에 띌까. 2017년 5월 선거를 통해 집권한 문재인 정부는 2016년 겨울 전 국민이 들고일어난 촛불 집회의 산물이다. 문재인 정부는 세금 문제에서 과연 얼마나 이전과 다른가. 촛불 집회에서 가장 많이 거론된 '이게 나라냐'는 질문에 '이게 나라다'라고 얘기할 만한 장기적인 사회정책을 갖고 있는가. 전반적인 조세정책 기조는 '몸 사리기'로 요약할 수 있을 듯하다. '핀셋 증세'라는 괴상한 용어로 포장하긴 했지만 종합부동산세 개편안이나 금융 소득 종합과세 완화를 둘러싼 논쟁 등에서 분명히 드러나듯 총조세 수준을 높이는 문제를 건드리기는 부담스러워한다. 하지만 이는 문재인 정부가 천명한 다양한 사회 안전망 확대와도 상충된다.

    문재인 정부 인수위원회 역할을 담당한 국정기획자문위원회는 2017년 7월 복지 정책 강화와 공공 부문 일자리 창출 등 적극적 재정 정책을 담은 '국정 운영 5개년 계획'을 발표했다. 국정 운영 계획을 보면 향후 5년간 주요 국정 과제를 추진하기 위해 필요한 재원을 178조 원으로 추산했다. '더불어 잘사는 경제'(소득 주도 성장, 미래 대비 투자)에 42조 원, '내 삶을 책임지는 국가'(복지국가 실현)에 77조 원, '고르게 발전하는 지역'(지역 균형 발전)에 7조 원, '평화와 번영의 한반도'(남북 관계, 국방)에 8조 원 등을 투자할 계획이라고 밝혔다. 재원은 세출 절감으로 95조 4000억 원을 확보하고 세입 확충을 통해 82조 6000억 원을 조달한다는 계획이었다. 먼저 세수 자연 증가분으로 60조 5000억 원, 비과세·감면 정비 등으로 11조 4000억 원, 탈루 세금 징수 강화 등을 통해 5조 7000억 원, 세외수입 확충으로 5조 원을 마련하기로 했다. 세출 절감은 우선 재량 지출의 10퍼센트를 구조 조정하고 의무 지출은 전달 체계 누수 방지 등을 통해 60조 2000억 원을 절감하고, 주택도시·고용보험 등의 기금 여유 자금 활용 확대, 융자 사업 이차 보전 전환 등으로 35조 2000억 원을 확보하겠다고 밝혔다.

    거창한 계획과 달리 과연 얼마나 '적극적인 재정 정책'인지를 놓고 발표 당시부터 논란이 일었다. 정부는 5년간 178조 원을 투자한다고 강조하지만 국정 운영 계획에서 이미 60조 원의 재정을 절감한다고 했음을 감안하면 실제 재정지출 증가는 5년간 120조 원가량에 불과하다. 이 정도는 지난 정부와 큰 차별성이 없다. 당시 익명을 요구한 전문가는 "소득 주도 성장의 내수 확대와 일자리 창출을 하려면 적극적 재정 정책의 역할이 필수인데, 이 정도 재정 확대로는 소득 주도 성장을 활성화하는 데 한계가 있을 것"이라고 지적했다. 그는 "증세 없이 국정 운영 계획을 세우다 보니 소득 주도 성장을 추진하는 재정 운용 계획이라기에는 매우 소극적인 재정 운용 계획이 되었다"고 진단했다. 60조 원을 '초과 세수 증대'로 확보한다는 것도, 지금은 세수가 잘 걷히지만 앞으로도 이런 흐름이 이어진다는 보장이 없기에 지나친 장밋빛 전망이라고 할 수 있다. 재정지출을 절감해 5년간 약 60조 2000억 원을 절감하겠다는 계획도 비현실적이다. 사회간접자본SOC과 연구·개발R&D에서 7퍼센트 이상을 절감한다지만 둘 다 대부분 계속 사업이라는 특성을 감안해야 한다. 역대 정부에서 오랫동안 지출 구조 조정을 해왔다는 점도 기대만큼 세출을 절감하기가 쉽지 않으리라는 예상이 나오는 근거 가운데 하나다. 익명을 요구한 재정 전문가는 "사회복지 분야 재정 누수는 밖에서 보는 것보다 크지 않다"고 꼬집기도 했다. 최병호(부산대학교 경제학과 교수)는 "재원 조달 계획에 '지하경제 양성화'만 추가하면 박근혜 정부의 '증세 없는 복지'와 다를 게 없다"고 비판했다.

정부는 2017년 8월 2일 내놓은 세법 개정안을 통해 부자 증세 노선을 공식화했다. 소득재분배를 위해 부유층과 대기업으로부터 더 많은 세금을 걷고 서민·중산층에는 지원을 확대하도록 했다. 하지만 부자 증세를 통한 세수 증대 효과에 대한 회의적인 시각에 더해, 과연 부유층 과세에만 초점을 맞추는 '선별 증세' 노선 자체가 적절한지를 따질 필요가 있다. 세법 개정안 발표 이전부터 가장 관심을 모은 것은 소득세·법인세 최고 세율 인상 여부였다. 당시 부총리 겸 기획재정부 장관 김동연은 여러 차례 "소득·법인세 명목 세율 인상은 없다"고 강조했지만 국가재정전략회의를 거치면서 최고 세율 인상안이 막판에 포함됐다. 소득세는 과세표준 3억~5억 원은 38퍼센트에서 40퍼센트로 인상하고, 5억 원 초과 구간을 신설해 세율도 40퍼센트에서 42퍼센트로 높였다. 법인세는 과표 2000억 원 초과 구간을 신설해 세율을 22퍼센트에서 25퍼센트로 높였다. 기재부에 따르면 최고 세율 인상을 통한 세수 효과는 소득세가 연간 2조 1938억 원, 법인세는 2조 5599억 원에 이른다. 정부는 소득세율 인상 대상이 근로소득세에서 2만 명(상위 0.1퍼센트), 종합소득세에서 4만 4000명(상위 0.8퍼센트), 양도소득세에서 2만 9000명(상위 2.7퍼센트) 등 모두 9만 3000여 명에 불과하다고 강조한다. 법인세 최고 세율 인상 대상도 전체 법인 약 59만 개 가운데 상위 0.02퍼센트에 해당하는 129곳에 그친다.

문재인 정부가 강조하는 것과 달리, 선별 증세는 이명박·박근혜 정부의 조세정책과 차별성보다는 유사성이 더 크다. 사실 '선별 증세' 노선은 이명박 정부가 추진했던 감세 정책이 소득재분배 악화와 세입 감소만 초래했다는 비판 끝에, 2011년 말 국회가 소득세 최고 세율을 35퍼센트에서 38퍼센트로 인상하면서 이미 시작됐던 것이다. 이에 덧붙여 세법 개정안이 과연 얼마나 증세에 적극적인지도 논란이었다. 소득세 최고 세율 인상은 다분히 보여주기식이라는 비판을 받았다. 참여연대는 "세법 개정의 목표가 적극적 증세에 있지는 않은 것으로 보인다"고 꼬집어 논평했다. 얼핏 거대한 변화처럼 보이지만 실상 증세 효과도 별로 없다. 한국은 복지 지출도 적지만 세금도 적게 낸다. 내는 것도 적고 받는 것도 적다. 단순히 부자들이 적게 내서 그런 것이 아니라 국민들이 전체적으로 세금을 적게 낸다. 각종 공제 및 감면 제도 때문에 평균 소득세 실효세율(무자녀 1인 평균 소득 가구 기준)은 5퍼센트(2015년 기준)에 불과하다. OECD 회원국 평균과 세 배가량 차이가 난다. GDP 대비 소득세 비중은 2015년 기준으로 4.4퍼센트인 반면, OECD 35개 회원국 평균은 8.4퍼센트(2014년 기준)로 두 배가량 차이가 난다. 한국보다도 소득세 비중이 적은 OECD 국가는 멕시코와 칠레 등 4개국뿐이다.

문재인 정부가 집권 초기 증세 문제를 의제화한 배경에는 방치할 수 없는 수준이 된 양극화 문제가 자리 잡고 있다. 그렇다면 우리나라의 양극화, 즉 불평등 수준은 어느 정도일까? 불평등을 측정하는 대표적인 지표가 지니계수다. 0이면 완전 평등이고 1에 가까울수록 불평등하다는 의미다. 통계청, 한국은행, 금융감독원이 2017년 12월 21일 발표한 '2017 가계금융·복지조사'에 따르면 우리나라의 지니계수(균등화 처분 가능 소득 기준)는 2015년 0.354, 2016년 0.357로 OECD 35개 회원국 평균인 0.317(2015년 기준)을 웃돌았다. 우리나라의 불평등 수준은 대표적인 복지국가인 스웨덴(0.274)과 핀란드(0.260), 덴마크(0.256)는 물론 금융 위기를 겪었던 그리스(0.339)와 스페인(0.344)보다도 심각한 셈이다. 우리나라보다 지니계수가 높은 나라는 멕시코(0.459), 칠레(0.454), 터키(0.398), 미국(0.390), 리투아니아(0.381), 영국·이스라엘(0.360) 정도다.

지니계수에는 잘 알려지지 않은 중요한 함의가 있다. 세금이나 사회복지 등을 통한 재분배 기능이 강한 나라는 시장 소득(세전 소득)을 기준으로 한 지니계수와 소득 재배분 후에 측정한 지니계수

사이에 차이가 크다. 이를 통해 그 나라의 소득재분배 상황을 들여다볼 수 있다. 한국의 시장 소득 기준 지니계수는 2015년 0.396, 2016년 0.402였다. OECD 평균(2015년 기준 0.472)과 비교해 양호한 수준이다. 지니계수가 말하는 것은 명확하다. 시장 소득만 놓고 보면 한국은 상대적으로 평등한 국가에 속한다. 북유럽 복지국가도 부럽지 않다. 그러나 조세 기반은 협소하고 총조세 수준은 낮으며, 비과세·감면은 지나치게 많고, 누진성은 약하며, 사회복지에 지출하는 수준은 워낙 열악하다 보니 현실에선 극도로 불평등한 국가가 된다. 따라서 복지 확대를 위해, 소득 재분배를 통한 양극화 해소를 위해선 증세 정책이 일정 부분 불가피하다.

우리나라는 양호한 재정 건전성과 낮은 조세부담률 때문에 증세 여력이 큰 국가로 꼽힌다. 2016년 기준 우리나라의 국민 부담률은 26.3퍼센트다. OECD 평균 34.3퍼센트보다 8퍼센트포인트 낮다. 더욱이 증세가 불가피한 측면도 있다. 감세 정책을 천명한 이명박 정부나 '증세 없는 복지'를 내세운 박근혜 정부에서조차 국민 부담률은 꾸준히 상승했을 정도다. 게다가 문재인 정부로선 매우 다행스럽게도 집권 초기 증세 정책을 지지하는 여론도 높은 편이었다. 조세정책에 대한 국민의 지지 여부가 정부 신뢰와 긴밀히 연동된다는 점과 더불어 복지 확대와 양극화 해소에 대한 국민적 합의가 존재한다고 해석할 수 있는 대목이다. 2017년 7월 리얼미터 여론조사를 보면 소득세·법인세 최고 세율 인상을 지지하는 여론이 85.6퍼센트(매우 찬성 71.6퍼센트, 찬성 14퍼센트)나 됐다. 2015년 2월 당시 '증세를 하지 않고 복지 수준을 줄여야 한다'는 의견이 46.8퍼센트로 '국가 재정과 복지를 위해 증세가 필요하다'

는 의견(34.5퍼센트)보다 12.3퍼센트포인트 더 높았던 것과 비교하면 격세지감이 들 정도다. '공평 과세'에 대한 국민적 지지도 높고 그 필요성도 크다.

문제는 이른바 '부자 증세'만으로는 충분한 세입 증대 효과를 거둘 수 없는데 '보편 증세'를 지지하는 여론은 충분히 높지 않다는 점이다. 대다수 국민들은 '유리 지갑'인 임금노동자에 비해 자영업자가 세금을 더 적게 낸다고 생각한다. 실제로는 상위 소득 계층에선 임금노동자의 부담이 더 많지만, 광범위한 근로소득공제 등의 영향으로 중간 소득 계층은 자영업자의 소득세 부담이 다소 많다. 더 근본적인 문제는 한국은 다른 선진국에 비해 자영업자든 임금노동자든 모두가 소득세 자체를 적게 낸다는 점이다. 윤홍식(인하대 행정학과 교수)은 1단계는 부자 증세, 2단계는 소득세 면세자 축소 등 누진적 보편 증세, 3단계는 사회보장세 신설, 4단계는 부가가치세 확대 등 단계적 증세 로드맵을 제안한다. 그는 "모두가 세금을 더 내고 부자는 더 많이 내야 한다"면서 "20~30년에 걸친 장기적인 국가 전략을 수립해야 한다"고 조언했다. 김도균(경기연구원 연구위원)은 "'부자 증세, 서민 감세'로는 한국 조세제도의 고질적 문제를 개혁하기 쉽지 않다"면서 "정부가 더 적극적으로 국민들을 설득해야 한다"고 말했다.

6

사족일지도 모르지만, 미래 지향적인 논의를 위해 한 가지 더 언급하고 싶은 문제가 있다. 이해를 돕기 위해 간단한 문제를 내보자. 한 달에 용돈 10만 원을 받는 아이가 있다. 새해 분위기에 들떠 장난을 치다 유리창을 깨뜨렸다. 그 벌로 1월 용돈이 8만 원으로 깎였다. 그런데 이번에는 접시까지 왕창 깨먹었다. 2월 용돈은 1만 원이 더 줄었다. 자숙하는 듯해 3월 용돈은 조금 올려 9만 원이 됐다. 이 아이는 3개월 동안 용돈이 얼마나 줄었을까?

장난만 안 쳤으면 이 아이는 1월부터 3월까지 모두 30만 원을 용돈으로 받을 수 있었다. 하지만 실제로는 24만 원을 받았다. 1월에 2만 원, 2월에 3만 원, 3월에 1만 원이 줄었기 때문이다. 줄어든 용돈은 6만 원이다. 그런데 정답은 1만 원이라고 우기는 사람들이 있다. "1월에 깎인 용돈은 2만 원이다. 2월에는 1월에 비해 1만 원이 줄었다. 3월에는 2월에 비해 2만 원이 늘었다. 그러므로 1만 원만큼 줄어들었다(-2 - 1 + 2 = -1)."

믿기지 않겠지만 한국의 조세정책을 총괄한다는 기획재정부가 이렇게 말도 안 되는 계산법을 국민들에게 외치고 있다. 기재부는 2017년 8월 2일 세법 개정안을 발표하면서 "세수 효과는 5년간 5조 5000억 원"이라고 했다. 기획재정부가 사용한 계산법을 따라가 보자. 2018년에는 9223억 원이 늘어나고, 2019년에는 2018년에 비해 5조 1662억 원이 늘어난다. 2020년에는 2019년보다 4556억 원이 줄어든다.

6만 원과 1만 원은 용돈 액수가 바뀌면서 나타나는 용돈 효과를 계산하는 방식 차이에서 나온다. 줄어든 용돈이 1만 원이라고 보는 계산법을 '전년 대비 방식'이라고 부른다. 6만 원이라고 보는 계산법은 '기준 연도 대비 방식'이다. 기재부가 사용한 계산 방식이 바로 전년 대비 방식이다. 올해 증세 규모가 2조 원, 내년 3

조 원, 내후년 1조 원이라고 가정해 보면, 기준 연도 방식으로는 3년간 세수 효과가 6조 원이지만 전년 대비 방식으로는 1조 원에 불과하다. 기준 연도 방식이 제도 변화 시점을 기준으로 '세법 개정이 없었다면 발생하지 않았을 세수의 변화'를 모두 계산하기 때문에 지난해를 기준으로 올해 2조 원, 내년 3조 원, 내후년 1조 원을 모두 더한다. 그 반면 전년 대비 방식은 전년도 대비 세수 변화만을 보기 때문에 올해는 2조 원, 내년은 올해보다 1조 원 늘었고, 내후년에는 내년에 비해 2조 원이 줄었다고 계산한다.

정부가 발표한 연도별 세수 효과를 기준 연도 방식으로 재구성하면 5년간 세수 효과는 23조 4525억 원이다. 기재부 관계자는 필자와의 인터뷰에서 "세목별 신고 기한 등의 조정을 감안하면 5년간 23조 6000억 원가량"이라고 밝혔다. 기재부에선 "관행상 전년 대비 방식을 사용해 왔다"고 해명했지만 기재부 역시 국회에 세법 개정안을 제출할 때는 기준 연도 방식으로 세수 효과를 계산한다. 2009년에 기재부와 국회예산정책처 사이에서 벌어진 세수 추계 방식 논쟁에서 기재부가 판정패한 뒤 벌어진 풍경이다.

발단은 이명박 정부가 추진한 감세 정책이었다. 당시 기재부는 감세 정책에 따른 세입 감소 규모가 5년간 35조 원이라며 '감세 규모가 그리 크지 않다'고 했다. 그런데 국회예산정책처에서 일하는 두 명이 논문을 발표했다. 이들은 기준 연도 방식으로 계산했을 때 실제 세입 감소 규모는 적어도 96조 원에 이를 것이라고 지적했다. 감세 규모가 60조 원 넘게 차이가 나니, 엄청난 논란이 벌어질 수밖에 없었다. 그 뒤 기재부는 슬그머니 국회에 제출하는 법안과 예산안, 세법 개정안에 첨부하는 비용 추계를 모두 기준 연도 방식으로 바꾸었다. 미국 합동조세위원회JCT와 의회예산처 CBO만 해도 오래전부터 기준 연도 방식을 사용한다.[4]

논점을 정리해 보자. '증세 규모가 기재부가 얘기하는 것보다 크다'는 핵심이 아니다. '정부가 세수 효과를 실제보다 적게 한 것 아니냐'는 것도 부차적인 문제다. 우리가 정말 주목할 대목은, 민주주의가 제대로 작동하려면 국가정책에 대한 제대로 된 토론이 필요하고, 그러려면 정부가 먼저 정확한 정보를 국민들에게 제시해야 한다는 점이다. "세상에는 세 가지 거짓말이 있다. 그럴듯한 거짓말, 새빨간 거짓말, 그리고 통계"라는 말이 있다. 사실, 통계는 거짓말을 곧잘 한다. 이명박 정부 당시 어느 장관이 엉터리 통계를 근거로 "비정규직법을 개정하지 않으면 100만 해고 대란이 온다"고 한 말이 아직도 기억난다. 4대강 사업 같은 엉터리 사업 뒤에는 언제나 '맞춤형 통계' 또는 '데이터 성형수술'이 있다(『미디어오늘』 2009/12/24). '1인당 국민소득 3만 달러'는 산술평균으로 서민들의 팍팍한 삶을 가려 버린다. "2018 평창 동계올림픽 개최에 따른 총생산액 유발효과는 20조 4973억 원, 고용 증대 효과 23만 명"(산업연구원 2008)은 대형 국책 사업에 대한 질문을 막아 버렸다.

통계는 더 나은 사회로 가기 위한 무기가 되기도 하지만 진실을 가리는 그림자가 되기도 한다. 필자는 정부가 선별 증세라는 익숙하고 편한 길이 아니라 보편 증세라는 '좁은 길'로 가야 한다고 생각한다. 정부가 철학과 용기를 가지고 국민들에게 '더 많은 세금, 더 많은 복지'를 설득해야 한다. 그러려면 먼저 제대로 된 토론을 위한 자세가 돼있어야 한다.

담론과 제도

스승이 마당에 원을 그린 다음 동자승에게 문제를 냈다.

"네가 이 원 안에 있으면 하루를 굶고,

밖에 있으면 절에서 쫓겨난다. 선택을 해라!"

동자승은 빗자루로 원을 지워 버렸다.

— 불가에서 전해지는 화두 중에서

1. 제도 변화와 담론

담론과 담론 분석

담론談論, discourse은 연구자에 따라 '하나의 사회적 사실을 지속적이고 사회적으로 다룬 말, 글, 영상 등 모든 언어 표현 형태의 총집합'으로 정의(이성택 2006, 153)하기도 하고, 특정한 논리에 따라 정교하게 구성된 '지식'으로서 진실 효과를 갖는다고 권위를 인정받는 의미덩어리(강국진·김성해 2011, 217)로 규정하기도 한다. 이기형 (2006, 106~110)은 이에 대해 "언어의 의미론과 화용론적인 측면을 묶어 주는 의미화의 연쇄 고리들로 이루어진 관계망"으로 정의하면서 "담론 분석은 말과 사물, 문화와 권력작용, 그리고 제도적 실행이 결합되는 양상과 그런 결합이 주는 효과를 구체적이고 역사적인 관점을 통해서 규명하려는 방법론"이라고 밝혔다.[1]

필자는 담론을 일종의 빙산에 비유해 설명한다(강국진·김성해 2011, 225; 강국진·김성해 2013, 12). 빙산의 맨 위에는 즉각적인 연상 작용을 일으킬 수 있도록 몇 단어로 집약시킨 구호, 명확한 이미지 집합체로 각인된 상징이 있다. 이런 '감성적 측면'(파토스)은 전체 빙산에서 바다 위에 떠있는 부분이 극히 일부에 불과한 것처럼 담론의 '표층'이라고 할 수 있다. 조세를 다룬 보도에서 '폭탄' 이미지를 사용해 세금은 곧 '사람을 해치는 무기'로 느끼게 하는 연상 작용

※ 이 글은 강국진(2017a)에 실린 '이론적 논의'를 일부 수정·보완했다.

을 유도한다거나 '혈세'라는 단어를 되풀이해 '민중의 고혈을 빠는 가렴주구' 이미지를 떠올리게 하는 것이 바로 담론의 감성적 측면을 노린 담론 전략이다. 구호와 상징 밑에는 '이성적 측면'(로고스)으로서, 집약적 의미를 구성하는 데 필요한 핵심 가치와 함께 담론을 특정한 방식으로 인식할 수 있도록 해주는 인지적 지도 또는 '프레임'(생각 틀)이 존재한다. 프레임은 '특정한 사건 또는 의제의 일부 성격을 선택하고 강조하면서 그 상호 연결을 통해 특정한 해석과 평가, 그리고/또는 해결책을 제시하는 논리적인 사고 틀'로 정의할 수 있다(Entman 2004, 5). 프레임이 설득력을 갖기 위해 구체적으로 동원하는 방법은 '특정한 시각으로 인식하게 하기'(틀 짓기framing)와 '전략적인 정보원 선택'이다. 빙산 구조의 가장 밑바닥인 '윤리적 측면'(에토스)에는 쉽게 모습을 드러내지 않는 다양한 가정으로 조합된 '세계관', 그리고 긍정·부정·중립 등 호불호에 대한 '태도'가 들어 있다(김성해·강희민·이진희 2007; 김성해·김춘식·김화년 2010, 165; 강국진·김성해 2011, 225; 강국진·김성해 2013, 12). 이를 도식화한 것이 〈그림 1〉이다.

담론에서 우리가 주목해야 할 핵심 요소로 세 가지를 들 수 있다. 첫째, 담론은 과학적 진리에 반하는 허위의식이 아니라 '과학적 언설'을 통해 구성된 '지식'으로서 진실 효과를 가진다(김성해·김춘식·김화년 2010). 담론은 모순과 억압적 관계를 단순히 '은폐'하는 데 그치지 않고, 특정한 인식과 가치관을 기초로 현실을 인식하도록 하며, 더 나아가 현실을 적극적으로 재구성한다(윤태일 2004, 23~24). 또한 담론은 복잡한 지식 형태로만 전달되지 않는다. 담론을 접하는 통로는 친구들과 일상생활에서 나누는 모바일 문자메시지부터

그림 1 | 담론의 구조

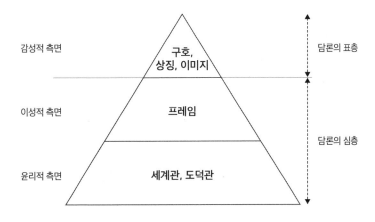

학교와 가정에 이르기까지 폭넓게 존재하며, 그 형식 또한 잡담, 유머, 은유, 이야기, 논리적 주장 등 다종다양하다. 따라서 개별 주체가 담론의 창조적 생산자로서 기능하는 것도 가능하다(이기형 2006). 언어의 사회성과 물질성에 특별히 주목한 이기형(2006, 113~119)은 담론 이론의 특징으로 언어가 '사회적 실재'를 상당 부분 구성하거나 추동한다는 사회적 구성주의 입장을 취한다는 점, 인식론적 측면에서 반본질주의와 지식의 상대주의 그리고 반근본주의적인 입장을 보인다는 점을 강조한다.

담론 연구자들은 권력 질서가 담론을 매개로 작동한다고 강조한다. 가령 구한말 노비 제도를 혁파한다는 소식에 일부 노비들이 기뻐하기는커녕 오히려 당황스러워한 것은 이들이 단순히 강압이나 회유에 넘어가서가 아니라, 이들한테서 '공감과 동의'를 이끌어 내는 담론 효과 때문이라고 할 수 있다. 담론 연구자들이 사회에서 이야기하는 방식의 밑바탕에서 사회정치적 지배를 재생산하고 그에 도전하는 담론의 역할에 주목하는 이유가 여기에 있다(서덕희 2006).[2]

둘째, 담론은 '경제적 토대'에 따라 좌지우지되거나 제한받는 '상부구조'가 아니기에 토대(생산양식)로부터 일정한 자율성을 가질 뿐만 아니라 경제적 구조 그 자체에 영향을 미칠 수도 있다. 물론 담론은 불평등한 권력관계를 반영하며, 권력 유지를 위한 "자발적 동의와 능동적 참여"(김성해 2007, 131)를 끌어내는 데 필수 불가결한 요소이다(이기형 2006, 119). 하지만 그렇다고 해서 권력층의 담론이 '자동으로' 한 사회의 지배적인 담론이 된다는 보장은 어디에도 없다. 담론은 경제적 생산양식이나 권력 집단이 일방적으로 '결정'하는 '닫힌' 것이 아니라 다양한 참여자들이 벌이는 경쟁을 통해 사회적으로 끊임없이 재구성되는 유동적이고 '열린' 성격을 갖기 때문이다. 또한 사회적 쟁점을 둘러싼 여러 담론이 함께 존재하면서 서로 경쟁 관계를 맺으며, 지배 담론이 있는 곳에는 항상 대항 담론이 있다(이기형 2006). 가령 강명구·박상훈(1997, 125)은 "집권 세력을 비롯한 지배 블록이 자신들의 이해를 통합하고 사회 구성원으로부터 지지와 정당성을 확보하기 위해 정치적 상징과 가치 체계를 생산하는 과정뿐만 아니라, 이에 대한 대중과 반대 세력의 대응을 포괄하는 동태적 과정 전체"를 가리키는 '담론 정치'라는 잣대를 통해 김영삼 정부가 국제화·세계화를 강조하게 되는 배경을 드러낸 바 있다.

셋째, 담론이 가진 특성 가운데 이 연구와 관련해 특히 주목해야 할 점은 바로 담론의 정치성과 역사성이다. 담론은 정치적 효과 또는 목적을 위해 '의식·무의식적'으로 생산되고 유통될 뿐만 아니라, 특정한 권력 개입 시점을 위해 전략적이고 집중적으로 유통된다(강명구 1994; 이승민 2003; 강진숙 2006; 서덕희 2006; 김종태 2014; Said 1978). 이는 곧 담론이 태동, 발전(경쟁), 완숙(지배적 담론), 후퇴(정통성 위기) 또는 고착(상식화)이라는 '생명주기'를 갖는다는 점과 연관된다. 담론은 언제나 형성, 변형, 탈형de-formation 과정을 거친다(이성택 2006, 155). 역사적으로 고정된 실체처럼 보이는 '민족'조차도 역사적 맥락과 정치적 조건에 따라 포함되는 집단과 배제되는 집단이 달라지는 끊임없는 재구성 과정 속에 존재한다(구본규 2015, 40). 사실 담론이 갖는 정치성과 역사성은 상호 보완적인 특성이다. 어떤 담론은 특정한 시기에 생산·유통·확산되는 반면, 또 어떤 담론은 의도적으로 외면하는 배경에는 이를 통해 얻는 정치적 효과가 자리 잡고 있기 때문이다. 이처럼 담론의 정치성과 역사성이 상호작용하는 가운데 "대중들의 동의와 순응을 목적으로 하는" '담론 정치'가 벌어진다(유범상 2009, 13; 황규성·강병익 2014, 114).

김종태(2014)는 산업화와 경제성장을 다른 가치보다 우선시하는 발전주의 담론이 선진국 진입을 목표로 삼고 저발전 상태를 문제로 제기하고 위기를 조성하는 한편 민족적 저력을 상기시키는 담론 전략을 통해 발전주의적 동원을 추구하고 사회적 가치를 '선진국 진입'으로 획일화했다고 지적한다. '근대화'(박정희), '세계화'(김영삼), '선진화'(이명박) 등 시대별로 등장한 발전주의적 구호는 발전주의 담론의 구체적인 방향을 제시했다. 즉 특정한 담론이 생산되거나 확산되는 것은 정치적·경제적 위기 상황이거나 특정한 정치적 목적을 달성할 필요가 있을 때라는 역사적인 맥락이 있음을 의미한다. 마찬가지 맥락에서 특정한 시기에 상식처럼 통용됐던 고려·몽골 '형제' 맹약, 재조지은再造之恩, 당쟁, 화랑정신, 선비정신, 교실 붕괴 등 집단적으로 '만들어진 기억' 역시 담론이라는 관점에서 본다면 그 본질을 더 명확히 해석할 수 있다(고명수 2015, 226; 김정인 2015).

담론과 제도의 상호작용

담론을 제도적·구조적 맥락에서 분리해 마치 담론의 언어적 질서가 그 자체로 의미를 산출하는 것인 양 간주하는 "관념론적 오류"에 빠지는 것은 담론 연구에서 주의해야 할 대목이다. 이런 함정을 피하려면 담론을 자기 충족적인 언어 구성물이 아니라, 포괄적인 역사적·사회적 맥락에 위치한 사회적 실천으로 이해해야 한다(신진욱 2011, 11~16). 특히 담론은 구체적 제도나 물리적 요인과 긴밀하게 결합하고 행위자들의 행동을 규율하는 권력작용을 행사할 때 진정한 위력을 발휘할 수 있기 때문에 담론의 구조와 맥락을 총체적으로 파악하기 위해서는 담론 분석과 결합된 정치경제학적 접근과 같은 제도 분석을 필요로 한다(이기형 2006, 140). 담론은 제도적이거나 비담론적인 요소에 영향을 끼치기도 하고, 이들에 의해 (불균등하게) 영향을 받는 등 양자 간에 일종의 변증법적 관계가 성립할 뿐만 아니라 사실상 구분하기 힘들 정도로 접합해 기능한다는 점에서 양자를 엄격히 구분하기가 사실상 쉽지 않기 때문이다(이기형 2006, 123~128).

담론과 제도는 늘 상호작용하며 상호 의존한다(이성택 2006, 157).

요컨대 담론은 제도화를 통해, 제도는 담론을 통해 형성·변형·소멸한다. 어느 한 제도적 틀에서 지배 담론이 부상하고 그 지배 담론이 점차 여러 제도 영역에서 담론 질서를 재구성하는 역할을 한다(신진욱 2011, 27~33). 이성택(2006, 157)은 "형성된 담론이 이후 수많은 제도를 낳으며, 그 새로이 생산된 제도가 다시 새로운 담론을 형성"한다면서 이를 '담론화/제도화 연쇄 과정'이라고 명명했다.[3] '담론화/제도화 연쇄 과정'이 갖는 가장 중요한 속성은 바로 이데올로기 효과라는 점에서 이데올로기는 지배 담론이 만들어 내는 특수한 '효과'로 이해할 수 있다(이기형 2006, 129; 이성택 2006). 전규찬(2005, 265) 역시 '국민'의 탄생을 예로 들며 "이데올로기 장치 없는 담론 생산, 그에 따른 이념 실현, 주체 완성은 한마디로 불가능하다"고 강조한다. 가령 〈국가보안법〉 담론의 대표적인 이데올로기 효과는 바로 반공 이데올로기(반공주의)였다(이성택 2006, 158).

담론과 제도가 상호 보완적인 관계라는 점은 신제도주의에서도 오래전부터 주목해 온 연구 주제였다.[4] 신제도주의는 정책 형성 과정을 구체적으로 설명한다는 점에서는 강점을 보이는 반면, 경로 의존성이 정책 형성과 전개에 미치는 영향을 강조하다 보니 제도가 선험적으로 존재하는 것처럼 설명하는 제도 결정론에 빠지기 쉽다는 비판에서 자유롭지 못했다(Schmidt 2008, 304). 특히 제도 내부의 모순과 갈등, 그리고 행위자들의 선택이 어떻게 제도 변화를 촉발하는지를 제대로 설명하지 못한다고 지적받는다(Peters, Pierre and King 2005, 1282~1287).[5] 신제도주의가 담론에 주목한 이유는 제도를 외생적 요소로만 설명해서는 제도 변화를 제대로 설명할 수가 없다는 한계를 극복하기 위해 제도뿐만 아니라 행위자와 담론으로 시

야를 넓혀야 한다는 고민 때문이었다. 특히 역사적 제도주의에서
는 대체로 담론을 비공식 제도로 이해하거나 넓은 의미의 제도에
포함해 왔다(Ikenberry 1988, 228; March and Olsen 1989, 22; Thelen and Steinmo
1992; Hall and Taylor 1996).[6]

그런 이유로 제도 변화를 설명하기 위해 '아이디어'와 틀 짓기
에 주목하는 연구가 갈수록 축적되고 있다(하연섭 2006a, 218~219). '아
이디어'는 단순히 머릿속 생각에 그치는 것이 아니라 정책을 둘러
싼 논의 과정, 즉 담론 과정을 거치면서 정책으로서 영향력을 획
득한다. 하지만 현실에서는 행위자들이 설령 동일한 아이디어의
영향 아래 있더라도 각자가 처한 사회구조적 맥락, 즉 제도적 맥
락에 따라 다양하고 상이한 담론을 형성한다(하연섭 2006a; 2006b). 또
한 정책 결정 과정에서 '누가 무엇을 말했는가'가 아니라 '누가 어
떻게 말하는가'를 포착해 의미의 대립적 측면을 파악하려면 담론
에 주목할 수밖에 없다(강진숙 2006, 12). 그런 문제의식에 따라 담론
실천의 제도적 맥락에 주목하며 제도와 담론을 동시에 고려하는
것이 담론 제도주의discursive institutionalism 또는 '제도적 담론 분석'이
다(하연섭 2006a; 주재현 2007; 장지호 2009; 박보영 2012; 이소영 2012; Schmidt 2008). 담
론 제도주의에서는 신제도주의와 마찬가지로 기존 제도의 구조적
제약을 인정하면서도 정책 과정에서 제도적 특징이 정책 행위자
들에게 어떤 제약과 기회를 제공하는지에 주목함으로써 그 사회
의 고유한 제도적 맥락, 즉 '담론 구조'를 밝혀내고자 주력한다
(Schmidt 2008).

담론 제도주의는 무엇보다 신제도주의의 큰 맹점으로 비판받았
던 '선험적' 제도 개념부터 극복하고자 한다. 이를 위해 '관념' 또

는 '아이디어' 개념에 주목함으로써 신제도주의에서 그간 경시되어 왔던 행위자의 역할과 중요성에 주목한다(박보영 2012, 50). 담론 제도주의는 관념에 기반해 형성된 담론이 제도 내에서 생산·재생산·변형된다고 본다. 그리고 담론 제도주의에서는, 정책 행위를 유발하는 것은 제도 자체가 아니라 '제도를 둘러싸고 벌어지는 담론의 실천'이라고 간주하며, 이 과정에서 사회적 상호작용의 양식인 논증과 토의, 설득 등을 담론의 형성과 교환이라는 맥락에서 살펴야 한다고 주장한다(장지호 2009, 232: 박보영 2012, 52). 물론 담론 제도주의가 기존 신제도주의와 얼마나 구별되는지에 대해서는 여전히 논쟁 중이다. 그럼에도 제도 변화에서 차지하는 담론의 역할을 연구 주제로 끌어올렸다는 점은 주목할 만하다.

담론 제도주의는 정책 형성 과정을 분석할 때 '행위자'와 '제도적 특성', '담론'이라는 세 가지 요소를 고려한다. 담론 제도주의에서는 행위자를 '담론을 생산하고 지지하는 존재'인 동시에 '그들 자신이 기술하는 특정 개념과 언어를 통해 담론을 실천하는 존재'로 규정한다(장지호 2009, 233). 제도는 행위자를 구속하는 구조의 역할을 하는 동시에 행위자가 창출하고 변화시키는 구성물로 간주한다(이소영 2012, 5). 특히 담론이라는 요소를 고려함으로써 행위자(정책 결정자)가 자신의 대안을 제시하고 정당화하고 관철하는 과정을 포착할 수 있게 해준다. 이를 통해 기존 정책과의 연관성 속에서 정책 형성의 정치적 동학을 포착해 내는 신제도주의의 강점을 활용하면서도 제도 결정론에 빠지지 않도록 해준다는 것이다(박보영 2012, 63).

비비언 슈미트(Schmidt 2002)는 정책 아이디어와 가치를 포함하는 아이디어 차원과 정책 형성과 커뮤니케이션을 포함하는 상호작용 차원으로 담론을 구분한다. 아이디어 차원에서 담론은 인지적 기능(정책의 논리와 필요성을 주장)과 규범적 기능(정책이 공동체 가치에 부합한다는 적절성을 주장)을 수행한다. 상호작용적 차원에서는 조정 기능(정책 엘리트들 상호 간 정책 형성과 논쟁을 위해 필요한 공통의 언어와 논의 틀을 제공)과 의사소통 기능(일반 국민들을 대상으로 정책 필요성과 적합성을 설득)으로 나눌 수 있다(하연섭 2010, 192). 슈미트(Schmidt 2005)는 1970년대 후반 이후 30여 년간 진행된 미국과 유럽의 노동시장 개혁과 복지국가 개혁을 분석하면서 세계화와 EU 통합 같은 외생적 요인보다는 제도적 유산과 정치적·제도적 능력 같은 내생적 요인이 각국의 개혁(정책 형성)에 더 큰 영향력을 행사했다고 강조했다. 그는 여기서 기존 신제도주의 이론과 달리 제도적 유산이나 정치적·제도적 능력은 그 자체가 개혁에 직접적인 영향을 미치기보다는, 담론이라고 하는 국가의 전략적 행위를 매개로 개혁에 영향을 미친다고 주장했다.

특히 국가마다 고유한 제도적 유산과 경로 의존성을 가지며, 이 차이는 조정 담론과 소통 담론의 상대적 중요성이 다르게 나타나는 원인이 된다는 주장에 주목할 만하다(하연섭 2006a, 238). 의사 결정 권한이 소수의 정치·행정 엘리트에게 집중돼 있는 한국에서는 엘리트들이 채택한 정책의 정당성을 국민에게 홍보하기 위한 소통 담론이 중요해진다(하연섭 2010, 193). 여기에서 한국 정책 결정과 제도 변화를 연구하기 위해 미디어 담론을 주목해야 할 필요성을 찾을 수 있다.

2. 미디어 담론과 '틀 짓기'

담론은 정책을 해석하고 전파하는 미디어를 통해 당파적으로 구성되고 확산된다(주은선 2013, 358). 미디어 담론은 다양한 배경을 가진 정치적 후원 세력들이 "자신들의 이해를 통합하고 사회 구성원으로부터 지지와 정당성을 확보하기 위해 정치적 상징과 가치 체계를 생산하는 과정"이라는 성격을 가지며, 바로 이런 이유로 "그를 통해 제안되는 구체적인 정책, 법안, 관행과 같은 사회적 실천"을 파악하는 데 유리하다(강진숙 2006, 125). 미디어가 공론 영역에서 막강한 정치적 영향력을 행사하는 것은 미디어가 설정한 사회적 의제가 '언제 어디서나 손쉽게' 접할 수 있는 '믿을 만한 정보'로서 유통되고 인식된다는 확장성 때문이다(강진숙 2006). 즉 미디어는 다양한 국가정책 과정에서 '지적 설득과 동의 생산'이 이루어지는 '상징적 무대'로 기능하며, 언론 보도에서 나타나는 '정치적 치우침'은 유권자가 정치적 판단을 내리고 선호를 결정하는 데 중요한 영향을 미친다(이완수·배재영 2015; 박종희 2016; Gans 1979; Gamson and Modigliani 1989). 권력을 유지하는 데 도움이 되는 이데올로기의 형성과 재생산을 통제하려면 공공 담론에 대한 접근, 공공 담론의 내용과 구조, 특히 미디어 담론을 통제할 수 있어야 한다(van Dijk 2009, 202). 그런 점에서 미디어는 '거울'이 아니라 '창문'이며(김성해·홍하은 2016, 138), 언론을 분석하지 않고서는 국가권력 작용을 온전하게 설명할 수 없다(홍성구 2004, 5).[7]

또한 미디어 담론을 일차적으로 생산하는 언론인들은 단순히 권력 집단의 회유나 협박 때문에 조종당하거나 수동적으로 반응하는 존재가 아니라, 이데올로기와 가치관 구축에 능동적으로 참여하는 담론 구성의 한 주체이자 권력의 한 부분임을 제대로 인식할 필요가 있다. 언론인들은 관료나 경제 엘리트 등과 더불어 '파워 엘리트'를 형성하는 이른바 '문화 엘리트'이다(김성해 2006, 34~35). 민주화 이후 경제정책 방향부터 감세·증세를 둘러싼 각종 정책 논의 과정에서 언론은 '상징적 공론장'을 제공하는 데 그치지 않고 특정한 정치적 지향성에 따라 특정한 프레임을 강화하기 위한 담론 투쟁을 수행하면서 정책 과정에 주요 행위자로 참여한다(강명구 1994; 이정민·이상기 2014, 113).[8] 이는 비단 한국에서만 나타나는 현상도 아니다. 미국 클린턴 행정부와 부시 행정부 시기 『뉴욕 타임스』, 『워싱턴포스트』, 『월스트리트저널』 보도는 동일한 재정 적자 현안을 다루면서도 각자 이념적 성향과 당파성을 충실히 대변했고, 이를 위해 적극적으로 개입했다(김성해 2006).

언론은 공론장에서 다뤄야 할 의제(어젠다)를 설정하고 제기함으로써, 특정한 방향으로 문제를 정의함으로써, 즉 프레임을 통해 특정한 담론을 활성화하거나 위축시킨다(은재호 2007). 어떤 이야기는 다루고 어떤 이야기는 뉴스에서 배제하는 선별 과정을 통해 현실을 빚어내는 이 영향력은 사물의 본질을 한꺼번에 파악할 수 없는 인간의 인지적 한계에서 비롯된다. 미디어가 어떤 프레임으로 사안을 보도하고 어떤 프레임을 지배적인 여론으로 재구성하는지의 문제는 결국 미디어가 그 사회의 지배적인 권력관계와 헤게모니에 어떻게 반응하고 어떤 이해관계를 갖느냐와 긴밀한 관계에 있다(최은희 2014, 146). 프레임은 "자신들에게 닥친 외부적 환경을 인식하고, 자신의 입장을 확인하며, 더 나아가 대응책을 강구하게 되는 일련의 과정", 즉 의미화sense-making에서 핵심적인 역할을 수행한다(Weick 1999, 42).

재정 건전성 문제를 예로 들어 보자. 언론에서 등장하는 '재정 건전성'을 담론으로 파악한다는 것은 '재정 건전성'을 구성하는 프레임이 일반 국민은 물론 정치권과 정부 등 넓은 의미의 정책 참여자들의 '인식과 태도'에 중요한 영향을 미친다는 것을 의미한다. 정부가 재정 건전성을 강조하고 이를 위한 정책을 펴는 배경에는 특정한 프레임이 존재한다. 이는 재정 건전성에 대한 대안적 주장을 내놓는 쪽도 다르지 않다.[9] 특히 안보 문제나 전쟁, 무역협정처럼 국익과 직결되는 사안은 언론 보도가 소속 국가에 따라 분명한 차이가 나타난다. 가령 미국 언론은 소련군이 대한항공 여객기를 격추한 사건과 미군이 이란 여객기를 격추한 동일한 사건을 전혀 다른 프레임으로 재구성했다(Entman 1991). 다시 말해, 특정한 프레임이 작동한다는 것, 곧 틀 짓기는 "현상에 대한 공유된 이해를 도모하기 위한 의식적이고 전략적인 노력"이라고 정의할 수 있다(하연섭 2010, 193).

미디어 담론은 최은희(2014, 149)도 지적했듯이 진공상태에서 생산되는 자기 충족적인 결과물이 아니다. 미디어 담론은 "보도 주체인 해당 미디어의 성향, 언론의 독립 정도, 언론 자유 정도, 국가의 정치적 이념이나 그 사회의 문화와 서로 상호작용한 결과물"이며, 그런 점에서 "체제의 산물"이다(Heil 1994, 최은희 2014, 149에서 재인용). 프레임을 통해 언론은 다양한 사실 중에서도 특히 일부 사실을 더 중요하게 인지하도록 유도하는 한편, 다른 사실과 측면은 자연스럽게 무시하도록 이끈다(Karin 1981; Harry 1983). 틀 짓기의 핵심 기능은 문제를 정의하고 원인을 파악하는 '진단', 그리고 문제 해결을 위한 대안을 제시하는 '처방'이다(Entman 2004, 6). 언론을 통해 국민들에게 자리 잡은 특정한 프레임은 '국민' 여론이라는 이름으로 다시 언론에서 특정 프레임의 정당성을 주장하는 근거로 소환된다. 그런 의미에서 보면 틀 짓기는 본질적으로 권력작용의 결과물이다.

미디어 담론은 '진단과 처방'을 통해 수용자의 현실 인식을 재구성하고, 수용자의 현실 인식과 사회에서 유통되는 담론은 다시 미디어 담론에 영향을 주는 순환 구조를 이룬다(최은희 2014, 149). 하연섭(2010, 190~191)은 보도 자료를 통한 틀 짓기와, 언론 보도를 통한 또 한 번의 틀 짓기라는 관점에서 '이중의 틀 짓기'라는 개념을 제시하면서 이를 통해 사회적 담론이 형성된다고 강조했다. 당연한 말이지만 모든 수용자가 언론이 제시하는 프레임을 일방적으로 수용하지는 않는다. 그럼에도 담론의 가장 중요한 논리적 영역에 해당하는 프레임을 통해 수용자는 특정한 사건을 이해하는 경향성이 생기며, 그 경향성이 강해질수록 대안적인 프레임을 형성하기가 갈수록 어려워지는 일종의 경로 의존성이 존재한다.

3. 선행 연구 검토

담론 분석은 개별 쟁점에 대한 논쟁을 특정한 사회역사적 담론과 제도적 실천이라는 맥락에서 행위자들의 전략을 분석할 수 있는 개념적 도구를 제공한다는 점에서 정책 연구에 중요한 시사점을 제공한다(장지호 2007, 48). 그런 점에서 볼 때, 조세제도를 직접 다루진 않았지만 정책 연구에 담론 분석을 도입하는 연구가 계속 나오고 있다는 것은 고무적이다(정성호 2001; 이승민 2003; 김명환 2005; 김예란 2005; 오화영 2006; 이성택 2006; 강민아·장지호 2007; 장지호·문상현 2008; 신진욱·이영민 2009; 장수정 2009; 허창수 2009; 은재호 2011; 이하나 2012; Farmer 1995; Fox and Miller 1995).

특히 찰스 폭스와 휴 밀러(Fox and Miller 1995)는 행정학의 관심사를 담론으로 재개념화하자는 목표 아래 행정학에 담론 운동을 도입하고자 했다. 데이비드 파머(Farmer 1995)는 '언어로서의 행정'이라는 개념을 제시했다. 이승민(2003)은 새만금 간척 사업을 둘러싼 담론을 개발 담론과 환경보전 담론으로 구별하고 각 담론이 변화한 과정과 이에 따른 갈등 구조를 분석했고, 김예란(2005)은 공적 담론인 성매매 특별법(〈성매매알선 등 행위의 처벌에 관한 법률〉과 〈성매매방지 및 피해자 보호 등에 관한 법률〉)과 사적 담론인 관련자들의 담화 분석을 통해 대중 '일반'과 성매매 육체라는 특정한 '타자' 사이의 권력관계를 추적했다. 이성택(2006)은 〈국가보안법〉 문제를 법적 차원에서 검토하는 것을 넘어 '국가보안법 담론'이라는 개념 속에서 검토하면서 '담론화/제도화의 연쇄 과정'을 강조했다. 허창수(2009)도 담론 이론 시각에서 하남시 광역 화장장 유치를 둘러싼 정책 갈등 사례를 재해석하면서 혐오 시설 건립을 둘러싼 단순한 이익 갈등이 아니라 실증주의적 정책 담론과 이를 생산하는 행정 권력에 대한 시민사회의 저항이 갈등의 본질이라고 주장했다.

신제도주의에서도 담론 역할에 주목하는 학자들은 '담론 제도주의'라는 이름으로 자신들의 연구 이론을 정립해 가고 있다. 이런 입장에 입각한 대표적인 연구는 슈미트(Schmidt 2002; 2005; 2008)를

꼽을 수 있다. 담론 제도주의에 입각한 국내 연구 성과도 2000년
대 들어 다양한 학문 분야에서 생산되고 있다. 하연섭(2006a: 2006b:
2010)은 담론 제도주의를 소개하고 적용한 연구를 발표했고, 주재
현(2007)은 슈미트의 분석 틀을 적용해 한국과 영국·독일·네덜란
드의 정책 형성 체제를 비교 분석함으로써 한국이 지향해야 할 거
시적 방향을 도출했다. 박보영(2012)은 담론 제도주의를 활용해 정
책 형성의 정치경제적 동학, 특히 김대중 정부의 빈곤 정책이 왜
제한적인 개혁에 그칠 수밖에 없었는지 그 원인과 구체적인 정책
형성 메커니즘을 분석했다.

　담론 분석을 통해 행정학을 혁신하려는 시도도 꾸준히 나타나
고 있다. 정성호(2001)는 행정학 자체를 담론으로 간주하면서 '행
정학' 담론이 대안적 지식을 억압하고 배제하는 기제를 지적했다.
이어, 행정학을 구성하는 담론 질서에 대해, 한국적 행정학을 수
립하려는 욕망과 그 욕망을 불가능하게 하는 내용이라는 자기 모
순성을 비판했다. 김명환(2005)은 도구적 행정학이 한국 행정학이
처한 위기의 뿌리라고 지적하면서 그 대안으로 담론 이론을 중심
으로 행정 개념을 통치 수준으로 확대하자고 제안했다. 권향원·
박찬용·공동성(2015, 463)은 정책 과정에서 담론 경쟁이 필연적이고
중요함에도 이에 대한 연구가 매우 희소하다고 비판하며 그 원인
가운데 하나로 "오랜 실증주의-분석주의 전통"을 꼽는다.

　그동안 구체적인 정책 결정 과정이나 제도 변화를 다룬 선행
연구에서 정부 정책과 언론 보도의 상호작용에 주목한 연구가 거
의 없었다는 것은 정책 과정에서 언론이 차지하는 역할에 비춰 볼
때 정책 연구에서 심각한 공백이라고 할 수 있다(하연섭 2010, 190). 정

책 결정 과정이 폐쇄적인 한국에서는 정책을 국민들에게 어떻게 전달하느냐가 정책의 성패를 결정할 만큼 중요한 변수임을 고려하면 매우 의아한 대목이기도 하다(하연섭 2010, 210). 그럼에도 최근 몇 년 사이에 조세정책을 둘러싸고 "대중들의 동의와 순응을 목적으로 하는"(유범상 2009, 213) '담론 정치'에 주목하는 연구가 등장한 것은 고무적인 현상이다. 감세 정책과 재정 건전성을 둘러싼 담론이 어떻게 구조화되고 바뀌는지 분석함으로써, 얼핏 가치중립적으로 보이는 조세 재정 정책도 다양한 프레임으로 구성돼 있고 끊임없는 담론 투쟁 속에 존재한다는 점을 밝힌 연구(강국진·김성해 2011; 2013)가 대표적이다. 세금 폭탄과 부자 감세를 담론 차원에서 비교 검토해 조세 담론 지형과 담론 정치를 진단(황규성·강병익 2014)하거나 노무현 정부에서 추진한 종합부동산세 개혁이 좌절하게 된 과정을 조세 정치 차원에서 재구성(김명수 2014)한 연구도 있다.

후주

서론

1 『논어』論語「계씨편」季氏篇에서 공자는 이렇게 언급한 바 있다. "내(공자)가 들으니, '나라를 가진 자와 집을 가진 자는 적은 것을 걱정하지 않고 고르게 분배되지 않는 것을 걱정하며, 가난한 것을 걱정하지 않고 편안하지 못하는 것에 대해 걱정한다'고 했다. 대체로 고르게 분배되면 가난할 리가 없고, 조화로우면 적을 리가 없고, 편안하면 기울어질 리가 없다"丘也聞 有國有家者 不患寡而患不均, 不患貧而患不安. 蓋均無貧, 和無貧, 安無傾. 이는 이미 수천 년 전부터 소득재분배 문제가 국가의 번영과 쇠퇴를 가르는 쟁점이었음을 시사한다(배수호·공동성·정문기 2016, 278).

2 '각자도생'은 한국 사회의 위기를 표현하는 열쇳말이다. 장덕진(서울대학교 사회학과 교수)은 "한국 사회 생존 원리는 각자도생이다"라고 진단했다(『경향신문』 2016/11/03). 서울대 사회발전연구소가 2014년 발표한 보고서 「이중위험사회의 재난과 공공성」은 한국의 공공성이 경제협력개발기구OECD 주요 회원국 중 최하위라고 발표했고, 2015년 OECD 사회통합지표 중 '사회적 관계'(사회적 지원망) 부문에서 한국은 10점에 0.2점을 받았다.

3 '조세'租稅는 조선시대까지는 전세田稅만을 가리켰지만 1895년 갑오경장 때 선포한 홍범 14조에서 전세를 포함한 모든 세목稅目을 총칭하는 개념으로 규정하면서 오늘날과 같은 의미를 띠게 되었다. 한편, 조세와 함께 보편적으로 사용하는 '세금'稅金은 일본에서 메이지유신이 한창이던 1873년(메이지 6년) 지조개정법地租改正法을 시행하면서 처음 등장한 용어에서 유래했다. 고려와 조선에서 사용하던 용어는 세전稅錢이었다. 더 자세한 사항은 오기수(2012) 참조.

4 조세는 과세 주체에 따라 국세와 지방세로, 납세의무자와 조세 부담자의 일치 여부에 따라 직접세와 간접세, 과세표준을 금액으로 표시하는지, 물량으로 표시하는지 차이에 따라 종가세와 종량세 등으로 구분한다. OECD에서는 '소득, 이윤, 자본취득에 관한 세금'(분류 번호 1000), '사회보장기여금'(분류 번호 2000), '고용에 관한 세금'(또는 지급 급여세, 분류 번호 3000), '재산 관련 세금'(분류 번호 4000), '상품과 서비스에 관한 세금'(분류 번호 5000), '기타'(분류 번호 6000) 등 여섯 가지 범주에 따라 조세를 분류한다. 이 분류에 따라 한국 정부는 소득 과세, 재산 과세, 소비 과세, 기타 과세로 구분하기도 한다(국회예산정책처 2012, 19~23). 이 가운데 누진세는 개인소득세(1100)와 법인소득세(1200), 재산세(4000)를 포함하고 역진세는 일반소비세(5110), 특별소비세(5120), 사회보장기여금(2000)으로 분류한다. 직접세는 소득세와 사회보장기여금, 재산세 등으로 분류하고 간접세는 소비세를 가리킨다.

5 당시 헌법재판소는 "국민생활의 균등한 향상"을 기하도록 한 헌법 전문前文, 모든 국민으로 하여금 "인간다운 생활을 할 권리"를 보장한 제34조 1항, "균형 있는 국민경제의 성장 및 안정과 적정한 소득의 분배를 유지하고, 시장의 지배와 경제력의 남용을 방지하며, 경제주체 간의 조화를 통한 경제의 민주화를 위하여" 국가가 경제에 규제와 조정을 할 수 있도록 한 제119조 2항, "국토의 효율적이고 균형 있는 이용·개발과 보전을 위하여" 필요한 제한과 의무를 부과할 수 있도록 한 제122조 등에서 헌법적 정당성이 뒷받침된다고 판시했다.

6 근대 조세제도를 스벤 스타인모(Steinmo 1993, 22~55)에 따라 시기를 구분하면 다음과 같다. 먼저 20세기 전후부터 제1차 세계대전이 끝나는 1918년까지다. 19세기까지만 해도 국가 재정은 규모도 작았을뿐더러 군사비가 대부분을 차지했다. 기득권층은 조세 부담을 지지 않거나 미미한 수준만 부담한 반면, 빈곤에 시달리던 평민들은 조세 부담이 컸다. 19세기 말부터 사회민주주의 정당이 의회에 진출하고 선거권이 확대되면서 공평 과세가 중요한 쟁점으로 떠올라, 결국 각국마다 누진적인 개인소득세와 법인세가 속속 도입되었다. 두 번째 시기는 1920년대부터 1945년까지다. 대공황과 파시즘, 제2차 세계대전이라는 경제적·정치적·군사적 충격을 겪은 뒤 시장규제와 복지국가가 자리를 잡았고 사회민주주의 정당들이 수권 능력을 인정받았다. 특히 경제 개입과 복지 확대는 급격한 증세와 납세자 증가를 가져왔다. 가령 미국에서는 1930년 25퍼센트였던 개인소득세 최고 한계 세율이 1945년에는 94퍼센트까지 늘었다. 세 번째 시기는 1945년부터 1970년대 중반까지다. 두 차례 세계대전을 치르며 급증했던 직접세율을 유지한 데다 황금기라는 평가를 받을 정도로 계속된 경제성장 덕분에 가능해진 세입 팽창을 활용해 급격한 복지 확대가 가능했다. 네 번째 시기는 1980년대 이후 신자유주의가 확대되면서 복지국가를 위협하는 시기다.

7 근로소득자에 비해 자영업자가 세금을 더 적게 낸다는 것이 마치 상식처럼 널리 통용된다. 2000년대 초반까지만 해도 자영업자가 근로소득자보다 과세 미달자 비율이 높았다는 점에서 어느 정도 사실과 부합했다. 하지만 정부가 추진한 자영업자 과표 양성화와 근로소득자 공제 혜택 확대가 맞물려 이제는 근로소득자 과세 미달자 비중이 더 높아졌음을 고려해야 한다. 가령 2014년 귀속 근로소득자 과세 미달자는 48.1퍼센트였지만 자영업자는 23.1퍼센트에 불과했다. 소득수준별로 비교해도 상위 소득 계층에선 임금 노동자의 부담이 자영업자보다 더 많지만 대다수 자영업자는 근로소득자보다 오히려 조세 수준이 더 높다. 자세한 내용은 김재진(2016), 김도균·김태일·안종순·이주하·최영준(2017) 참조.

8 사설은 특정 신문이 지향하는 가치와 문제의식을 가장 직설적으로 압축해 보여 준다는 점에서 분석 대상으로서 가치가 크다(이기형 2015, 196). 사설은 일반 기사와 달리 강한 정파성과 논조를 직접적으로 드러낸다. 게다가 제기하고자 하는 논지를 대체로 비슷한 분

량에 담기 때문에 핵심 사항을 압축해 보여 준다. 그래서 최근 미디어 담론 분석을 다룬 연구에서도 꾸준히 사설에 주목한다. 더 자세한 내용은 이병욱·김성해(2013), 이선민·이상길(2015), 이정민·이상기(2014) 참조.

9 이 책은 보수 신문과 진보 신문을 구분하는 일반적인 분석 방식(정재철 2002; 강진숙 2006; 신진욱 2007; 유용민·김성해 2007)보다는 언론을 대체로 '동질적인 실체'로 취급하려고 노력하면서 각 사설이 내포한 조세 담론 자체에 집중했다. 각 신문이 보여 주는 차이점을 있는 그대로 지적하는 것도 필요하겠지만, 조세정책에 관한 한 국내 언론이 갖고 있는 광범위한 유사성에 주목하는 것이 핵심을 더 잘 이해하는 데 도움이 된다고 판단했기 때문이다(Entman 2004, 11). 언론사 기자들은 대체로 회사가 아니라 출입처로 출퇴근하며 그곳에서 취재하고 기사를 작성한다. 이런 근무 특성 때문에 기자들은 출입처가 같은 다른 언론사 기자들과 상당한 동류의식을 형성한다. 더구나 특정 사안을 다른 언론사가 어떻게 보도하는지 비교하면서 참고하는 행태가 일반적이기에 의제가 수렴되는 경향이 나타나는 경우가 많다. '다른 신문에서 (기사를) 받았다'는 것을 특종의 지표로 인식하는 문화도 이런 경향성을 강화하는 요소가 된다.

10 '재현'再現이란 어떤 대상을 다시 보여 주거나 나타내는 행위를 말한다. 그런 점에서 미디어가 수행하는 재현은 특정한 대상을 분류하고 지명하고 규정하는 상징적 권력 행사를 포함한 과정이라고 이해할 수 있다(김성해·홍하은. 2016, 138~139; Hall 1997).

1장 한국 조세제도의 특징

1 한국 조세제도는 1967년 세제 개혁, 1974년 전면적인 종합과세 체계 도입, 1977년 부가가치세 시행, 1989년 토지 초과 이득세 도입과 실패, 1993년 금융실명제 도입 결정, 1996년 금융 소득 종합과세 시행, 2003년 상속세와 증여세 대폭 강화, 2004년 종합 토지세 폐지와 재산세·종합부동산세로 개편, 2008년 소득세·법인세·종합부동산세 감세, 2011년 감세 정책 폐기 등 주요한 제도 변화를 중심으로 시기를 구분할 수 있다. 정태헌(2011)은 일제강점기 조세제도를 통치비 조달을 위한 조세 체계 정비와 지세 중심 세제(1910~18년), 소비세 중심 세제(1919~33년), 전시 수탈에 유용된 소득세와 대중 과세(1934~45년)로 시기를 구분했다.

2 이하 대통령 발언은 대통령기록관 사이트(www.pa.go.kr)에서 검색했다.

3 이와 관련해 김종인은 『월간조선』 2012년 1월호에 실린 인터뷰에서 당시를 회상하며 "순식간에 소득세 납세자의 85퍼센트가 없어졌다"면서 "엄청난 일이 벌어졌다"고 표현했다.

4 세수 증대가 아니라 직접세를 줄이는 감세 정책을 위해 부가가치세 도입 등 간접세 비중을 늘리는 것은 영국 보수당(1972년)과 아일랜드 공화당(1973년) 등 유럽에서도 이미

선례가 있다(Ganghof 2006, 370). 영국 보수당 정부는 1979년부터 1997년까지 소득세 최고 세율을 83퍼센트에서 40퍼센트 수준으로, 최저 세율 역시 33퍼센트에서 20퍼센트로 낮춘 반면 간접세 비중은 계속 늘렸다. 결국 대처 정부 후반기가 되면 국민 1인당 세 부담은 정권을 잡은 1979년보다도 오히려 높아졌다. 정부 세입에서 소득세가 차지하는 비율은 집권 18년 동안 31퍼센트에서 26.6퍼센트로 낮아진 반면, 간접세 비율은 27.9퍼센트에서 30.6퍼센트로 증가했다(강원택 2007, 50~53).

5 2013년 현재 근로소득자는 1635만 9770명이며, 이 가운데 과세 미달자는 512만 1159명이었다(홍종학 2015).

6 "저는 신년 연설에서 우리의 재정과 복지 지출 규모에 대해 책임 있는 논의가 필요하다는 말씀을 드렸습니다. 그런데 저의 이 말을 바로 증세 논쟁으로 끌고 가서 정략적 공세로 이용하고 있는 사람들이 있어서 이 부분에 관해서 잠시 말씀을 드리겠습니다. 결론부터 말씀드리면, 대통령은 당장 증세를 주장하지 않습니다. 대통령도 국민이 원하지 않는 일은 할 수 없습니다"(대통령 비서실 2006a, 594).

7 "우리 언론과 국민 여론은 재정을 절약하고 감면을 축소하고 숨겨진 세원을 발굴하면, 세금이나 보험료를 더 내거나 빚을 내지 않아도 문제 해결이 가능한 것으로 이해하고 있는 것 같습니다. 저도 당장 돈을 더 내거나 빚을 내자고 하지는 않겠습니다. 그러나 지금부터 계산은 해보자고 말씀드리고 싶습니다. 우리 국민들은 국가로부터 어느 정도의 서비스를 받기 원하는지, 앞으로 국민들에게 필요한 서비스를 제공하기 위해서는 얼마만 한 재정이 필요할 것인지, 재정 절약이나 세원 발굴로 얼마만 한 재정이 충당될 수 있을 것인지, 모자라면 얼마나 모자라며 이를 어떻게 충당할 것인지를 계산해 보자는 것입니다. 그리고 지금 우리가 내고 있는 세금은 누가 얼마나 내고 누가 얼마나 혜택을 받고 있는 것인지, 앞으로 세금을 더 내야 한다면 누가 얼마나 더 내고 누가 얼마나 혜택을 보게 될 것인지를 계산해 보자는 것입니다"(대통령 비서실 2006b, 51).

8 "이제는 본격적으로 양극화 얘기를 좀 하려고 했는데 '세금 올리자는 말이냐?' 그랬거든요. 그런데 '세금 내라는 말이냐?'는 말에 대해서는 아직 저도 확실하게 답을 할 수가 없습니다. 이 얘기는 우리가 함께 생각해 보고 방법에 대해 한번 논의해 봅시다"(대통령 비서실 2006b, 102).

9 "이번 세제 개편안은 그동안 많은 지적에도 불구하고 고쳐지지 않았던 우리 세제의 비정상적인 부분을 정상화하려고 했습니다. 특히 고소득층에 상대적으로 유리했던 소득공제 방식을 세액공제 방식으로 전환해서 과세의 형평성을 높였습니다. 근로 장려 세제의 확대와 자녀 장려 세제의 도입을 통해서 일을 하면서도 어려운 분들에 대한 소득 지원을 강화했습니다. 이번 세제 개편안은 저소득층은 세금이 줄고 고소득층은 세 부담이 상당히 늘어나는 등 과세 형평성을 높이는 방향으로 개편하는 것이라고 봅니다. 그런데 이런 취지에도 불구하고 개정안에 대한 오해가 있거나 국민들께 좀 더 상세히 설명드릴

필요가 있는 사안에 대해서는 정부에서 사실을 제대로 알리고, 보완할 부분이 있다면 적극 바로잡아야 할 것입니다. 특히 서민 경제가 가뜩이나 어려운 상황인데 서민과 중산층의 가벼운 지갑을 다시 얇게 하는 것은 정부가 추진하는 서민을 위한 경제정책 방향과 어긋나는 것입니다. 그런 부분에 대해서는 원점에서 다시 검토해 주시기 바랍니다"(2013년 8월 12일 청와대 수석·비서관 회의).

10 특히 소비 과세 비중은 1950년대에는 25~35퍼센트를 유지했으며 이례적으로 1955년 41.6퍼센트를 기록하기도 했다. 1960년대에는 35퍼센트 수준을 유지했고, 1974년과 1975년에 40퍼센트를 초과했으며, 부가가치세를 도입한 1977년에는 39.2퍼센트, 1980년 41.3퍼센트 등 높은 수치를 기록하고는 이후 점차 줄어들었다. 1990년대 들어 다시 소비 과세 비중이 상승해 1994년에는 43.5퍼센트로 최고치를 기록하기도 했다. 2000~04년에는 35퍼센트 안팎이었고 최근에는 32퍼센트 수준이다(안종석 2012, 41~42). 그 반면 소득 과세는, 1960년대 후반을 예외로 한다면, 1960년대부터 1980년대 전반기까지 일관되게 상당히 낮은 수준을 유지했으며 1990년대 후반이 되어서야 소득 과세 수준이 소비 과세를 추월했다(안종석 2012, 47~51).

11 한국 사회에 만연한 조세 거부감은 일본과 유사한 양상을 보인다는 점에서 두 나라의 공통점에 주목할 필요가 있다. 일본은 낮은 수준의 공적 복지 지출과 낮은 수준의 조세 부담을 유지해 왔으며 조세 형평성에 대한 근로소득자들의 불만을 다양한 공제 제도를 확대해 무마해 왔다. 결국 세수 확대 및 조세 거부감 완화에 모두 문제를 드러내고 있다(이정환 2013; 2016; 정미애 2013; 권순미 2014; 2015).

12 1853년(철종 4년)에는 영의정 김좌근이 "최근 경비가 끝이 없어 적저積儲가 끝내 비고 말았습니다. 중앙과 지방이 모두 그러하나 구제책이 없습니다"라고 시인하기에 이르렀다(김태웅 2012, 75에서 재인용). 1864년(고종 1년) 1월 김진형이 조정에 올린 글에는 이런 지적까지 나온다. "안으로는 왕실과 정부가 모두 텅 비고 밖으로는 창름倉廩이 모두 고갈되었으니 녹봉을 지급하는 것을 계속하기 어렵고 진휼곡은 내주기도 어려우며 생민이 날로 초췌해지고 온 8도에서 소요가 일어나니 흰 수건을 둘러쓰고 몽둥이를 든 자가 걸핏하면 1만 명이 넘고 관가를 약탈하고 관원을 살해하고 재변이 사방에서 일어나고 있습니다"(김태웅 2012, 75~76에서 재인용). 러시아 정부에서 편찬한『한국지』韓國誌는 19세기 말 상황을 이렇게 관찰하기도 했다. "조선은 국고로부터 실제 이들 도와 지방 기관의 유지를 위해서는 상당한 세출이 필요했음에도 아무것도 지출하지 않았다. 따라서 지방 기관은 그 유지라는 명목으로 인민들에게 불법적으로 수탈했다"(김태웅 2012, 309에서 재인용).

13 진주 농민 항쟁은 1862년(철종 13년) 봄 진주에서 일어난 뒤 전라도와 충청도 등 전국 70곳으로 확대된 민중 봉기를 가리킨다. 1861년 4월 29일 경상도우병사로 새로 부임한 백낙신이 온갖 명목으로 가혹한 세금을 징수한 것이 계기가 됐다. 당시 민란 중심 세력은 가난한 농민이었고 유지와 지식인이 주도했으며, 이들의 요구는 대체로 '법대로만 세

금을 걷으라'는 것으로 수렴됐다. 이에 대해 정부가 안핵사로 파견한 박규수와 선무사로 파견된 조구하가 내놓은 수습책 역시 조세개혁이었다(김정인 2015, 131~139).

14 1894년 전봉준·손화중·김개남 등이 주도한 갑오농민전쟁 당시 농민군에서는 "무명잡세를 혁파할 것" 등 조세 관련 요구 사항을 제기했다. 당시 정부는 외세까지 개입하고서야 겨우 농민군을 진압했지만 외세 개입을 빌미로 뒤이어 청일전쟁이 발발했다.

15 제주도에서 발생한 '이재수의 난'은 오늘날 세무서장에 해당하는 봉세관捧稅官 강봉헌이 자행한 세폐稅弊(세금에 따른 폐해)가 발단이었다. 강봉헌과 결탁해 세금 징수를 맡은 천주교인들이 프랑스인 신부가 가진 치외법권을 이용해 도민들한테서 금품을 갈취하고 범법 행위를 자행해 갈등을 부추겼다. 당시 조선 정부는 물론 프랑스까지 제주도에 군대를 파견해 난을 진압했다.

16 1909년 통감부는 잡세인 시장세를 지방비에 포함해 징세하도록 했는데 본격 시행되는 1909년 10월 이후 전국에 걸쳐 시장세 반대 투쟁이 일어났다. 특히 가장 격렬했던 평안도에선 1910년 1월부터 3월까지 22개 군에서 반대 투쟁이 벌어졌다. 시장세 반대 투쟁은 수탈에 저항하는 항일 투쟁 성격도 띠었기에 격렬한 양상으로 전개됐고 일제도 헌병대를 동원해 유혈 진압으로 대응했다(김정인 2015, 159; 김태웅 2012, 394~409).

17 반면에 경제 분야는 OECD 평균이 10.2퍼센트이지만 한국은 16.8퍼센트이고, 국방 분야는 OECD 평균이 3.3퍼센트이고 한국은 7.8퍼센트이다(국회예산정책처 재정 통계, http://stat. nabo.go.kr/fn02-25.jsp).

18 윤홍식(2012, 213)은 "조세 지출이 주로 고소득층에게 유리하다는 점을 고려한다면 조세 지출이 큰 미국 복지국가는 부자와 기업을 위한 복지국가로 불러도 지나치지 않을 것"이라면서 "높은 수준의 조세 지출은 사회경제적 불평등을 확대하면서 복지국가 축소의 유력한 정치경제적 수단인 동시에 계급 특성을 가장 잘 드러내는 지표라고 할 수 있다"고 지적했다.

19 '조세정책의 목적과 핵심 과세 대상의 관점'이라는 논지는 김미경(조선대학교 정치외교학과 교수)이 필자와 토론하는 과정에서 밝힌 날카로운 논평에 전적으로 힘입었다.

2장 의미 연결망 분석을 통해 본 조세 담론

1 이 연구에서는 의미 연결망 분석을 위해 '심플'SimPL 프로그램을 사용했다. '심플'은 의미 연결망을 활용한 컨설팅을 전문으로 하는 회사인 '아르스 프락시아'에서 자체 개발한 프로그램이다. 텍스트에서 동시 출현하는 단어 가운데 통계적으로 유의미한 관계를 연결해 의미 연결망을 구성하는 것은 동일하며, 주제어와 연관어를 한 묶음으로 묶고 그들 사이에 존재하는 방향성을 도출해 보여 주는 데 장점이 있다(Kim 2011). 의미 연결망 분석 과정에 대해 조언하고 분석 결과를 놓고 함께 토론한 김도훈(아르스 프락시아 대표)에

게 감사를 전한다.

2 언론에서도 사회 연결망 분석을 활용한 탐사 기획 보도가 2000년대 중반부터 나오고 있으며, 이 중 일부는 학술 논문으로 이어졌다. 정민수(2008)의 연구는『시민의신문』이 2006년 보도한 시민 단체 연결망 분석 기획 기사를 위해 작성한 데이터를 바탕으로 했다. 당시 필자는『시민의신문』보도를 기획하고 코딩 및 취재를 담당했다.

3장 세금 폭탄론 : 노무현 정부의 조세 담론

1 『조선일보』 2006년 6월 17일자에 실린 윤영신(경제부 차장대우) 칼럼은 이렇게 지적했다. "노무현 정부의 부동산 세제 개편 작업은 다수 조세학자들의 박수를 받으며 시작됐다. 역대 정권들이 손을 대지 못해 시멘트처럼 굳어진 세제에 메스를 들이댔고, 대학 강의실에서나 등장했던 이론상의 조세제도 개편이 현실에서 펼쳐졌다. 현 정부 출범 첫해인 2003년 주택 재산세 과표 기준을 집 면적 등에서 공시 가격으로 바꾸는 법을 통과시켜 강남·신도시 등의 재산세를 급격하게 올렸을 때 재정경제부 세제실 직원들은 '이건 사실 혁명'이라고 했다."

2 노무현 정부는 2005년 발표한 5·4 조치를 통해 2003년 0.12퍼센트였던 보유세 실효세율을 매해 21퍼센트씩 증대해 2008년 0.24퍼센트, 2013년 0.5퍼센트, 2017년 1퍼센트로 끌어올린다는 계획을 세웠다(〈연합뉴스〉 2005/05/07).

3 종부세 대상자는 24만 6197명(2013년 기준)이었다. 국세 납세 인원 대비 종부세 납세 인원 비중은 2005년 0.7퍼센트에서 2007년에는 4퍼센트까지 늘었다가 이명박 정부가 종부세 제도를 변경한 뒤에는 2009년 1.7퍼센트, 2011년 1.8퍼센트로 감소했고 2013년에는 1.7퍼센트였다. 2013년 기준으로 주택분 종부세는 서울이 전체 과세 대상의 61퍼센트, 결정세액의 66퍼센트를 차지하며, 3주택 이상 다주택자가 과세 대상의 35퍼센트, 결정세액의 63.5퍼센트를 차지했다.

4 "정부가 엊그제 확정, 발표한 종합부동산세 등 보유세제 개편안은 지나치게 복잡한 과세 기준을 단순화하고 과표를 국세청 기준시가로 일원화했다는 점에서 현행 보유세제에 비해서는 진일보한 것으로 평가할 수 있다. 개별 주택을 놓고 본다면 전국 어디에 있는 집이든 가격이 같으면 세금이 똑같이 부과돼 서울이나 수도권의 비싼 집을 갖고 있는 사람이 지방의 싼 집 소유자보다 세금을 덜 내는 문제를 해결할 수 있게 됐기 때문이다"(『국민일보』 2004/11/13).

5 "세상에 병정이 되는 것 같이 국가에 큰 봉사하는 길이 없어요. 병정이 된다는 것은 생명을 국가에 바친다는 뜻이니 '병역의 복무'라 함을 혈세를 바친다고 부르는 것이 이를 두고 한 말이지요."(강유인화 2016, 91).

6 사실 종부세의 기본 특성을 조금만 생각해 보면 종부세 납부 대상자는 최상위 부유층임

을 알 수 있다. 하지만 대다수 언론 사설에서 종부세 대상자는 중산층으로 호명된다. "1 퍼센트 보유세란 2억 원짜리 집은 1년에 200만 원, 5억 원짜리는 500만 원의 재산세를 내야 한다. 1년에 수백만 원에서 1000만 원대의 재산세를 월급에서 떼내야 할 때 보통의 중산층 가계에 미치는 영향은 엄청나다"(『중앙일보』 2005/08/20)는 식이다. 이런 담론 전략에서 보면 종부세 납부자 중에는 "평생 번 돈으로 집 한 채 마련해 10여 년 살다 보니 집값이 오른"(『동아일보』 2005/12/09) 사람도 중산층으로 분류된다. 이 같은 '중산층' 허위의식은 이명박 정부 첫해인 2008년 당시 기획재정부 장관이었던 강만수가 자신을 '종부세 때문에 고통 받았던 중산층'으로 언급한 데서 전형적으로 드러난다. 2008년 4월 고위 공직자 재산공개 자료를 보면 강만수는 31억 552만 원을 신고했다. 그는 서울시 강남구 대치동에 거주했고, 경남 합천과 경기 광주 일대에 임야 등 4필지와 차남 명의를 포함해 아파트 두 채를 신고했다.

7 『한국일보』는 2006년 1월 3일자 1면에서 「납세 능력 없는 고령·은퇴자도 과세 '억울한 종부세' 많다」라는 기사를 보도했다. 이에 재정경제부는 1월 4일 보도 참고 자료를 냈다. 먼저 1가구 1주택에 대해서는 8·31 대책에 따라 장기간 보유한 1세대 1주택을 처분할 때는 장기 보유 특별 공제를 상향 조정(15년 이상 보유세 양도 차익의 30퍼센트 공제 → 45퍼센트 공제)해 세 부담을 완화했다고 해명했다. 노령자 문제는 "① 전 국민이 부담하는 재산세는 노령자에 대한 특별한 세 부담 경감이 없는 점에 비추어 재산세 대상자와 형평이 어긋나고, ② 주택 가액 4억 원 2채인 경우(8억 원)에는 종부세가 과세되는 반면 주택 가액 15억 원 1채 보유자(15억 원)는 종부세가 과세되지 않아 주택 가액 간 불형평이 발생할 뿐만 아니라, ③ 종부세 실효성을 높이기 위한 세대별 합산 취지에도 맞지 않습니다"라고 반박했다(재정경제부 2006/01/04).

8 한국 정치권과 언론 등에서 일반적으로 사용하는 포퓰리즘은 '무책임한 인기 영합주의'를 가리킨다. 홍윤기(2004)는 상세한 담론 분석을 통해 포퓰리즘을 비판적으로 고찰한 바 있다.

9 당시 헌법재판소 판결을 앞둔 시점에서 기획재정부 장관이었던 강만수는 국회 대정부 질문에서 판결 결과를 부분 위헌으로 예상한다면서 기재부 실무자가 헌법재판관과 "접촉"했다고 말해 파문을 일으켰다. 헌법재판소에 압력을 행사했는지 또는 공모했는지를 두고 논란이 확산되었고 국회는 진상조사위원회를 구성했다. 헌법재판소는 조사에 협조하지 않았지만 조사 과정에서 기재부 고위 간부들이 헌법연구관 등을 네 차례 방문해 수정 의견서를 설명하고 통계자료도 제출했다는 사실이 드러났다.

4장 부자 감세론: 이명박 정부의 조세 담론

1 김명수(2014. 216~217)는 종합부동산세 개혁을 "복합적 성격의 조세 현대화 기획으로 이

해"하면서 개혁이 좌절한 원인으로 "보유세 현대화에 내장되어 있는 복합적인 이해 갈등이 현재화되면서 나타난 세력 관계의 역전"을 꼽았다.

2 당시 한나라당 최고위원이었던 유승민, 남경필은 물론 정두언, 김성식, 정태근 등 당내 '쇄신파'들은 2010년부터 추가 감세 철회를 요구했다. 2010년 9월 정두언이 최고위원 회의에서 추가 감세 철회를 요구할 때만 해도 별다른 공감대를 얻지 못했지만 2011년 5월 추가 감세 철회를 공약으로 내세운 황우여 원내대표와 이주영 정책위의장 체제가 출범하면서 당내 역학 구도에 큰 변화가 생겼다. 2011년 9월 7일 당·정·청 회의에서도 정책위의장과 부의장이었던 이주영과 김성식이 추가 감세 철회를 강력하게 요구하며 정부를 설득했다(『한겨레』 2011/09/08).

3 2006년과 2007년 감세를 긍정적으로 다룬 사설 아홉 건 가운데 2006년 한 건을 빼고는 모두 『동아일보』 사설이다. 물론 다른 신문이 사설이 아니라 다른 의견 기사 등을 통해 감세 담론을 다루지 않은 것은 아니지만 이 시기 사설을 통해 감세 담론에 가장 적극적으로 나선 것이 『동아일보』였다는 점은 특기할 만하다.

4 "휘발유와 담배마저 볼모로 잡으면서, 개인 사업자에게 그토록 감세의 선심을 베푸는 이유가 무엇인가? 그리고 과세 정의의 문제가 있다. 본래 역진적일 수밖에 없는 담배와 휘발유 소비의 간접세 부담을 높이면서, 사업자의 납세를 줄이려는 발상은 조세 정의에서 한참 어긋난다"(『한겨레』 1995/09/06).

5 재정경제원은 김영삼 정부 시절인 1994년 12월 재무부와 경제기획원을 통합해 발족한 중앙행정기관이다. 오늘날 기획재정부와 금융위원회의 기능을 수행했으며 외청으로 국세청·관세청·조달청·통계청을 두었다. 1998년 재정경제부, 예산청과 기획예산위원회(두 기관은 1999년 기획예산처로 통합), 금융감독위원회(현 금융위원회)로 분리되었다.

6 "직접세는 납세자에게 누진적으로 부과되기 때문에 정부의 의지에 따라 상당히 전진적인 효과를 낼 수 있다. 그런데 지금 그것이 거꾸로 가고 있다. 그 이유는 뻔하다. 직접세는 간접세에 비해 그 부담이 한층 '피부적으로' 납세자에게 전달되기 때문이며, 그래서 정부의 감세 효과가 납세자에게 한층 더 직접적으로 발휘되기 때문이다. 근래에 정부는 마치 무엇에 홀린 듯이 마구 세금을 내리는 시책을 발표했다. 소득세와 법인세를 깎아 주고, 상속세와 양도세를 낮추고, 각종 공제와 면세점을 크게 늘렸다. 납세자 처지에서 정부의 이런 '선심'이 더할 나위 없이 고마운 것은 사실이다. 그러나 감세 규모만큼 정부가 지출을 삭감하지 않는 한, 그 부족분은 다른 형태의 과세로 충당해야 한다. 각종 선심성 세법 개정을 통한 내년의 세수 부족액이 2조 1000억 원에 달하고, 그중의 96퍼센트가 직접세 부문의 감세에서 발생할 것이라고 한다. 그렇다면 그 부담은 간접세로 전가될 수밖에 없다. 여기에 문제가 있다"(『한겨레』 1995/09/23).

7 "현재의 '실제' 소비지출을 감안할 때, 가장 큰 감세 혜택이 돌아갈 소득 구간의 상한은 이보다 대폭 높여야 한다는 생각이다. …… 소득이 있으면 세금을 내야 한다는 납세 원

칙의 '미덕'을 모르는 바 아니나, 공정 과세가 이루어지는 한 근로소득 납세자의 비율이 선진국에 비해 떨어진다는 점이 크게 수치스러운 기록이 될 수는 없다"(『한겨레』 1996/03/02).

8 "정부는 상속세와 증여세 면제의 저축 상품을 신설할 방침인데, 이것은 20살 미만의 자녀 이름으로 가입하므로 부부 합산 금융소득 종합과세도 피한다. 부모가 자녀의 이름으로 10년 만기의 1억 원짜리 저축에 들 경우, 원리금 2억 8000만 원에 대한 증여세 4080만 원을 내지 않아도 된다. 지난해[1996년] 상속세 면세점을 12억 원으로 올렸으므로, 이런 금융 편법을 통해서 15억 원가량의 유산에 상속세와 증여세를 면제받는다. 자녀 수에 따라서 증여세 면제 범위는 비례적으로 늘어난다. 그리고 분리과세가 가능한 장기 채권의 기간이 짧아지고 세율이 낮아진다. 장기 저축 역시 가입 기간과 세율 면에서 혜택을 주게 된다. 증여세를 대폭 깎아 주는 금융 상품을 새로 만들고, 장기 채권 구입과 장기 저축에 만기와 세율을 낮추어 저축 증대를 꾀하겠다는 의도이다. 재경원 당국자는 이것이 세제 혜택을 통해 중산층의 저축을 장려하고, 금융소득 종합과세로 의기소침한 부유층의 저축 의욕을 북돋우기 위한 조처라고 설명했다. …… 15억 원을 비과세 유산으로 상속하는 '중산층'의 눈치를 보지 않고, 4000만 원 이상의 금융소득 종합과세를 억울하게 여기는 부유층의 비위를 맞추지 않고는 현재의 불황에서 벗어나지 못한다는 말인지 정말 궁금하다"(『한겨레』 1997/02/26).

9 "감세를 마다할 국민은 없다. 정부로서도 흐뭇할 터다. 하지만 이는 어디까지나 감세로 빚어질 세수 부족을 감당할 수 있는 대안이 충분할 때의 얘기다. 감세 때문에 나라 살림이 삐그덕거릴 수는 없기 때문이다. 한 나라의 건전재정 운용은 그래서 쉽지 않다. 사실 국민은 감세 그 자체보다 정부 재정의 효율적 운용과 궁극적인 예산 절감에 더 큰 기대를 품고 있다. 공약의 덫에 빠져 과욕을 앞세운다면 당장은 감세 정책에 환호하던 국민일지라도 머잖아 새 정부의 정책에 등을 돌리고 말 것이다"(『국민일보』 2008/01/09).

10 "부가세는 함부로 손대면 안 되는 민감한 사안이다. 여야가 정치적으로 담합하면 쉽게 내릴지는 모른다. 그러나 다시 올리기는 불가능하다. 무턱대고 부가세를 움직였다가 정권이 붕괴된 경우는 수두룩하다. 또 부가세를 30퍼센트 내린다면 12조 원의 세수가 날아간다. 그 공백을 메우려면 매년 적자 국채를 엄청나게 찍어 댈 수밖에 없다"(『중앙일보』 2008/10/22).

5장 서민 증세론 : 박근혜 정부의 조세 담론

1 2008년 9월 1일 세제 개편안 발표 다음 날 실린 기사와 1년 뒤 2009년 6월 24일자로 실린 기사를 비교하면 감세 정책을 바라보는 언론 지형의 단초가 드러난다. 『한국일보』에 실린 두 기사 모두 필자는 같다. 먼저 2008년에는 「'가보지 않은 길'엔 불안감」이라

는 제목을 붙였고 감세 정책을 논란 차원에서 다뤘다(『한국일보』 2008/09/02). 반면에 후자
는 감세 정책을 예견된 '덫'으로 표현하며 "서민고통만 '덫'날 판"(『한국일보』 2009/06/24a)
이라고 비판했다.

2 2010년 지방선거 결과를 보면 광역단체장은 한나라당이 여섯 곳(서울, 부산, 대구, 울산,
경기, 경북), 민주당이 일곱 곳(인천, 광주, 강원, 충북, 충남, 전북, 전남), 자유선진당이 한
곳(대전), 무소속이 두 곳(경남, 제주)에서 당선됐다. 특히 민주당은 서울 25개 자치구 가
운데 21곳을 비롯해 기초 자치단체 92곳에서 승리하며 82곳을 차지한 한나라당을 압도
했다. 전체 유권자 3885만 1159명 가운데 2116만 2998명이 투표해 투표율 54.5퍼센
트를 기록했다. 이 선거에서 유권자들이 투표하며 가장 많이 고려한 쟁점은 지지 정당과
무관하게 무상 급식 및 4대강 사업이었다. 이에 비해 당시 정부·여당이 제기한 천안함
문제의 영향은 제한적이었다(강원택 2010).

3 한나라당은 2011년 연말 새누리당으로 이름을 바꿨으며, 2017년에는 대통령 선거를 앞
두고 자유한국당과 바른정당으로 분당했다.

4 한나라당은 서울시장 선거 패배 이후 혼란을 거듭한 끝에 2011년 7월 전당대회에서 선
출됐던 당대표 홍준표가 같은 해 12월 9일 사퇴한 뒤 12월 19일 박근혜를 위원장으로
하는 비상대책위원회를 구성했다. 비상대책위원회는 2012년 1월 30일 복지와 일자리,
경제민주화 등을 전면에 배치한 새 정강·정책을 발표했다. 기존 정강·정책 전문에서
"집단이기주의와 분배지상주의, 포퓰리즘에 맞"선다는 내용을 "모든 국민이 더불어 행
복한 복지국가"로 바꾸면서 기존의 잔여주의 복지 모델에서 보편적 복지 모델로 방향을
전환한다는 사실을 사실상 공식화했다.

5 근로소득자와 자영업자를 비교하는 진술은 그 역사가 매우 오래됐다는 점에서 전형적인
양상을 띤다(『동아일보』 1992/09/03; 『한겨레』 1995/09/06; 『국민일보』 2001/03/15; 『경향신문』 2001/09/
07; 『조선일보』 2005/08/27; 『중앙일보』 2006/02/02; 『국민일보』 2006/02/17; 『동아일보』 2006/03/21; 『서울신
문』 2008/07/29). 비슷한 시기에 실린 다음 세 사설을 비교하면 이른바 진보와 보수 구분
도 그다지 의미가 없다는 점이 명확히 드러난다.

① "세금 걷기가 편하다고 봉급쟁이만 쥐어짤 게 아니라 소득 파악률이 50퍼센트에 머
무르고 있는 자영업자에 대한 과세 방식을 근본적으로 개혁하는 조치가 필요하다"(『조
선일보』 2005/11/15).

② "정부는 매년 과세 포착률을 높여 공평 과세를 실현하겠다고 다짐하지만 정권이 바
뀌어도 실상은 그다지 변하지 않았다. 여기서 생기는 불형평성과 상대적인 박탈감이
봉급생활자들의 가슴에 쌓이고 있다"(『중앙일보』 2005/11/15).

③ "월급쟁이들의 소득은 '유리알 지갑'으로 불릴 만큼 모든 게 투명하게 드러나게 돼
있다. 그 반면 자영업자들은 얼마를 벌어 어떻게 쓰고 있는지조차 정확하게 파악되지
않고 있다"(『경향신문』 2005/11/23).

6 보편 증세를 주장하는 대표적인 칼럼으로 구인회(서울대학교 사회복지학과 교수)가 『한겨레』에 쓴 기고문을 꼽을 수 있다. 그는 "보편적 복지는 전 국민이 재원을 분담하는 사회적 연대를 촉진하고, 보편적인 세금 부담은 보편 복지를 지속 가능하게 한다. …… 부유층에 대한 소득세율도 낮은 편이지만, 나머지 계층의 소득세 부담 또한 매우 낮다. 따라서 세수 확대를 위해서는 전 국민의 세금 납부를 늘리는 것이 필요하다. 늘어난 재원은 보편 복지의 밑천이 된다"며 보편 증세를 강조했다. 그는 부자 증세론에 대해서는 "부유층에 대한 높은 누진세로 복지 재원을 마련하는 대표 주자는 복지 수준이 낮은 미국이다"라면서 "미국식 선별 복지는 국민적 지지 기반도 약하여 세금 확대가 어려우니 저복지의 악순환에 빠진다"고 주장했다(구인회/『한겨레』 2011/02/11).

이와 관련해 김창환(캔자스 대학교 사회학과 교수)이 2011년 9월 필자와 전화 인터뷰에서 복지 지출 강화를 통한 소득재분배의 중요성을 강조하면서도 "최고 소득세율을 높여야만 복지국가가 된다는 건 잘못된 인식"이라고 주장한 것은 보편 증세론의 인식 구조를 잘 보여 준다. 그는 "복지국가는 부자에게만 세금이 많은 것이 것이 아니다. 모든 사람에게 세금을 많이 걷는다"면서 "복지국가의 높은 세율은 상당 부분이 높은 간접세 때문"이라고 지적했다. 신정완(성공회대학교 사회과학부 교수)도 "북유럽 4개국은 개인소득세와 부가가치세 등 간접세도 높은 반면 법인세는 낮은 편이다. 조세를 통한 소득재분배 효과만 놓고 보면 북유럽 4개국보다 오히려 미국이 더 철저하다"면서 "복지국가를 가르는 관건은 오히려 있는 예산을 얼마나 사회복지에 지출하느냐다. 북유럽 4개국은 예산의 절반 가까이를 사회 지출에 쓴다"고 말했다.

7 무상 보육을 둘러싼 논란을 제대로 이해하려면 2011년 12월 30일 일어난 일을 알아야 한다. 당시 정부는 국회 예산결산특별위원회에 상임위에서는 제대로 거론되지도 않았던 0~2세 보육료 지원 예산 3697억 원을 급작스럽게 추가 책정했다. 영유아 보육료 지원 사업 자체는 예전부터 있었다. 2005년도 3349억 원에서 2011년도 결산 기준 2조 원으로 여섯 배 이상 증가한 데서 보듯 정부도 나름 신경을 많이 쓰는 분야였다. 지원 범위도 꾸준히 확대됐다. 2011년에는 영유아 가정 소득 하위 70퍼센트까지 보육료 지원으로 확대했다. 하지만 만 0~2세는 원래 2012년부터 시행하려던 것이 아니었다.

정부가 내놓은 '쪽지 예산'은 하루 만에 국회를 통과했다. 다만 3697억 원은 0~2세 무상 보육을 하기엔 예산 규모가 너무 부족했다. 그 전까지 어린이집에 가지 않던 영유아들이 어린이집으로 몰렸다. 정부는 0~2세 보육료 지원 대상을 70만 명으로 계산했지만 실제로는 연간 77만 명에 이르렀다. 2012년 연초부터 지자체에선 문제 제기를 했다. 하지만 중앙정부는 이를 계속 무시했다. 이 사업이 국고 보조 사업이라는 점도 문제였다. 과거 저소득층 영유아 지원 사업일 때의 국고보조율(서울 20퍼센트, 다른 지자체 50퍼센트)을 그대로 무상 보육에 적용하면서 영유아 숫자가 많은 서울시는 말 그대로 '폭탄'을 맞았다. 안팎으로 비판에 직면하자 정부는 무상 보육 후퇴를 모색했다. 공교롭게도 2012년은 총선과 대선이 있었고, 정부가 내놓은 '0~2세 소득 상위 30퍼센트 가구

보육료 미지급'과 '소득 상위 30퍼센트 가구 양육 수당 미지급' 절충안은 국회 예산안 심의 과정에서 여당이 뒤집었다. 당시 여당은 대선 공약으로 '영유아 무상 보육 완전 국가 책임제'를 내세웠기 때문이다. 국회에선 2012년 말 여야가 영유아 보육료를 서울은 20퍼센트에서 40퍼센트로, 다른 지자체는 50퍼센트에서 70퍼센트로 일괄 인상하기로 합의하고 〈영유아보육법〉 개정안까지 발의했지만 정부의 반대로 통과되지 않았다.

우여곡절 끝에 2013년 연말 국회 예산 심의를 거치면서 보조율을 35퍼센트(다른 시·도 65퍼센트)로 조정했다. 국회는 2013년도 예산안을 심의하면서 보육료와 양육 수당을 0~5세 전 계층으로 확대하기로 했다. 이에 따라 무상 보육 예산 규모는 전국적으로 지자체들의 예산편성 기준이 된 정부 예산안보다 1조 4000억 원 늘어났다. 이 가운데 7000억 원은 정부가 국비로 부담하고, 지방이 부담하는 7000억 원 가운데 5607억 원을 보건복지부(3607억 원)와 안전행정부(2000억 원)가 각각 보전하기로 했다. 그런데 중앙정부는 '추경 편성 없이는 무상 보육 예산 지원 없다'며 지자체를 압박했다. 2013년 6월에는 복지부가 지자체에 공문을 보내 추경 편성을 하겠다고 동의한 지자체만 예산 지원을 받을 수 있다고 못 박았다. 지자체는 동의서 공문의 지방비 지원 동의란에 동그라미 표시를 하고 추경 편성 계획란에는 시행 시기가 몇 월인지를 적어 내야 했다. 결국 서울시장 박원순은 2013년 9월 5일 무상 보육 예산을 충당하기 위해 지방채를 발행해 추가경정예산(추경)을 편성하기로 했다. 박원순은 영유아들이 보육료 지원을 받지 못하게 할 수는 없다는 이유를 들었다. 이에 보건복지부는 공식 논평을 통해 "뒤늦은 결정이지만 다행"이라며 예비비와 특별교부세 1219억 원을 바로 지원하겠다고 답했다. 복지부가 밝힌 1219억 원도 2012년 예산안 심의 당시 국회가 지방비 부족분 국고 지원을 위한 예비비로 편성한 것이었다. 이런 일련의 흐름을 보면 중앙정부가 자기모순적인 행태를 되풀이했음을 알 수 있다. 박근혜는 2013년 1월 전국 시·도지사 협의회 간담회에서 "보육 사업과 같은 전국 단위 사업은 중앙정부가 책임지는 게 맞는 방향"이라고 말한 바 있다. 새누리당은 2012년 〈영유아보육법〉을 개정해 국고 보조 비율을 20퍼센트포인트 상향 조정하기로 여야 간 합의한 바 있으며, '영유아보육·유아교육 완전 국가 책임제'를 대선 공약으로 내걸기도 했다.

국고보조율 인상 등 개선이 이뤄지자 무상 보육을 둘러싼 논란은 '중앙정부 대 지자체'에서 2014년부터는 '중앙정부 대 교육청'으로 전선이 옮겨 갔다. 공교롭게도 2014년 지방선거에서 진보·개혁을 표방한 교육감이 대거 당선됐다. 누리 과정은 만 3~5세를 대상으로 한 유아교육(유치원)과 보육(어린이집)을 통합하려는 흐름 속에서 나왔다. 사업 대상은 같은데 유치원과 어린이집은 소관 부처가 다르고 교사 자격과 예산 항목도 달라 혼선이 컸기 때문이다. 누리 과정이 문제가 되는 것은 영유아 보육료 지원에 필요한 재원을 지방교육재정교부금으로 충당하도록 한 반면, 어린이집 자체는 법적으로 교육청 소관이 아니라는 점이다. 결국 지방교육재정교부금을 누리 과정 재원으로 사용하도록 한 법적 근거 자체가 약했다. 이에 더해, 한 서울시 고위 관계자는 "지방교육재정교부금으로 누리 과정을 시작하면 예산이 부족해 교육청이 무상 급식을 하기가 힘들어 질 것이라는 말을 정부 주최 회의에서 들었다"고 말했다. 결국 논란이 마무리된 것은 2017년 여야 합의로 무상 보육 관련 비용을 전액 국가 부담으로 하기로 한 뒤였다.

8 근로소득자 과세 미달자 비율은 2005년 48.7퍼센트까지 치솟았지만 그 뒤 명목임금 상 승 등 영향으로 꾸준히 줄어 2013년에는 32.4퍼센트로 줄었다.

9 스키마는 "자극의 속성과 그 속성들 간의 관계를 포함한 자극들의 개념과 형태에 대한 지식을 대변하는 인지적 구조"라고 정의할 수 있다. 스키마는 복잡한 사회 현실과 기능 을 단순화할 수 있게 해주고, 이 때문에 기억을 회상시키는 안내자로 기능한다(Entaman, Matthes and Pellicano 2014, 184). 또한 로버트 엔트만(Entman 2004, 176)은 "문화는 개인들 마 음속에 공통적으로 발견되는 스키마의 저장고"라고 지적했다.

10 그 전까지 꾸준히 부자 감세를 비판하고 총선과 대선에선 복지 예산 확대를 강조하던 민주당은 세금 폭탄 담론의 생산자 가운데 하나로 활동했고, 심지어 당 대표였던 김한길 은 '세금 폭탄을 중단하라'며 시청광장에서 천막 농성까지 했다.

11 노무현 정부와 박근혜 정부에서 각각 일어났던 세금 폭탄 논란에는 몇 가지 차이점이 발견된다. 먼저 종합부동산세 국면에서 언론은 논란을 확대재생산하는 데 중요한 행위 주체였던 반면, 연말정산 국면에서 언론은 초기엔 비판적이었지만 뒤로 갈수록 논란을 진정시키고 사실관계를 설명하려는 태도를 취했다. 둘째, 종합부동산세에 대해 재검토 및 백지화를 요구했던 언론은 연말정산 국면에선 소급 적용을 반대하며 정책 일관성을 강조했다. 셋째, (노무현 정부 당시) 종합부동산세 국면에서 여당이었기에 수세적 위치에 설 수밖에 없었던 열린우리당(현 더불어민주당)은 연말정산 국면에선 정부·여당에 공세 를 취했다. 노무현 정부 당시에는 세금 폭탄 담론을 수용하는 것이 긍정적 평가를 받았 지만 박근혜 정부 당시에는 그렇지 못했다. 넷째, 언론은 종합부동산세에 따른 세금 폭 탄의 책임이 노무현에게 있다고 규정했지만 연말정산 국면에선 주로 '정치권'과 '관료' 의 무능력과 무책임을 질타했을 뿐 박근혜는 거의 거론하지 않았다.

12 소득공제는 소득에서 해당 공제액만큼 빼는 방식이고 세액공제는 세금을 결정한 뒤 그 액수만큼 공제하는 방식이다. 동일하게 100만 원을 예로 들면 소득공제에선 최저 세율 (6퍼센트)을 적용받는 저소득층은 세금이 6만 원 줄고 최고 세율(38퍼센트)에 해당하는 고소득층은 38만 원이 줄어들지만 세액공제 10만 원이라고 하면 소득이 100만 원이든 10억 원이든 깎아 주는 세금은 똑같이 10만 원이다.

13 이와 관련해 『동아일보』 논설위원 권순활은 2015년 12월 2일자 칼럼에서 다음과 같이 언급했다. "올해 초 연말정산 파동 때 언론과 정치권이 사실과 다른 분석을 근거로 '직 장인 세금 폭탄론'을 제기하자 최경환 경제팀은 화들짝 놀라 땜질 대책을 쏟아 냈다. 그 결과 근로소득자 면세자 비율이 32퍼센트에서 48퍼센트로 치솟은 것은 두고두고 아쉬 움이 남는다. 그때의 아픈 교훈을 잊어선 안 된다."

14 이 발언은 소득 대체율을 50퍼센트로 올렸을 때 수급자들이 추가로 받게 되는 연금 수령액인 1702억 원을 세금인 양 호도한 무책임한 주장이라는 비판을 받았다(『경향신문』 2015/05/11; 『국민일보』 2015/05/12; 『한겨레』 2015/05/12).

6장 재정 건전성론 : '아껴야 잘산다'는 은유 또는 협박

1 물론 이 '상식'이 반드시 사실에 부합하지는 않는다. 1970년대 재정 수지를 살펴보면 매우 심각한 재정 수지 불균형 상태가 계속됐기 때문이다. 통합 재정 수지가 균형으로 바뀐 건 3저 호황이 본격화한 1987년 이후였다. 더 자세한 내용은 김미경(2018, 177) 참조.

2 환율 방어와 고환율 정책은 김대중 정부 이후 현재까지도 국가 채무를 증가시키는 중요한 요인으로 작용하고 있다. 외환시장 안정용 국가 채무는 김대중 정부에서 16조 5000억 원, 노무현 정부에서 69조 원을 기록했으며 이명박 정부도 임기 3년 동안 30조 9000억 원이나 됐다. 외환시장 안정을 위해 13년간 120조 6000억 원이나 빚을 진 셈이다(지주형 2012, 419).

3 부자 감세 논란이 격렬해지던 이명박 정부 후반기에는 여러 신문에서 복지 확대와 재정 건전성 문제를 다룬 심층 기획 기사를 내보냈다. 대표적으로는 『경향신문』 2011년 1월 1일자 신년 특집, 『한겨레』 2011년 1월 '무상 복지 오해와 진실' 장기 기획 연재, 『한국일보』 2011년 8월 15일자 '복지 논의 왜곡하는 5가지 함정' 기획 기사 등이 있다.

4 이명박은 2011년 10월 3일 라디오 연설에서는 "(한국의) 재정 건전성은 세계에서 가장 양호한 수준"이라면서 "지나친 위기감은 바람직하지 않다. …… 우리 스스로 자신감을 가질 필요가 있다"며 2개월 전과는 상반된 발언을 했다.

5 2017년 7월 13일 국회에서 열린 '2060년 장기재정전망 대안모색 토론회'는 재정 건전성 담론을 신랄하게 비판하는 자리였다. 사실 기획재정부가 2015년에 발표한 '2060년 장기재정전망'은 재정 건전성에 입각한 정책 진단과 처방을 전형적으로 보여 주는 자료였다. 주제 발표를 한 정세은(충남대학교 경제학과 교수)은 장기 재정 전망의 기본 전제부터 문제가 있다고 지적했다. 우선 성장률 전망만 하더라도 현재의 저출산·저성장 추세를 연장한 것에 불과하고 증세와 복지 확대 가능성을 배제한 채 지금의 조세부담률과 복지 수준이 미래까지 그대로 이어진다는 가정에 입각해 국가 채무 급증이라는 결론을 냈다. 정세은은 "저출산·고령화를 재정 건전성 훼손과 미래 세대 부담으로 곧바로 연결시키는 것은 과도하게 부정적으로 단순화시킨 논리"라면서 "이런 접근법은 사회 변화에 대한 제도적 개입 가능성을 차단할 우려가 있다"고 말했다. 그는 대안으로 복지 확대를 통해 수요와 공급을 동시에 자극해 성장을 견인할 것을 제안했다. 조영철(고려대학교 경제학과 초빙교수)도 같은 취지로 발언했다. 그는 "재정 건전성만을 위해 저출산·청년 대책과 복지 확대에 소극적인 입장을 취한다면 결혼과 출산을 포기하게 만드는 '헬조선'

상황은 점점 심화되고 잠재성장률도 하락해 재정 건전성이 오히려 더 악화될 것"이라고 꼬집었다.

6 "지난 두 차례 경제위기 극복의 일등 공신이라며 박[재완] 장관이 금과옥조처럼 내세우는 재정 건전성은 물론 중요하다. 하지만 다른 나라와 비교할 때 재정 건전성은 상대적으로 나은 편이며 복지 예산이 취약한 것이 더 큰 문제라는 것을 직시해야 한다"(『한겨레』 2011/06/04).

7 "더구나 현 정부 들어 재정 건전성이 악화한 것은 부자 감세로 세입이 줄고 4대강 사업 등 토목사업 지출이 늘어난 탓이 크다. 부자 감세 철회 등을 통해 세입을 늘리고, 불요불급한 토목사업을 줄이면 재정 건전성과 복지를 동시에 이룰 수 있다"(『한겨레』 2011/08/12).

8 "재정 건전성 최우수란 평가는 쓸 돈 쓰지 않고 무조건 나라 곳간 열쇠나 채우고 보자는 정부의 역주행이 낳은 일그러진 성적표일 뿐이다"(『한겨레』 2015/11/10).

9 『한겨레』에 실린 두 외부 기고 역시 이런 프레임을 전형적으로 보여 준다. "후대에 빚더미를 남기지 않기 위해서는 지금부터 복지 재정 확충을 위해 노력해야 한다. 이런 상황에서 감세 정책 고집은 나랏일에 모르쇠 하는 소아적 이기주의일 뿐이다"(구인회/『한겨레』 2011/02/11). "국가 채무 문제와 복지 재원 확보라는 두 가지 문제를 동시에 해결하기 위해서는, 이제 '모두를 위한 증세'를 고민할 때이다"(김태일/『한겨레』 2011/10/05).

10 가령 미국 경제정책연구센터 소장 딘 베이커Dean Baker는 "세계 각국 정부들이 작심하고 재정 적자 감축으로 돌아서고 있다. 정부가 그것이 필수적이라고 확신해서가 아니다. 그보다는 금융시장이 그렇게 믿고 있기 때문이다"라고 지적했다(베이커/『한겨레』 2010/06/26).

11 이명박은 2011년 1월 3일 신년 연설에서 보편 복지는 곧 부자 복지이며 이는 재정 위기를 초래한다고 주장했다. 그해 8·15 경축사에서도 "정치권의 경쟁적인 복지 포퓰리즘이 국가 부도 사태를 낳은 국가들의 전철을 밟아선 안 된다"고 말했다. 김황식은 2011년 7월 14일 조찬 특강에서 "복지 포퓰리즘을 조심해야 한다. …… 국민 반목뿐만 아니라 재정 건전성을 해치게 된다"고 밝혔다. 박재완은 2011년 6월 2일 장관 취임 기자회견에서 "재정 건전성 복원을 위해 …… 우후죽순의 복지 포퓰리즘에 맞서 레오니다스가 이끌던 300명의 최정예 전사처럼 테르모필레 협곡을 굳건히 지켜야 한다"고 발언했다.

결론

1 또한 '증세 없는 복지'는 모든 대중들의 지지를 얻고자 하는 정책 결정자들의 동기 때문에 '공적 주장'과 '비난 회피'가 복합적으로 작용한 결과였다고 해석할 수도 있다. 최종호·최영준(2014)은 복지와 조세에 대한 대중의 선호를 그 태도에 따라 발전주의, 자유주의, 복지주의로 구분했다. 발전주의를 선호하는 대중은 복지국가보다는 경제성장과 이를 통한 자산 증대를 지향하고 자가 복지에 의존하기 때문에 낮은 세금을 선호한다. 자

유주의는 국가 개입을 부정적으로 보고 탈규제와 민영화를 선호하는 성향 때문에 보편적 복지 확대에 회의적이고 노동시장 유연화와 감세 정책을 지지한다. 이에 비해 복지주의는 양극화와 저출산·고령화에 대응하기 위한 국가 개입을 선호한다. 이런 성향 때문에 발전주의는 노인복지를 긍정하고, 복지주의와 자유주의는 저출산 대응 정책을 지지한다.

2 한 연구에 따르면 개별 국회의원들이 자체적으로 활동하는 트위터에 나타난 정치 커뮤니케이션조차 각 정당이 지향하는 정책 노선을 반영한다. 가령 새누리당 의원들은 경제성장을 촉진하기 위해 시장 자유보다는 국가가 민간 기업에 후원을 제공하는 개발 정책을 선호하는 후견주의 노선을, 새정치민주연합(현 더불어민주당)과 정의당 의원들은 경제민주화를 위해 재벌 개혁과 시장규제에 초점을 맞추는 개입주의 노선을 드러냈다(유진숙·김원섭·용미란 2016). 마찬가지 맥락에서 언론도 각각의 정책적 관점이 조세정책에 대한 진단과 처방에서 구현된다고 할 수 있다.

3 이런 입장에서, 더 많은 조세를 수용할 수 있다는 여론이 꾸준히 증가하는 점은 긍정적이다. 2007년과 2013년도 한국복지패널조사 부가 조사인 '복지인식에 대한 조사'를 이용해 중간층의 복지 태도를 분석한 여유진·김영순(2015, 347~349)에 따르면, 사회복지 확대를 위한 증세에 동의하는 의견이 2007년 37.8퍼센트에서 2013년 44.5퍼센트로 전반적으로 증가한 반면 반대하는 의견은 35.5퍼센트에서 27.2퍼센트로 눈에 띄게 감소했다. 계층별로 증세 동의 의견을 보면, 중간층은 35.1퍼센트에서 42.7퍼센트로, 저소득층은 41.5퍼센트에서 48.3퍼센트로, 고소득층은 42.1퍼센트에서 46.8퍼센트로 늘었다. 증세 반대 의견은 중간층은 36.2퍼센트에서 27.5퍼센트로, 저소득층은 30퍼센트에서 25.8퍼센트로, 고소득층은 37.6퍼센트에서 27.2퍼센트로 줄었다.

4 2009년 당시 기준 연도 방식 논쟁을 제기한 주인공 가운데 한 명인 신영임(국회예산정책처 경제분석관)은 필자와의 인터뷰에서 "예산안 편성처럼 꼭 필요한 경우에는 전년 대비 증감 규모를 제시하는 게 편리하고 유용할 수도 있지만 향후 5년간 세수 효과를 전년 대비 방식으로만 제시하면 세수 변화 규모를 실제보다 작게 보여 주는 착시 효과가 발생한다"고 지적했다. 그는 "가령 올해 2조 원, 내년에 3조 원, 내후년에 1조 원에 이르는 예산을 투입하는 사업이 있다면 기재부 역시 총 소요 예산을 당연히 6조 원으로 계산할 것"이라고 덧붙였다.

보론 : 담론과 제도

1 담론 분석은 68혁명 이후 객관성과 중립성을 강조하던 지적 풍토에 반기를 들면서 부상하기 시작했으며, 1970년대 후반 들어 학문으로 자리매김했다(이기형 2006, 112). 한국 학계에서 담론 분석이 널리 쓰인 것은 포스트모더니즘이 유행하기 시작한 1990년대부터

였다(이성택 2006, 151).

2 전형적인 사례로 〈국가보안법〉을 들 수 있다. 〈국가보안법〉은 "법률이라는 형태로 문자화된 사회적 실재이며, 한국 사회의 많은 구성원들이 이에 대해 수십 년에 걸쳐 꾸준히 지속적으로, 그리고 공적으로 수많은 말, 글, 영상, 그림, 음악 등을 생산하여 왔다는 점에서 이들의 총체를 '국가보안법 담론'이라고 부를 수 있"으며, "국가보안법 담론에는 '국가보안법'을 찬성하거나 반대하는 모든 종류의 언어 표현이 모두 포괄된다"고 할 수 있다(이성택 2006, 154~155). 또 다른 예로 '대북 지원' 담론도 있다. 대북 지원은 남북 관계에 대한 전반적인 맥락에 위치해 있기 때문에 북한에 대한 관점과 남북 관계에 대한 인식, 동아시아 미래상에 따라 매우 상이한 정책 담론을 갖는다. 이는 곧 대북 정책 방향을 어떻게 설정하느냐에 따라 대북 지원에 대한 입장이 극과 극으로 달라진다는 것을 암시한다. 그중에서도 일부 언론이 각종 기획 기사와 사설 등을 통해 적극적으로 재현 또는 표상해 공론화한 '대북 퍼주기'는 자연스레 '북측에 너무 많이 주었다. 그것도 별 실익도 없이 갖다 줬다'는 진단을 이끌어 내는 효과를 갖는다. 2000년 제1차 남북정상회담 직후 한나라당 의원 김용갑이 대북 식량 지원 방침을 비난하기 위해 처음으로 사용한 이후 일부 언론과 한나라당을 중심으로 급속히 확산된 이 용어는 햇볕 정책을 비난하는 강력한 정파적 의미를 갖게 됐다. 결국 '대북 퍼주기' 담론에 대한 태도와 인식 방법은 대북 인식과 대북 정책을 가르는 주요 지표로 기능한다(강국진 2013).

3 이성택(2006, 157)은 이를 "담론은 제도화를 통해서 비담론의 영역에 영향을 주며, 동시에 담론으로부터 영향을 받은 제도가 이제는 역으로 담론의 변형을 촉발하기도 한다"는 말로 설명했다. 그는 〈국가보안법〉 사례연구를 통해 〈국가보안법〉 담론은 직접적으로는 제헌의회 당시 법 제정 논의와 함께 시작되었지만, 사실 일제강점기 〈치안유지법〉이라는 법적 장치와 미군정이 남긴 제도적 기반, 그리고 "공동체와 개인 간의 갈등이라는 보다 근본적인 담론/제도의 구조"까지 뿌리가 이어진다고 지적한다.

4 국가와 사회의 기본 조직 구조와 관련된 틀로서 사회집단 간 세력 관계와 정책 형성 및 집행에 영향을 미치는 조직적 특성이라는 중범위 수준의 제도에 주목하는 신제도주의는 '맥락'으로서의 제도를 강조하며 개별 행위 주체보다는 국가를 형성하고 있는 '구조'가 정책을 결정하는 데 주도적인 역할을 한다고 본다(Hall 1992, 96~97). 이런 관점에서 볼 때, 사회적 수요는 제도라는 필터를 거쳐 실제 정책으로 나타난다(강명세 2014, 15). 특히 제도를 역사적 산물로 간주하며, 행위자의 선택을 제약하는 동시에 의도적이거나 의도하지 않은 전략, 갈등, 선택의 산물로 보는 역사적 제도주의에서는 제도, 역사, 맥락을 강조한다(Thelen and Steinmo 1992, 10). 스티븐 크래스너(Krasner 1984, 67~82)는 t 시점에서 형성된 제도는 t+1 시점에서 일어나는 선택과 변화 방향을 제약한다는 점에서, 제도는 t 시점에서는 종속변수이지만 t+1 시점에서는 독립변수라고 지적했다. 개인의 행위를 설명하기 위해서는 행위가 이뤄지는 맥락을 설명해야 하는데 여기서 맥락이란 바로 제도적 환경

인 동시에 역사적 산물이다. 선호와 의사 결정도 제도의 산물이라고 본다. 다시 말해, 선호는 고정된 것도 아니고 하늘에서 떨어진 것도 아니며 각 개인의 심리를 분석해 선호 형성을 분석해 설명할 수 있는 것도 아니다(Immergut 1998, 7~10). 아울러 동일한 영향과 작용은 어디에서나 동일한 결과를 초래한다는 가설을 거부하고 역사적 과정, 특히 역사의 우연성과 경로 의존성이라는 사회적 인과관계를 주장한다. 보편적 인과관계 모형uni-versal causal model의 가능성을 거의 인정하지 않는다는 것은 역사적 제도주의의 방법론적 특성이다(Immergut 1998, 19). 이처럼 역사적 제도주의에서는 역사적 맥락을 중시하고 다원적 경로를 인정하기 때문에 통계적 방법보다는 사례 분석과 비교 분석 방법을 주로 활용한다(박보영 2012, 44).

5 거부점(Immergut 1998; Pierson 2000)이나 단절적 균형 모형(Krasner 1984, 223~246) 등에서 보듯 신제도주의가 제도 변화를 무작정 등한시한 것은 아니지만 비판론을 잠재울 만큼 명쾌한 이론을 만들어 내는 데 적잖은 어려움을 겪는 것도 사실이다.

6 가이 피터스, 존 피에르, 데즈먼드 킹(Peters, Pierre and King 2005, 1293~1297)은 정책 발전의 궤도를 설명하는 세 요소인 제도, 아이디어, 행위자 사이에 존재하는 복잡한 관계를 이해하는 능력을 키워야 할 과제를 안고 있다고 강조했다. 이들은 선진국 경제체제가 케인스주의 기반에서 통화주의로 대체된 과정을 볼 때 경제적 요인보다는 오히려 정치적·이데올로기적 요인이 더 중요했다는 점을 예로 든다. 이들은 "아이디어와 이데올로기가 확립된 균형을 단절시키는 주요 요소일 수 있다. 그리고 아이디어 사이에 벌어지는 사상 투쟁이 정책 변화를 이해하는 데 중요하다"고 강조했다. 셰리 버먼(Berman 2006)도 사회 민주주의의 종주국으로 대접받을 만큼 오랜 전통과 강력한 조직력을 자랑하던 독일사회 민주당은 나치에 굴복한 반면 변방으로 취급받던 스웨덴사회민주노동당은 파시즘 위협을 이겨냈을 뿐만 아니라 기록적인 장기 집권에 성공한 이유, 그리고 사회민주주의가 제2차 세계대전 이후 유럽의 안정과 번영을 이끈 이유를 추적하는 연구에서 개인의 선택은 제도와 아이디어, 이데올로기에 영향을 받는다는 점을 논증한 바 있다.

7 이와 관련해 서덕희(2006, 79)는 "대중매체에 의하여 형성되는 공적 담론은 어떤 현상에 대한 사회적·역사적 진술의 체계를 특정한 방향으로 형성하고 그 진술의 체계를 일상 담론으로 매개함으로써, 생활 세계의 담론을 체계의 담론으로 식민화하는 데에 결정적인 역할을 수행"한다고 지적했다.

8 한국에서 민주화 이후 언론이 정치권력화했다는 것은 강명구(1994), 홍성구(2004) 등 여러 연구에서 지적된다. 김춘식(한국외국어대학교 언론홍보영상학과 교수)은 2012년 6월 22일 서울 프레스센터에서 열린 저널리즘학연구소 토론회에서 다음과 같이 지적했다. "과거에는 정치권력이 언론을 통제했지만 지금은 언론이 정부를 견제·통제하고 특히 이명박 정부 들어서는 언론이 정부를 견인하고 자신들의 이데올로기를 정치에 투영하고, 이에 따르지 않을 경우 비판하는 경향을 보인다."

9 1997년 외환 위기 이전까지 재정 건전성 문제는 언론에서 거론된 사례 자체가 거의 없었고 대다수 시민들에게는 용어 자체도 낯설었다. 1998년부터 정부가 대규모 공적 자금을 투입하는 경기 부양 정책을 펴면서 재정 위기를 우려한다는 재정 건전성 담론이 나타났다. 담론 정치 차원에서 보면 재정 건전성 담론은 2007년 무렵까지는 김대중·노무현 정부 정책을 비난하기 위한 담론으로서 기능했지만 이명박 정부가 대규모 감세 정책을 펴기 시작하면서 감세 정책을 비판하고 복지 지출을 옹호하기 위한 프레임이 나타나 재정 건전성 담론 지형을 변형시켰다. 한국 사회 정치 지형에선 감세·긴축 프레임에 입각한 재정 건전성 담론이 여전히 헤게모니를 쥐고 있지만 재정 건전성 담론을 해체하기 위한 도전도 계속되고 있다(강국진·김성해 2013).

참고문헌

◆ 논문 및 단행본

강국진. 2013.「대북 '퍼주기' 담론과 대북 인도적 지원 예산 분석」. 한국언론정보학회 봄철 정
　　기학술대회 발표문.

_____. 2017a.「조세담론의 구조와 변동에 관한 연구: 노무현·이명박·박근혜 정부를
　　중심으로」. 성균관대학교 국정전문대학원 박사 학위논문.

_____. 2017b.「조세를 둘러싼 담론정치: '증세 없는 복지'와 '선별증세'를 중심으로」.
　　『한국행정학보』51(3): 1~29.

강국진·김성해. 2011.「정치화된 정책과 정책의 담론화: '부자감세' 담론의 역사성과 정치성」.
　　『한국행정학보』45(2): 215~240.

_____. 2013.「재정건전성 담론 해체하기: 미디어담론에 내포된 프레임 구조와 변화를
　　중심으로」.『한국언론정보학보』63: 5~25.

강명구·박상훈. 1997.「정치적 상징과 담론의 정치: 신한국에서 세계화까지」.『한국사회학』
　　31(봄).

강명구. 1994.「경제뉴스에 나타난 경제위기의 현실구성에 관한 연구」.『언론과 사회』3:
　　92~131.

강명세. 2014.『민주주의 복지국가 그리고 재분배』. 도서출판 선인.

강민아·장지호. 2007.「정책결정 과정의 프레이밍에 대한 담론분석: 방사성폐기물처리장 입지
　　선정 과정을 중심으로」.『한국행정학보』41(2): 23~45.

강병구 외. 2007.「미래 한국의 조세재정정책」.『미래 한국의 경제사회정책 패러다임 연구』
　　제4권. 한국노동연구원.

강병구. 2010.「국가 재정건전성: 공짜는 없다」.『시민과 세계』17: 322~338.

강원택 엮음. 2007.『세금과 선거』. 푸른길.

강원택. 2007.「영국 선거와 세금: 합의 정치 혹은 무책임?」. 강원택 엮음.『세금과 선거』.
　　푸른길.

_____. 2010.「천안함 사건은 지방선거의 변수였나?」.『동아시아연구원 오피니언리뷰』No.
　　201006-01.

강유인화. 2016.「식민지 조선과 병역 의무의 정치학」.『사회와 역사』109.

강준만. 2002.『한국현대사산책 1970년대편』2권. 인물과사상사.

강진숙. 2006. 「'교육위기' 담론의 의미와 주체구성 방식 연구: 한겨레신문과 조선일보 기사를
　　중심으로」. 『한국언론정보학보』 33: 7~53.

강태완. 2010. 『설득의 원리』. 페가수스.

고경환·윤영진·강병구·김은경·김태은. 2012. 「복지정책의 지속가능성을 위한 재정정책:
　　스웨덴, 프랑스, 영국을 중심으로」. 한국보건사회연구원.

고경환. 2009. 「2007년도 한국의 사회복지지출 추계와 OECD 국가의 노후소득보장체계」.
　　한국보건사회연구원.

고명수. 2015. 「몽골-고려 형제맹약 재검토」. 『역사학보』 225.

곽태원. 2006. 「21세기 조세개혁의 여건과 방향」. 곽태원 외. 『저성장 시대의 조세정책 방향에
　　대한 연구』. 한국경제연구원.

구본규. 2015. 「대통령 기록물에 나타난 재외한인에 대한 인식 변화와 재외한인의 본국 사회
　　참여」. 『아태연구』 22(3): 5~46.

구인회. 2011. 「복지 개혁: 복지국가 이상과 발전주의 유산 사이에서」. 강원택·장덕진 엮음.
　　『노무현 정부의 실험: 미완의 개혁』. 한울.

국정브리핑특별기획팀. 2007. 『대한민국 부동산 40년』. 한스미디어.

국회예산정책처. 2010. 「남유럽 재정위기와 정책시사점」. 『경제현안분석』 제53호.

_____. 2012. 『2012 재정수첩』.

_____. 2013. 『2013년도 대한민국 재정』.

_____. 2014. 『2014년도 대한민국 재정』.

_____. 2016a. 『2016년도 대한민국 재정』.

_____. 2016b. 『조세의 이해와 쟁점 제2권: 소득세편』.

_____. 2016c. 『조세의 이해와 쟁점 제8권: 통계편』.

_____. 2016d. 『2017년도 조세지출예산 분석』.

국회입법조사처. 2015. 『종합부동산세의 현황과 검토과제』.

권순미. 2014. 「저부담 조세국가 한국과 일본의 역진적 조세정치」. 『한국정치연구』 23(2):
　　289~310.

_____. 2015. 「일본 민주당 정권의 정책 전환: 증세 없는 복지에서 복지를 위한 증세로」.
　　『한국정당학회보』 14(1): 37~62.

권향원·박찬용·공동성. 2015. 「세종시 수정안의 정책 변동과 담론경쟁: 툴민 논변모형의
　　담론분석에의 적용」. 『한국정책학회보』 24(2): 461~491.

기획재정부. 2008. 『2009 나라살림(예산개요)』.

김경환. 2000. 「서강학파가 한국의 경제학 발전에 미친 영향」. 『서강경제논집』 29(1):
　　253~267.

김남호. 2011.「지방재정의 건전성 제고 방안」.『산업경제연구』24(1): 353~369.

김대영. 2004.「박정희 국가동원 메커니즘에 관한 연구: 새마을 운동을 중심으로」.『경제와
　　　사회』61: 184~221.

김도균·김태일·안종순·이주하·최영준. 2017.『자신에게 고용된 사람들: 한국의 자영업자
　　　보고서』. 후마니타스.

김도균. 2013a.「한국의 자산기반 생활보장체계의 형성과 변형에 관한 연구: 개발국가의
　　　저축동원과 조세정치를 중심으로」. 서울대학교 사회학과 박사 학위논문.

_____. 2013b.「한국의 재분배 정치의 역사적 기원: 박정희 시대의 조세정책과 저축장려정책」.
　　　『사회와 역사』98: 85~117.

_____. 2013c.「한국의 재정복지와 '근로소득세 면세점 제도'에 관한 연구」.『사회보장연구』
　　　29(4): 55~79.

_____. 2018.『한국 복지자본주의의 역사』. 서울대학교 출판문화원.

김동원. 2009.「푸코의 해체주의 담론을 통해 본 정부혁신의 규율 전략」.『한국행정학보』
　　　43(3): 1~23.

김명수. 2014.「보유세 개혁의 좌절에 관한 조세정치적 해석: 종합부동산세의 사례」.『경제와
　　　사회』101: 184~225.

김명숙. 1994.「조세부담률의 결정요인과 적정 조세부담률의 모색」. 한국조세연구원.

김명환. 2005.「행정학의 재정립에 관한 소고: 담론적 접근법을 중심으로」.『한국행정논집』
　　　17(3): 665~688.

김미경. 2006.「세계화, 조세경쟁, 그리고 한국사회의 분배갈등구조」.『아세아연구』49(3):
　　　7~43.

_____. 2008.「한국의 조세와 민주주의: 복지국가에 반하는 민주주의의 한국적 기원에 대하여」.
　　　『아세아연구』51(3): 195~229.

_____. 2009.「동아시아 국가에서의 조세와 국가의 경제적 역할: 비교의 시각」.『국제정치논집』
　　　49(5): 197~223.

_____. 2010.「조세구조의 정치경제학: 한국 조세구조의 정치적 역설」.『한국정치학회보』
　　　44(4): 189~211.

_____. 2018.『감세 국가의 함정』. 후마니타스.

김성욱. 2011.「복지국가 조세체계의 구조화」.『사회복지정책』38(4): 191~216.

_____. 2012.「복지지출의 사회적 공급형태와 조세구조의 체계적 조응」.『한국사회정책』
　　　19(4): 251~283.

김성해·강희민·이진희. 2007.「한국의 구조적 전환과 미디어 담론: 외환위기 이후 영미식
　　　주주중심 모델의 수용을 중심으로」.『언론과사회』15(4): 39~85.

김성해·김춘식·김화년. 2010. 「위기 경고하기 혹은 위기 초대하기: 언론이 재구성한 2008년 9월 위기설을 중심으로」. 『한국언론정보학보』 50: 164~186.

김성해·홍하은. 2016. 「전시작전권을 둘러싼 언론의 이미지 전쟁: 적과 아군의 정체성과 근거 프레임을 중심으로」. 『통일문제연구』 28(1): 135~171.

김성해. 2006. 「언론과 (대외)경제정책: 문화엘리트 모델의 시각에서 바라본 미국 언론의 정치성」. 『한국언론학보』 50(5): 30~54.

_____. 2007. 「만들어진 선호도: 지적리더십 모델로 본 달러패권의 이해」. 『제도와 경제』 1(1): 129~161.

김수진. 2009. 『신여성, 근대의 과잉: 식민지 조선의 신여성 담론과 젠더정치, 1920~1934』. 소명출판.

김예란. 2005. 「성매매 특별법의 보호와 처벌 담론: 육체와 권력의 관점에서」. 『언론과 사회』 13(4): 146~181.

김우철. 2014. 「조세지출의 추계와 재분배효과 분석」. 『재정정책논집』 16(2): 67~101.

김욱. 2007. 「스웨덴의 과세 정치: 타협과 협의에 바탕한 안정성과 효율성」. 강원택 엮음. 『세금과 선거: 각국의 경험과 한국의 선택』. 푸른길.

김웅희. 2011. 「조세국가의 형성과 규범적 의미에 관한 연구」. 『헌법학연구』 17(1): 211~250.

김유정·최준호·이성준. 2010. 「방통융합 환경에서의 주파수 정책 이슈의 국가간 비교 연구: 미국과 한국의 주파수 관련 뉴스보도의 의미 연결망 분석」. 『정보통신정책연구』 17(4): 107~139.

김인춘. 2011. 「스웨덴의 복지체제와 재정: 복지재정과 국민부담의 조화」. 『유럽연구』 29(3): 1~29.

김재진. 2016. 「연말정산 대란과 보완대책, 그리고 남은 과제들」. 『재정포럼』 7월호: 6~33.

김정인. 2015. 『민주주의를 향한 역사: 시대의 건널목, 19세기 한국사의 재발견』. 책과함께.

김정진. 2005. 「제3·4공화국 시기의 세법 개정과 조세의 공평성」. 『조세법연구』 11(1): 295~331.

김종웅·손광락·이병근. 2003. 「자치단체 재정건전성 평가방안에 관한 연구」. 『경제학논집』 21(3): 171~205.

김종태. 2014. 「한국 발전주의의 담론 구조: 근대화, 세계화, 선진화 담론의 비교」. 『경제와 사회』 103: 166~194.

김진수·박형수·안종석. 2003. 「주요국의 법인세제 변화 추이와 우리나라 법인세제의 개편방향: 법인세율을 중심으로」. 한국조세연구원.

김태성·손병돈. 2004. 『빈곤과 사회복지정책』. 청목출판사.

김태웅. 2012. 『한국근대 지방재정 연구: 지방재정의 개편과 지방행정의 변경』. 아카넷.

김헌태. 2009. 『분노한 대중의 사회』. 후마니타스.

김현주. 2012. 「박정희 정권의 조세정책: 역진적 조세구조의 정치적 기원」. 성균관대학교
　　　정치외교학과 석사 학위논문.

김흥종·신정완·이상호. 2006. 『사회경제 정책의 조화와 합의의 도출』. 대외경제정책연구원.

나성린. 1997. 「고도성장기의 조세정책(1970년대)」. 최광·현진권 엮음. 『한국조세정책 50년:
　　　제1권 조세정책의 평가』. 한국조세연구원.

남찬섭. 2008. 「한국 복지정치의 딜레마: 낮은 조세능력과 자가복지로 인한 한계에 중점을
　　　두어」. 『사회복지연구』 38: 33~59.

대외경제정책연구원. 2010. 『남유럽 재정위기의 본질과 향후 전망』.

대통령 비서실. 2006a. 『노무현대통령 연설문집 제3권』. 국정홍보처.

_____. 2006b. 『노무현대통령 연설문집 제4권』. 국정홍보처.

리얼미터. 2011/01/25. 「무상복지에는 찬성, 증세에는 반대 보도 자료」.

미야타 세쓰코. 2002. 『식민통치의 허상과 실상: 조선총독부 고위관리의 육성 증언』. 정재정
　　　옮김. 혜안.

민주언론시민연합·토지정의시민연대. 2006. 『〈조선〉·〈중앙〉·〈동아〉의 '부동산 관련 사설 및
　　　칼럼' 분석 비평』.

박기백·정재호. 2003. 「조세감면의 합리화와 효율적 운용방안 연구」. 한국조세연구원.

박명호·김봉근·김정권. 2008. 「우리나라 국민들의 납세의식 조사」. 한국조세연구원.

박보영. 2012. 「김대중 정권의 빈곤정책 형성과정에 관한 연구: 담론제도주의적 접근을
　　　중심으로」. 고려대학교 사회복지학과 박사 학위논문.

박성희. 2009. 「제17대 대통령 후보 합동 토론 언어네트워크 분석: 북한 관련 이슈를
　　　중심으로」. 『한국언론정보학보』 45: 220~254.

박종국·이계원·홍영은. 2009. 「과연 조세혜택은 기업의 투자를 유발하는가?」. 『경영사학』
　　　24(3): 169~212.

박종희. 2016. 「세월호 참사 1년 동안의 언론보도를 통해 드러난 언론매체의 정치적 경도」.
　　　『한국정치학회보』 50(1): 239~269.

박치성·정지원. 2013. 「텍스트 네트워크 분석: 사회적 인식 네트워크(socio-cognitive
　　　network) 분석을 통한 정책이해관계자 간 공유된 의미 파악 사례」. 『정부학연구』
　　　19(2): 73~108.

박태균. 2002. 「1950·60년대 경제개발 신화의 형성과 확산」. 『동향과 전망』 55: 75~109.

박형중·최사현. 2013. 『북한에서 국가재정의 분열과 조세 및 재정체계』. 통일연구원.

배수호·공동성·정문기. 2016. 「유교사상의 거버넌스에의 실제 효용과 적용가능성에 관한
　　　소고」. 『한국행정학보』 50(2): 271~299.

복지국가 SOCIETY 정책위원회. 2007.『복지국가혁명』. 밈.

산업연구원. 2008.「2018년 동계올림픽 개최 타당성조사 보고서」.

산은경제연구소. 2010.『그리스 재정위기의 영향 및 전망』.

삼성경제연구소. 2010.「정치경제적 관점에서 본 그리스 재정위기」.『SERI 경제포커스』
　　293호.

서덕희. 2006.「'교실붕괴' 이후 신자유주의 교육담론의 형성과 그 저항: 홈스쿨링에 대한
　　담론분석을 중심으로」.『교육사회학연구』16(1): 77~105.

서정섭. 2004.「우리나라 지방재정의 건전성 분석」.『지방행정연구』18(4): 237~256.

스미스, 애덤. 2007.『국부론』(상·하). 김수행 옮김. 비봉출판사.

신진욱·이영민. 2009.「시장포퓰리즘 담론의 구조와 기술: 이명박 정권의 정책담론에 대한
　　비판적 담론분석」.『경제와 사회』81: 273~299.

신진욱. 2007.「민주화 이후의 공론장과 사회갈등: 1993년~2006년 조선일보와 한겨레신문의
　　헤드라인 뉴스에 대한 내용분석」.『한국사회학』41(1): 57~93.

＿＿＿. 2008.「보수단체 이데올로기의 개념 구조, 2000~2006: 반공, 보수, 시장 이
　　데올로기를 중심으로」.『경제와 사회』78: 163~193.

＿＿＿. 2011.「비판적 담론 분석과 비판적 해방적 학문」.『경제와 사회』89: 10~45.

신해룡. 2005.『예산정책론: 예산결산과 재정정책』. 세명서관.

안종석·최준욱. 2013.「조세·국민부담률과 조세체계 결정요인에 관한 연구」. 한국조세
　　재정연구원.

안종석. 2012.「조세부담과 조세구조의 변천」.『한국세제사: 제2편 주제별 역사와 평가: 제1권
　　조세체계·소득과세』. 한국조세연구원.

양재진·민효상. 2013.「한국 복지국가의 저부담 조세제도의 기원과 복지 증세에 관한 연구」.
　　『동향과 전망』88: 48~94.

양재진·정의룡. 2012.「복지국가의 저발전에 관한 실증 연구: 제도주의적 신권력자원론의
　　타당성 검토」.『한국정치학회보』46(5): 79~97.

양재진. 2015.「수출지향산업화와 한국의 저부담 조세 체제의 형성 및 지속」.
　　양재진·안재흥·김상철·유범상·권혁용.『복지국가의 조세와 정치』. 집문당.

여유진·김영순. 2015.「한국의 중산층은 어떤 복지국가를 원하는가? 중간층의 복지태도와
　　복지국가 전망에의 함의」.『한국정치학회보』49(4): 335~362.

여유진·송치호. 2010.「공적이전 프로그램의 재분배효과: 한국, 독일, 스웨덴, 영국 비교 연구」.
　　『사회보장연구』26(4): 95~119.

여유진. 2009.「공적이전 및 조세의 소득재분배효과」.『사회보장연구』25(1): 45~68.

오기수. 2012.『조선시대의 조세법』. 도서출판 어울림.

오연천. 1992. 『한국조세론』. 박영사.

오원선·유성용·김진환. 2003. 「법인세율 및 자본비용의 변화가 기업규모별 자본투자에 미치는 영향」. 『중소기업연구』 25(2): 75~101.

오화영. 2006. 「영유아 보육제도 도입과정에 관한 담론분석: 젠더정치의 관점에서」. 서강대학교 사회학과 박사 학위논문.

옥동석. 2003. 『재정개혁의 목표와 과제』. 한국조세연구원.

우명동. 1999. 「재정사회학의 방법론적 특성에 관한 일고찰」. 『재정정책논집』 1(1999): 39~56.

_____. 2007. 『조세론』. 해남.

원윤희. 2008. 『조세행정. 한국행정60년, 1948~2008』 제2권. 한국행정연구원.

유범상. 2009. 「한국의 노동운동 위기와 담론정치: '이기주의자'라는 '정치적 낙인'의 기원에 관한 논의」. 『동향과 전망』 77.

유용민·김성해. 2007. 「노동운동의 담론적 위기: 신자유주의담론과 미디어 노동담론의 역사적 접합을 중심으로」. 『한국언론학보』 51(4): 226~251.

유진숙·김원섭·용미란. 2016. 「트위터에 나타난 정당의 경제정책노선: 언어네트워크 분석」. 『아세아연구』 59(1): 114~142.

유철규. 2004. 「1970, 80년대 경제정책 주체의 변화와 새로운 경제 담론」. 유철규 엮음. 『박정희 모델과 신자유주의 사이에서』. 함께읽는책.

윤세익. 1995. 「포괄적소득과 과세포착소득과의 괴리현상에 관한 연구: 우리나라 소득세의 운용실태를 중심으로」. 국립세무대학 조세문제연구소.

윤수재·김지수. 2011. 「중앙정부 정책만족도 개선방안에 대한 내부고객과 외부전문가의 인식분석: 언어네트워크분석을 중심으로」. 『한국정책학회보』 20(3): 133~160.

윤영진·강병구·김은경·윤종훈·최병호. 2006. 『한국형 복지모델 구축을 위한 조세·재정정책 방향』. 대통령 자문 정책기획위원회.

윤태일. 2004. 「여성의 날씬한 몸에 관한 미디어담론 분석」. 『한국언론학보』 48(4): 5~30.

윤홍식. 2011. 「복지국가의 조세체계와 함의: 보편적 복지국가 친화적인 조세구조는 있는 것일까?」. 『한국사회복지학』 63(4): 277~298.

_____. 2012. 「복지국가 조세체제의 변화: 복지국가는 어떻게 조세규모를 확대했을까?」. 『한국사회복지행정학』 14(1): 195~226.

은민수. 2012a. 「복지국가와 역진적 조세의 정치: 스웨덴, 프랑스, 일본의 부가세와 보편적 사회기여세(CSG)의 개혁과정」. 『한국사회정책』 19(4): 207~250.

_____. 2012b. 「복지국가의 조세정치: 영국과 스웨덴의 조세개혁을 중심으로」. 『사회복지정책』 39(2): 125~155.

은재호. 2007. 「문제정의(problem definition)가 정책변동에 미치는 영향: 프랑스 AIDS 정책을 중심으로」. 『한국정치학회보』 41(4): 243~264.

_____. 2011. 「규율과 통치: 조직연구에 있어서 Michel Foucault 권력론의 함의와 기여」. 『한국조직학회보』 8(2): 1~33.

이계식. 1989. 「재정기능의 정상화와 조세부담의 증대가능성」. 심상달·이계식 엮음. 『국가예산과 정책 목표』. 한국개발연구원.

이기형. 2006. 「담론분석과 담론의 정치학」. 『언론과 사회』 14(3): 106~145.

_____. 2015. 「'담론분석'과 담론의 '문화정치'」. 한국언론정보학회 엮음. 『미디어 문화연구의 질적 방법론』. 컬처룩.

이문수. 2010. 「사목권력과 생명권력: Foucault가 보는 행정권력의 기원과 현재」. 『한국행정논집』 22(3): 939~958.

이병욱·김성해. 2013. 「담론복합체, 정치적 자본, 그리고 위기의 민주주의: 종북 담론의 텍스트 구조와 권력 재창출 메커니즘의 탐색적 연구」. 『미디어, 젠더 & 문화』 28: 71~111.

이선민·이상길. 2015. 「세월호, 국가, 미디어: 〈조선일보〉와 〈한겨레〉의 세월호 의견기사에 나타난 '국가 담론' 분석」. 『언론과 사회』 23(4): 5~66.

이성택. 2006. 「민주화 이후 국가보안법: 제도화와 담론화의 전체주의 경향성을 중심으로」. 『사회와 이론』 8: 149~180.

이소영. 2012. 「장애인차별금지법 제정 과정의 담론의 동학: 담론제도주의적 관점에서의 담론과 정책변화」. 『재활복지』 16(3): 1~25.

이승민. 2003. 「새만금 간척사업을 둘러싼 담론변화와 갈등구조 분석」. 『환경사회학연구』 4: 46~93.

이영. 2014. 『2015년 예산안의 쟁점과 발전 방안. 위기의 한국 국가예산시스템: 문제점과 대안』. 지식협동조합 좋은나라 제13회 월례정책포럼 자료집.

이영환·신영임. 2009. 『2008년 이후 세제개편의 세수효과』. 국회예산정책처.

이완수·배재영. 2015. 「세월호 사고 뉴스 프레임의 비대칭적 편향성」. 『한국언론정보학보』 71: 274~298.

이정민·이상기. 2014. 「민생 없는 민생 담론: 한국 종합일간지 사설에 대한 비판적 담론 분석」. 『한국언론정보학보』 67: 88~118.

이정전·김윤상·이정우 외. 2009. 『위기의 부동산: 시장 만능주의를 넘어서』. 후마니타스.

이정철. 2010. 『대동법: 조선 최고의 개혁』. 역사비평사.

이정환. 2013. 「일본 민주당 정권의 소비세 인상으로의 정책전환과 분열」. 『한국정치학회보』 47(3): 149~167.

_____. 2016. 「아베노믹스와 소비세 인상 연기의 정치과정」. 『국제정치논총』 56(3):

229~261.

이준구. 2011. 『재정학』(제4판). 다산출판사.

이진안·최승혁·허태균. 2013. 「만족스러운 조세제도가 가능할까? 세금 지각에서 비합리성과
　　이기성」. 『한국심리학회지: 사회 및 성격』 27(3): 175~191.

이찬근 외. 2004. 『한국 경제가 사라진다』. 21세기북스.

이창길. 2010. 「정권 초기의 가치지향과 정책우선순위: 참여정부와 이명박정부의 언
　　어네트워크 비교분석」. 『한국행정학보』 44(3): 165~189.

이태정·권순창·김형국. 2006. 「조세혜택 및 세율인하가 기업투자에 미치는 영향」. 『경영연구』
　　21-4: 329~354.

이필우. 1992. 「재정사회학적 관심의 재음미」. 『상경연구』 17: 121~135.

이하나. 2012. 「1950~60년대 반공주의 담론과 감성 정치」. 『사회와 역사』 95: 201~241.

이현우. 2007. 「미국 선거에서 조세 논쟁의 영향력: 효율성과 공평성의 문제」. 강원택 엮음.
　　『세금과 선거』. 푸른길.

이형구·전승훈. 2003. 『조세·재정정책 50년 증언 및 정책평가』. 한국조세연구원.

임성학. 2007. 「캐나다 선거와 세금의 경제정치」. 강원택 엮음. 『세금과 선거』. 푸른길.

임주영·박기백·김우철. 2014. 「소득세 감면제도의 재분배 효과: SCV 지수 활용」.
　　『세무와회계저널』 15(2): 207~226.

장수정. 2009. 「노인장기요양보험제도와 노인일자리 사업에 대한 담론 분석: 시민권과
　　성인지적 접근을 중심으로」. 『노인복지연구』 44: 209~226.

장지호·문상현. 2008. 「미국 미디어 규제기구 담론변화」. 『한국행정논집』 20-2: 383~406.

장지호. 2007. 「한미자유무역협정(FTA)의 내부 담론분석」. 『한국정책과학학회보』 11(2):
　　29~52.

＿＿＿. 2009. 「중소기업정책의 제도정합성 고찰: 시차이론을 활용한 담론제도주의를
　　중심으로」. 『한국공공관리학보』 23(3): 191~214.

재정경제부. 2006/01/04. 「'납세 능력없는 고령·은퇴자도 과세 억울한 종부세 많다' 관련 보도
　　참고 자료」.

전강수·남기업·이태경·김수현. 2008. 「종합부동산세를 둘러싼 거짓과 진실」. 이용섭 의원실
　　연구보고서.

전규찬. 2005. 「국민의 동원, '국민'의 형성: 한국사회 '국민' 담론의 계보학」.
　　『한국언론정보학보』 31: 261~294.

전진영. 2007. 「조세 법안에 대한 한국 국회의원의 투표 행태 분석」. 강원택 엮음. 『세금과
　　선거』. 푸른길.

전창환·김진방 외. 2004. 『위기 이후 한국 자본주의』. 풀빛.

정미애. 2013.「일본 민주당의 증세 없는 복지확대를 둘러싼 정치과정」.『국제정치논총』 53(1): 185~218.

정민수. 2008.「한국시민사회단체의 연대활동에 대한 네트워크적 접근」.『시민사회와 NGO』 6(2): 135~174.

정성호. 2001.「한국행정학의 근대성: 담론분석」.『정부학연구』 7(2): 41~65.

_____. 2014.「지방세 비과세·감면이 지역경제에 미치는 영향: 강원도 18개 시군을 중심으로」. 『한국행정학보』 48(3): 437~461.

정세은. 2010.「조세재정정책」. 이상이 엮음.『역동적 복지국가의 논리와 전략』. 도서출판 밈.

정원오. 2010.『복지국가』. 책세상.

정재진. 2009.「재정분권이 지방재정 건전성과 효율성에 미친 영향 분석」.『한국행정학회 2009년도 공동학술대회 자료집』.

정재철. 2002.「한국언론과 이념 담론」.『한국언론학보』 46(4): 314~348.

정태헌. 2011.「한국의 근대 조세 100년사와 국가, 민주화, 조세 공평의 과제」.『역사비평』 94: 30~67.

조준상. 2000.「'재정건전화특별법' 반대한다」.『노동사회』 8월호.

주은선. 2013.「한국 보수언론의 복지담론 전략과 기술: 대칭, 재맥락화, 주체 형성의 담론 기술(technique)」.『한국사회복지학』 65(2): 357~384.

주재현. 2007.「정책형성 담론의 국가간 비교분석: Schmidt의 제도적 담론분석 적용」. 『현대사회와 행정』 17(1): 29~57.

지주형. 2012.『한국 신자유주의의 기원과 형성』. 책세상.

최광·이영환. 1999.「지방재정의 건전성과 효율성 제고방안」.『공공경제』 4(1): 132~167.

최광. 1989.「한국사회의 경제갈등과 조세정책: 세출정책 및 재정운용의 문제를 중심으로」. 『현대사회』 35.

최기호·정재현·최보람. 2012.「부가가치세제의 도입」.『한국세제사: 제2편 주제별 역사와 평가: 제2권 소비과세·관세』. 한국조세연구원.

최명호. 2007.『세무학 강의』. 영화조세통람.

최은희. 2014.「한국과 독일의 방송뉴스 담론 비교 연구: 일본 후쿠시마 원전 사고 보도에 대한 푸코적 담론질서 중심의 시론적 고찰」.『커뮤니케이션학 연구』 22(2): 145~179.

최정호. 1997.「연구개발비 투자지출(R&D)의 재무적 결정요인」.『회계학연구』 22(3): 23~49.

최종호·최영준. 2014.『증세 없는 복지확대의 정치: 한국과 일본의 비교』. 비판과 대안을 위한 사회복지학회 학술대회 발표논문집.

하연섭. 1999.「역사적 제도주의」. 정용덕 외.『신제도주의연구』. 대영문화사.

_____. 2002. 「시차적 접근방법과 신제도이론」. 『한국정책학회보』 11-2: 299~303.

_____. 2006a. 「신제도주의의 이론적 진화와 정책연구」. 『행정논총』 44(2): 217~246.

_____. 2006b. 「정책아이디어와 제도변화: 우리나라에서 신자유주의의 해석과 적용을 중심으로」. 『행정논총』 44(4): 1~26.

_____. 2010. 「정책아이디어, 틀 짓기, 사회적 담론 형성의 관계에 관한 연구: 교육정책을 중심으로」. 『행정논총』 48(2): 189~215.

한국조세연구원. 1997a. 『한국조세정책 50년: 제1권 조세정책의 평가』.

_____. 1997b. 『한국조세정책 50년: 제2권 총괄 자료집』.

_____. 1997c. 『한국조세정책 50년: 제3권 소득세 자료집』.

한나라당. 2006. 「한나라당, 날치기 사학법 원천 무효 및 우리 아이 지키기 강원 대회 박근혜 대표최고위원 규탄사 주요 내용 보도 자료」.

_____. 2007. 『일류국가 희망공동체 대한민국』. 북마크.

한승수. 1982. 「조세부담의 측정과 적정부담률에 관한 연구」. 한국개발연구원.

행정자치부. 2016. 『2016년도 지방자치단체 통합재정개요』.

허명순. 2011. 『지방재정 건전성 분석방법』. 감사원 감사연구원.

허창수. 2009. 「담론이론의 시각에서 바라본 정책과정과 정책갈등: 경기도 하남시 광역화장장 유치 사례를 중심으로」. 『한국정책학회보』 18(2): 129~155.

현진권·나성린. 1996. 「소득세와 부가가치세의 형평성 측정: 근로자가구와 자영업가구의 세부담 차이를 중심으로」. 현진권 엮음. 『조세정책과 소득재분배』. 한국조세연구원.

홍기빈. 2011. 『비그포르스, 복지 국가와 잠정적 유토피아』. 책세상.

홍범교. 2012. 「부가가치세제의 변천 및 주요 이슈」. 『한국세제사: 제2편 주제별 역사와 평가: 제2권 소비과세·관세』. 한국조세연구원.

홍성구. 2004. 「코포라티즘적 계급정치와 언론보도: 정리해고제의 사회적 합의 형성과정을 중심으로」. 『언론과 사회』 12(4): 3~33.

홍성태. 2005. 「남북한 지배담론의 정치와 사회적 결과: 반공주의-민족주의-주체사상의 작동양식에 대한 비판적 검토」. 『한국사회』 6(2): 193~230.

홍성훈·성명재. 2013. 『부가가치세제 발전방향 연구』. 한국조세재정연구원.

홍윤기. 2004. 「포퓰리즘과 민주주의: 한국사회의 포퓰리즘 담론과 민주주의 내실화 과정을 중심으로」. 철학연구회 엮음. 『디지털 시대의 민주주의와 포퓰리즘』. 철학과 현실사.

홍종학. 2015. 『과세미달자 포함한 통합소득 현황』. 2015년도 국정감사 자료집.

황규성·강병익. 2014. 「한국의 조세담론 정치: 세금폭탄론과 부자감세론을 중심으로」. 『민주사회와 정책연구』 26: 108~138.

Ahamed, L. 2009. *Lords of Finance: The Bankers Who Broke the World*. Penguin Group USA [아메드, 리아콰트. 2010. 『금융의 제왕』. 조윤정 옮김. 다른세상].

Akaishi, T. and S. Steinmo. 2006. "Consumption taxes and the welfare state in Sweden and Japan". Sheldon, G. and P. Maclachlan eds. *The Ambivalent Consumer: Questioning Consumption in East Asia and the West*. Cornell University Press.

Bates, R. and D. Lien. 1985. "A Note on Taxation, Development, and Representative Government". *Politics & Society* 14(1): 53-70.

Berman, S. 2006. *The Primacy of Politics*. Cambridge University Press [버먼, 셰리. 2010. 『정치가 우선한다』. 김유진 옮김. 후마니타스].

Chang, Ha-joon. 2003. *Globalization, Economic Development and the Role of the State*. Zed Books [장하준. 2006. 『국가의 역할』. 이종태·황해선 옮김. 부키].

Cheibub, J. A. 1998. "Political Regimes and the Extractive Capacity of Governments: Taxation in Democracies and Dictatorships". *World Politics* 50: 349-376.

Entaman, R., J. Matthes and R. Pellicano. 2014. "Nature, Sources, and Effects of News Framing". Hanltzsch, T. and K. Wahl-Jorgensen eds. *The Handbook of Journalism Studies*. New York: Routledge.

Entman, R. M. 1991. "Framing U.S. coverage of international news: Contrasts in narratives of the KAL and Iran Air incidents". *Journal of Communication* 41: 6-27.

_____. 2004. *Projections of Power: Framing News, Public Opinion, and U.S. Foreign Policy*. The University of Chicago Press.

Farmer, D. 1995. *The Language of Public Administration: Bureaucrccy, Modernity and Postmodernity*. Tuscaloosa: The University of Alabama Press.

Fox, C. J. and H. T. Miller. 1995. *Postmodern Public Administration: Toward Discourse*. Thousand Oaks, CA: Sage Publications.

_____. 2001. "The epistemic Community". *Administration and Society* 32(6): 668-685.

Gamson, W. and A. Modigliani. 1989. "Media discourse and public opinion on nuclear power: A constrcutionist approach". *The American Journal of Sociology* 95(1): 1-37.

Ganghof, Steffen. 2006. "Tax Mix and the Size of the Welfare State: Causal Mechanisms and Policy Implication". *Journal of European Social Policy* 16(4): 360-365.

Gans, H. J. 1979. *Deciding what's news: A study of CBS Evening News, NBC Nightly News, Newsweek, and Time*. New York: Vintage Books.

Hall, Peter A. and Rosemary C. R. Taylor. 1996. "Political Science and the Three New Institutionalism". *Political Studies* 44: 936-957.

Hall, Peter A. 1992. "The Movement from Keynesianism to Monetarism: Institutional Analysis and British Economic Policy in the 1970s". In S. Steinmo, K. Thelen and F. Longstreth eds. *Structuring Politics: Historical Institutionalism in Comparative Perspective*. Cambridge: Cambridge University Press.

Hall, S. ed. 1997. *Representation: Cultural representations and signifying practices*. London: Sage.

Harry, C. 1983. "The Sociology of Scientific Knowledge". *Annual Review of Sociology* 9: 265-285.

Heil, Peter M. 1994. "Soziale Konstruktion von Wirklichkeit". In: K. Merten, S. J. Schmidt and S. Weischenberg. *Die Wirklichkeit der Medien*. Opladen: Westdeutscher Verlag.

Hirschman, Albert O. 1991. *The Rhetoric of Reaction: Perversity, Futility, Jeopardy*. Belknap Press [허시먼, 앨버트 O. 2010. 『보수는 어떻게 지배하는가』. 이근영 옮김. 웅진지식하우스].

Howard, Christopher. 1997. *The Hidden Welfare State: Tax Expenditures and Social Policy in the United States*. New Jersey: Princeton University Press.

Ikenberry, G. John. 1988. "Conclusion: An Institutional Approach to American Foreign Economic Policy". *International Organization* 42(1): 219-243.

Immergut, Ellen M. 1998. "The Theoretical Core of the New Institutionalism". *Politics & Society* 26(1): 5-34.

Karin, Knorr-Cetina. 1981. *The Manufacture of Knowledge*. New York: Pergamon Press.

Kato, Junko. 2003. *Regressive Taxation and the Welfare State: Path Dependence and Policy Diffusion*. New York: Cambridge University Press.

Kemmering, Achim. 2005. "Tax mixes, welfare states and employment: tracking diverging vulnerabilities". *Journal of European Public Policy* 12(1): 1-22.

Kim, Leo. 2011. "Denotation and connotation in Public Representation: Semantic Network Analysis of Hwang Supporters' Internet Dialogues". *Public Understanding of Science* 10: 1-16.

Krasner, S. 1984. "Approaches to the State: Alternative Conceptions and Historical Dynamics". *Comparative Political Studies* 16(2): 223-246.

Lieberman, E. 2001. "National Political Community and the Politics of Income Taxation in Brazil and South Africa in the Twentieth Century". *Politics & Society* 29(4): 515-555.

Lindert, P. H. 2004. *Growing Public: Social spending and Economic Grow since the Eighteenth Century, Vol. 1: the Story*. Cambridge: Cambridge University Press.

March, J. G. and Johan P. Olsen. 1989. *Rediscovering Institutions*. New York: Free Press.

OECD. 2007. "Special Feature: The balance between direct and indirect taxes". *Revenue Statistics 1965-2006*.

Peters, G. B., J. Pierre and D. S. King. 2005. "The Politics of Path Dependency: Political Conflict in Historical Institutionalism". *The Journal Of Politics* 67(4): 1275-1300.

Pierson, P. 2000. "Increasing Returns, Path Dependence, and the Study of Politics". *The American Political Science Review* 94(2): 251-267.

Piketty, T. and E. Saez. 2007. "How Progressive is the U.S. Federal Tax System? A Historical and International Perspective". *Journal of Economic Perspectives* 21(1): 3-24.

Said, E. 1978. *Orientalism*. New York: Random House.

Schmidt, V. 2002. "Does Discourse Matter in the Politics of Welfare State Adjustment". *Comparative Political Studies* 35(2): 168-193.

_____. 2005. "US and European Market Economies and Welfare Systems: The Differences in State Strategies, Political Institutional Capacity, and Discourse". *Critique internationale* 27: 1-28.

_____. 2008. "Discursive Institutionalism: The Explanatory Power of Ideas and Discourse". *Annual Review of Political Science* 11: 303-326.

Schumpeter, J. A. 1954. "The Crisis of the Tax State". *International Economic Association Papers* 4.

Shin, Jang-Sup and Ha-Joon Chang. 2003. *Restructuring Korea INC* [장하준·신장섭. 2004. 『주식회사 한국의 구조조정 무엇이 문제인가』. 장진호 옮김. 창비].

Smith, Adam. 1776[1789]. *An Inquiry Into The Nature and Cause of the Wealth of*

Nations [스미스, 애덤. 2003[2007]. 『국부론』(상·하). 김수행 옮김. 비봉출판사].

Steinmo, Sven. 1993. *Taxation and Democracy: Swedish, British and American Approaches to Financing the Modern State*. New Haven: Yale University Press.

Swank, D. and S. Steinmo. 2002. "The New Political Economy of Taxation in Advanced Capitalist Democracies". *American Journal of Political Science* 46(3).

The Guardian. 2005/04/04. "Pollsters taxed". https://www.theguardian.com/politics/2005/apr/04/electionspast.past3 (검색일 2016/10/29).

Thelen, K. and S. Steinmo. 1992. "Historical Institutionalism in Comparative Politics". In S. Steinmo, K. Thelen and F. Longstreth eds. *Structuring Politics: Historical Institutionalism in Comparative Analysis*. Cambridge: Cambridge University Press.

van Dijk, T. A. 2001. "Critical Discourse Studies: A Sociocognitive Approach". *Methods of Critical Discourse Analysis*. London: Sage.

_____. 2009. "News, Discourse and Ideology". Hanltzsch, T. and K. Wahl-Jorgensen eds. *The Handbook of Journalism Studies*. New York: Routledge.

Weick, E. 1999. "Sense-making as an organizational dimension of global change". In L. C. David and E. Jane eds. *Organizational Dimensions of Global Change*. Thousands Oaks, CA: Sage.

Wilensky, Harold. 2002. *Rich democracies: Political economy, public policy and performance*. University of California Press.

◆ 사설 및 기사

〈미디어오늘〉. 2009/12/24. 「언론에서 보도하는 통계, 거짓말투성이」.

〈연합뉴스〉. 2005/05/07. 「한 부총리 "5·4 부동산 대책은 합리적 조치"」.

〈연합뉴스〉. 2005/09/01. 「박근혜 대표 "세금폭탄 퍼붓기 전에 씀씀이 줄여야"」.

〈오마이뉴스〉. 2006/07/03. 「'세금 폭탄'의 저작권자는 도대체 누구?」.

『경향신문』. 1990/08/27. 「불완전한 조세형평」.

『경향신문』. 1990/09/10. 「증세에 치우치다 보면」.

『경향신문』. 1991/09/27. 「허리 휘는 근로소득자」.

『경향신문』. 1992/09/20. 「불가를 가로 바꾸는 선심행정」.

『경향신문』. 1995/08/20. 「중기대책 거꾸로 가고 있다」.

『경향신문』. 1997/06/21. 「'기업형 정부'로 거듭나라」.

『경향신문』. 1998/06/25. 「고용세 신설 안 된다」.

『경향신문』. 1998/09/22. 「세금도 낮춰야 한다」.

『경향신문』. 1999/04/26. 「교통세, 이자세 내려야 한다」.

『경향신문』. 2001/03/15. 「세율인하 빠를수록 좋다」.

『경향신문』. 2001/03/21. 「대책없이 늘어나는 나라 빚」.

『경향신문』. 2001/09/04. 「세제개편안의 허와 실」.

『경향신문』. 2001/09/07. 「봉급생활자는 봉인가」.

『경향신문』. 2003/06/04. 「감세론, 따져볼 게 많다」.

『경향신문』. 2003/06/10. 「세감면 선심쓰기 안 된다」.

『경향신문』. 2004/08/11. 「불안심리 잡아야 경제 살린다」.

『경향신문』. 2004/09/02. 「세수 결손 막을 대책은 있나」.

『경향신문』. 2005/09/01. 「호랑이 아닌 고양이 그린 부동산 대책」.

『경향신문』. 2005/09/21. 「소주세율 꼭 올리겠다는 정부의 오기」.

『경향신문』. 2005/10/05. 「감세안은 경제에 주름만 더할 뿐이다」.

『경향신문』. 2005/11/23. 「쓰는 만큼 세금은 내지 않는 자영업자」.

『경향신문』. 2006/03/20. 「공시가격 하나 제대로 매기지 못하는 정부」.

『경향신문』. 2006/11/29. 「드러난 종부세 논란의 허실」.

『경향신문』. 2006/12/21. 「종합부동산세 자진신고율 97.7%의 의미」.

『경향신문』. 2007/01/25. 「또 '세금폭탄' 논란이란 말인가」.

『경향신문』. 2008/03/04. 「쏟아지는 감세정책 '빈 곳간' 우려… 연결납세제 연내 도입」.

『경향신문』. 2008/07/03. 「말로는 안정, 정책대안은 보이지 않는다」.

『경향신문』. 2008/07/26. 「마구잡이 감세, 누구를 위한 정책인가」.

『경향신문』. 2008/07/30. 「국정은 없고 권력만 있나」.

『경향신문』. 2008/08/05. 「"떠난 민심 잡아라" 여 감세법안 남발」.

『경향신문』. 2008/08/20. 「세제실장까지 바꿔가며 밀어붙이는 감세」.

『경향신문』. 2008/08/30. 「서민들을 벼랑끝으로 내모는 MB노믹스」.

『경향신문』. 2008/09/02. 「부자 프렌들리 속성 드러낸 세제 개편안」.

『경향신문』. 2008/09/25. 「조종 울리는 종부세」.

『경향신문』. 2008/10/16. 「경제 후퇴라는 기나긴 고통의 초입에 서서」.

『경향신문』. 2008/10/17. 「먼 길 갈 각오로 신발끈 단단히 묶어매야」.

『경향신문』. 2008/11/04.「지금이 SOC 투자에 매달릴 때인가」.

『경향신문』. 2008/11/15.「'종부세 헌재 결정' 후속대책 순서 바뀌었다」.

『경향신문』. 2008/11/27.「정부, 도대체 무얼 하겠다는 것인가」.

『경향신문』. 2008/12/03.「체제 위협세력 정부 스스로 양산할 텐가」.

『경향신문』. 2008/12/08.「'부자 감세' 관철한 여당, 막는 척 시늉만 낸 야당」.

『경향신문』. 2008/12/26.「재원도 마련하지 못한 뒷북치기 서민대책」.

『경향신문』. 2009/02/12.「추경, 불가피해도 먼저 분명히 해둘 것 있다」.

『경향신문』. 2009/02/16.「규모 축소 꼼수 동원한 부자 감세안」.

『경향신문』. 2009/03/14.「저소득층 대책, 일회성 그쳐선 안 된다」.

『경향신문』. 2009/03/25.「재정 축낼 게 뻔한 감세 고수할 이유 없다」.

『경향신문』. 2009/06/18.「재정 악화 해답은 부자 감세 철회밖에 없다」.

『경향신문』. 2009/07/01.「감세 철회와 증세 망설일 이유 없다」.

『경향신문』. 2009/07/09.「술·담배 세금 인상보다 감세 철회가 먼저다」.

『경향신문』. 2009/07/13.「빈부격차 키우는 소득재분배 역주행」.

『경향신문』. 2009/08/26.「생색내기 증세에 그친 세제 개편안」.

『경향신문』. 2009/08/28.「유일한 비정규직 지원세제마저 없앤다니」.

『경향신문』. 2009/12/24.「시늉에 그친 부자감세 손보기」.

『경향신문』. 2010/03/11.「중장기 재정악화 대책 수립 시급하다」.

『경향신문』. 2010/06/30.「전세계 '부자 증세' 기조 속 한국만 '부자 감세' 고집하면…」.

『경향신문』. 2010/07/05.「친서민 세제개편, '부자감세'부터 철회해야」.

『경향신문』. 2010/10/07.「'부자감세' 철회하고 '부자증세' 논의할 때다」.

『경향신문』. 2010/10/28.「한나라당, 부자감세 철회 결단 내려라」.

『경향신문』. 2010/11/06.「여 의원 45명의 감세 철회 논의 주목한다」.

『경향신문』. 2010/11/16.「부자감세하면서 공정사회로 가고 있다니」.

『경향신문』. 2010/11/16.「한나라당, 부자감세 철회 꼼수부릴 때 아니다」.

『경향신문』. 2011/01/18.「여야는 복지 위한 재정 개혁·증세 논의해야」.

『경향신문』. 2011/02/01.「세금에 대한 고정관념 시민 스스로 깨야」.

『경향신문』. 2011/04/09.「3년간 이자만 50조원에 이른 눈덩이 나랏빚」.

『경향신문』. 2011/04/18.「대기업 퍼주기 감세 언제까지 할 건가」.

『경향신문』. 2011/06/04.「'복지 포퓰리즘'이라는 포퓰리즘」.

『경향신문』. 2011/06/17.「추가감세 철회 흔들림 없이 추진하라」.

『경향신문』. 2011/06/23.「전경련의 관심은 오직 재벌이익 옹호뿐인가」.

『경향신문』. 2011/08/11.「금융위기를 '복지 무력화' 호기로 삼겠다는 건가」.

『경향신문』. 2011/08/12. 「그리스 위기는 과잉복지 아닌 '기형적 지출' 탓」.

『경향신문』. 2011/08/20. 「청와대는 꼼수 부릴 궁리 말고 감세 철회해야」.

『경향신문』. 2011/09/08. 「'부자감세' 철회, 아직 멀었다」.

『경향신문』. 2011/10/07. 「'부자감세' 철회하면서 부자세금 깎아주다니」.

『경향신문』. 2011/12/29. 「'부자증세' 첫 단추도 못 끼우며 무슨 복지확대인가」.

『경향신문』. 2012/01/02. 「전환점에 선 한국사회, 새 틀을 짜야 한다」.

『경향신문』. 2012/01/03. 「'부자증세' 시늉만 내서는 안 된다」.

『경향신문』. 2012/02/22. 「뻔뻔스러운 'MB정부 4년 경제성과' 자랑」.

『경향신문』. 2012/08/09. 「'부자 감세' 기조 여전한 정부의 세법개정안」.

『경향신문』. 2012/11/13. 「대선 후보들은 구체적인 증세방안 내놓아야」.

『경향신문』. 2013/01/17. 「박근혜 당선인, 증세로 복지공약 지켜야」.

『경향신문』. 2013/01/21. 「'공약 수정 안 된다'는 박근혜 당선인이 옳다」.

『경향신문』. 2013/01/26. 「기부금 공제 졸속입법 한심스럽다」.

『경향신문』. 2013/02/12. 「'박근혜표 복지'가 풀어야 할 과제」.

『경향신문』. 2013/02/23. 「기초연금, 아직 가야 할 길 멀다」.

『경향신문』. 2013/07/15. 「크게 부족한 세수, 증세 방안 적극 검토해야」.

『경향신문』. 2013/08/12. 「민주당의 세금폭탄론은 자기 발목 잡기다」.

『경향신문』. 2013/08/13. 「'증세 없는 복지'의 한계 보여준 세법개정 논란」.

『경향신문』. 2013/08/14. 「세법개정 '찔끔 수정'으로 국민이 납득하겠나」.

『경향신문』. 2013/08/16. 「민주당, '증세' 함구한 채 '복지' 변죽만 울릴 셈인가」.

『경향신문』. 2013/08/20. 「1% 부자기업 위한 비과세·감면 전면 손질해야」.

『경향신문』. 2013/09/14. 「증세는 검토 대상이 아니라 추진과제다」.

『경향신문』. 2013/09/18. 「법인세는 놔둔 채 증세 검토하겠다는 박 대통령」.

『경향신문』. 2013/09/24. 「기초연금 공약 파기, 박 대통령의 사과가 먼저다」.

『경향신문』. 2013/09/27. 「빚 얻어 토건사업 벌이겠다는 내년 예산안」.

『경향신문』. 2013/09/28. 「증세, 국민대타협위에 맡긴 채 지켜볼 일인가」.

『경향신문』. 2013/12/31. 「여야 '부자 증세' 합의, 증세 공론화 계기 돼야」.

『경향신문』. 2014/01/03. 「박 대통령이 증세 문제에 답할 차례다」.

『경향신문』. 2014/07/25. 「가계소득 해법 없는데 돈 푼다고 내수가 살아나나」.

『경향신문』. 2014/09/12. 「'꼼수 증세' 노골화한 담뱃세 인상」.

『경향신문』. 2014/09/15. 「'서민 털이' 그만두고 증세 논의 제대로 하라」.

『경향신문』. 2014/09/20. 「"부자감세는 없었다"는 새누리당의 궤변」.

『경향신문』. 2014/10/09. 「어린이집 보육료, 중앙정부가 부담하는 게 맞다」.

『경향신문』. 2014/10/13. 「과도한 성장률 집착에 따른 부작용이 걱정이다」.

『경향신문』. 2014/12/11. 「성장주의 종언에도 정부는 역주행만 할 셈인가」.

『경향신문』. 2015/01/22. 「증세, 더 이상 피할 수 없다」.

『경향신문』. 2015/04/03. 「결국은 복지를 줄이겠다는 건가」.

『경향신문』. 2015/05/11. 「청와대의 무책임한 세금폭탄론」.

『경향신문』. 2015/07/04. 「3% 성장에 맞춘 무리한 추경을 경계한다」.

『경향신문』. 2015/07/25. 「한국인들의 고단한 노후」.

『경향신문』. 2015/08/07. 「막대한 재정적자 대책 빠진 세법개정안」.

『경향신문』. 2015/09/09. 「재정 적자 걱정되는 내년 예산안」.

『경향신문』. 2015/09/11. 「노동개혁 앞서 공공부문 임금착취부터 바로잡아라」.

『경향신문』. 2015/10/14. 「조세정의 무너뜨린 서민 증세, 부자 감세」.

『경향신문』. 2016/11/03. 「'각자도생' 대한민국」.

『국민일보』. 1993/08/30. 「지나친 세금 쥐어짜기」.

『국민일보』. 1999/09/27. 「신용카드제도 정비 서둘러야」.

『국민일보』. 2001/03/15. 「감세, 서민에 혜택가도록」.

『국민일보』. 2001/05/29. 「보완 필요한 세제개편안」.

『국민일보』. 2001/12/21. 「법인세 인하 신중해야」.

『국민일보』. 2002/08/26. 「기부문화 제도적 뒷받침을」.

『국민일보』. 2003/07/10. 「감세보다는 재정 확대를」.

『국민일보』. 2003/07/12. 「경기부양책 효과 얻으려면」.

『국민일보』. 2004/08/11. 「경제 살리기 공방 발전시켜라」.

『국민일보』. 2004/08/31. 「국민에게 경제 사기 진작책을」.

『국민일보』. 2004/09/02. 「서민 소외된 세제개편안」.

『국민일보』. 2004/11/13. 「아름다운 다른 종부세 보완해야」.

『국민일보』. 2004/12/01. 「경기침체 장기화 피할 수 없나」.

『국민일보』. 2005/09/05. 「체감경기 불안 해소방안 제시해야」.

『국민일보』. 2006/01/20. 「재원조달 앞서 노 정부가 먼저 할 일」.

『국민일보』. 2006/01/24. 「집값 오르는 게 지자체 탓인가」.

『국민일보』. 2006/02/02. 「맞벌이 쥐어짜며 출산장려한다니」.

『국민일보』. 2006/02/17. 「자영업 소득파악 절반도 안됐다니」.

『국민일보』. 2006/03/20. 「주택 실수요 대책은 공급 확대뿐」.

『국민일보』. 2006/03/22. 「고령자 종부세 면제 적극 검토해야」.

『국민일보』. 2006/03/24. 「세무조사권 남용 안하겠다더니」.

『국민일보』. 2006/05/05. 「'징벌 과세'에 납세자들 조롱까지」.

『국민일보』. 2006/05/12. 「정부가 경쟁력 추락 주도했다니」.

『국민일보』. 2006/07/03. 「정권 아닌 나라 지키는 개각을」.

『국민일보』. 2006/08/22. 「지금 세금 더 거둘 궁리 할 때인가」.

『국민일보』. 2006/11/14. 「부동산 정책 틀부터 뜯어 고쳐야」.

『국민일보』. 2006/11/23. 「부동산 가격 계속 들쑤시는 정부 정책」.

『국민일보』. 2006/11/28. 「종부세, 부과고지제로 바꿔야」.

『국민일보』. 2007/07/12. 「재산세 나눠쓰기」.

『국민일보』. 2007/07/19. 「종부세 무용담」.

『국민일보』. 2007/09/13. 「그들만의 향연」.

『국민일보』. 2007/11/08. 「뻔뻔한 정권」.

『국민일보』. 2007/11/20. 「미분양 양산하는 부동산 과잉규제」.

『국민일보』. 2007/11/22. 「'노무현 타운'과 종부세」.

『국민일보』. 2008/01/09. 「줄어드는 세수 무엇으로 감당하나」.

『국민일보』. 2008/05/26. 「생계형 일자리 대책 시급하다」.

『국민일보』. 2008/09/19. 「부동산 시장부터 살려라」.

『국민일보』. 2008/09/24. 「정부의 종부세 개편방향 잘못 없다」.

『국민일보』. 2009/07/01. 「경제정책 불신, 장관이 자초하고 있다」.

『국민일보』. 2009/07/09. 「증세 전환 불가피하다지만 신중해야」.

『국민일보』. 2010/02/22. 「세금만 깎아준다고 능사 아닌데」.

『국민일보』. 2010/11/17. 「길게 끌어 좋을 것 없는 감세 논란」.

『국민일보』. 2011/08/11. 「그리스 학자의 포퓰리즘 경고 새겨 들어야」.

『국민일보』. 2011/09/08. 「감세철회 따른 투자위축 막을 방안 나와야」.

『국민일보』. 2012/09/06. 「증세 미루면서 양육수당 확대하자는 새누리당」.

『국민일보』. 2012/10/18. 「복지 늘리려면 재원조달 방안도 함께 내놓아라」.

『국민일보』. 2012/10/19. 「북, 개성공단 입주기업 세금폭탄 철회해야」.

『국민일보』. 2013/03/06. 「기부 헌금 가로막는 조세특례법 속히 개정하라」.

『국민일보』. 2013/06/27. 「비과세·감면 쥐어짜기론 복지재원 한계 있다」.

『국민일보』. 2013/07/15. 「장삼이사도 수입이 줄면 지출을 줄인다」.

『국민일보』. 2013/08/12. 「세금반란 민심 제대로 읽어라」.

『국민일보』. 2013/08/13. 「세제개편 전면 재검토하게 된 까닭 되새겨라」.

『국민일보』. 2013/08/16. 「증세와 복지확대에 앞서 고쳐야 할 것들」.

『국민일보』. 2013/09/23. 「대선공약 못 지켜 장관이 물러나는 일 없어야」.

『국민일보』. 2013/09/27. 「'증세 없는 복지'에 맞춘 적자예산안」.

『국민일보』. 2014/09/17. 「손주 교육비 증여 1억원까지 비과세 과하다」.

『국민일보』. 2015/01/23. 「소급 적용은 또 다른 부작용 일으킬 수 있다」.

『국민일보』. 2015/05/12. 「공무원연금 개혁 우선하되 국민연금도 보완을」.

『국민일보』. 2015/05/14. 「금과옥조 공약가계부라도 현실성 없으면 바꿔야」.

『국민일보』. 2015/05/21. 「사회적 신뢰 틀 마련 못하면 3%대 성장 어렵다」.

『국민일보』. 2015/07/20. 「2016년 세법개정안은 세수결손방지에 초점 맞춰야」.

『국민일보』. 2016/02/01. 「재정투입 감안하더라도 나랏빚 증가속도 경계를」.

『국민일보』. 2016/07/23. 「'4조 추경'으로 경기하강 막겠나」.

『국민일보』. 2016/08/02. 「절반 육박하는 근소세 면제자 언제까지 방치할 건가」.

『국민일보』. 2017/04/13. 「나랏돈 써서 경제 살리겠다는 J노믹스 우려스럽다」.

『동아일보』. 1990/07/18. 「힘에 밀린 세제개편」.

『동아일보』. 1991/04/12. 「지자제 세금 늘려야 되나」.

『동아일보』. 1991/09/05. 「사회간접자본과 정책수단」.

『동아일보』. 1991/10/19. 「증세가 지방자치인가」.

『동아일보』. 1992/09/03. 「봉급자 세금 더 낮춰야 한다」.

『동아일보』. 1993/01/15. 「인수위를 향한 장미빛 공약」.

『동아일보』. 1998/09/05. 「세제개편의 한계」.

『동아일보』. 2000/08/18. 「세제개혁의지 있나 없나」.

『동아일보』. 2001/03/16. 「감세정책의 조건」.

『동아일보』. 2001/08/27. 「조세연 감세반대 이유있다」.

『동아일보』. 2002/09/02. 「정부, '세금 부익부' 막을 대책있나」.

『동아일보』. 2003/10/28. 「[마이홈] "양도세 부담 작은 집부터 처분하라"」.

『동아일보』. 2004/11/03. 「내년 세금−공공요금 줄줄이 오른다」.

『동아일보』. 2005/05/06. 「집값 대 세금 격투에 승자 없다」.

『동아일보』. 2005/05/11. 「1가구 1주택도 투기로 모는 '아파트 세'」.

『동아일보』. 2005/07/13. 「집 한 채뿐인 중산층에 징벌 같은 세금」.

『동아일보』. 2005/08/26. 「중산층 세금 비명 속에 더 쥐어짜는 정부」.

『동아일보』. 2005/09/01. 「부동산 필패 장담할 수 있나」.

『동아일보』. 2005/09/22. 「부동산 세금폭탄 2%만 때린다는 거짓말」.

『동아일보』. 2005/09/28. 「세금 덜 걷고 경제 살릴 정책부터 써라」.

『동아일보』. 2005/10/17. 「엉터리 통계로 만든 8·31 부동산대책」.

『동아일보』. 2005/11/15. 「독일 대연정의 타산지석」.

『동아일보』. 2005/12/09. 「중산층 저항 부르는 종합부동산세 확대」.

『동아일보』. 2005/12/22. 「양극화, 정치선전 아닌 경제논리로 풀어야」.

『동아일보』. 2006/01/19. 「양극화 해소, 대책 없는 구호」.

『동아일보』. 2006/01/21. 「세금 낭비하는 정부의 증세 총력전」.

『동아일보』. 2006/01/23. 「세계는 경제성장에 매달리는데」.

『동아일보』. 2006/01/24. 「증시불안 키운 대통령의 말」.

『동아일보』. 2006/01/25. 「증세에 급급해 경제 혼란 부추기는 관료들」.

『동아일보』. 2006/01/26. 「정부 비만증과 재정 비효율부터 수술해야」.

『동아일보』. 2006/01/27. 「한나라당 액션플랜 내놓고 감세 설득해야」.

『동아일보』. 2006/02/01. 「"증세 없다"며 돌아서서 '세금폭탄' 던지기」.

『동아일보』. 2006/02/08. 「세계 주요국들은 감세경쟁 벌이는데」.

『동아일보』. 2006/02/20. 「거품과 부실키운 '국가 리모델링'」.

『동아일보』. 2006/02/21. 「청와대의 도넘은 계층갈등 부추기기」.

『동아일보』. 2006/02/22. 「상생 정치에서 더 멀어지는 여권」.

『동아일보』. 2006/03/06. 「"기업에 레드 테이프 아닌 레드 카펫을"」.

『동아일보』. 2006/03/16. 「박승, 한덕수, 권오승」.

『동아일보』. 2006/03/21. 「탈루세금 찾아내고 '유리알 세금' 낮춰야」.

『동아일보』. 2006/04/07. 「노 정권의 '양극화' 진단과 해법 다 틀렸다」.

『동아일보』. 2006/04/20. 「세금정책 들러리 거부한 조세개혁위원장」.

『동아일보』. 2006/05/03. 「'세금 폭탄' 위력 과신하는 김병준 실장」.

『동아일보』. 2006/05/05. 「'공적'이라는 집값·사교육비, 누가 문제 키웠나」.

『동아일보』. 2006/05/19. 「'좌파 폭탄' 아직 멀었다」.

『동아일보』. 2006/05/24. 「버블 폭탄 터뜨리기」.

『동아일보』. 2006/06/02. 「민심 읽었다며 좌파정책 고수한다니」.

『동아일보』. 2006/06/06. 「세금 쥐어짜려고 공무원 수천 명 늘린다니」.

『동아일보』. 2006/06/08. 「결국 세금 더 걷겠다는 '저출산 대책'」.

『동아일보』. 2006/06/16. 「세금만으로 경제 못 살린다」.

『동아일보』. 2006/06/22. 「나라살림 어떻게 했기에 적자가 이렇게 느나」.

『동아일보』. 2006/07/13. 「경제부총리, '코드' 놔두고 사람만 바꾸면 뭐 하나」.

『동아일보』. 2006/08/10. 「감세 외치더니 부동산 거래세 인하엔 반발하나」.

『동아일보』. 2006/08/28. 「아무도 책임지지 않는 8·31대책 후유증」.

『동아일보』. 2006/10/24. 「신도시 '공급 확대' 맞춰 투기 무관한 규제 풀어야」.

『동아일보』. 2006/12/15. 「정부 무한간섭이 서비스산업의 암초다」.

『동아일보』. 2007/01/08. 「짧은 생각, 널뛰는 말」.

『동아일보』. 2007/01/31. 「블루칩 아파트의 착륙」.

『동아일보』. 2007/02/14. 「환란 후 10년, 민생 괴롭힌 '정치코드 이념경제'」.

『동아일보』. 2007/03/31. 「세계는 감세 경쟁 중」.

『동아일보』. 2007/04/18. 「'큰 정부냐, 작은 정부냐'도 대선 이슈다」.

『동아일보』. 2007/08/24. 「세금 114조 → 147조 걷어 다 어디 썼나」.

『동아일보』. 2007/10/15. 「일본은 세금 씀씀이 1엔까지 따지는데」.

『동아일보』. 2007/10/16. 「일자리 창출한다던 34조 원 어디 갔나」.

『동아일보』. 2007/11/10. 「국세청도 걱정하는 종부세 저항」.

『동아일보』. 2007/11/28. 「종부세 오판」.

『동아일보』. 2007/12/01. 「종부세 연 5~6배 부과는 '납세자 학대'다」.

『동아일보』. 2007/12/04. 「대선 후보들, 국민 세금고 무슨 수로 덜어 줄지 말해야」.

『동아일보』. 2008/01/14. 「세금 불확실성 빨리 걷어내야」.

『동아일보』. 2008/02/10. 「더 거둔 세금 15조원, 민간에서 활용됐다면」.

『동아일보』. 2008/03/01. 「홍콩처럼 경제 성과를 감세로 돌려받는 날 올까」.

『동아일보』. 2008/08/09. 「부동산 거래도, 분양도 살릴 정책 필요하다」.

『동아일보』. 2008/08/22. 「'이념형 부동산 정책' 반면교사 삼아야 성공한다」.

『동아일보』. 2008/08/29. 「민간 활력 더 위축시킨 세금 쥐어짜기」.

『동아일보』. 2008/08/30. 「여야, 민생 살릴 감세 방안부터 협의하라」.

『동아일보』. 2008/09/02. 「감세, 민생경제 활성화로 연결시켜야」.

『동아일보』. 2008/09/24. 「헌재, 종부세 위헌 여부 빨리 결론 내야」.

『동아일보』. 2008/09/26. 「부자 때려 서민 위한다는 정치, 믿을 게 못 된다」.

『동아일보』. 2008/10/14. 「1200평짜리 노 사저 종부세가 3만원」.

『동아일보』. 2008/12/12. 「정부 부채비율 선전국의 절반… 더 빨리 더 과감히 돈 풀어야」.

『동아일보』. 2009/07/09. 「정부, 세금 포퓰리즘에 빠져선 안 된다」.

『동아일보』. 2009/08/05. 「여기도 지원… 저기도 지원… 잇단 '위험한 약속'」.

『동아일보』. 2009/08/26. 「서민감세 부자증세 넘어서는 재정대책 세울 때」.

『동아일보』. 2009/09/12. 「세외수입보다 예산낭비 수술이 더 중요하다」.

『동아일보』. 2009/12/25. 「못 믿을 한국 만든 법인세 유보」.

『동아일보』. 2010/03/24. 「한국 재정지출률 G20서 두번째」.

『동아일보』. 2010/06/01. 「대만 경쟁력 도약 비결은 친기업 정책」.

『동아일보』. 2010/06/07. 「재정건전성 강조한 G20, 흥청망청하는 한국」.

『동아일보』. 2010/08/11. 「종합부동산세 일구이언」.

『동아일보』. 2010/08/14. 「세제 개편, 포퓰리즘 버리고 재정건전성 강화해야」.

『동아일보』. 2010/08/20. 「강만수 경제특보 'MB정부 경제정책 방향' 인터뷰」.

『동아일보』. 2010/10/22. 「통일 비용, 가장 확실한 대책은 재정 건전화다」.

『동아일보』. 2010/10/29. 「여당은 서민을 중산층으로 키울 대책 내놓으라」.

『동아일보』. 2010/11/20. 「감세 반대하며 공기업 감세는 앞장서는 의원들」.

『동아일보』. 2011/01/12. 「과복지… 착한 납세자는 세금고… 나라는 빚더미」.

『동아일보』. 2011/01/19. 「'부자 증세'가 친서민이 될 수 없는 이유」.

『동아일보』. 2011/02/11. 「카드 세금공제 폐지는 봉급생활자 증세다」.

『동아일보』. 2011/07/19. 「통일비용 근본 해법은 경제성장과 재정 건전화」.

『동아일보』. 2011/08/20. 「세제 개편, 기업 경쟁력과 재정 다 감안해야」.

『동아일보』. 2011/09/08. 「감세 않는 대신 규제 확 풀라」.

『동아일보』. 2011/12/01. 「소득세 조정, 최고세율만 따질 일 아니다」.

『동아일보』. 2012/02/21. 「이 정부, 복지 포퓰리즘 방어전선 지켜라」.

『동아일보』. 2012/04/10. 「중·노년 세대 '자손의 미래 삶' 걱정하며 투표를」.

『동아일보』. 2012/04/13. 「공약 거품 빼고 경제 살려야」.

『동아일보』. 2012/07/07. 「선거 때문에 나라 곳간 거덜 낼 수는 없다」.

『동아일보』. 2012/07/13. 「금리 인하시킨 '냉각 경제' 기업 목까지 조르면」.

『동아일보』. 2012/08/07. 「대기업이 '선거의 희생양' 되면 국민 편해질까」.

『동아일보』. 2012/09/27. 「나라 곳간 걱정하는 경제 원로들의 쓴소리」.

『동아일보』. 2012/10/31. 「"복지 확대 좋지만 내 주머니 세금 나가는 건 싫다"」.

『동아일보』. 2013/04/08. 「4월 국회, 민생 반드시 챙겨야」.

『동아일보』. 2013/05/17. 「박근혜 공약가계부, 실행 가능한 방안 담아야」.

『동아일보』. 2013/07/06. 「대기업 '일감 몰아주기' 과세에 유탄 맞은 중소기업」.

『동아일보』. 2013/08/13. 「세금 파동의 근본 원인은 무리한 대선 공약」.

『동아일보』. 2013/08/16. 「공약 구조조정과 일자리 창출만이 답이다」.

『동아일보』. 2013/09/12. 「첫 예산부터 흑자 약속 못 지키는 박근혜 정부」.

『동아일보』. 2013/09/24. 「'증세 없는 복지'의 허망함을 보여준 기초연금 축소」.

『동아일보』. 2013/09/27. 「'복지 수준 대타협' 이끌 책임 박 대통령에게 있다」.

『동아일보』. 2013/12/30. 「박근혜 정부 첫 '부자 증세', 세금 누수 못 막으면 헛일」.

『동아일보』. 2014/02/12. 「100세 시대의 상속법, 홀로 남는 배우자 몫 늘려줘야」.

『동아일보』. 2014/03/04. 「국민을 조삼모사 원숭이 취급한 '연말정산 폭탄'」.

『동아일보』. 2014/03/06. 「집주인들 반발에⋯ 일주일 만에 또 땜질처방」.

『동아일보』. 2014/07/18. 「사내유보금에 세금 물리겠다는 한심한 발상」.

『동아일보』. 2014/09/15. 「서민층 부담 큰 '꼼수 증세'로 복지비용 메울 참인가」.

『동아일보』. 2014/11/11. 「새정연, 무상복지 그대로 둔 채 증세라니 가당찮다」.

『동아일보』. 2015/01/21. 「'몰래 증세' 하려다 저출산·고령화 대책 역행한 정부」.

『동아일보』. 2015/01/22. 「'증세 없는 복지'에 우왕좌왕 세정, 누가 책임질 건가」.

『동아일보』. 2015/01/23. 「지금은 증세 아닌 '세금복지' 축소를 논의할 때다」.

『동아일보』. 2015/01/29. 「박근혜 대통령 지지율 20%대, 문제는 경제다」.

『동아일보』. 2015/02/04. 「새누리당 김무성· 유승민, 증세 함부로 말하지 말라」.

『동아일보』. 2015/02/16. 「"김기춘입니다. 아, 잘못 걸었네요" 뚜뚜뚜⋯」.

『동아일보』. 2015/02/22. 「여야 정치권의 속 보이는 저가 담배 포퓰리즘」.

『동아일보』. 2015/02/25. 「국채 507조 원, 무상복지 조정 없이 후대에 떠넘길 건가」.

『동아일보』. 2015/04/09. 「'보수의 새 지평' 선언한 유승민, 새 포퓰리즘은 안 된다」.

『동아일보』. 2015/04/10. 「문재인식 '새 경제'로는 성장도, 일자리도 어렵다」.

『동아일보』. 2015/06/27. 「유승민 찍어내려 '당청 내전' 벌일 만큼 한가한 때인가」.

『동아일보』. 2015/12/02. 「'포스트 최경환' 경제부총리의 조건」.

『동아일보』. 2016/07/21. 「인기 없는 '비과세 축소' 세제개편 다음 정부로 떠넘기나」.

『동아일보』. 2016/09/13. 「고소득자에게 혜택 더 주는 신용카드 소득공제 없애야」.

『매일경제』. 2007/05/22. 「노무현 대통령 특별대담: 대선주자 부동산세 인하 공약은 1% 대 통령 하겠다는 뜻」.

『서울신문』. 1990/08/26. 「세제개편과 과세형평」.

『서울신문』. 1995/05/09. 「근로의욕 촉진할 근소세경감」.

『서울신문』. 2001/03/26. 「활발한 정책논쟁 필요하다」.

『서울신문』. 2001/11/02. 「법인세 내릴 때 아니다」.

『서울신문』. 2001/11/16. 「웬 감세 경쟁인가」.

『서울신문』. 2001/12/21. 「선심성 법인세 인하 안돼」.

『서울신문』. 2004/01/29. 「세금 공제로 일자리 만들 수 없다」.

『서울신문』. 2004/10/13. 「저성장 충격 대비책 서둘러야」.

『서울신문』. 2004/12/30. 「내년 5% 성장은 지상과제다」.

『서울신문』. 2005/02/11. 「2년 만의 경기회복 불씨 살리자」.

『서울신문』. 2005/09/01. 「경기 위축 감내해야 집값 잡는다」.

『서울신문』. 2005/09/20. 「세금 짜내기로 세수부족 메울 건가」.

『서울신문』. 2005/10/05. 「한나라당 감세안 포퓰리즘 아닌가」.

『서울신문』. 2006/11/06. 「집값 망쳐놓고 책임지는 사람이 없다」.

『서울신문』. 2006/11/24. 「강남 주민을 위한 변명」.

『서울신문』. 2007/02/08. 「세금도 빈부격차도 사상 최고라니」.

『서울신문』. 2007/05/08. 「생색은 참여정부, 부담은 차기정부인가」.

『서울신문』. 2007/09/17. 「세금부담 완화책 강구해야」.

『서울신문』. 2007/10/19. 「유류세 이제는 내려야 한다」.

『서울신문』. 2008/02/11. 「세수 전망 정교해야 국민부담 던다」.

『서울신문』. 2008/07/25. 「줄 잇는 감세, 재정 건전성 대책 있나」.

『서울신문』. 2008/07/29. 「감세 보전 증세, 서민 고통 감안해야」.

『서울신문』. 2008/08/05. 「감세 혜택, 취약 계층에 맞춰라」.

『서울신문』. 2008/09/02. 「MB정부 감세, 투자 성장으로 이어져야」.

『서울신문』. 2008/09/24. 「종부세 완화, 상대적 박탈감 대책 있나」.

『서울신문』. 2008/11/01. 「다주택자 양도세 완화 신중해야」.

『서울신문』. 2008/11/28. 「마이너스 성장시대, 서민대책 시급하다」.

『서울신문』. 2009/02/25. 「기름값 세율인상 꼭 해야 하나」.

『서울신문』. 2009/05/22. 「사상최대 빈부차, 한계계층 지원 강화하라」.

『서울신문』. 2009/06/18. 「재정적자 메우기 서민이 봉인가」.

『서울신문』. 2009/07/01. 「윤 장관, 오락가락 말고 감세 유보하라」.

『서울신문』. 2009/07/09. 「서민 울리는 마구잡이 증세 안 된다」.

『서울신문』. 2009/11/03. 「억대 연봉자 소득세 감세 유보 옳다」.

『서울신문』. 2010/02/22. 「포퓰리즘 감세법안 재정악화 우려된다」.

『서울신문』. 2010/10/29. 「부자감세 오락가락 한나라 국민신뢰 받겠나」.

『서울신문』. 2011/01/17. 「복지·재정 건전성 논쟁 소모적 정쟁보다 낫다」.

『서울신문』. 2011/02/01. 「민주 '무상복지' 자중지란부터 정리해야」.

『서울신문』. 2011/05/10. 「대기업 계속 상생 외면하면 감세 철회해야」.

『서울신문』. 2011/05/26. 「세계잉여금 나랏빚 갚는 데 쓰는 게 옳다」.

『서울신문』. 2011/07/09. 「내년 세출 개혁은 포퓰리즘과의 전쟁이다」.

『서울신문』. 2011/08/31. 「증세 없이 복지 확대 가능하다는 건 기만」.

『서울신문』. 2011/09/08. 「소득·법인세 추가 감세 철회 잘한 일이다」.

『서울신문』. 2011/09/21. 「장하준 케임브리지대 교수 "유럽 위기는 긴축정책 탓"」.

『서울신문』. 2011/11/23. 「이참에 과세체계 전면개편을 논의해보자」.

『서울신문』. 2011/12/05. 「한나라당 부자증세에 자본소득도 포함하라」.

『서울신문』. 2012/02/14. 「고삐 풀린 '표'풀리즘 미래세대 재앙 부른다」.

『서울신문』. 2012/02/21. 「재정부의 복지공약 재원대책 요구 당연하다」.

『서울신문』. 2012/04/11. 「투표하는 국민만이 정치를 바꿀 수 있다」.

『서울신문』. 2012/06/02. 「국가부채 체계적인 관리 적극 나설 때다」.

『서울신문』. 2012/09/21. 「대선 후보들, 국가채무 경고 허투루 듣지 마라」.

『서울신문』. 2012/10/19. 「시장경제 원칙 무너지면 개성공단 미래 없다」.

『서울신문』. 2012/11/02. 「대선후보들 증세방안 놓고 제대로 경쟁하라」.

『서울신문』. 2013/01/01. 「갈등의 파도 넘어 희망의 좌표를 찾자」.

『서울신문』. 2013/01/16. 「대선공약 우선순위 재원 따져보고 정해야」.

『서울신문』. 2013/01/25. 「기부문화 확산에 찬물 조세법 고쳐야」.

『서울신문』. 2013/01/26. 「저성장 탈출해야 복지·일자리 가능하다」.

『서울신문』. 2013/05/09. 「여야, 기부 가로막는 조특법 개정 서두르길」.

『서울신문』. 2016/04/06. 「나랏빚 1300조의 절반이나 되는 연금부채」.

『서울신문』. 2017/11/04. 「모순에 빠진 60~70년대 박정희 정부」.

『시사N』. 2011/05/14. 「네트워크 과학이 밝힌 박근혜 블랙박스」. 191호.

『시사N』. 2017/12/23. 「"교회 세습 중지하고 세금 내는 게 예수의 길"」. 536호.

『조선일보』. 2004/08/21. 「과표가 오르면 부동산 거래세는 낮춰야」.

『조선일보』. 2004/10/19. 「재산세 2년 만에 10배까지 올리면」.

『조선일보』. 2004/11/06. 「종합부동산세가 벌주는 몽둥이여선 안돼」.

『조선일보』. 2005/04/19. 「세금을 줄이든지, 복지를 늘리든지」.

『조선일보』. 2005/05/16. 「부동산세, 세금인가 벌금인가」.

『조선일보』. 2005/08/13. 「부동산을 잡아야지 경제까지 잡을 텐가」.

『조선일보』. 2005/08/17. 「정치인이 전문가 밀어낸 채 주무르는 부동산대책」.

『조선일보』. 2005/11/15. 「봉급쟁이 주머니만 털어가는 정부」.

『조선일보』. 2006/01/19. 「낙원 건설 위해 세금 더 걷자는 대통령 연설」.

『조선일보』. 2006/01/27. 「정권의 큰 정부 증세론과 야당의 작은 정부 감세론」.

『조선일보』. 2006/02/09. 「공무원 입막아 증세 논의 지우려 하나」.

『조선일보』. 2006/05/04. 「'세금 폭탄' 아니라더니…」.

『조선일보』. 2006/06/03. 「세금 거둘 때 두려워하고 쓸 때 아껴 써야」.

『조선일보』. 2006/06/17. 「조세개혁의 적들」.

『조선일보』. 2006/07/13.「"할 것 다하면서 책임만 안 지는 청와대"」.

『조선일보』. 2006/08/22.「'관리만 한다'면서 1600조 복지정책 밀어붙이는 속뜻」.

『조선일보』. 2006/11/04.「허겁지겁 정부와 히죽히죽 장관」.

『조선일보』. 2007/02/14.「소득세를 한 해 26%나 더 걷었다니」.

『조선일보』. 2007/05/01.「이 정권 사람들도 28배 오른 세금 한번 내보라」.

『조선일보』. 2007/11/09.「국세청은 국민이 놀랄 쇄신안을 내놓으라」.

『조선일보』. 2007/12/04.「노 정권의 마지막 선물은 '종합 부동산 벌금'인가」.

『조선일보』. 2008/08/23.「법인세 낮추면 취약계층 도울 수 없는가」.

『조선일보』. 2008/09/02.「감세 효과 살리기 위한 후속 대책도 내놔야」.

『조선일보』. 2008/09/24.「종합부동산세는 재산세에 통합시켜야」.

『조선일보』. 2009/06/20.「누구를 위한 경기 회복인가」.

『조선일보』. 2009/08/24.「전세난 해법은 결국 주택 공급 늘리기」.

『조선일보』. 2009/08/26.「국민 부담 늘리는데도 원칙과 일관성 필요」.

『조선일보』. 2009/09/19.「씀씀이 커진 대한민국 '빚'의 속도가 빨라졌다」.

『조선일보』. 2010/07/17.「거액 기부가 세금폭탄 맞지 않게 세법 고쳐야」.

『조선일보』. 2010/10/28.「한나라당 감세 정책 논리가 이렇게 허약했었나」.

『조선일보』. 2010/11/16.「최상위 소득층의 감세 철회는 이해 먼저 구하고」.

『조선일보』. 2011/06/14.「공짜 시리즈로 나라 결딴나면 영영 집권 못한다」.

『조선일보』. 2011/06/17.「한나라당 감세 철회선언으로 막내린 MB노믹스」.

『조선일보』. 2011/08/20.「장학사업 주식 기부에 '세금폭탄'이 적법하다면」.

『조선일보』. 2011/09/09.「중도 하차한 MB노믹스에 대한 실패의 연구 필요하다」.

『조선일보』. 2012/01/16.「민주통합당이 가야 할 길」.

『조선일보』. 2012/01/31.「민주당 증세 방안, 방향이 틀렸다」.

『조선일보』. 2012/05/01.「정치권, 대충대충 복지 늘리다간 제 발등 찍게 될 것」.

『조선일보』. 2012/10/18.「복지 공약 진짜라면 증세 방안도 함께 내놓으라」.

『조선일보』. 2012/10/19.「개성공단 '세금폭탄' 보면서 누가 북에 투자하겠나」.

『조선일보』. 2012/12/31.「예산 절감 계획도 없이 세금 청구서부터 내미나」.

『조선일보』. 2013/01/15.「국세청 동원 세수 확보만으론 복지 지출 감당 못해」.

『조선일보』. 2013/04/02.「세금 야박하게 긁어낸다고 복지 비용 댈 수 있을까」.

『조선일보』. 2013/05/04.「이 정도면 세금이 아니라 폭탄이다」.

『조선일보』. 2013/05/18.「경제 살리기가 공약 이행의 첫걸음이다」.

『조선일보』. 2013/07/06.「'일감 몰아주기 과세', 중견·중소기업에 날벼락 됐다니」.

『조선일보』. 2013/08/12.「청·새누리, 증세 아니다 둘러대 국민이 납득하겠나」.

『조선일보』. 2013/08/13. 「세제 개편, 불요불급 공약 정리하고 수정안 말들어야」.

『조선일보』. 2013/08/14. 「공약 먼저 재조정한 뒤 복지 위한 증세 설득해야」.

『조선일보』. 2013/09/18. 「선거 공약 축소한 다음 복지 증세 꺼내는 게 바른 순서」.

『조선일보』. 2013/09/27. 「'복지 청사진' 새로 내놓아야 대통령 사과 반복 피한다」.

『조선일보』. 2013/10/14. 「엉터리 공약 이행 신호등, 정부 망신만 시킨다」.

『조선일보』. 2013/12/31. 「증세하더라도 예산 절감 시늉이라도 내고 해야」.

『조선일보』. 2014/03/06. 「현장 모르는 책상머리 행정… 집주인들 반발에 '유턴'」.

『조선일보』. 2014/04/09. 「정부 빚 1117조, 퇴직 공무원 먹여」.

『조선일보』. 2014/09/12. 「담뱃값 인상 꼼수 증세란 말 듣지 않아야」.

『조선일보』. 2014/09/13. 「복지 재원 감당 위한 꼼수 증세 정도 아니다」.

『조선일보』. 2015/01/03. 「프랑스 일본은 기업 감세, 거꾸로만 가는 한국」.

『조선일보』. 2015/01/21. 「정부가 자초한 연말정산 세금폭탄 소동」.

『조선일보』. 2015/01/22. 「철면피 정치권이 월급쟁이 조세저항 불렀다」.

『조선일보』. 2015/01/26. 「증세 논의보다 '무차별 복지' 개혁이 먼저다」.

『조선일보』. 2015/02/04. 「'국민 속였다'는 여 대표의 뒤늦은 고백」.

『조선일보』. 2015/02/10. 「박 대통령, 정치권 복지 증세 논의 타박할 때인가」.

『조선일보』. 2015/04/09. 「하이닉스만 못한 세금 걷으려 그 많은 월급쟁이 닦달했나」.

『조선일보』. 2015/09/23. 「결국 꼼수 증세 되고 만 담뱃값 인상」.

『조선일보』. 2016/02/01. 「국가 채무 600조, 법으로 상한 정해 무분별 지출 막아야」.

『조선일보』. 2016/06/07. 「법인세 인상보다 대기업 세금 감면 혜택부터 정리해야」.

『조선일보』. 2016/08/01. 「근로자 절반이 소득세 0, 정치 포퓰리즘 결과」.

『중앙일보』. 2004/11/03. 「징벌적 종합부동산세 다시 생각해야」.

『중앙일보』. 2004/11/06. 「퇴로 열어주고 종합부동산세 실시하라」.

『중앙일보』. 2005/05/07. 「시장 원리 무시한 부동산 대책」.

『중앙일보』. 2005/07/15. 「투기 겨냥 부동산세, 서민 등골 안 빠지게」.

『중앙일보』. 2005/08/20. 「발표 앞둔 부동산 대책 현실성 점검해야」.

『중앙일보』. 2005/08/22. 「종부세 상한제 폐지 부작용 우려된다」.

『중앙일보』. 2005/11/15. 「봉급자의 '유리알 지갑'만 봉인가」.

『중앙일보』. 2006/01/23. 「공적 영역의 확대를 경계한다」.

『중앙일보』. 2006/01/25. 「세금 인상에 허둥대는 정부」.

『중앙일보』. 2006/02/02. 「증세를 겨냥한 비과세 감면 개편」.

『중앙일보』. 2006/05/04. 「'세금폭탄', 아직 멀었다는 정부」.

『중앙일보』. 2006/05/29. 「부동산 거래세 낮춰 시장은 살려야」.

『중앙일보』. 2006/06/12. 「경제정책의 우선순위를 다시 짜라」.

『중앙일보』. 2006/07/29. 「세금폭탄에 이은 '건보료 폭탄'」.

『중앙일보』. 2006/11/04. 「부동산 정책 이제 와서 실패했다니」.

『중앙일보』. 2007/01/31. 「국책 연구기관들 '노무현 경제' 경보」.

『중앙일보』. 2007/02/02. 「비겁한 경제관료들의 무책임한 정책」.

『중앙일보』. 2007/03/15. 「종부세, 이대로 밀어붙여서는 안 된다」.

『중앙일보』. 2007/03/21. 「양도세를 완화하라」.

『중앙일보』. 2007/05/10. 「무리한 종부세, 끝없는 잡음」.

『중앙일보』. 2007/05/24. 「종부세 대상자 1%는 우리 국민이 아닌가」.

『중앙일보』. 2007/09/15. 「매년 1조원씩 늘어나는 종합부동산세」.

『중앙일보』. 2007/09/20. 「세금으로 미분양 아파트 사주겠다니」.

『중앙일보』. 2007/11/10. 「봉하마을에 '노무현 정원' 만드나」.

『중앙일보』. 2007/12/01. 「눈앞에서 터지는 종부세 폭탄」.

『중앙일보』. 2008/01/12. 「더 걷은 세금, 감세를 적극 검토할 때다」.

『중앙일보』. 2008/03/05. 「감세 보따리'풀었지만… '소비·투자 증가 → 세수 증대' 선순환 기대」.

『중앙일보』. 2008/07/24. 「부동산 보유세제 전면 개편해야」.

『중앙일보』. 2008/08/04. 「감세도 증세만큼 신중하게 접근해야」.

『중앙일보』. 2008/08/22. 「철학은 없이 누더기가 된 부동산 대책」.

『중앙일보』. 2008/09/01. 「허약한 경제의 기초체력부터 다져야 한다」.

『중앙일보』. 2008/09/02. 「성장정책의 시금석 될 세제 개편」.

『중앙일보』. 2008/09/24. 「종부세, 신중함과 지혜 필요하다」.

『중앙일보』. 2008/10/22. 「부가세는 정치 타협 대상물이 아니다」.

『중앙일보』. 2008/11/14. 「종부세는 시급히 폐지돼야 한다」.

『중앙일보』. 2009/03/18. 「뉴(New)냐 올드(Old)냐, 판 바꾸기 기로에 선 민주당」.

『중앙일보』. 2009/04/29. 「강남 집값이 뭐기에」.

『중앙일보』. 2009/06/24. 「재정적자, 편법 아닌 정석대로 풀라」.

『중앙일보』. 2009/07/18. 「중도 강화, 내용이 뭔가」.

『중앙일보』. 2009/07/24. 「정부, 알뜰 살림 초심 잊었는가」.

『중앙일보』. 2009/08/21. 「감세하더라도 재정 건전성 신경 써야」.

『중앙일보』. 2009/08/26. 「세금 늘리기 앞서 세출부터 줄여야」.

『중앙일보』. 2009/11/30. 「국가 부채 관리의 심각성 보여준 두바이 사태」.

『중앙일보』. 2009/12/02. 「소득세 내리되 부동산보유세를 올려야」.

『중앙일보』. 2010/08/16. 「통일세보다 재정 건전성이 우선」.

『중앙일보』. 2010/10/29. 「감세 논란, 정치보다 경제의 논리로 풀어야」.

『중앙일보』. 2010/11/16. 「안상수 대표의 감세 논쟁 절충안에 주목한다」.

『중앙일보』. 2011/01/25. 「복지는 결국 돈 문제다」.

『중앙일보』. 2011/02/11. 「'증세 없는 무상복지' 가능한가」.

『중앙일보』. 2011/02/15. 「윤증현·최중경·곽승준… 여권은 3갈래 복지론」.

『중앙일보』. 2011/06/18. 「MB노믹스, 버려야 할 것과 지켜야 할 것」.

『중앙일보』. 2011/07/02. 「지구촌의 중산층이 사라지고 있다」.

『중앙일보』. 2011/08/12. 「건전 재정이 경제위기 막는다」.

『중앙일보』. 2011/09/08. 「MB 경제 레임덕?… 총·대선 앞둔 한나라 압박에 백기」.

『중앙일보』. 2011/11/05. 「무상과 반값으로 젊은이들을 현혹하지 말라」.

『중앙일보』. 2011/11/12. 「버핏세 도입 주장은 포퓰리즘이다」.

『중앙일보』. 2011/12/02. 「박근혜 전 대표 "안주하다 안철수에 추월? 실상은…"」.

『중앙일보』. 2011/12/07. 「복지 효율화가 먼저다」.

『중앙일보』. 2011/12/17. 「사다리 무너지는 닫힌 사회」.

『중앙일보』. 2012/02/02. 「증세는 세제개편 3대 원칙에 따라야」.

『중앙일보』. 2012/02/21. 「복지공약 남발, 국가재정 재앙된다」.

『중앙일보』. 2012/04/06. 「첨단 탈세 막아야 증세 설득할 수 있다」.

『중앙일보』. 2012/06/04. 「재정 건전성 다시 들여다볼 때」.

『중앙일보』. 2012/08/09. 「정치권 세제개편 논의 신중해야」.

『중앙일보』. 2012/09/20. 「선심성 복지공약 걸러낼 제도 만들자」.

『중앙일보』. 2012/10/15. 「대선, 구체적 증세방안으로 심판받으라」.

『중앙일보』. 2012/10/19. 「북한, 개성공단 문 닫을 셈인가」.

『중앙일보』. 2012/11/02. 「'증세 없는 복지는 없다'고 솔직하게 말하라」.

『중앙일보』. 2012/12/10. 「'경제 살리기' 적임자 알 수 있는 토론 돼야」.

『중앙일보』. 2012/12/25. 「지하경제 양성화만으론 복지 공약 못 지킨다」.

『중앙일보』. 2013/02/25. 「증세 없는 복지 없다는 경제학자들의 충고」.

『중앙일보』. 2013/03/01. 「만기친람식 국정운영 방식에 대한 우려」.

『중앙일보』. 2013/03/09. 「기초연금으로 국민연금을 흔들지 말라」.

『중앙일보』. 2013/03/30. 「'재정 절벽'보다 솔직한 고백이 우선이다」.

『중앙일보』. 2013/05/03. 「추경예산 서둘러 처리하라」.

『중앙일보』. 2013/07/19. 「증세 없는 복지의 자기최면에서 깨어나라」.

『중앙일보』. 2013/08/09. 「유리 지갑 털어 복지 재원 마련할 건가」.

『중앙일보』. 2013/08/12. 「세금이 장외투쟁으로 풀 문제인가」.

『중앙일보』. 2013/08/13. 「불가피한 증세라면 솔직히 고백하라」.

『중앙일보』. 2013/08/14. 「박 대통령, 세금파동에 포괄적 책임 있다」.

『중앙일보』. 2013/08/15. 「증세 논쟁 앞서 복지 예산 누수부터 막아라」.

『중앙일보』. 2013/09/03. 「중산층 기부 가로막는 세제개편안」.

『중앙일보』. 2013/09/06. 「무질서한 정치적 증세를 경계한다」.

『중앙일보』. 2013/09/17. 「복지예산 100조원 시대를 맞으면서」.

『중앙일보』. 2014/05/14. 「은퇴 뒤에 맞는 건보료 폭탄」.

『중앙일보』. 2014/08/14. 「기초자치구 복지 디폴트 강 건너 불 아니다」.

『중앙일보』. 2014/09/15. 「복지비 재원 마련 방안 공론화하라」.

『중앙일보』. 2014/09/27. 「질서 있는 증세 위한 국민적 논의 시작해야」.

『중앙일보』. 2014/10/08. 「갈 데까지 간 복지갈등… 증세 논의 시작하자」.

『중앙일보』. 2014/10/09. 「구조적인 세수 부족… 증세 말고 답이 있나」.

『중앙일보』. 2014/11/12. 「무상복지 파탄… 정치권은 고해성사부터 해야」.

『중앙일보』. 2015/01/28. 「환상으로 드러난 증세 없는 복지 바로잡아라」.

『중앙일보』. 2015/02/04. 「증세 없는 복지를 근본적으로 다시 손질하자」.

『중앙일보』. 2015/02/07. 「복지 증세 논의에 성역 없어야 한다」.

『중앙일보』. 2015/02/10. 「"증세 안 된다"는 대통령과 "복지 양보 없다"는 야당 대표」.

『중앙일보』. 2015/09/09. 「정부의 국가채무 관리 의지가 의심스럽다」.

『중앙일보』. 2015/12/03. 「준조세로 모든 걸 해결하려는 정치가 정상인가」.

『중앙일보』. 2016/06/08. 「법인세 실효세율 높인 뒤 세율 인상 논의해야」.

『중앙일보』. 2016/07/29. 「'넓은 세원-낮은 세율'의 원칙 언제 세울 건가」.

『중앙일보』. 2017/07/26. 「확대재정으로 가는 새 정부, 재정승수는 따져봤나」.

『한겨레』. 1990/10/17. 「종합투지세 입법취지 관철해야」.

『한겨레』. 1993/08/30. 「사회간접자본 건설, 투자효율 점검해야」.

『한겨레』. 1993/12/13. 「분위기에 들뜬 농촌발전대책 안 된다」.

『한겨레』. 1995/09/06. 「과세 '선심' 어디까지?」.

『한겨레』. 1995/09/23. 「정치 논리에 뒤틀린 세정」.

『한겨레』. 1996/03/02. 「근로소득세 개편 '땜질' 말아야」.

『한겨레』. 1997/02/26. 「면세저축, 누구 향한 선심인가」.

『한겨레』. 1997/08/20. 「선거용 정치 예산 안 된다」.

『한겨레』. 1998/08/01. 「은행합병과 국민부담」.

『한겨레』. 1998/09/05. 「단기대응의 세제개편」.

『한겨레』. 2001/09/03. 「경기침체, 경제위기로 안 번지게」.

『한겨레』. 2003/07/12. 「경기부양책 부작용 적게」.

『한겨레』. 2004/08/11. 「경기부양이 '경제살리기' 아니다」.

『한겨레』. 2004/09/02. 「실익도 명분도 없는 세제 개편」.

『한겨레』. 2005/04/21. 「또 감세 타령인가?」.

『한겨레』. 2005/08/24. 「투기꾼 대변하는 세금폭탄론」.

『한겨레』. 2006/01/26. 「국가의 몫에 대한 확고한 원칙 세우라」.

『한겨레』. 2006/01/27. 「여야 대화에 찬물 끼얹은 박 대표 회견」.

『한겨레』. 2006/03/24. 「한-미 자유무역협정, 자신감 문제가 아니다」.

『한겨레』. 2006/08/29. 「주머닛돈 아니라고 나랏돈 함부로 쓰는 공직자들」.

『한겨레』. 2006/08/31. 「당리당략 뛰어넘는 논의 필요한 '비전 2030'」.

『한겨레』. 2007/05/19. 「정책 발표 앞서, 재원마련 방안 내놔야」.

『한겨레』. 2008/02/11. 「대기업만 배불리는 법인세 인하」.

『한겨레』. 2008/02/22. 「부동산 투자 전문가 내각인가」.

『한겨레』. 2008/05/01. 「복지 지출 늘려야 성장잠재력 높아져」.

『한겨레』. 2008/06/24. 「경제기조 바꿨으면 인물도 바꿔야」.

『한겨레』. 2008/09/02. 「나라 앞날을 걱정하게 하는 세제개편」.

『한겨레』. 2008/09/18. 「시장만능주의 사고 버릴 때」.

『한겨레』. 2008/09/24. 「정상사회의 기초를 허무는 종부세 무력화」.

『한겨레』. 2008/09/26. 「세금폭탄」.

『한겨레』. 2008/10/04. 「실물경제 침체, 최악 상황 대비해야」.

『한겨레』. 2008/10/28. 「국민 동참 끌어낼 진심 안 보이는 시정연설」.

『한겨레』. 2008/11/11. 「잘못된 법안들을 무더기로 밀어붙일 때인가」.

『한겨레』. 2008/12/06. 「국회는 사회통합적 예산 만들라」.

『한겨레』. 2008/12/15. 「오만과 독선으로 난국 헤쳐갈 수 없다」.

『한겨레』. 2009/02/09. 「감세해 놓고 추경을 말하나」.

『한겨레』. 2009/03/05. 「쓸 곳부터 따져야지 '슈퍼 추경'이라니」.

『한겨레』. 2009/03/25. 「슈퍼 추경, 일자리 취약계층 지원 집중해야」.

『한겨레』. 2009/06/05. 「[민심을 보라(5)] 서민을 살리라」.

『한겨레』. 2009/06/29. 「지금이라도 부자감세 정책을 재검토해야 한다」.

『한겨레』. 2009/07/09. 「'서민 증세' 앞서 '부자 감세' 철회를」.

『한겨레』. 2009/08/26. 「재정 악화 막기에는 역부족인 세제개편안」.

『한겨레』. 2009/08/31. 「감세정책 기조 전면 재검토해야」.

『한겨레』. 2009/12/11. 「실효성 있는 일자리 대책에 초점 맞춰야」.

『한겨레』. 2010/02/06. 「섣부른 금융완화·감세정책, 경제위기 부른다」.

『한겨레』. 2010/03/02. 「지방정부와 지역주민 말려 죽이는 부자감세」.

『한겨레』. 2010/03/13. 「서민 털어 부자 주머니 채워주는 이명박 정부」.

『한겨레』. 2010/05/10. 「재정건전성 높이려면 모순된 정책부터 바로잡아야」.

『한겨레』. 2010/06/09. 「고소득층 위주로 세금 부담 더 늘려야」.

『한겨레』. 2010/10/28. 「국가부채만 늘린 감세정책 철회 당연하다」.

『한겨레』. 2010/10/30. 「한나라당의 개혁적 중도보수는 역시 허구였다」.

『한겨레』. 2010/11/17. 「'감세 철회' 넘어 '부자 증세' 검토해야」.

『한겨레』. 2010/12/07. 「대기업 보조금 임투세액공제 폐지해야」.

『한겨레』. 2010/12/27. 「복지 현실 왜곡 말고 기본 인식부터 바꿔라」.

『한겨레』. 2011/01/19. 「"복지확대=세금폭등" 겁주는 보수언론」.

『한겨레』. 2011/01/26. 「복지 논의 왜곡하는 '세금폭탄론'과 '빈곤층 피해론'」.

『한겨레』. 2011/01/27. 「남유럽 재정위기는 복지탓? 번지수 잘못 짚었다」.

『한겨레』. 2011/05/10. 「한나라당, 부자감세 철회 이번엔 제대로 해야」.

『한겨레』. 2011/05/17. 「법인세 감세 철회 없인 한나라당 쇄신 못 믿는다」.

『한겨레』. 2011/06/04. 「복지 포퓰리즘에 결연히 맞서겠다는 경제팀 수장」.

『한겨레』. 2011/06/17. 「청와대, 한나라당의 감세철회 결정 수용해야」.

『한겨레』. 2011/07/18. 「세금혁명당과 풀뿌리 민주주의에 대한 기대」.

『한겨레』. 2011/08/12. 「건전재정 위한다며 복지 희생해선 안 돼」.

『한겨레』. 2011/08/16. 「'공정사회'나 '공생발전'이나 공허하긴 마찬가지」.

『한겨레』. 2011/08/17. 「이 대통령, 워런 버핏의 부자 감세 비판 새겨들어야」.

『한겨레』. 2011/08/25. 「국제적 흐름으로 떠오르는 부자증세」.

『한겨레』. 2011/09/08. 「늦었지만 다행스런 '부자 감세' 철회」.

『한겨레』. 2011/09/28. 「경제상황 아랑곳하지 않는 내년 예산안」.

『한겨레』. 2011/11/21. 「경기둔화 대비하기 위해서도 '부자 증세' 필요하다」.

『한겨레』. 2011/12/13. 「위기라며 위기의식 없는 내년 경제정책 방향」.

『한겨레』. 2012/01/19. 「무상보육 확대, 더욱 적극적으로 실현할 때다」.

『한겨레』. 2012/02/22. 「주제넘은 재정부의 '복지공약 검증'」.

『한겨레』. 2012/04/05. 「재정부의 복지공약 시비 걸기, 선거개입 아닌가」.

『한겨레』. 2012/04/11. 「가계부채에 이어 공공부채도 1000조원이라니」.

『한겨레』. 2012/07/27. 「경기부진, 부의 재분배로 내수 살려야」.

『한겨레』. 2012/08/02. 「증세 시늉만 낸 세제개편안 당정협의」.

『한겨레』. 2012/08/08. 「경기 저점 대비해 추경 카드 남겨놓아야」.

『한겨레』. 2012/08/09. 「부자 감세 놔두고 월급쟁이 쥐어짜는 세제 개편」.

『한겨레』. 2012/09/26. 「복지 후퇴 예산안, 정부·여당의 실망스런 합작품」.

『한겨레』. 2012/10/20. 「세밀한 증세방안 내놓고 평가받는 게 옳다」.

『한겨레』. 2013/01/02. 「증세 없인 불가능한 '복지예산 100조원 시대'」.

『한겨레』. 2013/02/12. 「새 정부 복지공약에 경종 울리는 세입 감소」.

『한겨레』. 2013/02/28. 「오이시디 5번째로 불평등하다는 지니계수」.

『한겨레』. 2013/06/01. 「재원 계획 미덥지 않은 공약가계부」.

『한겨레』. 2013/06/19. 「껍데기만 남은 '기초연금 20만원' 공약」.

『한겨레』. 2013/08/06. 「'부자 증세' 정공법 피해 간 세제개편」.

『한겨레』. 2013/08/09. 「부자감세 놔두고 월급쟁이 쥐어짜는 세제개편」.

『한겨레』. 2013/08/12. 「대기업과 부유층의 낮은 세부담이 역풍 불렀다」.

『한겨레』. 2013/08/13. 「'부자 감세' 철회하고 '복지 증세' 실현해야」.

『한겨레』. 2013/08/15. 「지금은 복지 축소를 말할 때가 아니다」.

『한겨레』. 2013/09/23. 「기초연금, 장관 사퇴로 해결될 일 아니다」.

『한겨레』. 2013/12/31. 「소득세 과표 조정, 증세 물꼬 삼아야」.

『한겨레』. 2014/01/02. 「재정건전성 악화 우려되는 새해 예산안」.

『한겨레』. 2015/01/20. 「연말정산, 13월의 세금 폭탄?… 오해와 진실」.

『한겨레』. 2015/04/08. 「혼란스런 나라살림, 지금 방식으론 안 된다」.

『한겨레』. 2015/04/11. 「'세금폭탄' 때문에 '왕따' 된 이야기 해드릴게요」.

『한겨레』. 2015/04/10. 「수준 높아진 여야 대표 연설, 실천으로 이어가야」.

『한겨레』. 2015/04/15. 「경기부진에 제대로 대처 못하는 정부 재정」.

『한겨레』. 2015/05/12. 「'청와대 2중대'로 전락한 새누리당」.

『한겨레』. 2015/05/13. 「문제 많은 연말정산 환급법 통과」.

『한겨레』. 2015/05/14. 「'네 돈으로 내 공약을 이행하라'는 뻔뻔한 정부」.

『한겨레』. 2015/06/15. 「적극 검토 필요한 추가경정예산」.

『한겨레』. 2015/06/26. 「서민의 삶이 경시된 '하반기 경제정책방향'」.

『한겨레』. 2015/08/03. 「원유철 대표 발언, 증세 논의 활성화 계기로」.

『한겨레』. 2015/09/09. 「'희망과 비전'이 안 보이는 내년 예산안」.

『한겨레』. 2015/09/17. 「'전시성 펀드' 아닌 정공법으로 풀어야 할 청년고용」.

『한겨레』. 2015/11/10. 「'재정건전성 최우수' 평가 뒤의 우울한 현실」.

『한겨레』. 2015/12/10.「부채 늘리고 성장기반만 갉아먹은 최경환 부총리」.

『한겨레』. 2017/02/25.「쓸 돈 없는데 놀면서 돈 쓰라는 '황당한 정부'」.

『한국일보』. 1990/08/26.「한계 보인 '개편 90세제'」.

『한국일보』. 1990/09/09.「자동차세 일률인상 재고해야」.

『한국일보』. 1992/11/11.「3당 경제공약 현실성없다」.

『한국일보』. 1993/04/21.「신경제, 물가·투기가 복병」.

『한국일보』. 1995/09/15.「타협 본 세법안」.

『한국일보』. 1996/08/29.「그래도 무거운 근소세」.

『한국일보』. 1998/09/07.「형평 뒷전의 'IMF형 세제'」.

『한국일보』. 2000/09/06.「서민만 쥐어짠 세제개편」.

『한국일보』. 2001/03/16.「세제개편이 성공하려면」.

『한국일보』. 2001/08/08.「경기부양 뒤탈 없도록」.

『한국일보』. 2001/12/21.「법인세 인하 정당한가」.

『한국일보』. 2004/08/11.「경기부양, 시장이 신뢰하는 방향으로」.

『한국일보』. 2005/09/02.「부동산 입법, 야당 책무 막중하다」.

『한국일보』. 2005/09/21.「정부·야당 세금논쟁, 국민 골병든다」.

『한국일보』. 2006/01/20.「세금 늘리는 게 능사 아니다」.

『한국일보』. 2006/05/06.「세금폭탄 과시하는 부동산 당국자들」.

『한국일보』. 2006/05/10.「고유가 저환율에 소비 위축까지」.

『한국일보』. 2006/08/31.「사회적 공감대 결여한 '희망 보고서'」.

『한국일보』. 2006/09/18.「부동산정책 자화자찬 너무 뻔뻔하다」.

『한국일보』. 2006/10/23.「대증요법식 경기부양은 경제 망친다」.

『한국일보』. 2006/12/06.「종부세와 세금폭탄」.

『한국일보』. 2007/01/05.「권 부총리와 정권말 경제운용」.

『한국일보』. 2007/02/17.「걱정스러운 국가 장기 재정 건전성」.

『한국일보』. 2007/11/12.「시세와 관계없이 불어나는 종부세」.

『한국일보』. 2008/03/11.「성장률 6%에 너무 집착하지 말아야」.

『한국일보』. 2008/05/27.「이 상황에선 기름값 정책도 정치다」.

『한국일보』. 2008/07/18.「악성 인플레」.

『한국일보』. 2008/07/25.「보유세 손질, 신중에 신중 기해야」.

『한국일보』. 2008/08/04.「보전책 없는 감세 논의 걱정스럽다」.

『한국일보』. 2008/09/02.「감세 통한 MB식 경제살리기… '가보지 않은 길'엔 불안감」.

『한국일보』. 2009/06/24a. 「예견된 감세의 '덫'… 서민고통만 '덧'날 판」.

『한국일보』. 2009/06/24b. 「재정 악화 해소대책도 급하다」.

『한국일보』. 2009/06/27. 「정직한 증세 논의를 시작할 때다」.

『한국일보』. 2009/07/03. 「하반기 경제 좌우할 민간기업 투자」.

『한국일보』. 2009/07/09. 「곁가지만 건드리는 세제개편론」.

『한국일보』. 2009/08/26. 「의욕과 내용이 겉도는 세제 개편」.

『한국일보』. 2009/09/01. 「지루한 감세 유보 논란 이젠 정리하라」.

『한국일보』. 2009/09/14. 「부자감세로 줄어든 세입 어찌 메우나」.

『한국일보』. 2009/09/24. 「내년 1인당 세금이 453만원이라는데」.

『한국일보』. 2009/11/03. 「억대 연봉층 감세 제외는 옳은 방향」.

『한국일보』. 2009/11/30. 「임시투자세액공제는 없애는 게 바람직하다」.

『한국일보』. 2010/08/24. 「서민 위한다면 부자감세부터 고치길」.

『한국일보』. 2010/09/29. 「지출 억제보다 세입기반 확충을」.

『한국일보』. 2010/10/29. 「한나라당은 감세 철회 당당히 논의해야」.

『한국일보』. 2010/11/17. 「여당 감세 철회논의 조속한 실행을」.

『한국일보』. 2011/05/12. 「감세정책 철회 더 우물거리지 말라」.

『한국일보』. 2011/05/24. 「[새 경제팀이 꼭 해야 할 세 가지] (2) 달콤한 독배, 포퓰리즘」.

『한국일보』. 2011/08/15. 「재정위기 주범이라고? 복지 논의 왜곡하는 5가지 함정」.

『한국일보』. 2011/08/18. 「"부자들이 세금 더 내라"는 버핏의 고언」.

『한국일보』. 2011/09/08. 「정치적 한계 넘지 못한 세제개편안」.

『한국일보』. 2011/12/06. 「정치권 증세 논의 이제 갈피를 잡아라」.

『한국일보』. 2011/12/29. 「부자 증세, 세제 전반으로 논의 확대를」.

『한국일보』. 2012/02/21. 「여야 포퓰리즘 공약 정부가 더 제동 걸라」.

『한국일보』. 2012/04/26. 「고소득 탈세자들은 복지사회의 걸림돌」.

『한국일보』. 2012/10/19. 「차기 정부 증세방안 구체적으로 내놓아야」.

『한국일보』. 2012/11/13. 「무슨 돈으로 '복지천국'을 만들겠다는 건가」.

『한국일보』. 2012/11/27. 「증세 불가피… 중산·서민층 부담 최소화해야」.

『한국일보』. 2013/01/28. 「비과세·감면 축소가 서민부담 확대 안 되게」.

『한국일보』. 2013/08/09. 「봉급생활자 표적 삼은 세금 인상」.

『한국일보』. 2013/08/12. 「증세문제, 솔직하고 책임 있게 풀어야 한다」.

『한국일보』. 2013/08/14. 「증세 설득하려면 고소득층이 더 내도록 해야」.

『한국일보』. 2013/09/18. 「증세 앞서 국민 공감 얻는 노력이 먼저다」.

『한국일보』. 2014/01/02. 「첫걸음이지만 의미 작지 않은 '부자증세'」.

『한국일보』. 2015/01/24. 「'증세=세금폭탄' 프레임부터 바꿔라」.

『한국일보』. 2015/01/27. 「전형적 국민 무시·외면, 주민세 인상-취소 소동」.

『한국일보』. 2015/04/08. 「연말정산 파동, 소득세법 대수술 과제 남겼다」.

『한국일보』. 2015/07/20. 「쓰임새 급한 추경, 증세 논의로 시간 끌기 안 돼」.

『한국일보』. 2015/08/07. 「경제회복 위한 세제 개편, 재정확충 부문은 미흡」.

『한국일보』. 2015/10/30. 「심각한 부의 불평등, 작동 멈춘 소득재분배 기능」.

『한국일보』. 2015/12/05. 「잘못하다간 후손에 '부채 공화국' 물려줄 판」.

『한국일보』. 2016/04/06. 「방치된 나랏빛 급증, 재정 준칙 재정립이 절실하다」.

◆ 기고문

강남훈. 2011/06/06. 「진짜 반값 등록금의 세 가지 조건」. 『경향신문』.

_____. 2013/10/17. 「기본소득 보장은 국가의 의무 한국적 모형 과세 강화로 가능」.
        『경향신문』.

강만수. 2015/04/15. 「지옥으로 가는 길은 선의로 포장돼 있다」. 『조선일보』.

_____. 2015/10/21. 「세계경제 후퇴하는 지금, 덜 걷고 더 써야」. 『조선일보』.

강병구. 2012/12/06. 「'세금잔치', 끝내야 한다」. 『한겨레』.

_____. 2013/08/17. 「미국 일본보다 낮은 부담, 더 높여야 한다」. 『중앙일보』.

_____. 2013/09/25. 「세금 다 내면 바보 생각하는 한 복지 재원 마련 어렵다」. 『동아일보』.

_____. 2014/10/01. 「불가피한 증세, 국민 저항 최소화하려면」. 『중앙일보』.

_____. 2015/11/26. 「최고세율 27%를 제안한다」. 『한겨레』.

강석훈. 2011/07/09. 「'포크 배럴'과 나라 곳간 지킴이」. 『동아일보』.

구인회. 2011/02/11. 「복지재정에 대한 오해와 진실」. 『한겨레』.

구정모. 2006/12/01. 「기로에 선 세제개편」. 『경향신문』.

권상형. 2015/02/10. 「4500원 담배 세금이 74%… 1000만 흡연자도 국민」. 『중앙일보』.

권영선. 2013/02/23. 「증세 없는 복지확대 불가능… 세입구조 바꾸자」. 『조선일보』.

권영준. 2009/06/17. 「경제민주화 후퇴하나」. 『국민일보』.

_____. 2009/07/15. 「경제와 친서민 정치」. 『국민일보』.

김공회. 2015/01/26. 「양극화 시대, 우리가 지향해야 할 증세는」. 『한겨레』.

김광준. 2012/08/04. 「종교인 납세는 신뢰회복 위한 첫걸음」. 『동아일보』.

김기원. 2008/10/09. 「시장경제의 두 얼굴」. 『한겨레』.

김동조. 2007/06/26. 「유류세는 막대한 간접세, 서민만 쪼들려」. 『한겨레』.

김민영. 2009/02/10. 「위기 극복, 사람과 미래에 투자해야」. 『한겨레』.

김병준. 2015/02/10. 「증세 없는 복지 고집하는 대통령」. 『동아일보』.

_____. 2015/04/07. 「복지재정과 비겁한 정치」. 『동아일보』.

김봉래. 2015/08/28. 「균공애민과 납세자 보호」. 『한국일보』.

김상곤. 2013/08/27. 「보편적 복지, 복지증세, 친환경 무상급식」. 『한겨레』.

김상범. 2014/12/17. 「종교인 과세와 종교탄압」. 『경향신문』.

김상조. 2015/01/28. 「증세 문제, 여야 모두 솔직해져라」. 『경향신문』.

_____. 2015/05/20. 「연말정산 파동의 불편한 진실」. 『경향신문』.

김성수. 2004/05/07. 「'재산세 갈등' 감정대응 안 된다」. 『동아일보』.

_____. 2006/03/24. 「부동산 보유세 인상에 허리 휘는 국민」. 『동아일보』.

_____. 2015/01/16. 「국민의 조세저항 엄중한 문제다」. 『한겨레』.

김성진. 2013/01/08. 「부부합산과세가 필요한 때다」. 『한겨레』.

김수현. 2009/06/08. 「다시 보는 노무현 부동산정책」. 『경향신문』.

김승열. 2013/04/23. 「역외탈세 방지, 금융정보 투명화가 첫걸음」. 『경향신문』.

김연명. 2009/02/25. 「'사회적 약자' 살릴 시스템을」. 『동아일보』.

김영배. 2012/11/27. 「대체 누구를 위한 복지공약인가」. 『중앙일보』.

김영봉. 2006/11/14. 「부동산정책, 시장을 거스르지 말라」. 『동아일보』.

김영욱. 2015/03/12. 「증세 주장, 너무 성급하다」. 『중앙일보』.

김영한. 2008/04/22. 「친기업정책과 친졸부정책」. 『한겨레』.

_____. 2013/01/16. 「증세 없는 보편복지론의 운명」. 『한겨레』.

김용희. 2006/11/08. 「참여정부의 참담한 부동산 시장」. 『한겨레』.

_____. 2006/12/04. 「토지보상가와 부동산거품」. 『한겨레』.

_____. 2008/03/17. 「부동산 투기 불씨 미연에 방지해야」. 『서울신문』.

김우철. 2015/01/24. 「눈먼 거위들의 반발이라고요?」. 『한국일보』.

김유찬. 2010/08/27. 「고용의 질보다 양에 치우친 세제 개편안」. 『중앙일보』.

_____. 2013/09/26. 「국세청이 거듭나야 세금 제대로 걷힌다」. 『동아일보』.

_____. 2015/02/27. 「현행 법인세율은 비정상이다」. 『중앙일보』.

김윤상. 2006/10/31. 「불로소득부터 없애라」. 『경향신문』.

_____. 2009/03/19. 「양도세 축소가 시장 정상화?」. 『한겨레』.

_____. 2010/07/29. 「부동산 대책, 토지보유세 강화에 역점을」. 『경향신문』.

김윤태. 2011/12/01. 「그리스 위기, 한국의 오해」. 『한겨레』.

김정호. 2013/08/17. 「투자 위축 효과 크고 일자리 줄어든다」. 『중앙일보』.

김종수. 2011/08/17. 「성장을 해야 빚도 갚는다」. 『중앙일보』.

_____. 2013/10/09.「'부자감세'의 진상」.『중앙일보』.

김준영. 2006/01/23.「재정만으론 양극화 못 풀어」.『조선일보』.

김준환. 2015/03/12.「증세-복지 논쟁 국민적 합의 도출 지속 가능한 복지국가의 지렛대로」.
       『한국일보』.

김창섭. 2013/08/20.「좋은 증세 나쁜 증세 이상한 증세」.『중앙일보』.

김태영. 2014/01/22.「종교인과세에 대한 소고」.『국민일보』.

김태일. 2011/10/05.「복지 높이되 나랏빚 안 늘리려면 증세 감당해야」.『한겨레』.

김행수. 2011/08/23.「무상급식 투표와 교사의 정치기본권」.『경향신문』.

김형기. 2015/02/23.「증세-복지 논쟁과 국민적 합의」.『한국일보』.

김형태. 2007/12/05.「세금폭탄과 해장국」.『한겨레』.

김홍환. 2014/12/01.「담뱃값 인상 소방안전세 도입은 어떤가」.『경향신문』.

김흥수. 2015/03/18.「전세 종말시대 저소득층 주거대책 임대주택 확대-종부세 폐지 검토를」.
       『동아일보』.

남재욱. 2015/02/17.「증세, 복지로 이어진다는 것 보여줘야」.『서울신문』.

노인수. 2014/06/16.「종교인 무과세 속에 자라난 유병언이라는 독」.『동아일보』.

도재형. 2015/02/13.「세금과 정명의 정치」.『한국일보』.

류동민. 2007/01/04.「상상의 전선을 넘어서」.『한겨레』.

_____. 2015/01/22.「연말정산을 설명하는 몇가지 이론들」.『경향신문』.

문진영. 2011/10/12.「미, 부자감세 아닌 부자증세가 경제활성화 기여했다」.『한겨레』.

박경미. 2013/09/07.「코끼리 냉장고 집어넣기와 증세」.『조선일보』.

박기백. 2015/02/26.「법인세율 경제성장에 절대적 요소 아냐, 불공정한 조세부담 개선 요구
       높아져」.『한국일보』.

박명림. 2011/08/26.「복지한국의 꿈(1)」.『중앙일보』.

박병원. 2015/01/26.「세금을 더 거두고 싶다고?」.『조선일보』.

박상근. 2006/05/19.「미 상속세 폐지 논쟁을 보면서」.『조선일보』.

_____. 2006/07/04.「기본기 외면한 세제개혁」.『동아일보』.

_____. 2006/08/29.「정부 세제 개편안 문제 있다」.『조선일보』.

_____. 2006/12/05.「반시장 정책으론 집값 못 잡는다」.『중앙일보』.

_____. 2007/12/20.「종부세의 몇가지 함정」.『조선일보』.

_____. 2008/02/12.「종부세를 광역시세로 넘겨라」.『조선일보』.

_____. 2008/04/02.「세제, 생산의욕 북돋는 성장형으로」.『동아일보』.

_____. 2008/08/26.「가업승계 돕는 세제 도입 서두르자」.『조선일보』.

_____. 2009/07/28.「서민감세는 빈 수레 정치」.『조선일보』.

_____. 2009/08/11.「상속 증여세 이젠 바꿀 때」.『조선일보』.

_____. 2011/10/10.「균형재정으로 가는 길」.『중앙일보』.

박세훈. 2014/10/24.「증세 논의 제대로 하자」.『중앙일보』.

박정수. 2015/02/11.「증세논쟁보다 더 중요한 것」.『국민일보』.

박종언. 2015/12/21.「종교인과세와 종교자유」.『국민일보』.

박주현. 2009/03/20.「추경 SOC 대신 실업·일자리에 지출을」.『서울신문』.

박홍규. 2008/09/12.「애덤 스미스의 로드맵」.『경향신문』.

배상근. 2010/04/05.「감세정책 바로 알기」.『서울신문』.

베이커, 딘. 2010/06/26.「재정적자에 휘둘리는 금융시장」.『한겨레』.

사공진. 2014/05/01.「연말정산 건보료 폭탄 왜 우리나라에만 있나」.『한국일보』.

서상목. 2014/11/13.「지금은 증세보다 새 복지전략 우선 논의할 때」.『중앙일보』.

서영택. 2008/08/06.「종부세, 너무 가혹하다」.『동아일보』.

선대인. 2011/12/08.「한국판 버핏세라는 말장난」.『한겨레』.

_____. 2015/01/09.「담뱃값 인상에만 분노할 텐가」.『경향신문』.

성낙인. 2008/11/18.「종부세, 헌재와 국민 사이」.『동아일보』.

성주호. 2012/09/27.「반대로 가는 세제 개편안」.『국민일보』.

성태윤. 2012/12/08.「이제는 다주택자 징벌적 중과세를 폐지할 때」.『조선일보』.

손봉호. 2014/12/31.「종교인 면세는 도덕적 탈세다」.『중앙일보』.

손석춘. 2007/11/02.「세금은 언제나 '악'인가」.『경향신문』.

손태규. 2013/08/22.「모병제와 세금폭탄」.『동아일보』.

손희준. 2013/08/26.「취득세 인하 문제의 본질」.『서울신문』.

송기창. 2008/09/22.「교육세 폐지, 속시원한 해명을」.『동아일보』.

송원근. 2011/06/20.「감세 철회안 철회하라」.『국민일보』.

송의영. 2008/09/04.「토지세를 위하여」.『중앙일보』.

송호근. 2011/01/18.「반갑고 심란한 무상복지」.『중앙일보』.

_____. 2015/01/27.「새로 생긴 연말정산세, 도대체 원칙이 뭔가」.『중앙일보』.

송희영. 2011/01/22.「정치하는 자들의 아동 학대」.『조선일보』.

_____. 2011/08/12.「그리스 위기는 과잉복지 아닌 '기형적 지출' 탓」.『경향신문』.

신영석. 2015/02/11.「복지는 사회적 분배 기능」.『중앙일보』.

신진욱. 2011/02/17.「이젠 국민의 사회권 요구할 때」.『경향신문』.

실러, 로버트. 2014/05/17.「글로벌 부유세는 비현실적 해결책」.『조선일보』.

안경봉. 2014/01/08.「조세피난처에 대한 오해」.『조선일보』.

안상훈. 2013/10/12.「보편 복지에는 보편 부담이 따른다」.『조선일보』.

_____. 2015/08/14.「개혁의 시대, 재원 마련의 복지 정치」.『한국일보』.

안성관. 2014/09/19.「누구를 위한 증세인가」.『경향신문』.

안종범. 2006/11/29.「나라살림은 꼭 지켜내자」.『중앙일보』.

_____. 2006/11/30.「'신 오적'의 폭탄돌리기」.『서울신문』.

_____. 2007/03/19.「종부세로 부자 혼내주려다…」.『조선일보』.

안창남. 2010/08/26.「감세정책 전환 없인 친서민정책 어렵다」.『경향신문』.

_____. 2013/08/20.「복지 그리고 세금」.『국민일보』.

_____. 2013/09/24.「누구는 세금 내고, 누구는 안 내고… 공평 납세 없이 복지 못한다」.
    『동아일보』.

양재진. 2013/08/13.「'세금폭탄론'에 대한 우려」.『한겨레』.

연강흠. 2012/07/09.「투자 촉진하는 세제개편을」.『중앙일보』.

오건호. 2009/07/27.「복지축소 아닌 직접세로 풀어야」.『경향신문』.

_____. 2011/01/19.「복지 증세, 내라와 내자」.『경향신문』.

_____. 2011/08/24.「'나쁜' 균형재정」.『경향신문』.

_____. 2012/07/25.「안철수의 보편증세 공감」.『경향신문』.

_____. 2013/08/21.「아래로부터 증세정치」.『경향신문』.

_____. 2014/09/17.「복지증세, 국민 토론의 장 만들자」.『경향신문』.

_____. 2015/02/07.「시민 주도 복지증세」.『경향신문』.

_____. 2015/02/18.「사회복지세를 이야기해보자」.『경향신문』.

_____. 2015/05/13.「연금 공방에서 사라진 두 가지」.『경향신문』.

_____. 2015/09/02.「세금 정의 단일전선」.『경향신문』.

_____. 2015/12/23.「원숭이 나라의 연말정산」.『경향신문』.

오근엽. 2012/12/30.「복지, 증세와 투자의 경제학」.『한국일보』.

오기수. 2006/05/24.「육아 아동 노인 필수품, 부가세 면세하자」.『조선일보』.

_____. 2007/08/16.「신용카드 납세 허용하고 정부가 수수료 부담해야」.『조선일보』.

오동석. 2014/10/29.「담뱃값 인상과 국가의 무책임함」.『한국일보』.

오연석. 2015/03/26.「부자세 신설과 증세를 위한 청원문」.『한겨레』.

오정근. 2015/02/09.「선 복지개혁 후 세원확대가 정도」.『동아일보』.

옥동석. 2015/02/11.「증세 복지 재정 개혁 걸림돌」.『중앙일보』.

유경문. 2007/12/10.「종합부동산세 논쟁 유감」.『서울신문』.

유종일. 2011/08/09.「미국을 닮아가고 있다」.『경향신문』.

_____. 2011/08/31.「복지여왕과 참 나쁜 정치」.『경향신문』.

_____. 2013/03/15.「흡연율 감소 주장 설득력 없고, 증세 없는 복지 노린 꼼수」.『한겨레』.

_____. 2013/08/20. 「부자증세 제대로 하기」. 『한겨레』.

유종호. 2008/10/20. 「이건 테러요, 수탈이다」. 『동아일보』.

윤석천. 2012/08/07. 「증세, 진짜와 가짜의 구별」. 『한겨레』.

_____. 2012/11/20. 「복지와 세금」. 『한겨레』.

윤진호. 2009/07/31. 「만약 허생이 살아 돌아온다면」. 『한겨레』.

윤태화. 2013/05/29. 「세입 확충 위해 비과세 감면부터 정비해야」. 『서울신문』.

윤희숙. 2015/01/28. 「복지 구조조정 후 증세가 답이다」. 『조선일보』.

이강국. 2015/02/03. 「공평한 증세와 더 많은 복지를」. 『한겨레』.

이덕환. 2007/06/14. 「세수 늘리려 기름값 고통 외면해서야」. 『동아일보』.

이동걸. 2014/09/15. 「민생경제 죽이는 '그네'노믹스」. 『한겨레』.

이동근. 2011/06/20. 「법인세율인하=부자감세 아니다」. 『중앙일보』.

_____. 2012/02/20. 「버핏과 여비서, 한국서 세금 낸다면」. 『중앙일보』.

_____. 2012/06/04. 「달구지와 벤츠가 공존하는 시대」. 『중앙일보』.

이동섭. 2015/01/22. 「이런 나라에 살고 싶으세요?」. 『한국일보』.

이두원. 2015/07/29. 「이제는 증세를 생각할 때」. 『조선일보』.

이만우. 2006/03/15. 「포퓰리즘이 세제 망친다」. 『국민일보』.

_____. 2009/06/24. 「세율 인하하되, 감면은 축소를」. 『동아일보』.

이민세. 2013/09/18. 「세금이 이렇게 새고 있다」. 『동아일보』.

이상이. 2009/02/24. 「실종된 '능동적 복지' 약속」. 『경향신문』.

이상한. 2006/12/01. 「종부세를 없애야 하는 이유」. 『중앙일보』.

이선화. 2014/07/28. 「지방세 감면제도 대수술 필요」. 『동아일보』.

이승진. 2006/12/12. 「미실현 소득에 세금폭탄… 종부세는 부당」. 『중앙일보』.

이영. 2010/08/25. 「일자리 세수증대 세제개편안 방향 옳다」. 『중앙일보』.

_____. 2013/03/27. 「복지축소 않으면 공약 실천 어렵다」. 『조선일보』.

_____. 2015/02/23. 「복지선진국, 재원 확충과 제도 효율화는 필수다」. 『한국일보』.

이옥순. 2015/02/05. 「우리 동네 배병장의 복지와 증세」. 『서울신문』.

이용섭. 2015/01/27. 「연말정산, '소급적용' 안돼」. 『한겨레』.

이우진. 2015/03/03. 「종부세 대체할 순자산세 도입 고려해볼 만」. 『한국일보』.

이윤호. 2015/05/11. 「고령 사회 복지는 증세로 대응해야」. 『경향신문』.

이재교. 2009/09/11. 「집권과 궤도이탈」. 『조선일보』.

이재열. 2015/01/24. 「국민은 공정한 조세를 원한다」. 『동아일보』.

이정우. 2008/07/31. 「종부세 후퇴는 제2의 패착」. 『경향신문』.

_____. 2009/01/06. 「잘못된 방향, 속도는 무의미」. 『경향신문』.

_____. 2015/02/04.「루스벨트, 오바마, 그리고 부자증세」.『경향신문』.

이준행. 2011/04/12.「파생상품 거래세, 초가삼간 다 태울라」.『중앙일보』.

이진석. 2010/06/09.「재정 건전성은 목숨 걸고 지켜야」.『조선일보』.

이창원. 2011/05/12.「댓글에 나타난 한나라당」.『서울신문』.

이철희. 2011/01/18.「'증세 없는 복지' 가능하다」.『경향신문』.

이태수. 2008/09/11.「이명박 정부 포퓰리즘의 덫」.『한겨레』.

_____. 2009/03/14.「450만 MB빈곤층」.『경향신문』.

_____. 2009/07/03.「엠비정부가 진정 서민을 위한다면」.『한겨레』.

이필상. 2009/06/04.「MB경제 어디 갔나」.『서울신문』.

이해영. 2006/11/29.「조세저항과 농민의 저항」.『경향신문』.

임병인. 2011/06/17.「담배소비세 인상, 물가와 연동시키자」.『중앙일보』.

임상규. 2010/08/07.「글로벌 금융위기 이후의 재정건전성」.『서울신문』.

임일섭. 2011/08/15.「미, 재정건전성 집착 긴축 땐 불황 심화될 수도」.『한겨레』.

임주영. 2009/09/02.「충실한 재정 위해 소비세 불가피」.『동아일보』.

장덕진. 2013/08/19.「세법 개정안, 모두가 패배했다」.『한겨레』.

_____. 2015/02/06.「증세 논의, 사회모델 전환의 첫걸음으로」.『경향신문』.

장상환. 2015/01/23.「연말정산 논란과 증세의 필요성」.『경향신문』.

장익철. 2006/11/24.「세금까지 떼어먹겠다는 사람들」.『한겨레』.

장지종. 2010/10/05.「임시투자 세액공제 폐지 유보해야」.『중앙일보』.

장하준. 2010/07/02.「재정 긴축, 지금은 아니다」.『국민일보』.

_____. 2012/01/03.「복지 논쟁 제대로 해야 한다」.『경향신문』.

전강수. 2007/12/04.「종부세 흔들기 다시 시작되는가」.『한겨레』.

전범수. 2015/01/28.「피케티와 연말정산」.『서울신문』.

전성인. 2006/06/16.「부동산세제 강화와 초심」.『경향신문』.

_____. 2009/07/02.「무엇이 진정한 서민대책인가」.『한겨레』.

정갑영. 2011/05/17.「감세 논쟁 앞서 부자 기준부터 조정해야」.『동아일보』.

정대영. 2015/02/12.「조세제도, 근본적 개혁이 필요하다」.『경향신문』.

정병철. 2011/12/26.「감세는커녕 증세라니…」.『중앙일보』.

정성훈. 2015/11/24.「법인세 올려야 경제 살아난다」.『한겨레』.

정세은. 2009/03/16.「재정건전성과 민생 '윈윈 전략'」.『경향신문』.

정승일. 2011/12/07.「세금 누구에게 더 걷어야 하나」.『경향신문』.

_____. 2012/12/19.「줄푸세와 경제민주화는 함께 갈 수 없다」.『경향신문』.

정재안. 2013/10/07.「영세 고물상가지 세금 인상해야 하나」.『경향신문』.

정재엽. 2015/08/31.「공연 부가세 과감히 면제하길」.『경향신문』.

정재훈. 2008/09/16.「'사회복지'가 없는 나라」.『경향신문』.

_____. 2015/01/30.「증세와 꼼수의 갈림길에서」.『한국일보』.

_____. 2015/02/27.「지록위마와 같은 복지논쟁」.『한국일보』.

정창수. 2010/05/21.「감세정책 후유증 본격화… 2008년의 봄날은 갔다」.『한겨레』.

_____. 2010/11/29.「부자감세 유지한 재정건전성은 '서민 옥죄기' 불과」.『한겨레』.

_____. 2011/09/07.「증세 없는 3+3 복지의 한계」.『경향신문』.

정태인. 2012/12/07.「박근혜의 심장, 경제위기의 근원」.『경향신문』.

_____. 2013/08/12.「부자에겐 줄푸, 서민에겐 늘세」.『경향신문』.

_____. 2014/05/19.「피케티 비율과 한국」.『경향신문』.

조경엽. 2009/09/02.「투자재원 줄고 국부 유출 악영향」.『동아일보』.

_____. 2010/11/25.「감세정책 후퇴해선 안돼」.『중앙일보』.

_____. 2015/02/27.「법인세 인상은 경제 효율성 훼손」.『중앙일보』.

조복현. 2009/06/23.「경기회복과 장기 안정성장」.『경향신문』.

조수진. 2015/11/19.「내년에 울상 짓지 않으려면」.『한겨레』.

조용근. 2013/10/10.「목회자 과세 방안에 대하여」.『국민일보』.

_____. 2014/02/06.「목회자와 세금… 예수님이라면」.『국민일보』.

조원희. 2010/03/12.「국가채무와 개인부채, 유사점과 차이점」.『경향신문』.

_____. 2010/06/04.「분배 개선과 복지가 해답이다」.『경향신문』.

조홍식. 2010/03/08.「그리스 위기는 복지지출 탓이 아니다」.『경향신문』.

진중권. 2011/08/16.「구국의 밥그릇」.『한겨레』.

차삼준. 2015/12/31.「100억 세금 도둑」.『경향신문』.

최배근. 2011/01/21.「복지는 사회적 투자다」.『경향신문』.

최병일. 2015/02/17.「복지를 위한 세 가지 질문」.『동아일보』.

최병호. 2014/09/24.「담뱃값, 뜨거울 때 두드려라」.『한국일보』.

_____. 2014/10/17.「담배세금 인상 합리적으로 접근해야」.『서울신문』.

최성규. 2014/02/20.「종교세는 반대, 종교인소득세는 찬성」.『국민일보』.

최승재. 2011/11/25.「일감 몰아주기 과세 논의 신중해야」.『동아일보』.

최영태. 2008/09/12.「부자들을 위한 세금잔치」.『한겨레』.

최용기. 2014/10/28.「담뱃세 인상, 서민 증세로 보이는 이유」.『중앙일보』.

최태욱. 2013/08/16.「복지 증세와 중산층의 선호」.『경향신문』.

하능식. 2014/09/24.「서민증세 논란에 유감」.『서울신문』.

한희원. 2011/06/06.「부자 돈 빼앗아 나눠주는 건 정의일까」.『중앙일보』.

현진권. 2011/05/27. 「누진 법인세의 소득 재분배 기능은 허구다」. 『중앙일보』.

홍기빈. 2013/10/03. 「강한 '복지 정당'이 필요해」. 『경향신문』.

홍기용. 2015/03/13. 「세제 개편, 증세보다 세출 조정이 먼저」. 『중앙일보』.

홍성걸. 2015/01/26. 「국민 마음 못 읽는 '연말정산'」. 『동아일보』.

홍일표. 2011/10/05. 「'빚더미' 대한민국·서울시 건강재정 되찾을 묘안은」. 『한겨레』.

홍종학. 2008/10/22. 「경제, 정말 위험하다」. 『경향신문』.

_____. 2008/10/27. 「시장만능주의의 광기」. 『한겨레』.

_____. 2009/06/17. 「적반하장 분배개선론」. 『경향신문』.

홍창의. 2007/09/28. 「유류세는 성역인가」. 『한국일보』.

_____. 2008/04/03. 「유류세 인하 '반짝 효과'의 진실」. 『조선일보』.

_____. 2008/05/27. 「대폭 올렸던 경유세 내려 물류대란 예방을」. 『동아일보』.

_____. 2013/08/03. 「10 대 90의 법칙을 극복하는 나라 돼야」. 『한국일보』.

홍헌호. 2011/10/05. 「부자감세 철회 요구하고 공기업 감시 강화를」. 『한겨레』.

황성현. 2013/01/21. 「증세로 대선공약 이행하라」. 『경향신문』.

찾아보기